2021—2022 中国数字出版产业年度报告

ANNUAL REPORT ON DIGITAL
PUBLISHING INDUSTRY IN CHINA:
2021—2022

主　编／崔海教
副主编／王　飚　李广宇

中国书籍出版社
China Book Press

图书在版编目（CIP）数据

2021—2022 中国数字出版产业年度报告／崔海教主编；
王飚，李广宇副主编. —北京：中国书籍出版社，2022.11
ISBN 978-7-5068-9241-4

Ⅰ.①2… Ⅱ.①崔… ②王… ③李… Ⅲ.①电子出版物
-产业发展-研究报告-中国-2020—2021 Ⅳ.①G237.6

中国版本图书馆 CIP 数据核字（2022）第 198649 号

2021—2022 中国数字出版产业年度报告

崔海教　主编

王　飚　李广宇　副主编

责任编辑	庞　元　杨铠瑞　李　新
责任印制	孙马飞　马　芝
封面设计	楠竹文化
出版发行	中国书籍出版社
地　　址	北京市丰台区三路居路 97 号（邮编：100073）
电　　话	（010）52257143（总编室）　　（010）52257140（发行部）
电子邮箱	eo@chinapb.com.cn
经　　销	全国新华书店
印　　刷	英格拉姆印刷(固安)有限公司
开　　本	787 毫米×1092 毫米　1/16
印　　张	23
字　　数	430 千字
版　　次	2022 年 11 月第 1 版　2022 年 11 月第 1 次印刷
书　　号	ISBN 978-7-5068-9241-4
定　　价	138.00 元

版权所有　翻印必究

2021—2022 中国数字出版产业年度报告

主 编：崔海教
副主编：王 飚 李广宇

《2021—2022 中国数字出版产业年度报告》课题组

组　　　长：崔海教
副　组　长：王　飚　李广宇
课题组成员：毛文思　徐楚尧　郝园园　刘玉柱
　　　　　　宋迪莹　孟晓明　魏　婧

《2021—2022中国数字出版产业年度报告》撰稿人名单

撰稿人名单（按文序排列）：

中国数字出版产业年度报告课题组

孙晓翠	王姿懿	肖子依	宋宵佳
刘明洋	周长瑞	张晨曦	孙凌洁
李广宇	王友平	戴铁成	郝园园
徐楚尧	张孝荣	毛文思	唐世发
杨兴兵	陈　磊	闫　芳	王红梅
田　晶	张　博	胡瑜兰	李　唯
荣　蓉			

重庆华略数字文化研究院

尚　烨	闫晋瑛	樊　荣	丁　丽
李　彬	郭金麒	王　萌	苏华雨
石　昆			

统　稿：王　飚　李广宇

文化数字化发展要统筹处理八大关系
（代序）

崔海教

　　文化是国家和民族之魂，也是社会治理之魂，是民众的精神营养。文化数字化正成为数字时代文化创新的重要形式。党中央、国务院对文化数字化发展高度重视。习近平总书记指出："要顺应数字产业化和产业数字化发展趋势，加快发展新型文化业态，改造提升传统文化业态，提高质量效益和核心竞争力。"上半年，中共中央办公厅、国务院办公厅印发了《关于推进实施国家文化数字化战略的意见》，对文化数字化建设进行重点部署，这对文化数字化建设的创新与发展必将起到重要的推动作用。

　　发展新时代的文化数字化，要注重统筹处理八大关系。

　　一是数字与文化的关系。文化数字化，是数字化的文化形态，体现出数字化、网络化、智能化的特点。当前数字技术的成熟与普及，互联网、大数据、云计算、人工智能、区块链等技术加速创新，日益融入经济社会发展各领域全过程，为文化发展插上数字化的翅膀。但我们必须明确，文化数字化的主体是文化，数字服务文化，文化统领数字，绝不能重数字技术、轻文化内容。数字、网络、智能设备、体验场景等，都是为文化服务。数以载道，字以传文，要以新时代先进的数字技术传播社会主义先进文化和中华传统优秀文化，弘扬社会主义核心价值观，增强文化自信。要把数字与文化有机融合，让数字技术深度赋能文化发展，形成新时代的文化数字化。

　　二是事业与产业的关系。文化数字化产业是项特殊的产业，兼具事业与产业双重属性。文化数字化产业的发展，不能忘记文化的公益属性。要正确把握社会主义市场经济条件下文化数字化建设的特点和规律，注重社会效益和经济效益双效的统一，坚持社会效益第一。要注重文化数字化产业发展的政治方向、产业导向和价值取向。特别是文化数字化产业中，为吸引读者和用户，出现一些庸俗化内容，导致青少年网瘾等社会问题，需要引起广泛关注。没有社会效益的文化没有价值，没有经济效益的文化产业难以高质量持续发展。

三是发展与安全的关系。文化数字化产业的发展是技术引领型的产业。技术的飞速发展、快速迭代也带来很多新问题，对文化安全、数据安全、市场管理等带来冲击。特别是文化数字化产品出版的海量化、实时化、全球化、互动化、移动化、民间化、去中心化等，对文化安全问题提出巨大挑战，需要我们特别关注发展与安全的关系。要发展，也要安全。发展是龙头，安全是基础；发展是发动机，安全是刹车器。二者要并重，不能偏废。要在数据采集加工、交易分发、传输存储、使用管理等各环节，制定安全标准，构建完善的文化数字化监管体系。

四是线上与线下的关系。当前，文化数字化企业、文化业态、文化消费模式不断发展，数字创意、网络视听、数字出版、数字娱乐、线上演播等数字产业不断壮大。但作为线上文化的文化数字化，相比于丰富的线下文化，线上文化还远远不够。线上文化与线下文化，有不同的用户群体，不同的出版形式，不同的运用场景。要大力推动线下文化的数字化，同时，在此基础上进一步发展壮大新的线上文化。要探索实现线上文化与线下文化的交流互动、互补互促，促进线上与线下文化的融合发展。

五是政府与企业的关系。发展文化数字化要调动政府与企业两个积极性，同时正确处理两者之间的关系。政府发挥主导作用，规划、引导、服务、管理，抓好基础建设，制定相关政策、措施，引导社会资本积极、有序参与文化数字化建设。目前，国家已出台相关文件，做了顶层设计，各地政府应在此基础上制定符合地方特点的规划与政策。企业要发挥主体作用，做文化数字化产业发展的主力军。要推动有效市场和有为政府形成合力，共同推动文化数字化产业发展。政府和企业要各自找准自己的工作着力点，不越位、不错位、也不缺位。要坚持促进发展和监管规范两手抓、两手都要硬，在发展中规范、在规范中发展。

六是共建与共享的关系。文化数字化要更广泛服务广大人民群众，特别是要重点打破城乡之间的数字文学化鸿沟，加强老年群体文化数字化产品供给，实现全社会不同年龄、不同群体、不同地域人群的文化数字化共享。同时，共享的基础是共建。要实现全社会共建文化数字化的局面。鼓励文化单位和广大网民依法进行数字化内容的生产与传播，参与文化市场的治理。特别是要数字内容更为丰富，出版形态更为多样，只有共建、共治，才能让共享的文化空气更绿色，营养更丰富。

七是自主与开放的关系。文化数字化既要体现出中国精神、中国特色、中国气派，此外数字技术还要安全可靠，这需要我们自主建设。同时，我们的文化数字化也要是开放的，体现出世界意识、全球视野，特别是在精神层面，要展示开放的胸襟，展示全人类共有的价值追求。另外还需要市场开放、技术合作，"引进来"与"走出去"相结合。这都要求我们正确处理好自主与开放的关系，体现出自主与开放的统一。

八是继承与创新的关系。文化数字化是新兴的文化形态，并且不断创新发展。但同时，文化数字化不是天外来客，她植根于中国传统优秀文化的土壤中，是在现有文化形态基础上的创新与发展。这种创新应该体现在内容、形式、理念、技术、管理等诸多方面。这要求我们正确处理好继承与创新二者之间的关系，在继承中创新，在创新中发展，实现新兴的文化数字化与传统优秀文化形态的双向融合，共同发展。

前　言

《2021—2022 中国数字出版产业年度报告》（以下简称《报告》）是自 2005 年以来的第 14 部《中国数字出版产业年度报告》。《报告》较之以往，既有内容上的继承与延续，又有根据产业实际发展情况进行的创新。

在研究方法上，《报告》依然采用数据实证分析与文本分析相结合的方式，且更侧重于前者。在《报告》的撰写过程中，研究人员运用产业组织经济理论着力从产业主体、产业行为、产业绩效等方面对数字出版产业进行了深入分析，主要通过对各领域从业企业规模、生产规模、用户规模、运营及赢利状况等方面的大量一手数据的梳理、解析，用图表形式呈现，这正恰恰是以往相关报告所缺乏的。同时，《报告》对我国数字出版产业的环境加以阐析，以求对我国数字出版产业的脉动进行深刻追溯。这些努力可能会有利于读者较好地把握我国数字出版产业现状；同时，也能了解到发展的来龙去脉及其因果联系。

《报告》是中国新闻出版研究院的课题。中国新闻出版研究院副院长崔海教担任课题组组长、数字出版研究所所长王飚与副所长李广宇担任副组长，共同主持了《报告》的撰写，并对主报告和有关分报告作了必要的把关及修改工作。中国新闻出版研究院数字出版研究所、同方知网、山东大学、上海睿泰企业管理集团有限公司、中文在线、上海理工大学、重庆华略数字文化研究院、西安欧亚学院等机构的部分研究人员、业界专家共同参与了本报告的撰写工作。

《报告》全书统稿工作由王飚、李广宇负责，毛文思协助完成；部分报告中的数据采集与分析、表格制作由徐楚尧完成。

为数字出版产业的规划和发展提供连续、可比的数据依据，是编写数字出版产业报告的一个重要思路。但鉴于我们的力量和水平还很有限，《报告》在专题设置、结构布局及数据获取上都有不尽如人意之处，有个别分报告还略显单薄，甚至难免会存在一些缺陷及错误，故恳请广大读者见谅，并予以指正，以便我们在今后的编撰工作中不断改进，进一步提升《中国数字出版产业年度报告》的质量和价值。

《报告》在撰写过程中得到了多方面的帮助与支持，清华同方、重庆维普资讯等企业提供了大量一手数据；同时我们也参考了大量的相关论述及文献，虽然在《报告》中有所标注，但可能仍存在遗漏现象，在此我们一并致谢！

编　者

2022 年 6 月 25 日

目 录

主报告

"十四五"开局之年的中国数字出版——2021—2022 中国数字出版产业年度报告
………………………………………… 中国数字出版产业年度报告课题组（3）
 一、数字出版产业环境分析 ………………………………………………（3）
 二、中国数字出版产业规模分析 …………………………………………（19）
 三、中国数字出版产业态势分析 …………………………………………（22）
 四、中国数字出版产业问题与对策分析 …………………………………（38）
 五、中国数字出版产业趋势分析 …………………………………………（48）

分报告

2021—2022 中国电子图书出版产业年度报告
……………………………………… 孙晓翠　王姿懿　肖子依　宋宵佳（65）
 一、电子图书出版产业概述 ………………………………………………（65）
 二、电子图书出版产业发展现状 …………………………………………（69）
 三、电子图书出版产业年度重要事件 ……………………………………（75）
 四、电子图书出版产业发展趋势 …………………………………………（76）

· 1 ·

2021—2022 中国数字报纸出版产业年度报告
……………………………………………… 刘明洋　周长瑞　张晨曦　孙凌洁（79）
一、数字报纸出版产业概述 ………………………………………（79）
二、数字报纸出版产业发展现状 …………………………………（83）
三、数字报纸出版产业年度重要事件 ……………………………（91）
四、未来发展展望 …………………………………………………（92）

2021—2022 中国互联网期刊出版产业年度报告
……………………………………………………… 李广宇　王友平　戴铁成（94）
一、互联网期刊出版产业概述 ……………………………………（94）
二、年度影响互联网期刊出版产业发展的重要事件 ……………（102）
三、互联网期刊出版产业发展总体情况与存在问题 ……………（103）
四、互联网期刊出版产业发展趋势及建议 ………………………（104）

2021—2022 中国网络游戏出版产业年度报告
………………………………………………………………… 郝园园（106）
一、中国网络游戏市场规模和用户规模 …………………………（106）
二、中国网络游戏产业分析 ………………………………………（107）
三、年度影响游戏出版产业发展的重要事件 ……………………（112）
四、总结与展望 ……………………………………………………（114）

2021—2022 中国网络（数字）动漫出版产业年度报告
………………………………………………………………… 徐楚尧（117）
一、网络（数字）动漫产业发展现状 ……………………………（117）
二、年度影响网络动漫出版产业发展的重要事件 ………………（124）
三、网络（数字）动漫出版产业存在的问题 ……………………（126）
四、对策与建议 ……………………………………………………（127）

2021—2022 中国网络社交媒体出版产业年度报告
………………………………………………………………… 张孝荣（130）
一、中国网络社交媒体发展概况 …………………………………（130）
二、主要服务商发展情况 …………………………………………（134）
三、2021 年社交媒体行业发展特点 ………………………………（142）

四、2021年社交媒体年度重要事件 …………………………（148）
　　五、总结与展望 …………………………………………………（149）

2021—2022中国移动出版产业年度报告
　　………………………………………………………… 毛文思（153）
　　一、移动出版产业发展概述 ……………………………………（153）
　　二、移动出版产业发展现状 ……………………………………（164）
　　三、年度影响移动出版产业发展的重要事件 …………………（172）
　　四、总结与展望 …………………………………………………（174）

相关专题报告

中国数字教育出版产业发展报告
　　………………………………………………… 唐世发　杨兴兵（179）
　　一、中国数字教育出版业发展环境分析 ………………………（179）
　　二、中国数字教育出版发展面临的问题和策略 ………………（186）
　　三、中国数字教育出版产业发展趋势 …………………………（188）

中国数字出版标准化年度报告
　　………………………………………………………… 陈　磊（191）
　　一、行业背景 ……………………………………………………（191）
　　二、数字出版标准化现状 ………………………………………（194）
　　三、存在的问题和对策建议 ……………………………………（197）

中国数字版权保护状况年度报告
　　………………………………………… 闫　芳　王红梅　田　晶（201）
　　一、我国数字版权保护新进展 …………………………………（201）
　　二、各省区版权保护状况统计分析 ……………………………（209）
　　三、数字版权保护技术发展状况 ………………………………（213）
　　四、典型案例分析 ………………………………………………（214）
　　五、数字版权保护存在的困境及应对措施 ……………………（218）

六、2022年数字版权保护展望 ……………………………………（220）

中国数字出版教育年度报告
………………………………张　博　胡瑜兰　李　唯　荣　蓉（222）

一、中国数字出版教育的新进展和市场需求 ……………………（222）

二、中国数字出版教育的典型范例 ………………………………（228）

三、中国数字出版教育发展的主要问题 …………………………（231）

四、加快中国数字出版教育发展的对策 …………………………（232）

中国国家出版产业基地（园区）研究报告
………………………………………………重庆华略数字文化研究院（235）

一、2021年国家出版产业基地（园区）发展概述 ………………（235）

二、2021年国家出版产业基地（园区）发展特点 ………………（238）

三、2021年国家出版产业基地（园区）面临的问题与对策建议 …（240）

四、2022年国家出版产业基地（园区）发展展望 ………………（243）

中国出版与虚拟现实融合发展研究报告
………………………………………………………………尚　烨（245）

一、出版与虚拟现实融合发展现状 ………………………………（245）

二、出版与虚拟现实融合发展存在的问题与瓶颈 ………………（251）

三、出版与虚拟现实融合发展对策与建议 ………………………（254）

四、结　语 …………………………………………………………（257）

中国有声阅读产业年度报告
………………………………………闫晋瑛　樊　荣　丁　丽　李　彬（259）

一、有声阅读产业发展现状 ………………………………………（259）

二、有声阅读产业发展趋势 ………………………………………（271）

中国西部数字内容产业发展报告
………………………………………………重庆华略数字文化研究院（275）

一、西部数字内容产业发展环境分析 ……………………………（275）

二、西部地区数字内容产业发展状况 ……………………………（277）

三、西部数字内容产业发展存在的问题和建议 …………………（282）

四、西部数字内容产业发展趋势 …………………………………（284）

中国数字出版行业智库研究报告

　　……………………………郭金麒　孙晓翠　王　萌　苏华雨（285）

　　一、中国数字出版行业智库发展现状………………………………（285）

　　二、总结与展望………………………………………………………（290）

中国数字主题出版产业研究报告

　　………………………………………………重庆华略数字文化研究院（294）

　　一、数字主题出版产业发展态势……………………………………（294）

　　二、数字主题出版产业发展的趋势研判……………………………（299）

　　三、数字主题出版产业发展的对策建议……………………………（302）

重庆市数字出版业发展报告

　　………………………………………………重庆华略数字文化研究院（305）

　　一、重庆数字出版业运行特征………………………………………（305）

　　二、重庆数字出版面临的问题………………………………………（312）

　　三、重庆数字出版业发展建议………………………………………（314）

附　录

2021 年中国数字出版大事记

　　…………………………………………………………石昆辑录（319）

　　一、电子图书…………………………………………………………（319）

　　二、互联网期刊………………………………………………………（321）

　　三、数字报纸…………………………………………………………（322）

　　四、网络游戏…………………………………………………………（323）

　　五、网络动漫…………………………………………………………（326）

　　六、视　频……………………………………………………………（327）

　　七、数字版权…………………………………………………………（329）

　　八、综　合……………………………………………………………（334）

主报告

"十四五"开局之年的中国数字出版
——2021—2022中国数字出版产业年度报告

中国数字出版产业年度报告课题组

一、数字出版产业环境分析

2021年,是"十四五"开局之年。过去一年以来,受新冠肺炎疫情持续影响,全球出版业持续加快推进数字化变革。国际方面,各家大型国际出版商持续拓展优化数字业务布局,积极适应疫情常态化对业务带来的冲击和影响,音频领域逐渐成为出版传媒布局的重要方向。与此同时,加强数字治理已成为全球共识。国内方面,推进数字中国、网络强国建设,促进数字经济发展,在国家"十四五"规划中被放在更加显著的位置,相关部署更加系统深入,为数字出版发展提供更为广阔的空间;文化数字化战略成为国家战略,成为文化强国、出版强国建设的重要着力点;网络文明建设加速推进,为数字出版高质量发展提供了重要保障,也提出了更高要求;在新冠肺炎疫情防控常态化形势下,国内数字文化消费需求持续旺盛。

(一)国际环境

2021年,全球出版业受到新冠肺炎疫情的持续影响,各国出版商加大数字化业务布局,一方面借助数字化手段巩固原有领域核心优势,另一方面不断探索发展新路径,寻求新的增长点。有声读物、播客等音频消费需求日益旺盛,成为出版传媒业发展的重要方向,数字服务立法加快推进,加强数字治理成为世界各国普遍共识。

1. 数字化业务成为国际出版商业务增长的重要拉动力量

2021年以来，疫情防控常态化促使出版业的发展思路和经营模式发生深刻改变，数字化业务对出版业的拉动力量日益凸显。据美国出版商协会统计，美国线上图书销售额在2020年首次超过了总体销售额的一半①。从多家出版商的年度财报来看，也呈现不俗的成绩，行业整体销售业绩呈现良好态势，独立和连锁书店纷纷拓展线上图书销售。另据英国出版商协会发布报告显示，2021年英国书业总收入达67亿英镑，同比增长5%。纸质图书和期刊、数字书刊均实现了5%的增长。其中，英国教育出版领域数字出版物同比增长28%；学术出版领域数字出版物增长5%。值得一提的是，在全球新冠肺炎疫情常态化形势下，英国出版商纷纷取消线下销售活动，很多实体书店、读书俱乐部遭遇关停，但TikTok成为英国图书销售业绩增长的重要拉动力量。特别是TikTok社区激发了读者对虚构类和青年小说的更大兴趣。②

国际出版商积极应对疫情对业务带来的严重冲击，而数字化业务成为各大出版商稳定收入的重要支撑。以励讯集团为例，数字化业务已成为推动该集团医学、风险、法律、展览等业务领域发展的重要引擎。在该集团2021年总收入中，科学、技术和医学业务板块仍然占据其最大比例，占比达37%。其中，数字化产品和服务收入占比高达88%，订阅文章数量和开放获取（OA）数量增长明显，数据库、参考和决策工具以及电子参考文献在该项业务收入中占比超过1/3。过去一年来，励讯集团持续推进机器学习和自然语言处理技术的应用，加强数据库等内容开发。在法律业务板块，旗下的LexisNexis为各个领域提供法律信息数据库等法律信息服务，续订率和新增订购均表现强劲③。贝塔斯曼集团在2021年实现了成立以来的最佳经营业绩。其中，贝塔斯曼联合睿莱（Relias）、Alliant大学和优达学城（Udacity），为医疗健康和高科技等领域提供在线教育和培训服务，同时收购了巴西教育培训上市公司25%的股权和

---

① 李永博.《出版家周刊》发布行业观察，2021年美国书店销售大幅反弹［OL］. https://baijiahao. baidu. com/s? id =1721018709372970669&wfr = spider&for = pc. 2022 -01 -04.
② 陈麟. 刷新纪录! 2021年英国书业同比增长5%，收入67亿英镑![OL]. https://view. inews. qq. com/a/20220506A0BTK100. 2022 -05 -06.
③ 许惟一. 励讯发布2021年财报｜集团总收入达到72.44亿英镑，同比增长7%［OL］. https://new. qq. com/omn/20220301/20220301A076IE00. html. 2022 -03 -06.

46%的投票权，让该集团教育业务实现了显著增长①。2021年9月，贝塔斯曼旗下企业服务提供商迈睿（Majorel）集团在阿姆斯特丹泛欧交易所上市，市值为33亿欧元。该公司为贝塔斯曼与萨哈姆（Saham）集团联手组建，拥有消费者体验服务、商业流程外包服务以及企业数字化服务三项主要业务，为欧洲、非洲、美洲及亚洲的30多个国家提供60多个语种的服务，为数字原生及垂直行业提供数字化解决方案。迈睿集团上市后，贝塔斯曼持有迈睿38.1%的股份，仍是该公司重要的战略股东。国际研究与咨询公司Frost & Sullivan在其最近的报告《Frost Radar：2021年欧洲CX外包服务》中，将迈睿评为欧洲市场前三大企业级CX（Consumer Experience）服务商之一。2021财年，全球互联网相关业务占迈睿净收入的45%。上市后的迈睿集团将在推动贝塔斯曼全球化数字化业务增长中持续发挥重要引擎作用②。

2. 音频内容发展表现突出

2021年，综合相关资料显示，在全球数字出版业务中，音频内容发展亮眼，呈现良好的发展势头。在疫情影响下，用户对音频内容呈现日益旺盛的获取及消费需求，各国有声书、播客等音频内容用户数增速明显。据2022年初的相关数据显示，在12岁以上的美国人中，有73%是在线音频听众，较2020年增长了5%；有62%听过播客，38%是播客的月活跃用户③。2021年的英国有声书用户则比2020年增长了2%。印度的Pocket FM更是在2022年取得了不小的进展，用户数增至2021年的5倍，达到了2 500万人。音频内容已成为出版传媒业的重要增长点，得到众多出版商和媒体的高度重视。据路透社新闻研究所发布的《2021年数字新闻报告》显示，过去一年来，全球播客数量激增，在苹果播客应用中上架的音频播客，目前已经达200万个。无论是传统媒体还是数字新媒体，都意识到用户对音频内容日益旺盛的需求，纷纷加大音频内容领域布局。音频正在成为流媒体平台抢占用户的新着力点，多家流媒体平台从以视频内容为主纷纷向音频内容拓展。如美国流媒体平台Netflix（奈飞）在人

---

① 贝塔斯曼．贝塔斯曼集团：2021年实现收入两位数增长和创纪录业绩［OL］．https：//new.qq.com/omn/20220402/20220402A060OV00.html.2022－04－02．
② CTT论坛．Majorel迈睿被Frost&Sullivan评为欧洲市场前三大企业级CX服务商之领先的ICT行业网站［OL］．http：//www.ctiforum.com/news/guonei/598982.html.2022－03－21．
③ 肖枫霖．后疫情时代消费观察 一文解读美国"耳朵经济"发展现状［OL］．https：//ecoApp.qianzhan.com/detials/220513－aaf15ea4.html.2022－05－04．

才聘用上加大音频人才的引进；华纳旗下流媒体平台 HBOMax 从以视频内容为主，也开始在音频领域发力，在其应用程序中发布独家播客内容；Twitter 在 2021 年推出了一款实时音频社交产品 Spaces，可实现用户不用看屏幕就可以与他人进行互动。亚马逊音乐在 2020 年底收购了播客平台，并于 2021 年推出了首批原创音频节目；2021 年 6 月，亚马逊音乐又收购了播客托管及广告服务平台——Art19，随后面向播客上线了同步转录文本功能。过去一年来，传统媒体也加强了音频业务的布局，如《纽约时报》上线了音频应用程序测试版。全球新冠肺炎疫情常态化背景下，时事播客内容得到海外用户广泛关注，《华盛顿邮报》时事播客内容的用户量创造历史新高；2021 年 2 月，《经济学人》上线了关于新冠疫苗的每周播客，每月吸引 300 万次独立收听和 2 500 万次下载量，《经济学人》2021 年的播客收入同比增长了 50%。①

在出版领域，有声读物也成为英美等国家出版市场的重要增长点。据美国出版商协会报告显示，2021 年，大众出版领域的下载类有声读物销售收入同比增长 13.4%，有声读物在大众图书出版的销售占比已达到 8.3%；宗教类出版领域，下载类有声读物收入同比增长 9.4%。另据英国出版商协会发布报告显示，2021 年上半年，英国有声书销量较 2019 年同期实现了超过 70% 的增长。有声书市场的迅速崛起，让出版商看到了其中的商机，各大出版商开始在有声书制作中投入更多的精力，邀请作家、演员等知名人物演绎有声书，为有声书创作增添色彩。企鹅兰登英国公司开发的有声书《男孩、鼹鼠、狐狸和马》改编自画家查理·麦基西的同名绘本，在有声书制作中，邀请了作者本人进行旁白录制；德国的 ABP Publishing 则邀请了一众好莱坞明星来为经典文学作品改编成的有声书配音。除了名人效应的运用，出版商还会在有声书中添加一些彩蛋、作者采访等音频内容，以引起消费者兴趣②。

3. 媒体进一步加大数字服务业务布局

过去一年来，数字化业务成为媒体抵抗传统媒体收入萎缩对媒体经营造成压力的重要支撑力量。据牛津大学路透研究院《2022 年新闻、媒体及技术趋势

---

① 汪尧. 过去的 2021,「播客」悄然复兴 [OL]. https://www.sohu.com/a/517424977_114819. 2022 - 01 - 18.

② 王铮. 有声书国际市场快速发展,中国市场占近 3 成 [OL]. http://ad.cnr.cn/hyzx/20220526/t20220526_525838584.shtml. 2022 - 05 - 20.

与预测报告》显示，2021年有59%的媒体收入实现了增长，有20%的媒体收入与上年持平，而仅有8%的媒体收入下降。数字订阅收入、电子商务和数字营销等成为媒体收入的重要增长点，同时不少媒体开始从网络平台获得了内容版权使用的收入。① 多家媒体的数字订阅收入已超过纸质版。如《纽约时报》目前拥有840万订阅用户，其中有760万是数字订阅，占比达90%。相较于吸引更多新订阅用户，媒体将更大的关注点放在留住新增用户。一方面通过优化付费墙机制，创新付费模式。如BuzzFeed、Bustle Digital Group、Gallery Media Group等媒体与金融科技公司合作，将分期付款和赊销模式引入数字内容消费领域，实现先购买获取内容而延缓实际支付费用时间，针对没有储蓄习惯的青年用户提升其数字内容消费意愿，取得了较为明显的效果。金融科技公司Afterpay表示，六家媒体公司在引入了分期付款模式后，访问转换率和单次点击收入平均增加2.5倍②。另一方面，加强产品创新开发，进行产品捆绑销售。过去一年来，无论是大型媒体还是专业小众媒体，都开始尝试跨界合作和订阅捆绑，从中挖掘更多潜在的商业机会和价值。如《纽约时报》推出的"无限访问套餐"，将新闻、游戏和烹饪三款产品进行捆绑，在提高新增订购用户方面取得了显著成效。彭博社与体育新闻供应商The Athletic捆绑，让Bloomberg.com的年度用户可以免费试用The Athletic 6个月；Spotify和Hulu的高级套餐订阅捆绑每月只需12.99美元。

除了订阅模式的优化升级，还有不少媒体加快探索多元化商业模式，打造新的收入增长点，试图化解疫情常态化下的经营压力。如BuzzFeed和Vox等媒体探索数字广告、电子商务、读者支付等多种模式混合的商业模式。2021年，全球数字广告销售额（搜索、社交、视频、横幅、数字音频）达到4 420亿美元，同比增长31%，占全球广告总销售额超过60%③。数字广告的复苏成为媒体收入保持增长态势的重要因素之一。BuzzFeed基于对读者的精准了解，采用原生广告方式，让广告以分享文章的形式出现，这种较为自然的呈现方式，更容易令读者接受。当读者因阅读原生广告而产生消费时，BuzzFeed即可从中获

---

① Nic Newman. 路透社：关于2022全球新闻媒体发展的七大洞见［OL］. https://new.qq.com/rain/a/20220221A09IUA00. 2022-02-21.

② 任翔. 数字加速与新增长周期：2021年欧美数字出版发展回顾［J］. 出版广角，2022（01）：50-55.

③ 新浪科技. Magnaglobal：2021年全球广告收入增长22%［OL］. http://finance.sina.com.cn/tech/2022-01-06/doc-ikyakumx8564609.shtml. 2022-01-06.

得佣金，这一商务模式在其总收入占比日益提升。在 BuzzFeed 在提高原生广告数量的同时，也试图摆脱对广告的过度依赖，电商业务成为其发展的重要引擎。依托热点内容打造能力，也让 BuzzFeed 具备打造爆款电商产品的出色能力。同时，BuzzFeed 还通过频繁收购实现业绩增长，如它先后收购了《赫芬顿邮报》和数字生活媒体 Comple。

同时，过去一年来，各家社交媒体也在积极寻求改变，在作者服务和读者服务等方面进行诸多尝试。如 Facebook（Meta）和 Twitter 等社交平台推出了一系列激励创作者的功能。以 Twitter 为例，2021 年 9 月 Twitter 上线了超级粉丝订阅功能，Twitter 上的记者、音乐家、作家、游戏玩家、美容专家、喜剧演员、活动家等不同领域创作者，通过与粉丝分享订阅内容即可获得收入，其设定为每月 2.99 美元、4.99 美元或 9.99 美元三档订阅费用，通过这种方式，帮助创作者实现粉丝变现。当创作者的订阅收入超过 5 万美元，Twitter 会从创作者方面按照比例获得抽成[1]。Facebook 则上线了"Stars Store"功能，用户可通过此功能购买虚拟货币"星星"在直播和短视频中对自己喜欢的创作者进行打赏，创作者每收到一个星星，就可获得 0.01 美元的奖励。此外，Facebook 将每年 12 月 31 日定为"星星节"（Stars Festival），用户购买星星可额外免费获得更多"星星"，通过这些活动，让用户和创作者之间建立更加紧密的交互关系，同时也帮助创作者变现，激励创作者更加地积极进行创作[2]。

4. 全球数字服务加快立法进程

近年来，伴随数字经济成为全球经济发展的重要引擎，数字服务法治化建设也得到各国执法机构的高度重视，相关领域的法律法规频频出台，数字经济领域监管日趋收紧。具体到数字内容领域，聚焦数字内容定价、平台竞争、数据安全等问题一直争议不断，也成为各国加强监管的重点领域。如在反垄断方面，据国外媒体报道称，依据通用数据保护条例，欧盟于 2021 年共开出 412 笔罚单，罚款总金额高达 10 亿欧元，约合 72.3 亿元人民币，2020 年增长幅度超过 500%。其中大部分罚款集中在电商和云服务巨头亚马逊，2021 年 7 月，卢

---

[1] cnBeta. COM. iOS 端 Twitter 上线超级粉丝功能 每次购买视为应用内购买[OL]. https：//www.163.com/dy/article/GJ23O42I0511BLFD.html. 2021-09-04.

[2] 搜狐. Meta 找到绕过商城抽佣的新方式：网页端充值有额外赠送星星[OL]. http：//news.sohu.com/a/508516501_120099896. 2021-12-15.

森堡数据保护机构对亚马逊处以高达 7.46 亿欧元的罚款，主要由于亚马逊追踪收集大量用户数据以便推送个性化广告。此外，Facebook（Meta）旗下的 WhatsApp 也被爱尔兰数据保护委员会处以 2.25 亿欧元的罚款，原因在于在用户个人数据使用和传输上缺乏透明度①。

2021年2月，澳大利亚议会正式通过《新闻媒体和数字平台强制议价法案》，这是全球范围内出台的首部媒体议价法案，旨在解决传统媒体与数字媒体平台之间议价不平等的问题。该法案针对谷歌、Facebook 等数字媒体平台的新闻内容使用作出多项规范，提出澳大利亚媒体机构有权要求数字媒体平台在使用其原创新闻内容时支付合理报酬，并对付费金额进行商议，如果双方无法达成协商一致，则交由澳大利亚政府进行仲裁。该法案有利于维护传统数字媒体的权益，为传统媒体与数字媒体平台之间建立起更加公平有序合作对话机制②。该法案的出台在全球范围内引起了强烈反响。微软与欧洲杂志媒体联合会、欧洲报纸发行者联合会、欧洲出版者协会、欧洲新闻媒体协会就此发布联合声明，将努力保障欧洲传媒机构从 Facebook、谷歌等数字内容平台获得合理收益，并将敦促欧盟立法机构参照澳大利亚，推进相关立法③。2021年4月，英国政府宣布成立数字市场部，该机构主要职责在于平衡大型数字科技公司与内容提供商、广告商等市场各方关系，制定行业秩序和商业规则，重点围绕互联网巨头利用其市场主导地位实施市场垄断，阻碍市场有序竞争和多元创新④；7月，英国政府宣布将推出数字身份框架，人们可以通过数字化方式证明自己的身份，并对企业处理数据、共享数据作出限定⑤。过去一年来，美国司法部也加强了对互联网科技巨头涉嫌市场垄断现象的严厉指控。Facebook 被美国联邦贸易委员会和来自 48 个州的总检察长联盟联合提出反垄断诉讼，其被指控利用包括收购规模较小或潜在的竞争对手，以及撤销其平台上的第三方开发者

---

① EU 电商. 欧盟 2021 年开出 412 份罚单金额高达 10 亿欧元，亚马逊吃了大头！[OL]. https://www.163.com/dy/article/GTETMG2T0552AOEM.html. 2022 - 01 - 11.
② 版话. 全球首部媒体议价法案出台！澳大利亚规定数字平台为新闻内容付费 [OL]. https://www.sohu.com/a/454116643_99928127. 2021 - 03 - 04.
③ 吴琼. 多国酝酿立法 全球数字监管趋紧 [OL]. https://www.sohu.com/a/453276300_362042. 2021 - 03 - 01.
④ 联通智汇. 英国政府设立新机构强化数字市场管理 [OL]. https://www.fromgeek.com/telecom/390417.html. 2022 - 01 - 11.
⑤ 36氪.【英国将推"数字身份证"】[OL]. https://www.sohu.com/a/481218771_114778. 2021 - 08 - 03.

等多种手段维持其市场主导地位。美国48个州的总检察长联盟要求禁止Facebook在未事先通知各州的情况下，进行价值1 000万美元或以上的进一步收购①。

2021年，欧洲议会内部市场和消费者保护委员会票选通过了数字服务法案提案，旨在授权欧盟监管机构控制大型互联网平台，针对"假新闻"和"滥用内容"等行为加大监管力度和严厉惩治。2022年4月，欧盟通过《数字服务法》，要求大型科技公司向监管机构汇报其在打击网络虚假信息方面的举措，快速清理煽动恐怖主义和儿童性虐待等非法内容。同时提出科技公司有义务提供其用户推荐内容的算法透明度，在重大突发事件和重大危机时应采取必要的应对措施②。

（二）国内环境

党和国家在2021年持续加大对数字经济、数字文化的关注力度，作出重要指示和出台系列举措。习近平总书记在十九届中央政治局第三十四次集体学习时的讲话指出，"要牵住数字关键核心技术自主创新这个'牛鼻子'，提高数字技术基础研发能力，打好关键核心技术攻坚战，尽快实现高水平自立自强，把发展数字经济自主权牢牢掌握在自己手中；要完善数字经济治理体系，提高我国数字经济治理能力现代化水平；要完善主管部门、监管机构职责，把监管和治理贯穿创新、生产、经营、投资全过程"。国家"十四五"规划对数字经济、数字文化进行全面部署，加快推进文化数字化战略，网络文明建设成为文化建设的重点，数字出版在文化强国、出版强国建设中的地位更加凸显。数字经济顶层设计逐步系统全面，已上升至国家战略层面，动能进一步释放；数字新基建加速推进，5G、大数据、人工智能、区块链等技术场景应用加快落地，元宇宙为数字内容创新发展提供新视角新场域；国内互联网用户突破10亿，疫情防控常态化下数字内容消费多层次需求得到极大培育。

1. 数字中国建设基础进一步夯实，文化数字化战略加快推进

2021年，世界百年变局和世纪疫情交织叠加的复杂形势仍在持续，我国已迈入经济和社会发展全面数字化转型的关键阶段，数字化成为"十四五"时期发

---

① 腾讯. Facebook遭遇美国联邦贸易委员会和48个州总检察长的反垄断诉［OL］. https：//new.qq.com/rain/a/20201210A0422O00. 2020-12-10.

② C114通信网. 欧盟通过《数字服务法案》数字服务巨头面临更严格监管［OL］. http：//www.cinic.org.cn/xw/hwcj/1280804.html. 2022-05-04.

展的重点。国家"十四五"规划中设立专篇"加快数字化发展 建设数字中国"作出重要部署,强调要"迎接数字时代,激活数据要素潜能,推进网络强国建设,加快建设数字经济、数字社会、数字政府,以数字化转型整体驱动生产方式、生活方式和治理方式变革",为数字中国、网络强国建设擘画蓝图,明确了方向路径和目标任务。习近平总书记在致2021年世界互联网大会乌镇峰会的贺信中强调,中国愿同世界各国一道,共同担起为人类谋进步的历史责任,激发数字经济活力,增强数字政府效能,优化数字社会环境,构建数字合作格局,筑牢数字安全屏障,让数字文明造福各国人民,推动构建人类命运共同体[1]。

意识形态工作成为数字文化建设发展的重要落脚点。国家"十四五"规划第十篇围绕"发展社会主义先进文化,提升国家文化软实力",对"十四五"时期文化建设从提高社会文明程度、提升公共文化服务水平、健全现代文化产业体系等层面进行全面部署。强调坚持马克思主义在意识形态领域的指导地位,坚持以社会主义核心价值观引领文化建设,促进满足人民文化需求和增强人民精神力量相统一,推进社会主义文化强国建设。该篇章是与数字出版关联最为紧密的章节,明确提出实施文化产业数字化战略,加快发展新型文化企业、文化业态、文化消费模式,壮大数字创意、网络视听、数字出版、数字娱乐、线上演播等产业,并强调要"加强网络文明建设,发展积极健康的网络文化"。伴随网络空间日益成为意识形态的重要阵地,对网络文化发展提出了更高要求。网络文化建设是文化建设的重要构成,是社会文明程度的重要指标。发展积极健康网络文化不仅关乎我国网信事业的长足发展,关系社会主义文化的繁荣进步,也关系到社会的和谐稳定与国家的长治久安[2]。发展积极健康的网络文化同样是数字中国、网络强国建设的应有之义。

2021年以来,中央和国家有关部门在网络内容治理方面力度空前,持续出台系列政策和相关举措,维护清朗网络空间。9月,中共中央办公厅、国务院办公厅印发《关于加强网络文明建设的意见》,围绕加强网络空间思想引领、加强网络空间文化培育、加强网络空间道德建设、加强网络空间行为规范、加强网络空间生态治理、加强网络空间文明创建等方面,明确了网络文明建设的

---

[1] 新华社. 习近平向2021年世界互联网大会乌镇峰会致贺信[OL]. http://www.gov.cn/xinwen/2021-09/26/content_ 5639378. htm? jump = true. 2021-09-26.

[2] 张超. 推动发展积极健康的网络文化[OL]. http://www.cssn.cn/mkszy/yc/202107/t20210706_ 5345535. shtml. 2021-07-06.

重点任务和具体要求。与此同时，中央网信办、中宣部等有关部门针对"饭圈"乱象、网络谣言、网络水军、未成年人网络环境、网络直播、短视频、算法综合治理、互联网账号运营等突出问题开展了系列专项治理行动。由此可见，"十四五"时期，网络文明建设已成为新时期文化建设的首要任务和新时代精神文明建设的重要落脚点。而作为数字文化的重要组成部分和网络文明的重要形态，数字出版的意识形态属性不断凸显，阵地建设任务日益紧迫。着眼于文化强国、出版强国建设，数字出版要提高思想站位，坚持高起点谋划、高标准推进、高水平实施，始终坚持正确的政治立场，以正确的政治取向、舆论导向、价值取向，在文化强国建设中承担起更加重要的责任与任务，努力实现满足人民精神文化需求和凝聚人民精神力量相统一，为新时期文化强国建设筑牢数字基石，为数字中国建设夯实精神文化底座。

2. 数字经济潜能持续释放，宏观经济稳定器作用更加凸显

2021年，在新冠肺炎疫情防控常态化形势下，我国整体经济下行压力加大，数字经济持续发挥国民经济稳定器、加速器作用，在国民经济发展中地位更加突出。过去一年来，数字经济在保持高速增长的同时，正在逐渐迈向基础更高、结构更优、动力更足的高质量发展阶段。

党中央、国务院进一步加强促进数字经济发展的系统部署，数字经济顶层设计日臻完备。2021年6月，国家统计局发布《数字经济及其核心产业统计分类（2021）》，界定了数字经济的概念与内涵，围绕"数字产业化"和"产业数字化"两个层面，确定了数字经济及其核心产业的基本范畴。在该统计分类中，数字出版在数字经济中有了更加明确的位置，定位更加清晰。数字出版被归入在"数字要素驱动业（04）—数字内容与媒体（0404）—数字内容出版（040408）"的分类条目下。随着数字经济在国民经济中的位置日益突出，数字出版作为数字经济的重要分支，在数字经济蓬勃发展形势下必将大有作为[1]。2021年12月，国务院印发《"十四五"数字经济发展规划》，这是我国数字经济领域的首部国家级专项规划[2]。该规划设定了"十四五"时期数字经济发展

---

[1] 澎湃政务. 国家统计局权威解读《数字经济及其核心产业统计分类（2021）》[OL]. https://m.thepaper.cn/baijiahao_13002433. 2021-06-04.

[2] 国家发改委高技术司.《"十四五"数字经济发展规划》解读｜数字经济将成为国家发展新征程的助推器[OL]. https://www.ndrc.gov.cn/xxgk/jd/jd/202201/t20220121_1312601.html?code=&state=123. 2022-01-21.

的基本原则和主要目标，从数据基础、数据要素、产业数字化、数字产业化、公共服务、治理体系、安全体系、国际合作等层面提出了明确任务。该规划的出台，体现了党和国家对数字经济发展的高度重视，数字经济将成为国家发展新征程的重要助推器。

过去一年来，我国数字经济规模持续快速增长，推动经济增长的重要引擎作用进一步凸显。2021年，我国数字经济规模达45.5万亿元，同比名义增长16.2%，高于同期GDP名义增速3.4个百分点，占GDP比重达39.8%。2017年到2021年，我国数字经济规模从27.2万亿元增至45.5万亿元，总量稳居世界第二，年均复合增长率达13.6%。数字经济发展指数排名前五的省市是广东、北京、江苏、浙江、上海，指数分别为201.9、200.5、199.5、189.9、185.0。

2021年，互联网和相关服务业发展态势平稳向好。我国规模以上互联网和相关服务企业完成业务收入1.55万亿元，同比增长21.2%，增速比2020年加快8.7个百分点。其中，全年完成信息服务收入8 254亿元，同比增长17%；完成互联网平台服务收入5 767亿元，同比增长32.8%[1]。2021年，我国软件业业务收入达94 994亿元，同比增长17.7%。其中，信息技术服务收入达6.03万亿元，同比增长20.0%，高出全行业水平2.3个百分点，占全行业收入比重为63.5%[2]。

数字内容作为数字经济的重要组成部分，对文化产业发展的拉动作用日益彰显。据国家统计局公布数据显示，2021年，全国规模以上文化及相关产业企业实现营业收入约11.91万亿元，按可比口径计算，同比增长16.0%。其中，包括数字出版在内的文化新业态特征较为明显的16个行业小类实现营业收入比上年增长18.9%；两年平均增长20.5%[3]。

3. 技术加速场景化落地应用，推动产业生态深刻演变

2021年以来，新型基础设施建设持续深入推进，5G和千兆光网作为发展重点取得突出进展。目前，我国5G网络已覆盖全国所有地级市城区、超过97%的县城和40%的乡镇。截至2021年底，我国已建成142.5万个5G基站，总量占全

---

[1] 工业和信息化部运行监测协调局. 2021年规上互联网企业完成业务收入1.55万亿元 同比增长21.2% [OL]. https://view.inews.qq.com/a/20220201A05T4R00. 2022-02-01.
[2] 酸泥. 软件业2021年收入增长17.7% 超"十四五"预期 [OL]. http://k.sina.com.cn/article_2058176860_7aad495c001011y6y.html. 2022-01-27.
[3] 吴昊. 2021年全国文化产业企业营收增长16% [OL]. http://news.youth.cn/gn/202201/t20220130_13414474.htm. 2022-01-30.

球60%以上，5G用户数达到3.55亿户；以基础电信运营商为代表的行业主体加快推进"双千兆"网络建设，千兆用户规模达3 456万户，算力规模全球排名第二。技术场景应用方面，行业龙头企业积极探索基于5G的创新应用，超高清视频、云游戏、AR/VR等领域加速布局，推动文化产业革新。行业应用方面，基础电信企业与垂直行业企业共同探索5G应用试点，形成多个具备商业价值的典型应用场景，5G赋能效果逐步显现。[①] 我国在5G技术的国际优势进一步展现，技术、产业、应用全面领先，高性能计算保持优势，北斗导航卫星全球覆盖并规模应用。芯片自主研发能力稳步提升，国产操作系统性能大幅提升。人工智能、云计算、大数据、区块链、量子信息等新兴技术跻身全球第一梯队。2021年，我国信息领域PCT国际专利申请数量超过3万件，比2017年提升60%，全球占比超过1/3[②]。

  人工智能、虚拟/增强现实、区块链等技术持续深化应用，在古籍修复、游戏、直播等领域加速场景化落地。人工智能与VR/AR融合成为趋势，在环境感知、内容生产、实时渲染、人机交互等领域为虚拟和现实结合创造了更多可能性。如百度大脑DuMix AR不仅利用AI智能化技术，将人脸三维重建技术、图形计算与渲染技术、知识图谱和语音语义识别技术相结合，为导航导览、虚拟形象和工业等领域实现了高效的虚拟形象智能生成、编辑与智能交互方案，并可实现"一句话生成虚拟形象"，即用户只需要一句话描述虚拟形象的关键特征，就可以通过AI解析生成3D虚拟形象，在虚拟社交、智能助理、虚拟偶像等领域具有较大的应用空间[③]。

  虚拟和现实的交融成为趋势，并在越来越多的领域成为现实，元宇宙成为过去一年来全球互联网的热门词汇和投资风口。元宇宙（Metaverse），字面含义为meta（超越）与universe（宇宙）的结合，可被解释为通过技术搭建的、基于现实世界的、拥有独立完整价值体系和经济闭环的永续的虚拟世界[④]。从该释义中

[①] 潘峰，刘嘉薇. 2021年我国5G应用发展回顾和展望［OL］. https：//www.wangan.com/p/7fy7fg24214ce345. 2022－01－21.

[②] 内蒙古住房和城乡建设. 国家网信办发布《数字中国发展报告（2021年）》［OL］. https：//www.sohu.com/a/574027791_121106854. 2022－08－03.

[③] 百度AI. AWE Asia 2021｜百度AI＋AR，塑造AR应用智能新体验［OL］. https：//baijiahao.baidu.com/s?id=1712209472760692666&wfr=spider&for=pc. 2021－09－29.

[④] 区块联网. 带你了解元宇宙背后的技术原理［OL］. http：//www.eepw.com.cn/article/202206/435005.htm. 2022－06－09.

可以看出，元宇宙并不是一个单一的技术概念，但元宇宙的构建需要5G、云计算、人工智能、虚拟/增强现实、区块链、数字孪生、物联网等多项底层技术支撑[1]。包含虚拟现实、增强现实、混合现实在内的扩展现实技术可以让用户在虚拟的元宇宙中有更具沉浸感的体验；数字孪生能够将现实世界的元素复制并投射到元宇宙中，创造更真实的虚拟世界，或创造用户的虚拟分身；区块链技术则能够帮助元宇宙搭建经济体系，构建更完整的"宇宙"。[2] 近年来，随着我国5G、云计算、人工智能、区块链、AR/VR技术逐步趋于成熟，相关产业市场规模逐年扩大，为中国元宇宙行业的发展奠定了良好的基础。以云计算为例，2021年中国云计算产业规模达2 109.5亿元，能为中国元宇宙的发展提供良好的算力基础[3]。

腾讯、字节跳动、网易等大型互联网企业已在元宇宙业务进行先行布局。如字节跳动先后投资元宇宙概念公司"代码乾坤"，并收购了国内领先的VR设备商Pico；2021年11月，字节跳动投资众趣科技，布局VR数字孪生云服务。腾讯以社交、游戏、生活服务、云服务等为切入点布局元宇宙[4]。

当前，元宇宙已在数字藏品、游戏、社交、虚拟数字人等领域得到了初步应用，也推动相关技术应用的不断深化。区块链技术在数字内容领域的全新应用场景是数字藏品。2021年，腾讯、阿里巴巴等大型互联网企业相继发布了《十三邀》、敦煌飞天付款码皮肤等数字藏品，由此开启了各领域的数字藏品浪潮。新华社于2021年12月发布新闻数字藏品。2022年1月，阅文集团发布网文数字藏品"大奉打更人之诸天万界NFT"；2022年3月，中国东方演艺集团发布"只此青绿"数字藏品纪念票。数字藏品发展离不开区块链技术应用的日益成熟。区块链技术的不可篡改性、唯一性，增强了数字藏品的稀缺性，提高了收藏价值，并能有效防止数字藏品版权被侵犯，保障持有者的藏品安全和创作者的收益。

---

[1] 飞鲸投研.元宇宙，深度解读! [OL]. https://new.qq.com/rain/a/20220420A06LEV00. 2022 - 04 - 21.

[2] 胡喆,温竞华.什么是元宇宙? 为何要关注它? ——解码元宇宙 [OL]. https://baijiahao.baidu.com/s? id =1716854014749625905&wfr = spider&for = pc&sa = vs_ ob_ realtime. 2021 - 11 - 19.

[3] 艾媒产业升级研究中心.艾媒咨询丨2021年中国元宇宙行业用户行为分析热点报告 [OL]. https://www.iimedia.cn/c400/82999.html. 2022 - 01 - 24.

[4] 雪球.2021年中国元宇宙产业发展现状 [OL]. https://xueqiu.com/5984233728/205651242. 2021 - 12 - 11.

游戏是元宇宙最早落地的场景之一，游戏产品形态与元宇宙天然具有较高的匹配性，成为当前元宇宙的重要赛道。中手游、腾讯、网易、阿里等头部企业在元宇宙游戏领域已经开始先行布局。在游戏产品、游戏引擎、XR设备等方面加大开发力度。2021年，中国头部游戏企业研发投入金额同比增长超过80%[①]。5G、云计算技术用于游戏场景，推动手机游戏、网页游戏、主机游戏等一同向云游戏演进。传统游戏通常对玩家的硬件设备有一定的要求，达不到硬件标准容易降低玩家的游戏体验，而通过应用云计算技术，让游戏在云端运行，极大地降低了游戏设备的负荷。5G的加持使网络传输更加流畅，大大优化云游戏的运行速度[②]。

动作捕捉技术、语音合成技术、人工智能等协同造就的虚拟人在泛娱乐场景大放异彩。3D建模构造虚拟人的外观，动作捕捉让虚拟人拥有表情和动作，语音合成技术帮助虚拟人开口说话，人工智能则让虚拟人有自己的"思想"，各种技术交织使得虚拟人不断向真正的人类靠拢，实现特定的"人设"。艾媒咨询调查显示，虚拟偶像产业在2021年带动市场规模1 074.9亿元[③]。除了泛娱乐行业，虚拟人的其他功能也在被挖掘：2021年9月虚拟人"AYAYI"入职阿里，成为天猫超级品牌日的数字主理人；北京冬奥会期间，为观众和选手播报天气的工作由虚拟人"冯小殊"完成；2022年5月18日，中国文物交流中心推出虚拟人"文夭夭"作为文物宣推官。可以预见，未来虚拟人的价值还将持续释放。

4. 数字内容消费持续增长，疫情防控常态化释放多元需求

伴随新冠肺炎疫情防控步入常态化，大众的线上消费习惯进一步养成，数字内容消费进一步广泛普及，消费需求持续释放。

据中国互联网络信息中心（CNNIC）《第49次中国互联网络发展状况统计

---

① 36氪. 游戏元宇宙发展趋势展望分析［OL］. https：//36kr.com/p/dp1852389235978887. 2021－12－11.

② 中国信通院. 全球云游戏产业深度观察及趋势研判研究报告（2022年）［OL］. https：//mp.weixin.qq.com/s? src = 11&timestamp = 1666339359&ver = 4117&signature = TiS * cAqW61Zs2jDbp5d MLaN-bKk7K3qLWhaD45N7xN5cjVxLjAd6Wzc － cA90fGuLSyI50pZnjVk8aAoDs * KFhHUeRiq9hRskZo8AEA7tvvDNcwr crFecKIbzuSwVxIkfM&new = 1. 2022－03－22.

③ 艾媒咨询. 2022年中国虚拟人行业发展研究报告. ［OL］. https：//mp.weixin.qq.com/s? src = 11&timestamp = 1666339429&ver = 4117&signature = on6WyQCIiGi － FzUDk8EXY3mIuDYym9BOOqe1ocnI * 19BnO － pk5GleHoLMZDkMnNLm5h4KYTLXaNxy2TwfGOM1073XHETg － O4FdBZ98C94 * 0 * B6WgKDzIs vh6Q6ZEZjw&new = 1. 2022－03－31.

报告》显示，截至2021年12月，我国网民规模达到10.32亿，互联网普及率达到73.0%。网络音乐、网络游戏、网络文学、网络视频（含短视频）等细分领域均实现不同幅度的增长。随着5G商用的加快推进，2021年网络视听类内容用户规模发展迅速，其中，网络视频、短视频网民使用率分别达到94.5%和90.5%，用户规模较上年分别增长2.2%和0.80%。2021年，受网络音乐版权开放、数字音乐版权良性生态逐步构建影响，网络音乐规模实现了10.8%的增长，网民使用率达到70.7%。2021年，电商直播发展势头强劲，在品牌营销、刺激消费方面作用显著，带动网络直播用户规模大幅增长，用户规模突破7亿，达到7.03亿，用户使用率达到68.2%，其中，电商直播用户规模为4.64亿，占网络直播用户近2/3。同时，网络文学、网络游戏的增长率分别为9.0%和6.9%，发展势头良好。

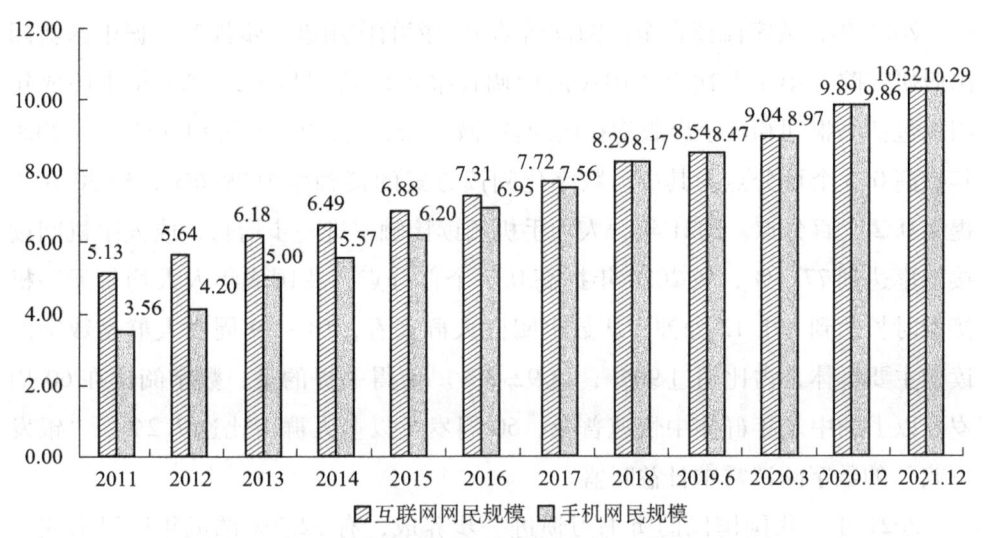

图1 我国互联网规模与手机网民规模（单位：亿人）

表1 2021年12月互联网应用网民使用率TOP10

序号	应用	2020.12 用户规模（万）	2020.12 网民使用率	2021.12 用户规模（万）	2021.12 网民使用率	增长率
1	即时通信	98 111	99.2%	10 066	97.5%	2.6%
2	网络视频（含短视频）	92 677	93.7%	97 471	94.5%	5.2%

(续表)

序号	应用	2020.12 用户规模（万）	2020.12 网民使用率	2021.12 用户规模（万）	2021.12 网民使用率	增长率
3	短视频	87 335	88.3%	93 415	90.5%	7.0%
4	网络支付	85 434	86.4%	90 363	87.6%	5.8%
5	网络购物	78 241	79.1%	84 210	81.6%	7.6%
6	搜索引擎	76 977	77.8%	82 884	80.3%	7.7%
7	网络新闻	74 274	75.1%	77 109	74.7%	3.8%
8	网络音乐	65 825	66.6%	72 946	70.7%	10.8%
9	网络直播	61 685	62.4%	70 337	68.2%	10.2%
10	网络游戏	51 793	52.4%	55 354	53.6%	6.9%

2021年，数字阅读在全民阅读活动中发挥的作用进一步提升。据中国新闻出版研究院《第十九次全国国民阅读调查报告》数据显示，2021年中国成年国民包括书报刊和数字出版物在内的各种媒介的综合阅读率为81.6%，较2020年提高0.3个百分点。其中，数字化阅读方式的接触率为79.6%，较2020年提高0.2个百分点。2021年，人均手机阅读接触率进一步增长，成人手机阅读接触率达到77.4%，较2020年提高0.7个百分点，我国成年人人均每天手机接触时长达到101.12分钟。从数字阅读人群来看，18～59周岁人群是数字阅读的主要群体，占比超过90%，达92.8%。值得一提的是，数字阅读在60周岁及以上的中老年群体中快速普及，60周岁及以上人群占比达7.2%，"银发一族"的数字阅读需求日益旺盛。

2021年，我国国民的听书习惯进一步养成，有32.7%的成年国民形成了听书习惯，较2020年提高了1.1个百分点，有7.4%的国民会将听书作为阅读方式的优先选择[1]。据《2021有声阅读产业调查报告》显示，读者进行有声阅读基于娱乐需求的目的较高，占比超过五成，知识需求和思想需求则占到18.4%和14.8%。睡前和家务劳动中成为进行有声阅读最多的场景[2]。此外，

---

[1] 澎湃新闻. 第十九次全国国民阅读调查成果发布 [OL]. https://www.thepaper.cn/newsDetail_forward_17765207. 2022-04-23.

[2] 企鹅有调. 2021有声阅读产业调查：有声阅读促进全民阅读获高度认可，社会价值愈发显著 [OL]. https://new.qq.com/omn/20220428/20220428A09JOG00.html. 2022-04-28.

有 1.5% 的国民偏好视频讲书。以短视频为代表的视听内容与数字阅读正在加速融合，不断催生数字阅读新模式。

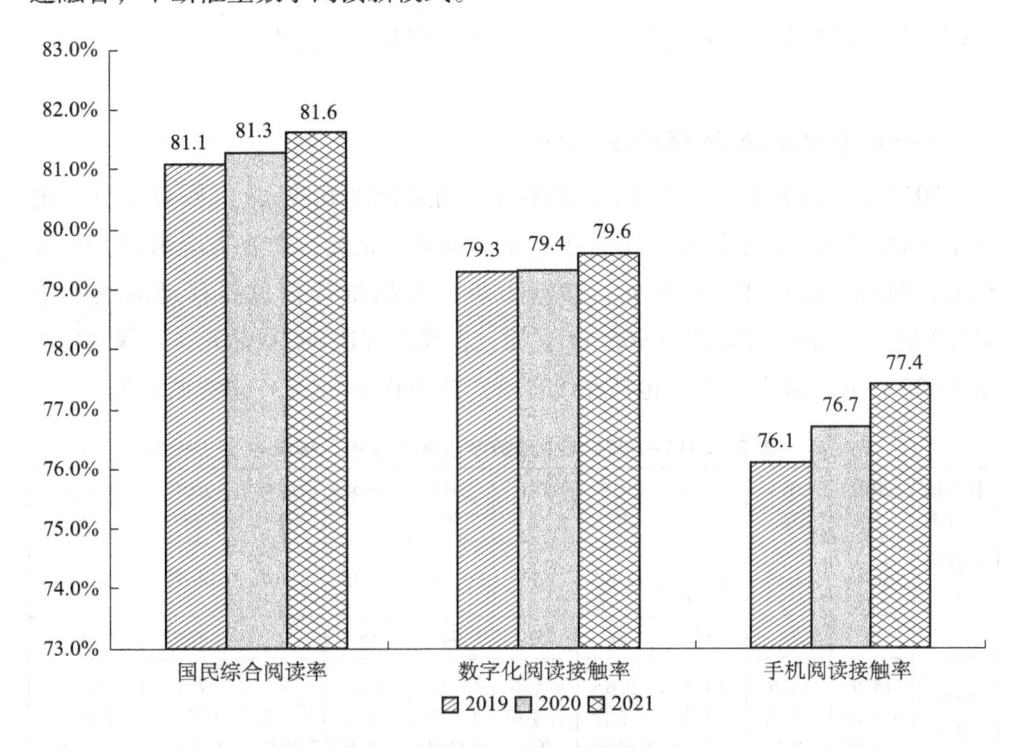

图 2　2021 年国民阅读接触方式

另外，据《2021 年度中国数字阅读报告》显示，2021 年中国数字阅读产业规模突破 400 亿元大关，达到 415.7 亿元，较上年增长 18.2%；数字阅读用户规模突破 5 亿，达到 5.06 亿。数字阅读用户呈现出明显的年轻化特点，19～25 岁用户占比为 44.63%，18 岁以下用户占 27.25%。数字阅读用户付费习惯进一步养成，2021 年，有 92.17% 的用户曾为数字阅读付费[①]。

二、中国数字出版产业规模分析

2021 年，我国数字出版产业在新冠肺炎疫情防控常态化、偶有突发的情况

---

① 慧公子. 2021 年度中国数字阅读报告：人均电子阅读 11.58 本，Z 世代主力军［OL］. https://view.inews.qq.com/a/20220423A08TM200. 2022-04-23.

下，依然展现出强劲发展实力，保持较好发展势头。产业整体规模全年达到 12 762.64 亿元，比上年增加 8.33%，为"十四五"开了一个好头。其中，互联网广告、网络游戏、在线教育、数字音乐占据收入榜前 4 位。

（一）整体收入规模增速放缓

2021 年，在数字出版产业收入规模中，互联网期刊收入达 28.47 亿元，电子书达 66 亿元，数字报纸（不含手机报）达 6.7 亿元，博客类应用达 151.56 亿元，网络动漫达 293.4 亿元，移动出版（数据统计仅包括移动阅读）达 415.7 亿元[①]，网络游戏达 2 965.13 亿元，在线教育达 2 610 亿元，互联网广告达 5 435 亿元，数字音乐（包括在线音乐）达 790.68 亿元。详情见表 2。

表 2 2012~2021 年中国数字出版产业收入情况[②] （单位：亿元）

数字出版分类	2012年	2013年	2014年	2015年	2016年	2017年	2018年	2019年	2020年	2021年
互联网期刊	10.83	12.15	14.3	15.85	17.5	20.1	21.38	23.08	24.53	28.47
电子书	31	38	45	49	52	54	56	58	62	66
数字报纸	15.9（不含手机报）	11.6（不含手机报）	10.5（不含手机报）	9.6（不含手机报）	9（不含手机报）	8.6（不含手机报）	8.3（不含手机报）	8（不含手机报）	7.5（不含手机报）	6.7（不含手机报）
博客类应用	40	15	33.2	11.8	45.3	77.13	115.3	117.7	116.3	151.56
移动出版	472.21（未包括手机动漫）	579.6（未包括手机动漫）	784.9（未包括移动动漫）	1 055.9（未包括移动动漫）	1 399.5（未包括移动动漫）	1 796.3（未包括移动动漫）	2 007.4（未包括移动动漫）	2 314.82（未包括移动动漫）	2 448.36（未包括移动动漫和移动音乐）	415.7（未包括移动动漫、移动音乐金额移动游戏）
网络游戏	569.6	718.4	869.4	888.8	827.85	884.9	791.1	713.83	635.28	2 965.13[③]

---

① 继 2020 年将移动音乐数据归于数字音乐计算后，2021 年继续对移动出版模块数据进行调整，将移动游戏数据归入网络游戏模块。因此，移动出版模块数据主要由移动阅读数据进行体现。

② 数据说明：因数字出版产业发展越来越快，产业间的融合趋势日益明显、边界趋向模糊，数据之间不可避免地存在交叉，且交叉部分不易确定厘清；又因早期数据计算方法接近，对数据进行简单相加汇总尚可体现出一定产业情况，但近年来数据计算方法多样，对数据进行简单汇总相加已没有意义了，故本报告 2021 年的总计数据仅供参考。从下一部《报告》开始，课题组只提供汇集数据供大家参考（数据的内容条目会根据产业发展情况进行调整），不再提供汇总数据。

③ 从 2021 年起，本报告涉及的移动游戏数据将归入到网络游戏模块。

(续表)

数字出版分类	2012年	2013年	2014年	2015年	2016年	2017年	2018年	2019年	2020年	2021年
网络动漫	5	22	38	44.2	155	178.9	180.8	171	238.7	293.4
在线教育	—	—	—	180	251	1 010	1 330	2 010	2 573	2 610
互联网广告	769	1 096	1 507	1 897	2 295	2 957	3 717	4 341	4 966	5 435[①]
数字音乐（包括在线音乐）	18.2	43.6	52.4	55	61	85	103.5	124	710	790.68[②]
合计	1 935.49	2 540.35	3 387.7	4 403.85	5 720.85	7 071.93	8 330.78	9 881.43	11 781.67	12 762.64

以党的十八大以来的十年作为观察分析的时间节点，由表2我们发现，互联网期刊的收入规模从2012年的10.83亿元增长至2021年的28.47亿元，10年来一直保持增长态势，尤其是2021年的增长幅度高达16.06%。电子书（e-book）收入规模2012年为31亿元，2016年超过50亿元，达到52亿元；2020年超过60亿元，达到62亿元，2021年为66亿元，数据显示电子书在经历了快速发展期（2012—2016年）、平稳增长期（2017—2019年）后，开始步入新一轮增长期（2020—2021年）。受新冠肺炎疫情的持续影响，以及国民数字阅读习惯的进一步养成，电子书在2020年和2021年的增速均达到6.45%以上，与全球出版业发展态势基本同步。

由于本年度数字出版产业收入规模计算模块继续进行调整，所以2021年移动出版数据主要由移动阅读呈现，即移动出版收入规模为415.7亿元。但是，如果按照2020年的计算方式（即移动出版数据主要包括移动阅读和移动游戏），则2021年移动出版的增长率为9.10%，高于2021年数字出版收入增长率。这表明移动出版依然发展迅速，具有较强的潜力。

[①] 华经产业研究院.2021中国互联网广告数据报告［OL］. https://zhuanlan.zhihu.com/p/496406851. 2022-04-12.

[②] 文化产业评论.2021腾讯娱乐白皮书出炉［OL］. https://www.163.com/dy/article/GUB0O4060519CS5P.html. 2022-01-22.

（二）传统书报刊数字化收入增幅持续上升

图书、报纸、期刊作为我国新闻出版单位主营业务板块，一直颇受重视。传统出版单位完整、准确、全面贯彻新发展理念，创造性转化、创新性发展，强力推进转型升级、融合发展工作，积极发现新需求、应用新技术、生产新产品、开拓新渠道、探究新模式，发力供给侧和引导需求侧，推动传统书报刊数字化业务比重逐年增加。

从表2我们可以看出，2021年互联网期刊、电子书、数字报纸的总收入为101.17亿元，相较于2020年的94.03亿元，增幅为7.59%，高于2020年5.56%的增长幅度，更高于2019年4%的增长幅度。从这些数据可知，我国新闻出版单位在转型升级、融合发展的进程中，已经取得一定成果，摸索出相对可行的路径，使互联网期刊、电子书、数字报纸一直保持着较为稳定的增长幅度。2021年更是取得令人惊喜的成绩，增长速度已超过7%。

（三）新兴板块依然保持向好发展势头

2021年，在线教育收入规模为2 610亿元，数字音乐收入规模为790.68亿元，网络动漫收入规模为293.4亿元，从数据上来看，这三个板块均实现了一定幅度的增长，表明在线教育在"双减"政策的引导下，职业教育、素质教育破圈成功，成为新的业务增长点。网络动漫和数字音乐在2021年持续抓住用户消费习惯线上迁移和消费需求升级的良好契机，实现了较为快速的发展。优质内容的打造、品牌IP的积累与深度开发，为网络动漫、数字音乐产业的规模化发展奠定了坚实的基础，用户对高质量内容的需求和支付能力的提升为产业发展提供了强劲动力与坚实保障。

三、中国数字出版产业态势分析

2021年是"十四五"开局之年，也是全面建设社会主义现代化国家新征程开启之年。在国家大力推进数字中国、网络强国建设，推进文化数字化战略，促进数字经济发展背景下，在新冠肺炎疫情防控常态化对产业环境带来严重冲击和深远影响下，中国数字出版呈现出良好发展态势。顶层设计日益完善，出版业"十四五"规划出台，明确了行业发展目标方向和路径任务，数字出版重要作用地位更加凸显，出版业深度融合发展部署进一步完善；内容精品建设进一步加强，价值引领作用日益提升，质量效益取得显著增长；网络文学加快提质创新，题材模式实现拓展；数字教育格局面临重塑，积极寻求破局路径；全媒体出版营销体系加快构建，品牌建设取得明显成效；走出去迈出稳健步伐，海外布局向纵深推进；产业保障体系进一步健全，高质量发展基础更加稳固；管理规范进一步强化，行业治理体系日臻完备。具体而言，过去一年来，中国数字出版产业呈现以下发展态势。

（一）顶层设计更加完善，规划部署指明方向

国家"十四五"规划中明确提出要"大力推进文化数字化战略"，加快发展新型文化企业、文化业态、文化消费模式，壮大数字出版等新兴文化产业，为"十四五"时期数字出版高质量发展提供了强劲动力，数字出版产业成为建设文化强国、出版强国的重要力量。

2021年，同样是事业产业发展举旗定向、开篇布局之年。以国家"十四五"规划为指引，《"十四五"文化产业发展规划》《"十四五"公共文化服务体系建设规划》等多个文化专项规划陆续出台，为"十四五"时期数字出版发展提供了重要参考依据。经过两年多的调查研究、起草和数次论证及修改，《出版业"十四五"时期发展规划》于2021年12月底正式发布。作为中宣部主导制定的首部行业五年规划，该规划锚定2035年建成出版强国的愿景目标，明确了未来五年出版业发展的总体目标、重点任务和具体举措。"产业数字化迈上新台阶"作为具体目标之一被提出。"十四五"时期末，要实现内容生产传播数字化水平的显著提升，出版新业态新模式更加多元，数字精品供给更加丰富，数字化营收占比持续提高，出版业融合发展进一步深化，重点培育10家左右优势明显、传播力强、影响广泛的新型出版企业。"壮大数字出版产业"被作为在位置排序上仅居于"做强做优主题出版"和"打造新时代出版精品"之后的第三项重点任务进行部署，从中彰显出数字出版产业作为壮大出版业发展的重要新引擎，在出版强国建设中的重要角色地位。该规划提出在"十四五"时期，要着重在实施数字化战略，强化新一代信息技术支持引领作用，创

新出版业态、传播方式和运营模式，推进出版产业数字化和数字产业化，大力提升行业数字化数据化智能化水平，重点围绕着力推出一批数字出版精品、大力发展数字出版新业态、做大做强新型数字出版企业、健全完善数字出版科技创新体系等方面做好工作，部署壮大数字出版产业的基本路径，提供了基本方向和具体工作抓手。

过去一年来，主管部门持续深入推进出版融合发展，组织实施出版融合发展工程，通过实施数字出版精品遴选推荐计划和出版融合发展示范单位遴选推荐计划等举措，深化出版数字化战略。按照全面推进和重点突破相结合的原则，围绕重点领域和关键环节，打造示范样本，充分发挥示范带动作用，引导全行业深化融合发展认识，加强融合发展的系统谋划，提升融合发展的质量效果。同时，通过优秀现实题材和历史题材网络文学出版工程、国家古籍数字化工程、全国有声读物精品出版工程等重点工程项目，大力推动数字出版精品化建设。同时，主管部门还通过实施出版业科技与标准创新示范项目，遴选出版业科技与标准重点实验室等工作，推进出版业科技创新的产业化应用，强化出版融合发展的科技创新支撑。上述工作在出版业"十四五"规划中也作为重点工作进行部署安排。

出版业"十四五"规划为全行业"十四五"时期发展提供了重要方向指引，也提出了更加明确的任务要求。按照规划部署安排，各出版单位也纷纷加强系统谋划、统一部署，完善推进新时期高质量发展、适应融合发展要求的顶层设计，绘制出版单位自身的"十四五"发展蓝图。出版单位普遍将提高数字化水平，推动深度融合发展，拓展新兴出版业务作为重点工作进行周密部署。

（二）加快推进精品内容建设，价值引领作用更加突出

2021年，立足于文化强国、出版强国建设，数字出版意识形态阵地属性更加突出，围绕宣传阐释习近平新时代中国特色社会主义思想、讲述中国共产党百年光辉历程和伟大业绩、弘扬社会主义核心价值观、传承中华优秀传统文化、传播普及科学文化知识，着力加强精品内容建设，社会价值引领作用日益显著。突出表现在主题出版数字化、融合化态势日益明显，以数字化、立体化、融媒化的呈现方式让党的声音传播得更远、更广，更富有感染力。在当年的"数字出版精品遴选推荐计划"和"全国有声读物精品出版工程"入选项目中，主题出版物占

据相当比重。如"习近平新时代中国特色社会主义思想概论课程精讲",采用专题模式,包括讲义、课件、视频等可视化示范教学资源,依托思政课教师网络集体备课平台、数字化教学平台和"学习思政课"App,服务党的创新理论研究阐释、党员思想教育,推进习近平新时代中国特色社会主义思想"三进"工作。[1] 湖南教育出版社的《精准扶贫路:赵家洼与赤溪》有声读物着眼于记录脱贫攻坚历史、讲好中国扶贫故事,以《十村记:精准扶贫路》丛书《赵家洼的消失与重生》《赤溪清水流》分卷为蓝本,与山西广播电视台、北京广播电视台及中国广播电视社会组织联合会有声阅读委员会联合开发制作,在山西广播电台综合广播、北京广播电台新闻广播、"学习强国"等平台上线。除了有声读物,《十村记:精准扶贫路》丛书也实现了融媒体出版,拍摄了同名电视宣传片播出,并在书中附以二维码,读者扫码即可观看专题片短视频。

2021年是中国共产党成立100周年。为迎接这一重要历史时刻,营造浓厚舆论氛围,做好舆论引导工作,国家新闻出版署从近年全国数字出版精品项目和有声读物出版精品的1 000多个入选项目里优中选优100个精品项目,组织包括中文在线、咪咕阅读、掌阅、微信读书、京东读书、喜马拉雅等数字阅读平台在内的19家平台,上线"读掌上精品 庆百年华诞——百佳数字出版精品项目献礼建党百年专栏",向社会公众免费开放100天,专栏包含数据库、AR出版物、融媒体出版物、有声读物等数字出版形态,涵盖主题出版、古籍出版、大众出版、教育出版、专业出版、少儿出版等各个领域,集中展示了数字出版讴歌新时代、满足新需求的优秀成果[2]。多家出版单位围绕建党百年这条主线,聚焦讴歌党的百年光辉历程和伟大成就、弘扬红色文化、传承革命精神等主题,打造主旋律数字出版产品。如解放军出版社打造的《星火燎原》系列融媒体产品,以图书、微视频、有声读物、动态沙画、动态漫画、H5、AR等融媒体元素让这部红色经典焕发了新的生命力,更加生动鲜活立体地展现革命征程,弘扬红色文化。该社特别邀请了朗诵和播音方面的专业人员,对图书中的重点篇章以单人演播、双人演播、多人演播等播诵形式进行诵读,制作成

---

[1] 中国人民大学出版社. 中国人民大学出版社连续三届入选数字出版精品遴选推荐计划[OL]. https: //news. ruc. edu. cn/archives/350103. 2021-10-26.

[2] 上观. 百佳数字出版精品项目献礼建党百年专栏上线仪式举行[OL]. https: //sghexport. shobserver. com/html/baijiahao/2021/04/13/406333. html. 2022-04-13.

130多个音频内容，有30个音频专为小学生制作①。浙江少年儿童出版社推出少儿主题出版物《中国有了一条船》，在策划之初就制定了融媒体出版计划，在推出纸质图书的同时，邀请浙江话剧团的专业演员对这部长篇励志诗歌录制了声情并茂的朗诵音频，有声书与纸质书同步上市，在喜马拉雅FM、"学习强国"App等多个平台上线发布②。

过去一年来，网络文学、有声读物等数字出版领域在书写时代精神、弘扬革命历史和中华优秀传统文化等方面积极作为。特别是有声读物成为生动宣传习近平新时代中国特色社会主义思想、讲述中国共产党百年光辉历程和伟大业绩、传承和发扬中华优秀传统文化、传播普及科学文化知识的重要手段，也成为主题出版融合发展的重要着力点。2021年全国有声读物精品出版工程入选项目中，包括《习近平新时代中国特色社会主义思想学习问答（有声版）》《习近平的七年知青岁月（有声版）》《中国共产党简史（有声版）》《写给青少年的党史（有声书）》《见证百年的科学经典（有声读物）》《大家写小书·马恩经典著作新读（有声书）》《乌篷里的红》等多个主题出版项目。

由此可见，步入新时代，数字出版在内容建设上更加注重思想价值、文化价值、时代价值与现实意义，数字出版不仅是满足人民群众精神生活需求的重要文化消费形态，也已成为凝聚人民精神力量、提供精神鼓舞的重要载体。

（三）全面深入推进融合发展，实现质量效益更大突破

2021年，出版业融合发展进一步全面深入推进，在流程、内容、技术、渠道、运营、管理等方面均取得积极进展，出版领域融合发展逐渐迈向深入拓展的新阶段。国家新闻出版署启动实施出版融合发展工程，优先实施数字出版精品遴选计划和出版融合发展示范单位遴选计划。数字出版精品遴选计划的20个入选项目和20个提名项目代表了当前我国出版融合发展的阶段性成果，出版融合发展示范单位遴选推荐计划入选的8家出版融合旗舰单位和12家出版

---

① 闫永春. 在赓续红色血脉中守初心担使命——《星火燎原》全新再版的实践与思考 [OL]. http://81.cn/jsjz/2021-12/17/content_ 10115859.htm. 2022-01-11.

② 楼倩.《中国有了一条船》：一部主题童书的融出版探索 [OL]. http://www.cptoday.cn/news/detail/12833. 2021-12-20.

融合特色单位则反映出我国出版融合发展的先进水平，具有较强的示范、引领、推广价值①。

过去一年来，着眼于新冠肺炎疫情防控常态化形势，出版单位加快推进出版融合发展的紧迫感进一步增强，积极顺应一体化发展需求，加强融合发展统筹布局，加大对数字化建设和新兴业务的投入部署。数字化建设和新兴出版业务在出版单位整体运营体系中占据更大比重。全面推进机构融合、业务融合、资源要素融合，加快着力构建传统出版与新兴出版一体化的内容生产传播体系、组织架构和运营管理体制，内容资源全产业链开发在出版单位中日益普遍。中国出版集团在选题策划环节起即树立融媒思维，通过对优质内容资源的深度挖掘与整合加工，进行多出版形态产品的同步策划、协同编创、一体开发。该集团打造的《幸福的末可可》融媒体系列绘本，包括绘本、交互书、电子书、有声读物、微网站、表情包等融媒体产品形态，构建多场景、多渠道出版传播运营体系②。如北京出版集团着力打造以传播国韵文化为主的戏曲类数字平台"国韵承传"、0—12岁儿童成长知识服务平台"育朵"、基于《北京古籍丛书》的"北京历史文献数据库"等产品，形成京版融媒体品牌矩阵。2021年，北京出版集团上线自有知识服务平台——"翻开"，涵盖电子书、有声读物、在线课程、电子期刊、直播活动等数字内容资源③。可以看到，出版单位在融合发展中更加注重优势资源的整合运用及品牌特色的强化。

过去一年来，出版业科技创新应用取得新突破，积极探索人工智能技术在出版流程中的深度应用，加快提升出版知识服务水平。2021年，中华书局古联公司利用人工智能技术，实现古籍文字识别、自动标点、繁简转换等功能，提高古籍整理效率④。上海辞书出版社打造的"聚典数据开放平台"，整合《汉语大词典》《大辞海》《英汉大词典》《中药大辞典》等权威工具书进行结构化加工，运用人工智能、自然语言处理和大数据分析等技术，构建系统的云端数

---

① 光明网．出版融合发展工程2021年度入选项目和单位发布［OL］．https：//m.gmw.cn/baijia/2021-10/22/35250495.html．2021-12-21．

② 陈晓．将内容优势切实转化为融合发展优势［OL］．http：//www.cnpubg.com/digital/2022/0714/58628.shtml．2022-07-14．

③ 养育科学研究院．北京出版集团董事长康伟：打造新时代中国一流的"出版+"集团［OL］．https：//new.qq.com/rain/a/20220527A09U0900．2022-05-27．

④ 洪涛．用数字技术"籍合"优秀典籍［OL］．http：//www.cnpubg.com/digital/2022/0415/58110.shtml．2022-04-15．

据仓库，采用以 API 调用为主的数据分发模式，提供词典查询、名著阅读、写作指导、经典讲析、传统文化学习等服务，满足用户多元化知识查验和阅读需求。①与此同时，出版业进一步开拓融合思路，运用先进技术，深挖内容资源，打造多形态创新、多媒体联动、多版权形式开发和多场景体验，打造有鲜明特色的出版 IP，积极开展跨界融合，努力提升版权价值。如中图云创和百年民族文化品牌荣宝斋合作的 5G 全景画卷张大千《华山云海图》，通过"5G + VR"技术将张大千笔下华山万千瑰丽的景象，鲜活地再现于虚拟空间之中，打造"有书、有景、有声、有色"的沉浸式、立体化、交互性体验。

为贯彻落实党中央、国务院的决策部署，2022 年 4 月中共中央宣传部印发《关于推动出版深度融合发展的实施意见》，对新时代深入推进出版深度融合发展作出全面部署，提出新要求，明确目标方向与任务路径。出版业备受鼓舞，积极行动，落实践行意见精神，深化融合发展认识，提高供给服务质量，提升科技创新与内容创新的融合力度，尝试打造产业协同创新发展新范式。这些举措为全行业加快融合发展进程注入了更强劲的动力，推动出版业融合发展迈向提质增效的新阶段。

（四）网络文学提质创新，题材模式实现拓展

2021 年，网络文学在高质量发展道路上持续迈进，精品化、产业化、生态化趋势日益明显。一方面，网络文学规模质量进一步提升。网络文学作品规模、作者规模和读者规模持续增长。据相关数据显示，2021 年，全国 45 家主要网络文学网站全年新增作品 250 多万部，存量作品超过 3 000 万部②。另一方面，全国 45 家主要网络文学网站新增注册作者 150 多万人，新增签约作者 13 万人，其中"95 后"和"00 后"作者成为网络文学创作重要的新生力量。自 2018 年以来实名认证的新作者中"95 后"占比近 3/4，达到 74%。2021 年我国网络文学读者规模突破 5 亿，达 5.02 亿人，同比增长 4 145 万人，占全体网民的 48.6%③。

---

① 上观. 聚典数据开放平台：为阅读赋能 为学习赋能 为搜索赋能 [OL]. https://sghexport.shobserver.com/html/baijiahao/2022/01/17/636349.html. 2022 - 01 - 17.
② 中国作家协会网络文学中心. 2021 中国网络文学蓝皮书 [OL]. https://view.inews.qq.com/a/20220822A02T4800. 2022 - 08 - 22.
③ 中国信息安全. CNNIC 发布第 49 次《中国互联网络发展状况统计报告》[OL]. https://baijiahao.baidu.com/s?id=1725995360605237824&wfr=spider&for=pc. 2022 - 02 - 28.

过去一年来，网络文学作品质量显著提升，突出表现在现实题材和科幻题材交相辉映。2021年，全国主要文学网站新增现实题材作品27万余部，同比增长27%，在主管部门、行业组织以及平台的积极引导下，网络作家弘扬主旋律传递正能量的主动性进一步加强，有越来越多的作者着眼于新时代，聚焦实现中国梦、党和人民的伟大奋斗历程、传承中华优秀传统文化、构建人类命运共同体等主题进行创作。2021年是中国共产党成立100周年，中国作协组织举办"百年百部"系列活动，得到近400名网络作家的积极响应和踊跃参与，聚焦书写党领导人民实现中华民族伟大复兴中国梦的重大事件和其中涌现的先进人物，创作一批反映中国共产党百年奋斗历程，聚焦弘扬党和人民在各个历史时期奋斗中形成的伟大精神的精品力作[①]。同时，中国作协组织全国30余家网络文学网站，遴选出500余部反映中国共产党百年奋斗历程的网络文学作品，以联展的形式向读者免费开放，网络文学价值引领作用日益凸显。2021年科幻题材同样表现亮眼，成为网络文学的重要类型，展现着网络文学的想象力和创造力。阅文集团、中文在线、点众科技等网站纷纷组织科幻题材征文比赛。2021年，全国主要网络文学网站新增科幻题材作品近22万部，同比增长23%，科幻作品累计超过110万部。以"Z世代"为主的年轻作者关注领域和兴起偏好更加超前，成为网络文学科幻题材创作和阅读的主力。

2021年，网络文学免费与付费模式持续并行发展，免费阅读平台成为网络文学市场重要的拉动力量。除了依靠用户的流量变现获取阅读收入，网站持续着力在网络文学IP开发运营方面寻求新的突破口。过去一年来，网络文学IP运营模式日益成熟，产业链条持续延伸。据《2021年中国网络文学版权保护与发展报告》显示，2021年，中国网络文学产业规模达358亿元，同比增长24.1%。此外，网络文学的IP全版权运营影响了游戏、影视、动漫、音乐、音频等合计超过3 000亿元的市场，网络文学及其IP运营对数字文化产业的影响范围接近40%。[②] 网络文学企业针对网文IP实施精细化开发，提升网文IP转化的质量和影响力。从阅文集团、掌阅科技、中文在线等网文企业的布局来看，网文IP质量水平在公司目标战略中的所占比重明显增加，对于IP评估、

---

① 人民日报海外版．庆祝建党100周年网络文学"百年百部"活动启动［OL］．https：//baijiahao．baidu．com/s? id=1694892987884960664&wfr=spider&for=pc．2021-03-22．

② 张鹏禹．网络文学版权保护迈上新台阶［OL］．http：//www.chinawriter.com.cn/n1/2022/0603/c404023-32437844.html．2022-06-03．

内容整合与改编制作等方面更加注重质量和创新，通过对精品 IP 进行系列化处理，强化 IP 改编的持久延续性，进一步扩大影响力。如《庆余年》改编影视剧后市场反响热烈，出品方继续整合制作资源开展第二部的改编与制作，有效延长了精品 IP 的价值周期和影响力。微短剧、剧本杀等文化新业态的涌现与发展，为网络文学 IP 开发开拓了新路径。微短剧中网络文学 IP 改编作品占比逐年提高，2021 年新增授权 300 余个，同比增长 77%，改编剧数量占比由上年的 8.4% 提升至 30.8%，同比扩大 226%。网络文学的提质创新给予了 IP 作品更大的表现空间，精细化、系列化的开发运用，也为产业赋能，创造更大版权价值提供了更多可能。

（五）重塑数字教育出版格局，积极探寻新赛道新路径

2021 年，我国数字教育用户规模约 2.98 亿人，较 2020 年减少了 0.44 亿人，同比下降 12.9%，用户规模出现近年来的首次下滑。2021 年全年数字教育总融资数 127 起，较 2020 年增加 16 起，但数字教育融资总额为 140.9 亿元，同比下降 73.88%。[①]

过去一年来，国家和有关部门出台了一系列政策，带来数字教育行业格局的深刻变革。特别是面向基础教育领域出台多项政策文件，对基础教育领域的数字教育也带来深远影响。2021 年 2 月，《关于大力加强中小学线上教育教学资源建设与应用的意见》出台，这是自 2000 年我国基础教育信息化正式启动以来，首个由教育部牵头、多部门联合印发的针对中小学线上教育教学资源建设与应用工作的规范性文件。意见提出到 2025 年中小学线上教育教学资源建设的基本目标，包括基本形成定位清晰、互联互通、共建共享的线上教育平台体系；覆盖各类专题教育和各教材版本的学科课程资源体系以及涵盖建设运维、资源开发、教学应用、推进实施等方面的政策保障制度体系。明确要求高质量开发资源，建立健全国家和省级中小学线上教育教学平台资源体系和运行机制。[②] 11 月，《提升全民数字素养与技能行动纲要》中强调，全面推进数字

[①] 网经社. 市场萎缩近 3 成 融资下降超 7 成 "双减" 下数字教育迎来至暗时刻［OL］. https：//www.sohu.com/a/532002156_120491808. 2022－03－23.

[②] 衢州市教育局. 解读《关于大力加强中小学线上教育教学资源建设与应用的意见》［OL］. http：//jyj.qz.gov.cn/art/2021/2/16/art_1229200024_2231424.html. 2021－02－26.

校园建设，建设一批智慧教室、智慧教学平台、虚拟实验室、虚拟教研室等，全面提升数字化水平，支撑引领教育信息化特色发展、高质量发展。[①] 2021 年 7 月，中共中央办公厅、国务院办公厅印发《关于进一步减轻义务教育阶段学生作业负担和校外培训负担的意见》（简称"双减"政策），对涵盖义务教育各学龄段、从学科教育到素质教育的校外培训行为，从合规审批、人才准入、资本运作、办学时间、教学内容和市场营销等多方面作出明确限制，针对校外教培市场，坚持从严治理的宏观政策导向。提出做强做优免费线上学习服务，线上学科类机构改为审批制，并对在线学习的内容、服务方式、收费、教授时限等方面都作出明确限定，提出要征集、开发丰富优质的线上教育教学资源，推动数字教育的精品化、专业化、规范化、标准化发展。同时，要求学科类培训机构一律不得上市融资，严禁资本化运作，对非学科类培训机构分类制定标准、严格审批。规范培训服务行为，建立培训内容备案与监督制度。"双减"政策的出台，对基础教育格局带来巨大影响。一方面，"双减"政策对学科类教培机构采取从严限制和管理，大量学科类教培机构退出市场、转换赛道。作为老牌教育培训机构，新东方的转型最受瞩目。2021 年 12 月，新东方在线在抖音平台推出"东方甄选"直播账号，新东方从教培转战助农电商直播，并因将知识与电商良好结合收获大量网民的青睐。仅仅半年的时间，东方甄选抖音账号粉丝已突破 2 000 万。相较于新东方在线由教培向直播电商的跨界转型大获成功有明显的个案特征，好未来的转型更具有代表性和可操作性。好未来主要在三个领域进行探索，一是从学科教育转向素质教育；二是整合 ToB 业务，推出新品牌——美校，为教育行业提供直播、教研、智能教学解决方案；三是布局智能教学硬件等产品。另一方面，"双减"政策对数字教育资源开发质量提出了更高要求，将推动基础教育领域的供给侧结构性改革，迈向高质量、规范化发展，同时，对在基础教育领域拥有优质资源优势的传统出版单位提供了重要发展机遇。"双减"政策让课外自主学习需求和家庭教学的需求不降反升，为出版单位布局提供了新思路，聚焦课外阅读、课后服务等领域提供教育服务，积极探索"书课互通""纸数融合"等课程服务新模式，研发评议教辅数字化提升系统、布局智能化教育数字终端产品。如上海教育出版社聚焦家庭教学研发

---

① 中国网信网. 提升全民数字素养与技能行动纲要-中共中央网络安全和信息化委员会办公室[OL]. http://www.cac.gov.cn/2021-11/05/c_1637708867754305.htm. 2021-11-05.

了"沪学习",涵盖课文点读、听读背诵、语音评测、口算练习等功能,服务于家庭场景中的学习自主学习①;河北教育出版社等出版社还着力策划开发自主兴趣阅读产品,打造阅读教育服务。

相较于基础教育领域的变化,2021年职业教育领域得到政策鼓励,成为数字教育发展的新热点。2021年6月,《职业教育法(修订草案)》初次提请全国人大常委会审议,草案中提出"职业教育与普通教育具有同等重要地位"。2021年10月12日,中共中央办公厅、国务院办公厅印发了《关于推动现代职业教育高质量发展的意见》,明确了职业教育在国民教育体系中的重要地位,提出优化职业教育供给结构;创新教学模式与方法,普遍开展项目教学、情境教学、模块化教学,推动现代信息技术与教育教学深度融合,为数字职业教育发展指明了方向。在政策鼓励支持下,数字职业教育市场呈现出蓬勃活力,突出表现在资本市场的不俗表现。2021年,职业数字教育融资金额61.93亿元,占数字教育融资总额的44%,在数字教育细分领域中排名第一。教育机构纷纷加大职业教育布局。如高途将职业教育和智能数字产品作为重点探索领域,上线"高途"App,涵盖语言培训、大学生考试、财经、公考、医疗等多个板块。同时,互联网营销师、在线学习服务师、区块链工程技术师等大批新职业不断涌现,职业培训需求日益增长,推动职业教育市场的细分,职业数字教育呈现出良好的发展潜力。

(六)加快构建全媒体营销体系,多元渠道打造全域流量池

2021年以来,伴随新冠肺炎疫情防控步入常态化,数字营销渠道的开拓和布局成为重点,出版机构用户服务意识日益提升,加快构建全媒体营销体系,抖音、快手、B站、小红书、微信公众号及视频号等成为出版机构吸引流量、聚拢流量的重要阵地。已有不少出版机构借助短视频、直播电商等方式,在带动图书销售、提升出版品牌影响力方面取得良好收效,出版单位线上营销逐渐常态化、体系化。以机械工业出版社为例,仅在2021年上半年,该社就开展了近300场直播活动,其中自播59场,带货金额超过60万元。2021年"双十

---

① 书香满溢. 2021 教育出版:放下该减的,放眼寻增量[OL]. http://news.sohu.com/a/508131087_121124744. 2021-12-14.

一"期间，抖音电商的图书销量同比增长194%。① 译林出版社在新媒体营销矩阵建设方面也卓有成效，重点发力视频营销和社群营销，在抖音、微博、微信公众号等8个主流平台开设各类账号30余个，据悉目前该社抖音号已超过16万粉丝，并且每周粉丝平均增长8 000人，下单率达到60%以上，粉丝黏性不断提高。译林出版社不断提高新媒体运营的专业化水平，一方面调整发行组织架构，组建独立且专业的直播营销团队和社群营销团队；另一方面，加大自营平台建设力度，上线自营电商ERP，加强销售业务物流仓储体系建设，特别是加强社群销售仓储物流管理，将社群销售的仓储、物流独立出来，以提高社群销售的后台服务能力。②

值得一提的是，不仅是专业类图书借助直播、短视频等新型营销模式促进销量增长，主题出版也借助新渠道和新模式，实现了影响力的显著提升。2021年6月，人民文学出版社举办了以"迎接建党百年，致敬光辉历程"为主题的2021年主题出版物推介会线上直播活动；中国社会科学出版社"习近平新时代中国特色社会主义思想学习丛书"电子书在16家网络传播平台同步上线，累计点击超过千万次。

除了短视频、视频直播外，2021年音频营销成为出版新媒体营销的一大亮点。2021年9月1日，蜻蜓FM出品谈话类音频节目"编辑来了"，邀请不同领域的主播与出版社编辑进行对话交流。相较于直播、短视频较强的带货目的，播客营销模式更加强调品牌符号和品牌价值的传递。播客解放了用户的双眼，让用户倾听和思考更加专注，而这种专注与阅读更加契合。通过制造话题，进行阅读感想、价值观、知识等内容输出，与读者之间建立起一种情感连接。中信、果麦文化等出版传媒机构都已经在播客方面逐渐探索特色化发展。果麦文化主理的播客"2040书店FM"，正是通过策划话题，在分享书中知识的同时，也分享主播对话题的理解，以及在栏目中分享的图书在认识问题和解决问题中发挥的作用，这种潜移默化的营销模式更容易被读者接纳。播客有利于帮助出版机构搭建私域流量，找到目标读者，提供精准服务。同时，播客具

---

① 王鹏飞，张宇新. 稳中有进新象更迭：2021年的出版策划、营销与运营盘点 [J]. 科技与出版，2022（3）：52-58.
② 程雪宏. 开启新媒体矩阵，译林社抖音直播新尝试 [OL]. http://www.cptoday.cn/news/detail/12694. 2021-12-13.

有较强的长尾效应,更有利于内容的沉淀①。

(七)走出去迈出稳健步伐,海外布局向纵深推进

2021年5月31日,习近平总书记在十九届中央政治局第三十次集体学习时强调,讲好中国故事,传播好中国声音,展示真实、立体、全面的中国,是加强我国国际传播能力建设的重要任务。当前,国家大力提倡发展数字文化贸易,网络文学、网络游戏等数字内容形态成为文化走出去的重要生力军,在构建中国话语和中国叙事体系,提升国际传播力和影响力,增进文明交流互鉴方面发挥日益重要的作用。

过去一年来,网络文学持续在讲述中国故事、传播中国声音方面展现积极作为。截至目前,中国网络文学共向海外传播作品10 000余部。其中,实体书授权超过4 000部,上线翻译作品3 000余部;2021年网络文学海外市场规模突破30亿元,海外读者达到1.45亿人。作为我国文化出海的国家队,五洲传播出版社瞄准阿拉伯和拉美地区缺少有实力的数字阅读平台的市场空白,自建that's books平台,目前该平台西语App下载量达到52万,用户覆盖墨西哥、哥伦比亚、秘鲁、智利等国家;阿拉伯语App下载量超过640万,用户遍及全球175个国家和地区,在阿拉伯本地数字阅读平台的排行榜位居第二。2021年,为迎接建党百年,五洲传播出版社精心挑选了《长乐里:盛世如我愿》《玉堂酱园》《人民医生》三部反映建党百年中国社会发展的现实题材网络文学作品,由阿拉伯译者、阿拉伯本土作家以及中国译者翻译为阿拉伯语版本在that's books平台上进行连载,上线四个月,点击量近60万②。五洲传播出版社还面向阿拉伯地区举办了that's阿拉伯网络小说创作大赛,该比赛是阿拉伯地区唯一的网络文学比赛,至今已连续举办五届,也是阿拉伯地区唯一通过网络征稿、网友参与评选与专家评选相结合的文学创作比赛,覆盖阿拉伯地区10余个国家2 000余万受众,成功地将网络文学这一中国特有的文化形态和文化模式在阿拉伯地区推广开来。2021年,点众科技在推动网络文学走出去方面也

---

① 果麦品牌组&2040书店元婴、玄机.直播之后,播客这种新的图书营销方式来了![OL]. http://www.cptoday.cn/news/detail/13098.2022-03-04.

② 艺绽.海外用户破亿!网络文学走出去,向世界讲好中国故事[OL]. https://view.inews.qq.com/k/20211013A02Q5C00?web_channel=wap&openApp=false.2021-10-13.

取得了较为亮眼的成绩。其国际数字阅读平台"Webfic"App已覆盖全球160多个国家和地区，提供英语、西班牙语、印尼语等10种语言版本，在拉美市场消费者支出排名中Webfic位列第四，是TOP5中唯一的中国平台。在印尼和菲律宾图书畅销排行榜中Webfic排名第二。2021年，点众科技联合北京出版集团和北京联合出版有限责任公司，开展"北京市优秀原创文学对外走出去"工作，挑选了《三叉戟》等6部文学作品在点众海外传播渠道进行推广，经过三个月用户总收藏量超过100万，总点击量达到950万余次。

近年来，游戏出海已成为中国游戏产业重要的增长点。2021年，国内自主研发游戏海外市场的实际销售收入达180.13亿美元，较上年增长16.59%。2021年我国游戏产品接触海外市场的国家和地区数量明显增多，出海产品的类型更加多元，其中策略、角色扮演、射击三类游戏是我国移动游戏出海的主力军，三类合计收入占比超过60%。中国移动游戏在海外市场竞争力进一步增强，2021年中国企业在美、日、英、德市场均有优异表现，在全球重要移动市场流水TOP100中，中国游戏企业和移动游戏产品的数量远超美、日、韩、英、德各国[①]。另有数据显示，2021年共有42款中国手游在海外市场的收入超过1亿美元，较上年增加5款[②]。

（八）产业保障体系不断健全，高质量发展基础更加稳固

2021年，以标准建设和版权保护为代表的数字出版产业保障体系进一步完善，为产业高质量发展保驾护航。

标准化工作在推进国家治理体系和治理能力现代化中发挥的基础性、引领性作用不断凸显。过去一年来，着眼于新时代新任务新要求，通过一系列重点举措，推动出版业标准化工作走向纵深，取得显著成效。一是开展出版业科技与标准创新示范项目试点工作，提升有关单位技术创新和标准应用的积极性。2021年国家新闻出版署推出的该示范项目分为优秀成果类与示范单位类两个类别，主要是面向新媒体技术在出版领域成功运用的科技创新成果和标准创新成

---

① 游戏智库. 2021国产游戏"大航海"：虽有变局，但步履不停［OL］. https：//view. inews. qq. com/a/20220107A0D45T00. 2022 - 01 - 17.
② Sensor Tower. 报告：42款中国手游2021年海外收入超1亿美元，美国为最大海外市场［OL］. https：//view. inews. qq. com/a/20220124A04TJI00. 2022 - 01 - 24.

果、具有行业转型和融合发展示范作用的单位、重点标准应用具有示范效应的单位，这一评选在行业内属于首次。二是标准牵头主持单位呈现广泛参与性。2021年下半年，经中国音像与数字出版协会团体标准化技术委员批准，共设立《基础教育视频教学资源格式》等8项团体标准，这些标准的牵头主持单位既有行业头部出版单位，也有高校及学术机构、民营公司，大幅提升了标准参与度、适用面。三是提升行业的标准实验验证能力和标准化落实服务能力。2021年2月，国家新闻出版署公布了42家获批的行业科技与标准重点实验室名单，这将有力助推出版业创新体系建设，增强标准化服务水平。四是数字出版标准化成果显著。全年发布了《数字版权保护 可信计数技术规范》（GB/T 40949—2021）等5项国家标准、《知识关联服务编码KLS》（CY/T 236—2021）等6项行业标准；《数字教材 中小学数字教材质量要求和检测方法》等3项国家标准获批立项、《中小学数字教材 管理与服务平台建设要求》等5项行业标准获批立项。这些标准涉及数字教材、网络游戏等热门领域，标志着数字出版标准化工作走向全域化。值得一提的是，2021年10月，《国家标准化发展纲要》出台，进一步明确将标准化提升到党和国家事业发展全局的战略高度，为新时期标准化事业发展提供了根本遵循，从标准供给侧改革、标准化全域发展、国内国际标准化工作以及标准化发展模式等层面，为当前和今后一个时期标准化工作改革提出了明确方向和主要任务。提出实施新产业标准化领航工程，推动平台经济、共享经济标准化建设，用标准化支撑数字化转型。该文件的出台为新时期出版标准化工作推进提出了更高要求。

数字版权保护对数字出版的保障作用进一步凸显。版权是数字出版业存在的基础。为保障作者、企业等各方利益，构建清朗气正的网络环境，多方力量不懈努力，共同推进数字版权保护工作。《中华人民共和国刑法修正案（十一）》和新修订的《中华人民共和国著作权法》正式实施、《最高人民法院关于审理侵害知识产权民事案件适用惩罚性赔偿的解释》的发布，强化了对数字版权的法律保护，加强了法律间的衔接，将网络信息传播权等纳入刑法保护范畴，提高了侵犯著作权罪名的法定刑上限。《数据安全法》和《个人信息保护法》的实施，引导数字版权企业增强个人信息和数据安全保护的法律意识，提高防护要求，规范保护措施，从而创造健康的行业发展环境。国务院反垄断委员会发布的《关于平台经济领域的反垄断指南》，为数字版权行业反垄断提供重要依据，国家市场监管总局依法责令腾讯等公司解除独家音乐版权等，这将有利于防范互联网内容平台垄断地位的形成与强化，使非独家版权成为常态，令版权价格处于合理区间。国家版权局和文旅部联合印发的《关于规范卡拉OK领域版权市场秩序的通知》，就卡拉OK领域集体管理活动提出8项措施，兼顾权利人、使用者各方利益，有利于推动卡拉OK行业发展。工信部针对互联网行业屏蔽网址链接等不兼容行为开展的专项整治行动，为数字版权的流通与变现创造了有利条件。"剑网2021"专项行动聚焦短视频、网络直播、体育赛事、在线教育等领域，打击这些领域的侵权盗版行为，共删除侵权盗版链接119.7万条，关闭侵权盗版网站、App1066个，进一步净化了网络环境。在社会保护方面，中国网络视听节目服务协会发布《网络短视频内容审核标准细则（2021）》，腾讯等长视频平台、从业者等发布倡议书，均聚焦于影视行业的"二次创作"，抵制未经授权、随意剪辑、搬运等短视频侵权行为，这表明数字内容行业对侵权行为的抵制态度，保护原创的意识正在转化为积极行动，将推动版权行业实现健康有序发展。

（九）管理规范进一步强化，行业治理体系日臻完备

数字出版经过多年发展，已由追求规模增长向高质量发展转变，由内容资源数字化向全方位数据化变革。2021年，为规范数字出版行业发展、提升行业治理体系和治理能力，主管部门着力补短板、堵漏洞、强弱项，聚焦重点领域和关键环节，健全行业规范制度，强化行业治理水平。

一是以"制"促"治"，提升基础管理能力。继续切实落实属地管理部门和主管主办单位、出版单位、网络平台责任，严守把关制度，将先审后发、三审三校制度贯彻到位，从源头保证内容导向正确、基调健康。注重制度的有效执行，将提高行业内各部门、各主体治理意识，推动行业正本清源，为行业治理水平的提升奠定基础。二是以"规"立"纲"，强化行业治理理念。2021年，相关主管部门立足各自职能，发通知、出意见、定办法，为行业治理树边界、明范畴，多方面推出行业治理举措，使行业治理理念更加入脑入心。国家互联网信息办公室发布的《关于进一步压实网站平台信息内容管理主体责任的意见》，明确指出网络平台是信息内容管理的第一责任主体，肩负弘扬正确价值取向、保障内容安全和维护网民合法权益的重要职责，从四个维度对把握主

体责任进行内涵阐释，首次系统地将网站平台信息内容管理责任工作要求概括为社区规则、账号管理、内容审核、内容质量、内容传播、功能管理等9个方面。该意见出台有助于网站平台进一步深化对主体责任的认识与理解，准确把握信息内容管理工作要求。国家网信办针对算法的不合理应用所带来的挑战，印发《关于加强互联网信息服务算法综合治理的指导意见》，提出从强化企业主体责任、强化行业组织自律等6个方面健全算法安全治理机制，从有序推进算法备案工作、持续推进监管模式创新等5个方面构建算法安全监管体系，从树立算法正确导向、防范算法滥用风险等4个方面促进算法生态规范发展。这为促进算法健康、有序、繁荣发展，为建设网络强国提供有力支撑。网信办、公安部等七部委为加强网络直播营销管理，联合印发的《网络直播营销管理办法（试行）》，强调了直播营销平台的主体责任，提出直播平台应建立的机制和举措，强化信息内容管理、个人信息管理等，营造良好网络生态。上述政策文件与国家新闻出版署发布的《关于进一步严格管理切实防止未成年人沉迷网络游戏的通知》一起，从不同的层面，共同为未成年人安全用网、合理用网提供了保障。三是加强重点环节、重点领域治理。加大对网络游戏监测巡查力度，升级网络游戏实名验证系统，从严从快处理违法违规行为；推动重点网络文学企业切实落实内容管理要求，推进选题论证和内容把关机制的建立；跟进元宇宙、"剧本杀"等新领域，依法纳入数字出版管理，助推其实现健康、规范、有序发展。

四、中国数字出版产业问题与对策分析

2021年是"十四五"开局之年，也是谋篇布局、开启五年新征程的关键一年。在新冠肺炎疫情防控常态化形势下，数字出版产业在持续释放发展活力的同时，也暴露出一些问题和短板。主要表现为出版融合发展全局性战略谋划需进一步加强、内容建设需进一步推进、科技创新及应用能力需进一步提升、数据资源体系需进一步构建、公共文化服务供给能力需进一步提高、"走出去"需进一步走向深入、行业治理需进一步加强、人才队伍水平需进一步提升等。未来，数字出版要深入推进融合发展、实现高质量发展，需要把握好新时期新

形势下的新定位，立足产业发展实际，寻求新路径、实施新对策。具体而言，中国数字出版需要在以下几个方面着力。

（一）提高站位认识，加强出版融合发展战略谋划

面向"十四五"，加快推进融合发展是推动文化强国、出版强国建设，实现出版业高质量发展的必由之路，是出版业壮大主流思想舆论阵地，更好担负"举旗帜、聚民心、育新人、兴文化、展形象"使命任务的必然要求，也是出版单位提升传播力、影响力、公信力、竞争力的必要选择。从"转型升级"到"融合发展"再到"深度融合"，数字时代出版业高质量发展的目标方向日益清晰。《关于推动出版深度融合发展的实施意见》出台，与出版业"十四五"时期发展规划互为支撑，推进出版业融合发展的顶层设计趋于完善，任务要求更加明确。

出版业要持围绕中心、服务大局，充分认识深度融合发展的重要意义和作用，深刻认识出版深度融合发展的重要性、必要性和紧迫性，从而进一步解放思想、提高站位、深化认识、凝聚共识，并把思想意识切实转化为行动力。出版单位要进一步克服"等、靠、要"的惰性心理，摒除"合而不融"的局面，在理念思路、方法手段、体制机制等方面持续创新。一方面，深刻把握出版深度融合发展的总体要求、基本规律和内在逻辑，对标中央精神和相关政策部署安排，把深度融合发展作为当前乃至今后一段时间目标和任务进行系统谋划，坚持立足当前、着眼长远，聚焦重点问题和关键环节，加强前瞻性思考、全局性谋划、战略性布局、整体性推进。按照整体推进、重点突破、精准发力的工作思路，科学制定符合自身发展定位的短期、中期和长期规划，明确融合发展的路线路、任务书和时间表。另一方面，从组织架构、内容生产、业务结构、平台建设、流程管理、渠道运营等方面，加快健全与出版深度融合发展需求相适应的体制机制，在制度、资金、人才等各方面加大对融合发展的支持力度，全方位推进机构、业务、资源要素的全方位、常态化、深度化融合。

（二）加强内容建设，巩固数字时代宣传思想主阵地

着眼于文化强国、出版强国建设，以及新冠肺炎疫情防控常态化形势下人们日益丰富的数字内容消费需求，对于出版内容供给质量提出了更高要求。出版业发展的核心根本在于内容建设。出版业"十四五"规划中提出深入推进数

字出版供给侧结构性改革，以实施重大出版融合发展项目、文化传承融合出版项目、数字内容精品工程等重大工程项目为抓手，着力打造导向正确、内容优质、创新突出、双效俱佳的数字出版产品和服务。《关于推动出版深度融合发展的实施意见》对于出版深度融合发展的内容建设提出了更加明确的要求。巩固壮大数字时代出版主阵地，要大力实施精品战略，始终坚持内容为王的出版理念，服务党和国家工作大局，丰富人们精神文化需求，重点围绕宣传阐释习近平新时代中国特色社会主义思想、展示新时代伟大成就和精神风貌、弘扬传承中华优秀传统文化、促进经济社会高水平，服务高水平学术研究、引导青少年成长等方面，构建导向正确、主题突出、质量上乘的出版融合发展内容精品体系。一是加强内容建设统筹策划，加强内容资源和编辑把关，优化内容结构和产品结构，提升内容资源整合运用水平，在不同领域打造一批突出思想引领、彰显主流价值、富有文化内涵、产生广泛影响、双效突出的项目；二是创新内容呈现传播方式，创新内容资源的呈现表达方式，打造更多符合信息传播特点规律，适应数字时代舆论生态、文化业态、传播形态，满足用户信息获取的需求和喜好的产品和服务，增强出版产品的表现力、感染力；三是加强品牌建设，基于优质内容，打造产品线，构建优质产品矩阵，延长优质内容的生命周期，打造一批立得住、叫得响、传得开的优质品牌和拳头产品。网络文学、网络游戏、有声读物等数字出版平台，要进一步强化社会价值引领作用，积极对接优秀现实题材和历史题材网络文学出版工程、有声读物精品出版工程、主题游戏出版工程，加强优质内容储备，要积极参与主题出版和重大主题宣传工作，在弘扬社会主义核心价值观、传承中华优秀传统文化、引导青少年身心健康发展等方面发挥更加积极的作用。

（三）强化科技创新，加快产业化场景化应用落地

当前，以5G、大数据、人工智能、物联网、区块链、虚拟现实为代表的信息技术快速发展，催生新形态、新模式、新场景，与出版业相加相融，提高了出版服务的智能化和个性化水平，推动出版业质量升级、效率升级和动力升级①。对于出版单位而言，出版高质量和深度融合发展对基于技术创新的数

---

① 杜方伟，方卿. 从"相加""相融"到"深融"——出版融合发展战略历程与展望[J]. 出版广角，2022（5）：7-12.

字化解决方案有了更为迫切的需求。科技应用水平决定着出版单位出版服务的供给水平，也决定着其发展方式和发展水平。一方面，出版单位要充分发挥行业科技创新应用的主体作用，加大对前沿技术、关键技术的关注投入力度。另一方面，在技术应用上，出版单位需要结合自身业务特点和融合发展需求，进一步厘清技术需求，明确技术路标，进一步提高对技术的驾驭能力。

迈入深度融合发展新阶段，对出版业科技创新应用水平提出了更高要求。《关于推动出版深度融合发展的实施意见》提出，要着眼于适合管用，充分挖掘满足出版融合发展业务需要的各类适配技术，打造出版融合发展新产品、新服务、新模式。对于成熟技术，出版单位不仅要做到会用、能用，更重要的是要做到适用、好用、管用，实现技术与内容、产品、业务、场景的良好适配，让技术为内容、产品、品牌乃至全业务、全流程、全链条提供有力支撑。对于前沿技术，要加强基础性研究、前瞻性研究和战略性研究，在保持对新技术的敏感度的同时，不要盲目冒进地进行技术投入，过于追求高端和前沿，而是要充分考虑技术与自身业务的适配性，结合技术的前瞻性和成熟度，以及自身的研发与应用能力。综合运用云计算、大数据、人工智能、区块链等技术，重塑生产运营流程、创新服务模式，构建智能化的生产体系、服务体系与管理体系；灵活运用虚拟现实、增强现实、混合现实等可视化技术，打造多维化、立体化、强交互性、虚实结合的体验场景，增强优质内容表现力。出版单位要充分借助现有的较为成熟的技术平台，强化重点实验室作用职能，进一步加强与高等院校、技术企业、科研机构等创新力量合作，通过搭建技术创新应用研发中心、技术协同创新平台、科技创新孵化中心等科技创新支撑平台，健全出版科技创新协同机制，加快构建以企业为主体、市场为导向、产学研用相衔接的技术创新体系。

（四）重视数据价值，推进出版数据资源体系建设

党的十九届四中全会首次将数据作为新的生产要素。2020年5月，数据作为新型生产要素，被正式写入《中共中央国务院关于构建更加完善的要素市场化配置体制机制的意见》，明确提出加快培育数据要素市场，标志着数据与土

地、劳动力、资本和技术等要素居于同等地位，成为数字时代重要的生产要素和战略资源。2022年1月，国务院印发《"十四五"数字经济发展规划》，明确指出数字经济是继农业经济、工业经济之后的主要经济形态，是以数据资源为关键要素，以现代信息网络为主要载体，以信息通信技术融合应用、全要素数字化转型为重要推动力，促进公平与效率更加统一的新经济形态。2022年4月，中共中央、国务院发布《关于加快建设全国统一大市场的意见》，再次强化了数据作为生产要素的重要性，明确提出要加快培育数据要素市场，推动数据资源开发利用。数据对于产业的赋能、赋值、赋智作用日益凸显。2022年6月，中共中央办公厅、国务院办公厅发布《关于推进实施国家文化数字化战略的意见》，明确提出推动文化机构将文化资源数据采集、加工、挖掘与数据服务纳入经常性工作，延展文化数据供应链，鼓励文化知识数据的资产性转化。发展壮大数据资源要素，成为推动文化产业质量变革、效率变革、动力变革的重要支撑，这一理念正在成为普遍共识。数据对于出版单位提高生产能力、运营能力及治理能力而言都至关重要。

数据是数字经济时代重要的生产要素，是构建新发展格局的重要支撑。随着出版业融合发展的日趋深入，数据积累日益增多，数据的复杂性和关联性也日益增强，无论从加强对市场需求把握的角度，还是从提高生产效率和供给水平的角度，又或是从优化管理方式和运营模式的角度，都要求出版单位提高数据资源管理能力，加强数据资源的有效利用，挖掘释放数据价值。一是加强数据基础设施建设。加快资源数据化，加强文字、图表、音频、视频等出版内容资源的结构化处理和储存，并将内容资源进行分类和抽取，形成知识数据元库，构建知识图谱，打造数据资源池，从而提高出版单位的数字资源整合管理水平。二是畅通出版单位的各项业务和各个环节。通过搭建数据中台和业务中台，实现出版单位业务、编辑、制作、传播、营销等各个环节产出数据的实时互通共享，实现信息对称，为出版单位开展业务布局、资源配置和制定相关战略及重要决策提供数据支撑，构建共享、安全、标准、统一的数据管理体系、数据运营体系和数据服务体系。三是加强外部数据的采集与挖掘，出版单位不仅可精准洞察市场需求，实现供需精准匹配。还可以有效提升市场风险应对能力。四是注重数据运用与价值转化。出版单位可从海量大数据中提炼应用场景，拓展出版知识服务业务范畴，拓展出版数据供应链，加强数据价值的挖掘运用，建立"数据即服务"思维，积极探索跨行业、跨领域的数据交易，推进资源数据分享和开发，提供高附加值的数据服务，实现数据资源向数据资产的转化。同时，随着数据不断积累和数据需求的日益增多，出版单位还应建立专门的数据分析团队，提高数据分析、管理的专业化水平，支撑业务和职能部门的数据应用需求①。

（五）健全服务体系，提高数字公共文化供给水平

数字公共文化服务体系是公共文化服务体系的重要组成部分，也是数字出版事业属性的集中体现。《关于推进实施国家文化数字化战略的意见》中提出到"十四五"时期末，基本建成文化数字化基础设施和服务平台，公共文化数字化建设跃上新台阶，形成线上线下融合互动、立体覆盖的文化服务供给体系，对今后一段时间数字公共文化服务体系建设提出了目标要求。《"十四五"文化发展规划》中明确提出公共文化服务的覆盖面和实效性，对文化服务体系建设作出具体部署，要推动公共文化数字化建设，提升公共文化数字化水平，提升基本公共文化服务标准化均等化水平。

伴随我国步入全面建设社会主义现代化国家新征程，数字出版要自觉肩负起高扬思想旗帜、强化价值引领、激发奋斗精神，建设中华民族共有精神家园，推进文化铸魂，增强全民族的凝聚力、向心力、创造力的使命任务，以提高全民网络文明素养，促进数字公共服务公平普及为着眼点，加快推进数字公共文化服务体系建设，在促进精神生活共同富裕中展现积极作为，为人民群众提供更加充实、更为丰富、更高质量的精神文化生活。一是提高公共文化数字资源建设水平，优化数字公共文化服务供给结构，提高供给质量，持续丰富公共出版资源的呈现和服务方式。注重分众化、差异化、精准化数字公共文化服务供给，顺应移动化、视听化、交互化等数字阅读新趋势。从资源建设、内容分发、阅读体验等方面，关注不同群体的文化需求和阅读喜好，提供有针对性的数字公共文化内容及服务，切实增强人民群众的文化获得感、满足感和幸福感。加强精品内容推荐，针对青少年、老人、视听障碍者、少数民族等不同群体，开展针对性、专业化的数字阅读推荐及数字阅读推广活动。围绕网络文

---

① 中国新闻出版广电报.深挖内生动力 推动出版数据化转型［OL］http：//www.whcxgc.com/home/viewinfo/1594889957098/．2020－07－07．

学、有声读物、知识服务、动漫游戏等领域，优化各类排行榜单和作品推荐机制。二是加强数字公共文化服务设施建设，加强公共文化服务基础设施效能。充分发挥数字化方式在全民阅读工作中的引领作用，提高全民阅读服务平台建设水平，打造内容资源优质丰富、功能齐备、特色鲜明、方便快捷、覆盖城乡的公共文化服务平台。借助大数据、人工智能等技术，提高数字公共文化服务精准化、智能化、专业化水平。推进数字农家书屋的智能化升级改造，增强数字农家书屋建设效能，实现数字农家书屋供给与农民群众精神文化需求的精准适配。三是创新数字公共文化服务工作机制。进一步优化政府向社会购买公共数字文化服务机制，优化购买流程，创新购买方式，提高购买服务质量。健全政府主导、部门协同、全社会广泛参与，权责分工明确、统筹推进的数字公共文化服务体系共建机制。鼓励出版单位和新兴出版平台企业等社会力量积极参与提供数字公共文化服务，逐步构建多领域、多层次、多方式的数字公共文化服务供给体系。健全数字公共文化服务需求采集、效果反馈和评价机制，通过实施数字公共文化服务优秀案例评选活动，推动数字公共文化服务模式不断创新。

（六）加快推进"走出去"，着力提升国际传播能力

在全球新冠肺炎疫情常态化和世界百年未有之大变局交织的复杂形势下，加强国际传播能力建设的任务更加紧迫。习近平总书记强调，讲好中国故事，传播好中国声音，展示真实、立体、全面的中国，是加强我国国际传播能力建设的重要任务。党和国家层面大力提倡数字文化走出去。2022年8月，商务部、中央宣传部等27部门联合印发《关于推进对外文化贸易高质量发展的意见》，旨在推进对外文化贸易高质量发展，构建新发展格局和文化强国建设，针对大力发展数字文化贸易作出具体部署，提出积极培育网络文学、网络视听、网络音乐、网络表演、网络游戏、数字电影、数字动漫、数字出版、线上演播、电子竞技等领域出口竞争优势，提升文化价值，打造具有国际影响力的中华文化符号，对数字出版加快走出去提出明确要求。

步入新时期，作为文化的生力军，数字出版在国家文化大数据战略背景下，要加快推进"走出去"，在提高国际传播影响力、中华文化感召力、中国形象亲和力、中国话语说服力、国际舆论引导力方面承担起更重要的任务，在构建人类命运共同体中展现积极作为。一是加强数字出版"走出去"内容建

设。加强统筹部署，进一步优化"走出去"选题结构，充分依托丝路书香出版工程、经典中国国际出版工程、中国当代作品翻译工程等国家出版走出去重大工程项目，在电子书、专业数据库、有声读物等领域打造一批代表我国先进文化水平的数字出版精品；在网络文学、网络动漫、网络游戏等领域，要进一步提升讲故事的本领，大力推进弘扬社会主义核心价值观、弘扬中华优秀传统文化、有鲜明中华文化符号的优秀网络文化作品"走出去"。积极推进同一主题作品以电子书、动漫、游戏、影视、有声读物、电竞赛事等多种版权形态和途径向海外输出，增强优质内容的传播力和影响力，打造国际品牌。二是加强国际市场研究，加强对海外读者的阅读喜好和文化习惯，在输出内容和输出方式上注重满足不同区域、不同国家、不同群体的阅读喜好、阅读习惯、阅读需求，实现中国故事和中国声音的世界性表达、差异化表达、分众化表达，增强海外传播的亲和力，从而提升海外传播的质量效果。三是拓展走出去渠道。深化数字出版国际交流合作，加强与海外出版机构、媒体平台、活动平台、社交平台等合作。有条件的出版单位可通过搭建海外传播平台、组建"走出去"团队、设立海外分支机构或开展海外投资等手段，深化本土化战略，实现数字出版从内容、产品，再到版权、品牌、企业、模式的全方位"走出去"，推进数字出版"走出去"迈向更高水平、更深层次。

（七）健全质量管理，完善行业治理体系和治理能力

数字出版高质量发展需要与之相适应的质量保障体系。加快健全数字出版内容质量管理机制，是推动数字出版高质量可持续发展的重要保障。要秉承网上网下同一导向、同一标准、同一尺度的原则，依照图书出版管理规定、网络出版服务管理规定等规范要求，重点围绕网络文学、网络动漫、网络游戏、数字音乐等领域，把握数字出版和传统出版在审校流程方面的异同，明确数字内容质量管理审核的方法与流程，建立数字内容质量审核评价标准及管理规范。在审核方式上，由于网络出版作品内容生产量大、传播速度快、范围广，单纯依靠人工审核，无法满足审核业务需求，需要借助自然语言理解、语音识别、图像识别、区块链、大数据等技术，采取"机器+人工"的双重审核方式。在人工审核方面，传统出版单位和新兴出版平台企业要加强合作、优势互补，可充分发挥传统出版单位在政治导向和内容质量把关方面的专业优势，新型新兴

出版企业则充分发挥技术平台优势，共同建立完备的数字出版内容质量管理机制，需组建主管部门授权认证的第三方数字内容审核机构，由权威、专业的内容审核团队，搭建数字内容审核平台，构建资源库、语料库、规则库、专家库。同时，要进一步压实网上出版有关单位和平台的主体责任，强化分级分类管理，改进创新内容审核管理方式，强化数字内容审核把关机制。在制定行业相关规范制度上，主管部门需加强对新兴业态的研究，如剧本杀、数字藏品等为代表的新兴领域，将其纳入研究视野与管理范畴，加快相关规范制度的研究制定，加强有效监管和科学引导。以数字藏品为例，主管部门要加强数字藏品出版资质管理，尽快建立数字藏品交易平台的准入制度，加快建立相关标准及规范共识，严格数字藏品作为出版物的出版发行审查机制，建立数字藏品身份管理、平台交易、维权和监管机制。利用技术手段，提高交易透明度、促进证据完整性，确保数字藏品内容安全、消费者交易安全和数据流动安全①。

　　随着新修订的《著作权法》实施，数字版权得到更加有力的保障。当前，版权资产已成为出版业乃至文化产业最重要的资产之一。对数字版权作品的创造、运用、管理、保护，是数字版权产业可持续发展的核心要义。《"十四五"文化发展规划》提出，要推动完善文化企业无形资产评估、确权、登记、托管、流转等服务体系，鼓励无形资产评估、流转和抵质押融资。着眼于知识产权强国建设，研究制定数字内容版权价值评估标准体系的重要性、必要性日益凸显。应加速构建以数字版权为核心的内容权属透明机制，强化生态服务链条完整性，构建全媒体数字内容从生产到交易，再到传播和消费等环节的完整链条。根据不同数字出版领域特性，分领域研究建立数字内容版权价值评估指标体系，兼顾定量与定性，建立数字版权资产价值评估体系，构建数字版权资源库、作者库、专家库，促进版权资产安全、自由、有序流通，构建数字版权注册登记、资产价值评估、交易撮合的版权运营体系。

（八）推进人才建设，展现数字出版第一资源优势

　　习近平总书记强调，人才是第一资源。数字出版事业与产业高质量发展离

---

① 王娟. 数字藏品野蛮生长，行业亟待合规监管 [OL]. https://mbd.baidu.com/newspage/data/landingsuper? context = %7B%22nid%22%3A%22news_ 9810459242686490648%22%7D&n_ type = －1&p_ from = －1. 2022－07－12.

不开人才的重要支撑。出版业深度融合发展对人才队伍建设提出了更高要求，出版业"十四五"规划和《关于推动出版深度融合发展的实施意见》都对未来一段时间出版人才队伍建设作出集中部署，提出具体任务要求。数字出版需按照全方位培养、引进、用好人才的原则要求，进一步健全人才培养体系、使用体系和管理机制，优化行业人才结构，打造与出版业高质量发展和深度融合发展相适应、相匹配的高水平人才队伍，为出版强国建设目标筑牢人才基石。

一方面，进一步健全人才培养体系。出版业需立足当前，着眼长远，做好人才需求盘点工作。以实施出版融合发展优秀人才遴选培养计划为抓手，分批遴选出版融合发展一线骨干，对思想政治素质过硬、创新创造能力突出、具有表率作用的优秀人才进行重点培养。出版单位要充分发挥人才建设的主体作用，健全人才培育培养机制。重点围绕内容策划、产品设计、技术创新、版权运营、全媒体营销、走出去等方面，制定清晰详细的人才培养方案。完善人才培养课程体系，兼具思想政治素养和专业业务能力。把党的政治建设摆在人才建设的首要位置，进一步强化数字出版从业者政治意识和思想道德培育，进一步提升政治素养和思想觉悟，建立党的理论创新成果、习近平总书记系列重要讲话精神、重大政策方针、法律法规等数字出版人才特别是内容编辑、审核人才的常态化培训机制，提高数字出版人才的政治敏锐力、政治鉴别力、政治领悟力和政治执行力，从而更好践行新时代网络文明建设者和意识形态阵地把关者职责使命。网络文学、有声读物、网络游戏等新兴出版平台企业要加强内容编辑审核队伍建设，打造一支政治素养高、业务能力强，与其生产规模项匹配的内容编辑审核队伍。结合出版业深度融合发展的要求，加快培养创新型、技能型人才。出版单位可通过轮岗、选派交流、技能竞赛等手段，创新人才培养模式，促进人才的知识更新和技能提升，着力培养"一专多能"的复合型人才。构建新时代出版融合发展人才培养体系，基于出版融合发展新趋势与新需求，持续推进出版学科建设，支持出版单位与高校、科研单位等部门，共建出版融合发展人才培养孵化基地，不断创新人才培养校企合作新模式。2022年9月，国务院学位委员会、教育部发布《研究生教育学科专业目录（2022年）》。"出版"进入新版学科专业目录，位于"05 文学"门类下，目录代码为0553，出版专业人才培养可授予出版博士专业学位，为出版高层次人才培养奠定了坚实基础，标志着出版学科建设迈上了新台阶，出版高端人才培养驶入快车道。

同月,数字出版编辑被列入国家职业分类大典,成为国家认证的职业,将推动我国数字出版人才队伍迈上新台阶。出版业应以此为契机,进一步充实出版学科理论体系和知识体系,持续创新研究方法和范式[①]。另一方面,持续深化出版业人才发展体制机制改革,健全人才发现、评价、考核、激励机制,健全人才选用育留制度体系。一是创新人才选拔使用机制。充分发挥重大课题项目对于发现人才、锻炼人才的积极作用,创新人才选拔方式,出版单位可通过揭榜挂帅、赛马制度等手段,在重大任务、重大工程、重点项目中打造高端人才和领跑团队。激发人才创新活力,营造优秀人才脱颖而出的环境,为优秀数字出版人才提供更多施展能力的平台。二是健全数字出版人才评价激励机制。以创新能力、质量、实效、贡献为导向,健全数字出版人才评价指标体系。在人才引进、绩效考核等方面,加大对出版融合发展和新兴出版等相关业务的支持力度,对于重点领域、重点岗位和行业急需紧缺的特殊人才实施特殊政策。三是健全数字出版人才评价体系和考评机制。按照《关于深化出版专业技术人员职称制度改革的指导意见》要求,明确数字出版人才所需具备的能力要求,健全符合数字出版人才职业特点的职称制度,为数字出版人才职业成长建立更加畅通的渠道,从而提升数字出版人才的职业归属感、责任感与自豪感。

五、中国数字出版产业趋势分析

伴随文化强国、出版强国建设基础不断夯实,新冠肺炎疫情防控常态化催生人们文化消费新需求,文化新业态、新模式不断涌现,出版业深度融合发展加快推进,数字出版作为文化发展的重要动能,产业价值和社会价值不断释放,产业生态持续演变。数字出版作为新时期思想文化宣传主阵地,意识形态属性日益凸显,社会价值引领作用持续显现;出版深度融合发展布局日臻完整,框架体系渐趋完备;受教育深化改革影响,数字教育生态格局将面临重塑;数字内容风控日益引起全行业高度重视;科技对产业发展的支撑作用不断增强,出版科技融合创新体系加快构建;国家文化大数据战略加快推进,数据

---

① 王少波. 进入教育部最新学科专业目录,"出版"将构建更深蓄水池 [OL]. http://www.cppagy.com/xwdtxq.html?newsId=2c91f5da8224f7560183547a02c50308. 2022-09-19.

对产业赋能作用日益提升；数字内容产业格局重塑，多个领域将迎来重要拐点；元宇宙从概念到应用场景将为数字内容产业开拓发展新空间。具体到未来一年，我们有望看到数字出版产业呈现以下发展趋势。

（一）意识形态主阵地地位更加凸显

数字出版在引导社会主流价值、满足人们精神文化需求中日益发挥重要作用，已经成为意识形态主阵地。《关于推进实施国家文化数字化战略的意见》中强调以习近平新时代中国特色社会主义思想为指导，深入贯彻落实党的十九大和十九届历次全会精神，坚持马克思主义在意识形态领域的指导地位，凝魂聚气、强基固本，发展中国特色社会主义文化，建设中华民族共有精神家园，推动中华民族最基本的文化基因与当代文化相适应、与现代社会相协调，维护国家文化安全和意识形态安全，这是推进实施国家文化数字化战略的核心要义，也是数字出版高质量发展需要遵循的根本要求。出版业"十四五"规划提出，将通过实施重大出版融合发展项目、文化传承融合出版项目、数字内容精品出版工程等一批重大工程项目，强化社会主义核心价值观引领，弘扬正能量、唱响主旋律。将通过深化实施优秀现实题材和历史题材网络文学出版工程、有声读物精品出版工程等，引导新兴出版产品积极弘扬社会主义核心价值观，传播中华优秀传统文化。特别是将实施主题游戏出版工程的实施，这将成为引导游戏高质量发展的重要方向。《关于推动出版深度融合发展的实施意见》也要求有效巩固数字时代发展主阵地，始终用主流价值引领网络出版舆论，扩大主流价值影响力版图。意味着数字出版正在成为承载社会主义核心价值观的重要载体，在主题出版和重大主题宣传中将发挥日益重要的作用。特别是2022年将迎来党的二十大召开，围绕这一主题主线，将涌现出更多讴歌党、讴歌祖国、讴歌时代，彰显中国特色社会主义伟大实践和卓越成就，深入挖掘中国精神文化内核、传播当代中国价值观念的数字出版精品。从近年来主题出版发展状况来看，已经呈现出明显的融合化趋势，产品结构类型日益多元，不仅通过纸质图书出版，还通过电子书、有声书、AR图书等多种形态传播，实现数字化、立体化呈现，让主题出版更具感染力。通过主题出版大众化、市场化发展，大力弘扬以伟大建党精神为源头的中国共产党人精神谱系，将党的声音传得更开、传得更广、传得更深入。同时，主题出版的深度融合发展，将促进传统出版单位、主流媒体与新兴数字内容平台之间进一步加强互动合作，围绕主题出版和主题主线宣传工作实现联动协同，在网上网下营造团结奋进舆论氛围。

（二）出版深度融合发展布局趋于完整

2022年4月《关于推动出版深度融合发展的实施意见》的出台，为出版业融合发展提质增效指明了方向，提出了明确要求，作出了全面部署安排，出版业加快融合发展有了更加清晰的路径和抓手。该意见是自出版工作职能转隶中宣部以来，中宣部围绕出版业融合发展领域发布的首份专项文件，将出版业深度融合发展上升到新的高度，为出版业高质量发展注入了前行动力。至此，以习近平总书记关于媒体深度融合重要论述精神为遵循，以国家"十四五"规划中关于媒体融合发展和文化数字化战略的总体部署为指引，以《出版业"十四五"时期发展规划》和《关于推动出版深度融合发展的实施意见》为指导，以出版融合发展工程为支撑，主管部门围绕推进出版融合发展总体布局已基本构建完整，政策体系趋于健全，将进一步加速出版业融合发展进程。特别是《关于推动出版深度融合发展的实施意见》的出台，可谓是推动出版业迈向更深层次的东风，为出版业优化融合发展顶层设计提供了重要依据和方向指引，给出了更为务实的实施路径和工作抓手。出版单位对于融合发展的重视程度和推动力度将进一步加强，推进融合发展的思路将更加清晰，数字化建设和融合发展将成为出版单位进行顶层设计的重要部分，加强系统谋划，在内容、技术、资金、人才等方面，加大资源的优化配置和投入力度，着力构建与自身融合发展相适应的体制机制。下一阶段，主管部门也将按照出版业"十四五"规划和《关于推动出版深度融合发展的实施意见》的相关安排，加强对出版业深度融合发展的总体统筹，进一步健全配套举措，细化实施细则，围绕主题、教育、专业、大众、少儿、报刊等出版领域，资源整合、装备升级、流程改造、技术创新应用、模式创新、平台建设、人才培养等关键环节抓好要求落实，加强分类组织指导、加大扶持力度，把出版深度融合发展各项任务工作落到实处。一方面，通过实施出版融合发展工程，将进一步加大在融合发展方面表现突出、主动性强的出版单位的扶持力度。树立行业示范标杆，通过遴选一批在出版融合发展代表性、创新性、引领性强的出版融合产品，一批在出版融合发展方面表现突出的出版企业，一批导向正确、优质内容集聚、技术应用领先、资源储备丰厚、两个效益统一的数字出版平台，重点遴选一批思想政治素质过硬、创新创造能力突出、引领发展表现出色的出版融合发展复合型人才，实现对出版融合发展从产品到平台、企业及人才等方面全方位支持，推进出版业在流程、内容、渠道、管理、人才等方面全方位深度融合。加强示范价值挖掘和案例宣介推广，推动出版业融合发展的整体能力和水平的提升。另一方面，主管部门还将在资金扶持、考核评价、人才培育等方面，健全与出版业深度融合发展需求相匹配的保障机制，持续构建出版深度融合发展的"四梁八柱"政策保障体系，为出版业融合发展迈向更高质量、更深层次提供更为良好的环境空间，从而凝聚出版融合发展的合力。

（三）数字教育生态格局面临重塑

2022年全国教育工作会议对当年教育工作作出全面部署，明确提出我国要"实施教育数字化战略行动"。由此可见，教育的全面数字化转型是必然趋势，也是战略要求。

会议特别强调要大力发展适应新技术和产业变革需要的职业教育，优化职业教育的发展环境，增强职业教育适应性，提高内涵质量。《2022年提升全民数字素养与技能工作要点》中提出要促进全民终身数字学习，完善数字技能职业教育培训体系。2022年4月20日，十三届全国人大常委会第三十四次会议表决通过新修订的《中华人民共和国职业教育法》，并于同年5月1日起正式施行。国家职业教育智慧教育平台正在加快建设中，该平台由"专业与课程服务中心""教材资源中心""虚拟仿真实训中心""教师服务中心"4个子平台组成。其中"专业与课程服务中心"已于2022年3月上线，包括专业资源库、在线精品课、视频公开课3个板块，首批上线2万余门课程，覆盖了13个学科92个专业类[①]。其他中心及功能也即将在年内建设完成并上线，该平台既满足了系统化教学的需要，也服务于职业院校的专业建设与教学改革。在新型基础设施建设、政策环境和法治等层面，职业教育体系日益健全，为高质量发展提供了有力保障，也表明职业教育在整个教育体系中的地位进一步提升。与此

---

① 央视网.国家职业教育智慧教育平台分三期建设 首批上线2万门课程［OL］. https：//m.gmw.cn/baijia/2022－03/30/1302873316.html. 2022－03－30.

同时，新职业不断涌现，职业教育需求日益提升，赛道逐渐细分，职业数字教育也将迎来新一轮的发展机遇。职业教育将成为众多线上教育机构转型的重要领域，将加速赛道竞争步入白热化。互联网企业也将进一步加大职业教育投入布局。如腾讯课堂表示将在2022年投入更多力量在"薪选""灵选"两个职业教育品牌，针对重点领域，从课程质量、学员就业质量、师资力量等维度，遴选教培机构和课程，提高教育服务供给质量，同时整合人才供需两端资源，畅通人才就业通道，进一步健全教育服务体系。

《教育部2022年工作要点》中提出，推进中考改革、深化高考综合改革。这一重点部署对基础数字教育也将带来深远影响，加之"双减"政策落实，教育机构的全面整顿，都在加速教育领域，特别是基础教育领域的"去资本化"趋势。一方面，将迫使一些教育机构改变赛道，转向成人素质教育、继续教育和职业教育等领域，寻找新发展空间；另一方面，将推动互联网教育企业、民营教育培训机构加强与传统教育出版单位的合作，在新型教育基础设施建设、数字教育平台建设和智慧校园解决方案等方面，参与基本公共教育服务体系建设。内容资源的专业性、规范性、严谨性是传统教育出版的立身之本，也是其突出优势。在教育深化改革背景下，为引导在线教育规范有序发展，包括"双减"政策等，对在线教育的内容、方式、收费、时间等方面有了一些明确的限制，但"双减"政策明确提出要征集、开发丰富优质的线上教育教学资源，向学生提供高质量专题教育资源和覆盖各年级各学科的学习资源，意味着政府将加大对优秀数字教育资源的采购力度[1]。传统教育出版单位若能充分发挥内容资源优势，同时加速出版单位的数字化转型、融合发展迈向深化，有望在数字教育领域获得更大的主动权和更为广阔的发展空间，如前文提及的"国家智慧教育平台"就是由高等教育出版社运营的。

同时，数字教育的评价体系建设和治理体系建设也将提上日程[2]，特别是高质量发展对数字教育资源供给的专业性、规范性、权威性提出更高要求，数字教材、在线课程等数字教育资源质量的评价标准和教学效果评价体系建立成为当务之急，数字教育生态正在加速演变重塑。

---

[1] 林文生，叶维，李政和，陈琪． "双减"政策对教育出版业的影响和机遇［OL］．https：// www. gdpg. com. cn/index. php？m = article&a = index&id = 1883&cid = 9. 2022 - 03 - 24.

[2] 钟经文．腾讯课堂2022职业教育行业大会发布全新扶持计划，全方位助力机构成长［OL］. http：//cn. chinadaily. com. cn/a/202205/23/WS628b2937a3101c3ee7ad6b07. html. 2022 - 05 - 23.

（四）加强数字内容风控成为行业共识

文化新业态层出不穷，在丰富了人们精神文化生活新需求新体验的同时，对网络意识形态安全带来了新的挑战。近年来，从中央到地方围绕互联网内容治理陆续出台相关措施，对网络文学、网络游戏、网络音频、网络直播、短视频、手机浏览器、MCN机构等领域，围绕"历史虚无主义""饭圈文化""网络暴力""网络谣言""恶意营销"等影响面广、危害性大的网络乱象开展专项治理，网络综合治理体系和治理能力建设加快步伐。从行业资质、内容，到运营、营销、变现手段，形成了全链条式的监管体系，为网络内容安全，特别是意识形态安全防范提出了更高要求①。整个互联网，特别是内容平台型企业的内容风控意识日益增强。

互联网内容生态治理是网络综合治理建设的重中之重，加强数字内容风控体系，也已成为互联网领域公认的发展之本、生存之基。在媒体深度融合的趋势下，加强数字内容风控对于互联网内容产业发展的必要性和紧迫性日益凸显。《关于推动出版深度融合发展的实施意见》中也强调要"坚持安全为要，用主流价值导向驾驭技术，加快构建数字内容安全风控体系，筑牢出版融合发展安全底线"。由此可见，数字内容安全风控体系构建，已成为出版业深度融合发展的前提条件和治理体系建设的关键环节。

事实上，数字内容风控不仅是互联网内容型企业的刚性需求，只要有新媒体营销需求的企业，内容风控都应是必不可少的流程环节。近年来，非内容型企业在品牌营销和产品宣发过程出现内容风控不力的现象屡见不鲜。究其原因，主要在于一方面缺乏对内容风控的认识和重视，造成企业制度、流程管理、人员团队等方面的空白；另一方面，有些企业只把内容审核的重点集中在文字性问题方面，而对政治方向、舆论导向和价值取向有所忽视。等造成负面影响时，才认识到事情的严重性。

近年来，伴随互联网内容产业的发展，"内容安全"已成为网络安全的重要组成部分，相关监管部门网络对内容生态治理重视程度日益加强，互联网企业的内容风控意识也在不断提高。内容风控已成为互联网企业风险控制的重要

---

① 张金文. 企业宣传常"翻车"？内容审核风控进入新蓝海 [OL]. https://m.gmw.cn/baijia/2022-04/12/35652012.html. 2022-04-12.

环节。数字内容风控体系建设正在成为互联网内容领域乃至整个互联网领域共同应对的课题。目前，已有多家企业在积极探索网络内容风险控制的有效路径。一方面，组建内容风控专职团队，针对文字、图片、音视频等内容类型，进行全方位内容审核把关；另一方面，借助审核技术，开发机器辅助人工审核，提高对海量 UGC 内容审核效率和精准度。不仅满足了自身内容风控需求，还可以为其他企业提供专业化服务，也由此催生了数字内容风控这一新兴行业。例如，近年来，人民网充分发挥主流媒体的社会责任与引导主流价值的担当，积极拓展内容风控业务，已经形成了较为完善的综合性风控体系，可为各种类型内容平台提供内容审核服务。内容审核品类涵盖图文、动漫、游戏视频、音乐、广告等，并根据信息传播新趋势，面向小程序、公众号等新兴传播渠道，持续扩大风控范围，可结合内容、产品、舆情等，为企业提供全方位的敏感要素筛查。腾讯也在网络安全业务发力布局，如围绕净化未成年人网络环境净化推出了内容安全审核解决方案。借助 AI 识别等技术，采取"AI 机器审核 + 人工复审"的模式，针对未成年人，在标准内容审核基础能力之上，增加了对身体暴露、抽烟、饮酒、文身等成人行为内容识别过滤。对于网络违规行为主体是否为未成年人也具有较强识别能力，可达到接近或超过 80% 召回率[①]。

与此同时，在数字内容风控需求日益提升下，将促进传统媒体、出版单位、互联网企业之间围绕数字内容风险审核的协同合作。如主流媒体和传统出版单位在价值导向等内容安全底线的把握上较为到位，互联网则具备较强的技术优势。双方可以围绕数字内容风控审核平台建设、数字内容风控审核标准研制、数字内容风控人才培养等方面展开合作，共同构建数字内容良好生态环境。

（五）出版科技创新支撑体系加快构建

《关于推进实施国家文化数字化战略的意见》中强调，要坚持科技支撑、创新驱动的原则，促进文化和科技的深度融合，通过集成运用先进适用技术，增强文化的传播力、吸引力、感染力，在文化数字化建设领域布局建设国家数字创新中心、全国重点实验室等国家科技创新基地；并将文化数字化共性关键技术纳入国家重点研发计划的重点支持范围。这将对加快出版业科技创新体系

---

① 搜狐．腾讯优图联合腾讯天御发布面向未成年人的内容安全审核解决方案［OL］．https：//www.sohu.com/a/511144297_120099902. 2021-12-24.

建设提供更加有力的支持。《关于推动出版深度融合发展的实施意见》围绕加强前沿技术探索应用、促进成熟技术应用推广、健全科技创新应用体系等方面，对充分发挥技术对出版业深度融合发展支撑作用作出部署安排。可以预见，未来一年，先进技术在出版业深度融合发展和高质量发展中将发挥日益关键的支撑作用。出版单位作为科技创新应用的主体地位也将得到进一步强化。与此同时，行业技术创新应用的侧重点也在发生变化。以前对待科技创新的侧重点更多地放在会用、能用、应用尽用，随着出版业深度融合发展的加快推进，下一阶段出版单位把着力点更多地放在技术的好用管用，技术应用与出版融合发展需求更为精准有效对接，实现内容、产品、技术、场景之间的最优匹配。

因此，深度融合发展对于出版企业的技术驾驭能力有了更高要求。《出版业"十四五"时期发展规划》和《关于推动出版深度融合发展的实施意见》中，均提出鼓励出版单位进行科技成果高效转化和形成技术创新体系。因此，重大技术工程项目成为各家出版单位提高技术应用水平、取得融合发展创新突破的重要抓手。同时，基于出版业创新创业需求，政府部门、出版单位、数字内容企业、科技企业、科研机构、高校等各方面围绕科技创新应用的协同合作将进一步加深，共同搭建出版技术创新中心、出版共性技术服务平台等科技创新体，围绕前沿技术在出版领域的场景化、产业化应用落地；提升关键核心技术在出版重点领域、关键环节的应用能力；攻克制约出版业深度融合发展的"卡脖子"技术等方面，开展重点课题攻关。开展课题攻关，依托重点实验室、产业基地（园区）等创新平台，布局前沿技术领域，强化行业基础研究、前瞻性研究，促进科技成果高效转化，以企业为主体、市场为导向，政产学研用相衔接的技术创新体系将加快构建。值得一提的是，近两年"产业大脑"概念盛行，被视为可以颠覆现有生产方式的重要途径，逐渐应用在推动智慧政府、智慧城市、产业数字化、企业数字化智能化转型等多个方面。5G、人工智能、区块链等技术是产业大脑建设的重要支撑，产业大脑将在产业趋势研判，生产链和产业链重塑、企业决策等方面发挥重要作用。"产业大脑"也将为出版业数字化转型带来更大动力。如山东出版集团正在推进"出版产业大脑"重点工程项目，结合科研院所等智慧力量，利用人工智能技术，为山东出版业高质量发展提供智能辅助决策[①]。

---

① 左志红，尹琨．"十四五"出版科技工作这样干［OL］．https://www.gdpg.com.cn/index.php?m = article&a = index&id = 1782&cid = 9. 2022 - 02 - 07.

可以看到，在技术驱动出版业创新的同时，出版业自身的深度融合和创新需求，也将反向驱动科技的创新，实现产业对技术的反哺，技术与产业之间相互促进、彼此赋能、深度融合已成为重要趋势。

（六）数据对产业的赋能作用日益提升

近年来，数据作为经济社会发展与产业变革的基础性资源，其价值日益得到肯定与重视，培育数据要素市场已上升至国家战略。从早前2020年《关于构建更加完善的要素市场化配置体制机制的意见》和《中共中央国务院关于新时代加快完善社会主义市场经济体制的意见》中均提出要"加快培育数据要素市场"，并将"数据"与土地、劳动力、资本、技术放在同等重要的位置并称为"五种要素"。国家"十四五"规划中也提出要建立健全数据要素市场规则。2022年1月《要素市场化配置综合改革试点总体方案》出台，提出探索建立数据要素流通规则。《数字经济"十四五"规划》中明确了数字经济的概念，指出数字经济是以数据资源为关键要素，强调数据要素是数字经济深化发展的核心引擎，并提出要充分发挥数据要素作用，加快数据要素市场化流通，到2025年实现数据要素市场体系的初步建立的目标。伴随数字经济进入数据价值化、数字产业化、产业数字化和数字化治理的"四化"协同发展阶段，数据价值将得到不断释放，在推动经济社会发展、提高生产效率、增强治理能力等方面发挥的作用将日益凸显。2022年4月，《关于加快建设全国统一大市场的意见》发布，对加快培育统一的技术和数据市场作出具体部署，将极大鼓励数据流通、运用及共享，加快培育数据要素市场，并迈向更高水平发展[1]。《关于推进实施国家文化数字化战略的意见》提出到2035年，建成物理分布、逻辑关联、快速链接、高效搜索、全面共享、重点集成的国家文化大数据体系，在文化数据采集、加工、交易、分发、呈现等领域，培育一批新型文化企业；强化文化数据要素市场交易监管；在数据采集加工、交易分发、传输存储及数据治理等环节，制定文化数据安全标准，上述相关部署为文化数据化体系建设指明了方向要求。

在新冠肺炎疫情防控步入常态化形势下，出版业对业务在线化、远程化、

---

[1] 李文，张博. 数据要素价值凸现 确权、定价、交易将有序开展[OL]. https://m.gmw.cn/baijia/2022-01/14/35447302.html，2022-01-14.

协同化的需求日益提升。无论从自身数字化转型、融合发展实际需求，还是着眼于建设全国统一大市场，畅通生产、分配、流通、消费各环节，提高市场运行效率，都要求出版业进一步提升数据整合、处理与运用能力。由此，基于自身业务流程和管理需求的数据体系建设将成为未来一段时间出版业新型基础设施建设的重点。目前，数据中台在互联网、金融、零售等领域应用较为广泛，在企业提升数据处理运用水平、提高生产及业务运营效率、实现精细化管理、打造差异化优势方面发挥重要作用。出版业数据中台建设尚处在起步阶段，数据对产业发展的赋能作用在行业内已得到普遍认同，并已有部分出版单位着手开始建设数据中台。随着出版业深度融合发展，数据中台将在出版业得到更大力度的推行，主要在三个方面发挥作用：一是打破数据采集与数据流通的壁垒，加强数据协作共享和统筹治理；二是通过数据中台，挖掘数据价值，推动业务特色化发展，打造差异化优势；三是在行业某个细分领域，通常是围绕行业某个共性需求领域，搭建数据中台，促进行业企业间的协同共创[①]。数据中台不仅将推动出版单位业务流程的改造升级，更是作为一种新兴的管理手段，在提升企业管理效率和管理水平上发挥将重要作用。一方面，企业内部不同业务、环节、层级之间的数据畅通，将有效消解企业内部生产、运营与管理中存在的壁垒，以数据赋能出版全流程全产业链的协同转型，以数据融合促进出版内容要素融合、业务融合、渠道融合与机构融合，真正构建一体化融合发展机制；另一方面，将促进数据资源的累积，充分挖掘数据价值，将数据资源转化为数据资产，以数据驱动业务增长，全方位、多角度重塑生产链、业务链和价值链，实现质量变革、效率变革、动力变革，真正发挥数据赋能作用，出版业将实现更高质量、更大效率、更可持续的发展。

（七）数字内容产业多个领域迎来发展拐点

在高质量发展要求下，优质内容成为行业发展的重要动力，提质增效成为行业发展的重心，多个领域将迎来重要拐点。突出表现在知识付费领域。在经历了最初的快速发展之后，知识付费行业正在面临行业竞争格局的迭代与生态链价值链的重塑。据艾媒数据显示，2021年中国知识付费市场规模达675亿

---

① 刘丽超.【快评】数据中台发展"正当其时"[OL]. https://www.ccidgroup.com/info/1105/32410.htm. 2021-01-18.

元，2022年预计达到1 126.5亿元[①]。数据上的良好表现并不意味着形势一片大好。近两年，百度、今日头条等一批以依靠"自媒体+算法"的平台成为知识付费领域的新入局者，行业竞争格局面临洗牌。区别于传统的知识付费平台聚焦垂直领域，以包装头部作者和专家，进行自研课程和版权买断为主要模式，新兴平台依靠"自媒体+算法"，打通公域私域流量，为平台的知识内容创作者及其团队提供了新的流量入口。特别是短视频、直播等平台入局知识付费，知识付费在内容的呈现方式上更加多元化，并让一批草根创作者成为知识传播者。当前，传统的知识付费平台正在面临复购率下降、公域私域流量无法打通、知识变现日益困难、优质内容储备不足等问题。虽然喜马拉雅、得到等头部平台在这一领域的地位仍然较为稳固，但商业逻辑的转变仍然迫使他们积极寻求破局之路。如蜻蜓FM、量子教育等垂直类知识付费App入驻百度的百家号，依托百度的流量与搜索优势，为其付费专栏中的头部账号，以盘活自身资源。事实上，知识付费领域面临的不仅仅是商业模式的转变，其发展内核——知识付费内容也呈现出新的特点与趋势。虽然在呈现方式上日益丰富，随着大量草根"知识传播者"的涌现，降低了知识付费行业的门槛，不在仅仅是行业大V、社会公知等专业权威人士的专属，不论是教授学者，还是某个领域的普通一员，均有机会成为知识付费内容的生产和传播者。"知识付费"这一概念已然呈现出泛化甚至是被"滥用"趋势，部分所谓知识付费的创作者通过一些概念、话术，吸引了大量关注，实现了初步流量变现，但事实上很多内容是缺乏严谨性，缺少明确依据，甚至是经不起推敲的。当前，随着对自身知识更新补充的需求的日益旺盛，不仅仅是浅层知识的获取，也逐渐开始追求深度学习需求的满足，用户对知识内容的权威性、专业性、精准性有了更高要求，对于知识内容也有了基本的判断力，在知识付费产品的消费上不仅仅看重创作者自身的品牌和影响力，更看重其知识内容本身的价值。而当前行业内对于知识服务的内容品质及其价值尚未形成统一的评价标准，成为制约行业可持续发展的关键问题。在国家大力提倡终身学习的背景下，知识付费行业仍大有可为，摒弃浮躁心态，深耕内容，而非贩卖"知识焦虑"，才是长远之计。

除了知识付费领域，未来短视频、游戏、直播等行业也将面临发展关键节

---

① 艾媒咨询. 2022年中国知识付费行业报告［OL］. https://zhuanlan.zhihu.com/p/515532652. 2022－05－18.

点。近年来，短视频平台不断拓展内容边界，除了原有的电商类、日常类等，还通过引入知识类、短剧等内容，充实内容生态。截至2021年底，快手已上线超过10 000部短剧。值得一提的是，短视频平台上传播的一些涉及影视剧作品二次剪辑、再度创作的视频内容，这些内容一直存在版权争议。一方面，二创视频在某种程度的确为原剧作起到了宣传作用，扩大了原剧影响力；另一方面，一些剪辑的确存在对原剧剧情进行了改动，甚至偏离原本剧情甚远的现象。2022年3月，抖音平台宣布已与搜狐达成二创版权合作[1]。由此可见，短视频平台正在遵循规则与丰富平台内容之间寻求平衡点。此外，短视频、直播等领域规范体系日益完善，都将对行业发展带来影响。

（八）元宇宙将为数字内容产业开拓新空间

过去一年来，从概念探讨到场景的布局，元宇宙无疑是互联网最受关注的领域，引来国内外互联网企业竞相入局，将其视为数字时代的未来，在多个技术、场景、硬件等多个赛道布局。数字藏品、虚拟数字人、数字社交、文创、数字音乐、线上会议等都是与元宇宙关联密切的应用场景。如腾讯已先后收购了多家涉及元宇宙业务开发的游戏公司。自2021年9月以来，腾讯科技（深圳）有限公司关于"元宇宙"的商标信息有99条，如"QQ元宇宙""幻核元宇宙""和平精英元宇宙"等[2]。新冠肺炎疫情防控常态化形势下，线上视频会议成为趋势，但线上视频会议普遍存在呈现方式单一、缺乏空间场景，造成参会者缺乏线上感，注意力难以集中等问题。针对这一问题，网易自主研发了沉浸式会议活动系统——"瑶台"，可以实现PPT嵌入式播放、语音聊天、同声翻译、多个分会场切换等功能，且可让参会人化身虚拟人，无须加入聊天群，也可以通过虚拟人开启群聊[3]，让线上会议的举办更具真实感、交互感、沉浸感。作为元宇宙重要概念之一，虚拟数字人呈现迅猛发展势头。据数据显示，2021年中国虚拟人带动产业市场规模和核心市场规模，分别达到1 074.9

---

[1] 包不同. 长短视频之争，出现历史性拐点！[OL]. https://www.sohu.com/a/531634887_146946, 2022-03-21.
[2] 澎湃新闻. 元宇宙炼金术：基础平台？场景搭建？国内互联网巨头如何布局. [OL]. https://view.inews.qq.com/a/20220116A05YPJ00, 2022-01-16.
[3] 陈彩娴. 网易伏羲发布沉浸式活动系统，300名顶尖学者化身"虚拟人"开会. [OL]. https://www.leiphone.com/category/ai/oGxKFMPHH2mxUsSF.html, 2021-08-24.

亿元和62.2亿元[①]，表现出极大的发展潜力。在内容领域，虚拟数字人已与数字音乐、数字教育、综艺、网络直播、新闻播报、游戏等领域都有了初步结合，落地场景日益丰富。如2021年"双十一"期间，快手小店举办的连麦专场直播活动中，实习主播"关小芳"上线，在直播活动中，会与真人主播进行游戏互动，这种新颖的直播方式引来大量用户粉丝的关注和点赞。虚拟数字人可分为虚拟IP和虚拟世界第二分身两个维度。其中虚拟IP是现实生活中并不存在其对应真人，其外貌、性格、喜好均由人为设定，可提升用户对用户的代入感，在网络文学、漫画的立体化IP运营中可得到充分运用；虚拟世界的第二分身则可视为真人在虚拟世界中的投射，其外貌、性格、语言习惯等，均有现实中的真人为依据，在社交、娱乐等场景将有较大应用空间[②]。

  作为与元宇宙有密切关联的另一领域——数字藏品也得到了广泛关注。数字藏品是NFT（Non-fungible token）的一种应用形式，其概念可解释为使用区块链技术，对应特定的文化作品或艺术品生成的唯一数字凭证，在保护其数字版权的基础上，实现真实可信的数字化发行、购买、收藏和使用。数字藏品实现了元宇宙空间里虚拟事物的数字化、资产化，其核心价值在于数字内容的资产化，凭借区块链技术不可篡改、可追溯等特点和共识机制、智能合约等核心技术，能够有效保证数字资产的唯一性、真实性和永久性。现阶段数字藏品的主要应用体现在以下两个方面：一是版权保护和版权交易，二是内容交易和IP价值变现。这恰恰与出版业的业务范围高度重合，是出版业融合发展的重要方向。目前已有出版传媒机构陆续开始开始数字藏品领域探索布局。如新华社发布首套"新闻数字藏品"、人民网的"人民数字虎帖"、《解放日报》的虎年纪念版数字藏品等。2022年3月，北京长江新世纪文化传媒有限公司纪念创立20周年，联合火链科技推出首份数字藏品——"贰拾年·光阴的故事"，该数字藏品汇集了长江新世纪创立20年以来有代表性的图书封面，上线仅20秒8888份即宣告售罄；同月，海峡出版发行集团打造的首款数字藏品——《天下妈祖》（盲盒）上线发行6000份藏品上线5分钟也被一抢而空。4月，浙江少年儿童出版社（简称"浙少社"）与京东灵稀平台合作，以浙少社"沈石溪

---

  ① 数据来源：艾媒咨询2022年中国虚拟人产业商业化研究报告。
  ② 天风证券. 一文读懂元宇宙主角：虚拟数字人 . ［OL］. https://tech.ifeng.com/c/8D08ohBfIuk, 2022-01-22.

品藏书系"《狼王梦》版本的封面为元素制作并上线了第一款数字版图片藏品①,作为其 IP 运营的新路径。5 月,新华文轩四川数字出版传媒联合"阿里拍卖",推出了全国首个数字藏书产品——阿来的《瞻对》,直购限量 2 999 份,在开售 2 分钟的售卖量就突破 2 000 份,销售界面吸引了超过 3 万人次的关注②。除了藏书票、数字藏书等形式,数字藏品在文化领域还有很多应用场景,如音乐、艺术画作、视频、游戏道具、动漫形象等都可以制作为数字藏品。目前,数字藏品在出版领域尚处在探索起步阶段,在质量上存在良莠不齐的现象,在其价值评估方面尚未建立标准,随着市场不断规范,将有更大的发展空间和更好的发展前景。

(课题组组长:崔海教;副组长:王飚、李广宇;课题组成员:毛文思、郝园园、徐楚尧、刘玉柱、宋迪莹、孟晓明、魏婧)

---

① 出版商务周报. 数字藏品到底是什么? 有出版社在用它赚钱了? [OL] https://www.163.com/dy/article/H858MAPG0512DFEN.html,2022 - 01 - 22.
② 张杰.《瞻对》2 分钟售出超 2 000 份 悄然走红的数字藏书到底是什么? [OL] https://www.thecover.cn/news/9141400,2022 - 05 - 11.

分报告

公羊傳

2021—2022中国电子图书出版产业年度报告

孙晓翠　王姿懿　肖子依　宋宵佳

2021年是中国共产党成立100周年，也是"十四五"开局之年。在这继往开来的重要年份里，虽然国内外的市场环境依然严峻，但是出版业仍在主管部门的引导下取得了良好成绩。表现在电子图书、数字阅读市场保持着稳步增长的态势，国营出版企业、民营出版企业和数字阅读企业发展现状各有千秋，终端市场上国有品牌引领潮头，各企业纷纷在内容引入、用户激励、渠道拓展和产品创新上大力运营助推企业快速发展。

展望未来，电子图书尤其是素质类电子图书将在数字阅读市场中占据越来越重要的位置，中国数字阅读企业将凭借更加完善的盈利模式成为全球数字阅读市场翘楚。

一、电子图书出版产业概述

2021年，国家出台了多项推进出版融合发展的政策举措，经济发展形势保持了良好的增长势头，媒体技术也出现了新的窗口，都为中国电子图书的发展奠定了良好基础。

（一）政策环境分析

1. 《出版业"十四五"时期发展规划》为电子图书产业发展指明方向

2021年12月30日，国家新闻出版署印发《出版业"十四五"时期发展规划》，"壮大数字出版产业"成为"十四五"时期重要发展战略之一。战略性地提出了"着力推出一批数字出版精品""大力发展数字出版新业态""做大做强新型数字出版企业""健全完善数字出版科技创新体系"四大核心任务，以及"重大出版融合发展项目""文化传承融合出版工程""数字出版内容精品工程""出版融合发展示范单位和大型数字出版平台建设""出版业科技与标准创新示范项目""报业创新发展引领示范工程"六大示范工程。为数字出版产业制定了明确的行动方略。在此规划指导下，数字出版行业的内容出品、技术运用、市场运营等工作都将朝着规范有序的方向发展。

2.《关于推动出版深度融合发展的实施意见》推动电子图书产业走向纵深

2022年4月22日，中共中央宣传部印发《关于推动出版深度融合发展的实施意见》（以下简称《意见》）。《意见》围绕加快推动出版深度融合发展、构建数字时代新型出版传播体系、坚持系统推进与示范引领相结合的总体思路，从战略谋划、内容建设、技术支撑、重点项目、人才队伍、保障体系等6个方面提出20项主要措施，对未来一个时期出版融合发展的目标、方向、路径、措施等作出全面部署，提出了明确要求。这是中宣部首次就出版融合发展领域专门发布的政策文件，是对新时代深入推进出版深度融合发展作出的全面安排，为出版单位探索融合发展新模式、新业态、新领域提供了行动指引。《意见》的发布与国家新闻出版署正在实施的出版融合发展工程相互支撑，从政策指引和重点布局方面共同发力，进一步形成推动出版融合向纵深发展的政策合力。

（二）经济环境分析

1. 国民教育文化娱乐消费增长迅速

据国家统计局发布的《2021年国民经济和社会发展统计公报》显示，2021年全国居民人均消费支出24 100元，比2020年名义增长13.6%，扣除价格因素影响，实际增长12.6%；人均教育文化娱乐消费支出2 599元，增长27.9%，占人均消费支出的比重为10.8%。

2021年，虽然新冠肺炎疫情还在不时零星散发，社会生产生活仍遭受着不小的影响，但广大群众的消费热情并没有丝毫减退。人均教育文化娱乐消费也快速增长，这在很大程度上得益于居家环境下人们在网络上的数字文化娱乐消费。由此也说明了中国互联网用户为数字内容付费的习惯正在快速养成，这将成为推动中国数字阅读市场快速增长的重要助力。

2. 文化产业新业态凸显良好发展趋势

据国家统计局对全国6.5万家规模以上文化及相关产业企业调查数据显示，2021年上述企业实现营业收入119 064亿元，按可比口径计算比上年增长16.0%；分业态看，包括数字出版在内的文化新业态特征较为明显的16个行业小类实现营业收入39 623亿元，比2020年增长18.9%；两年平均增长20.5%，高于全部规模以上文化及相关产业企业11.6个百分点。

文化企业营业收入的稳步增长，奠定了中国文化产业发展的良好态势。以数字出版为代表的文化新业态企业营收的高速增长，说明互联网、大数据、人工智能等技术在推动文化产业发展中发挥了重要价值。文化新业态凸显出的良好发展趋势，也极大地增强了数字出版领域企业领导人、创业者和从业者的工作信心和创新热情。

（三）社会环境分析

1. "饭圈"治理让青年文娱活动回归主流价值观

互联网的全面应用与繁荣兴盛，为广大网民们带来了丰富的文娱活动，但也创造出了很多不文明的乱象。尤其是在娱乐圈，过度追星、盲目打赏、网络互撕的现象非常严重。为了整治互联网娱乐圈的种种乱象，2021年8月中央网信办发布《关于进一步加强"饭圈"乱象治理的通知》，提出包括取消明星艺人榜单、严禁呈现互撕信息、不得诱导粉丝消费等十项非常严格的措施。

"饭圈"治理十项措施的发布，为网络文娱活动制定了严格的红线，对于改善互联网的舆论环境具有十分重要的意义。不仅赋予了各大互联网平台整治网络文娱活动乱象的责任，也能引导广大青年文娱活动回归主流价值观。

2. "双减"行动为学生课外阅读创造更多时间

2021年7月，中共中央办公厅、国务院办公厅印发《关于进一步减轻义务教育阶段学生作业负担和校外培训负担的意见》（以下简称"'双减'政策"），在减轻学生作业负担、学校课后延时服务、规范校外培训行为等方面做出了重要举措。尤其是在规范校外培训行为方面，要求所有面向业务教育阶段的学科类培训机构登记为非营利性机构，且一律不准进行资本化运作。

当前中国家庭生育率低的问题，育儿教育成本高是其中重要的影响因素。教育培训"内卷"文化盛行下，不仅父母倍感教育成本高，学生也是心力交瘁。"双减"政策的发布，不仅可以减轻父母与子女的教育负担，还可以引导中国教育走出"内卷"文化。在"双减"政策的引导下，学生可以将更多的时间回归到兴趣爱好上，从而为学生的课外阅读争取了更多时间。

（四）技术环境分析

1. 元宇宙开启数字阅读高度沉浸新世界

2021年，元宇宙概念产品成为所有高科技企业追逐的创新热点。基于其特点，元宇宙将创造出超出自然的空间环境、搭建出强链接的虚拟社交关系和安全可靠的经济交易系统，赋予身临其境的用户完全沉浸的生活体验。于数字阅读而言，元宇宙理念和技术的应用，不仅可以将数字阅读内容和场景从二维拓展至三维，而且可以创造出更多的阅读、分享、创作与交易的体验，为用户开启一个高度沉浸的数字阅读新世界。

元宇宙里的数字阅读内容将不再只是一本握在手里的书，文化内容将会通过科技手段跳出空间和时间的限制，用各种激动人心的方式和读者进行互动。文化故事里的人物不再只是冰冷的文字，而是化身为一个鲜活的虚拟形象和作者隔空对话；其中的物品将不再只是一个讲故事的工具，而可以成为读者手中具有价值的收藏品；其中的场景也不再只是文字或图画，而是读者可以穿梭其中并成为故事本身的虚拟场景。一本书将不再只是用来阅读的内容，而是链接所有读者的虚拟世界。

2. 区块链应用于数字版权保护初见成效

版权作品的数字化出版，虽然方便了用户阅读与市场交易，但也催生了严重的盗版侵权问题。网络盗版现象，成为困扰版权主管单位和生产企业的一道难题，直到区块链技术的诞生才逐渐出现转机。2021年6月，中国版权协会正式发布区块链版权服务平台——中国版权链。2022年2月，"中国版权链"陆续在北京冬奥会、央视春节联欢晚会及元宵晚会上承担版权监测任务。"中国版权链"运用于冬奥会与春晚节目的版权保护,让所有关注区块链版权保护的从业者看到了成效。"中国版权链"通过实时监测,版权方可以及时掌握节目被盗版的情况,采用向受委托方或版权执法部门投诉、发律师函等形式尽快下架盗版链接,最大程度减少版权方损失。如此,基于区块链的版权监测也同样可以应用于电子图书、有声书、视频书等数字阅读内容版权的监测和维权,为数字阅读市场的规范有序发展创造重要价值。

二、电子图书出版产业发展现状

(一) 市场现状

在积极正向的宏观环境基础下,中国电子图书市场、用户活跃度、市场终端均保持了良好的发展态势,各企业纷纷通过内容引入、用户激励、场景拓展、产品创新等一系列经营活动,助力企业业务的持续增长。

1. 数字阅读市场保持良好增长势头

2021 年,新冠肺炎疫情仍在各地零星散发,个人户外文娱活动受到一定限制和约束,由此为全民数字阅读创造的良好机遇依旧存在。根据中国音像与数字出版协会发布的《2021 年度中国数字阅读报告》可知,2021 年中国数字阅读市场规模为 415.7 亿元,同比 2020 年增长 18.2%。详情如图 1 所示。

由图 1 数据可知,2021 年中国数字阅读市场规模首次突破 400 亿元,虽然增长速度相比于 2020 年有所下降,但仍保持了良好的增长势头。相比于 2020 年的新冠肺炎疫情的突然暴发为数字阅读市场创造了良好的发展环境,2021 年数字出版市场获得快速增长则是得益于大众由此养成的数字阅读习惯。这种习惯不会随着新冠肺炎疫情的消散而消失,仍将伴随着用户终生的阅读活动并助推数字阅读市场持续增长。

2. 电子图书市场获得升温后的平稳增长

2021 年,得益于此期间大众数字阅读习惯的养成,以及众多电子图书出版商和数字阅读平台的不懈努力,电子图书市场保持了市场升温后的平稳增长趋

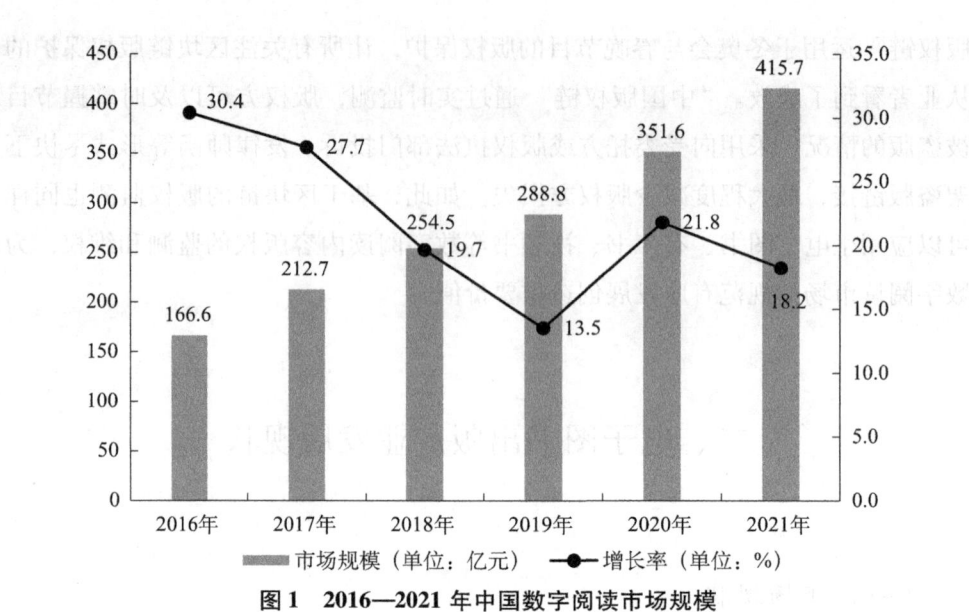

图1 2016—2021年中国数字阅读市场规模

数据来源：中国音像与数字出版协会《2021年度中国数字阅读报告》

势。根据往年数据及2021年产业发展趋势测算可得出2021年中国电子图书市场规模为66亿元，同比2021年增长6.5%。详情如图2所示。

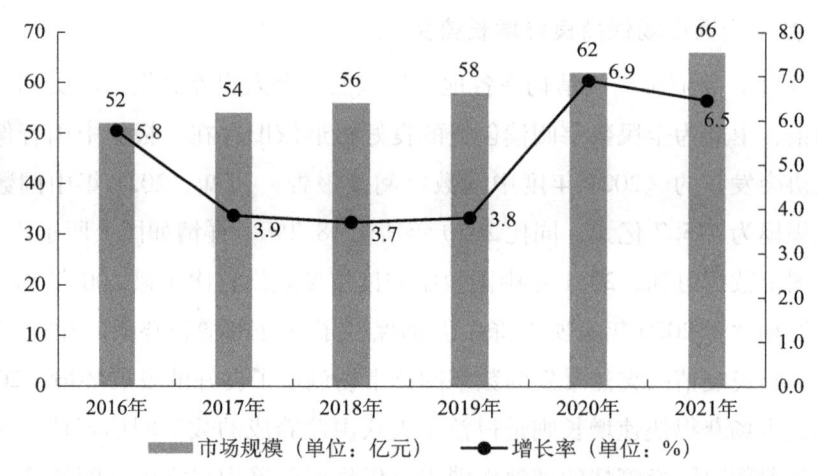

图2 2016—2021年中国电子图书市场规模

数据来源：根据公开资料测算所得

由图2数据可知，2021年电子图书市场的增长趋势虽然有所回落，但相比于两三年前仍有着大幅提升。市场热度的明显提升，标志着大众对于电子图书的认可程度显著提高，也将引导各大出版社快速提升对于电子图书的出版力度。国际政治及社会人文环境剧变的背景下,也将引导着数字阅读市场向着更具文化价值的电子图书一端倾斜。

(二) 用户现状

1. 数字阅读用户规模增长趋势持续放缓

根据中国音像与数字出版协会发布的《2021 年度中国数字阅读报告》数据可知,2021 年中国数字阅读用户规模达 5.0 亿人,同比 2021 年增长 2.0%。详情如图 3 所示。

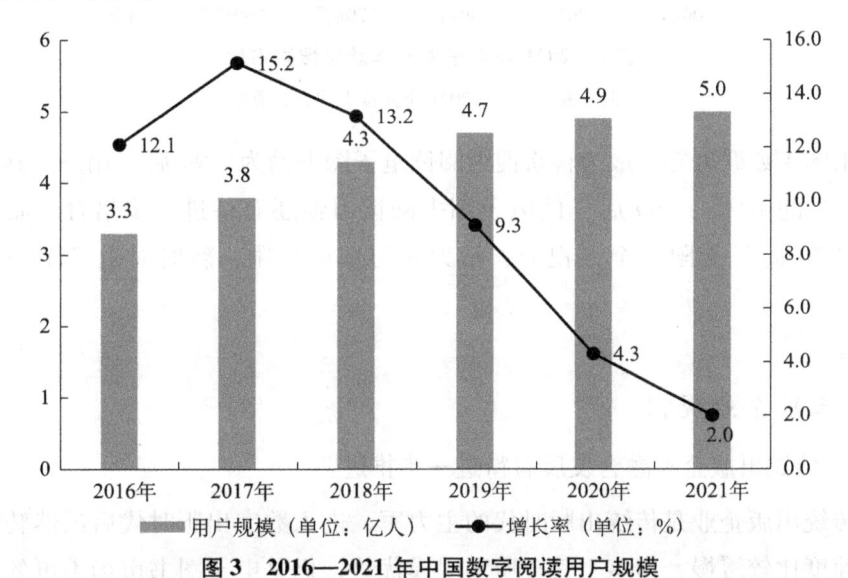

图 3 2016—2021 年中国数字阅读用户规模

数据来源:中国音像与数字出版协会《2021 年度中国数字阅读报告》

近几年,数字阅读用户红利逐渐消失,用户规模逐渐趋于饱和。预计未来几年,在内容形式不发生巨大变革前提下,数字阅读用户规模仍将保持低速平稳增长的趋势。

2. "90 后"用户引领电子书搜索阅读行动

2021 年 4 月 23 日,百度发布《2021 全民读书搜索大数据》,百度搜索大数据显示,电子书 App 及智能小程序的相关搜索同比 2020 年上升 97%。与此同时,在搜索电子书的用户群里中,"90 后"用户占比达 62%。详情如图 4 所示。

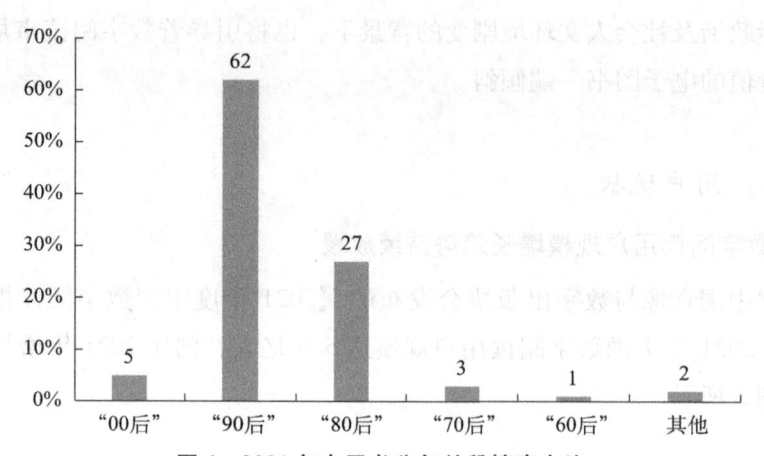

```
70%
                62
60%
50%
40%
30%         27
20%
10%  5                3    1    2
 0%
   "00后" "90后" "80后" "70后" "60后" 其他
```

图 4　2021 年电子书分年龄段搜索占比

数据来源：百度《2021 全民读书搜索大数据》

由图 4 数据可知，最为喜欢搜索阅读电子图书的为 "90 后" 用户，其次为 "80 后" 的用户，"00 后" 的电子图书阅读习惯还有待进一步培育。而 "60 后" "70 后" 受限于个人视力、精力和习惯的局限，暂时对电子图书不太热衷。

（三）企业现状

1. 传统出版企业融合发展有待进一步推进

传统出版企业是传统出版时代的主力军，进入数字出版时代后虽然转型升级的速度比较缓慢，但鉴于其资质和规模优势，仍是电子图书市场不可忽视的力量。基于业务的专注度和数据的透明度，此处选择已经上市的中国出版、中信出版、时代出版三家企业为代表，来分析出版机构的发展现状。

由于三家企业数字出版业务的多元性，从各自年报中无法获取电子图书业务的营收数据，只能通过其所属的大类业务数据一窥究竟。通过三家企业发布的 2021 年年报可知，中国出版 2021 年电子音像业务实现营收 1 112.21 万元，但占总营收的比例仅为 0.23%，同比 2020 年减少 56.09%。中信出版 2021 年数字阅读服务业务实现营收 6 503.08 万元，占总营收的比例为 3.38%，同比 2020 年减少 7.76%。时代出版 2021 年数字产品实现营收 12 294.18 万元，占总营收的比例为 1.56%，同比 2020 年增长 281.09%。由以上数据可知，三家企业的数字产品业务营收占整体比例均非常低，比起总体业务规模可谓是微不足道。在发展态势上，中国出版和中信出版相比于上年稍有放缓，而时代出版则实现了高速增长。

出版企业数字业务占比低，融合发展状况不理想，其背后的原因有体制、市场、技术等多方面的原因。一方面，传统图书出版仍存在巨大的市场，各企业由于传统出版业务的利益链条限制，难免存在"船大难以调头"的困境。另一方面，数字阅读市场几乎被互联网科技型企业所统领，留给传统出版企业的机会并不多。长期来看，各大出版企业仍会坚持在数字出版的道路上持续探索，共同推动中国出版业的全面融合发展。

2. 民营企业数字内容业务各有喜忧

虽然当前传统出版企业数字阅读业务尚处于起步阶段，但其中民营企业基于体制机制上的灵活性，在转型融合发展的道路上走得更快。本报告选择三家已经上市的民营企业果麦文化、读客文化和新经典为代表，分析民营企业的电子图书业务发展现状。

2021年下半年，读客文化、果麦文化陆续登陆深交所创业板，成为出版行业关注焦点，新经典则早在2017年就已登陆上交所主板。据各企业发布的2021年度报告数据显示：读客文化2021年数字内容业务实现营业收入6 130.83万元，占总营收的比例为11.81%，同比增长31.08%。据悉其快速增长的原因，主要来源于有声书业务的拉动。果麦文化2021年数字内容业务收入为1 057.47万元，占总营收的比例为2.29%，同比下滑1.54%。果麦文化数字内容业务主打有声书，电子书占比并不高。新经典2021年数字内容业务营业收入2 341.36万元，占总营收的比例为2.54%，同比下降2.79%；其中电子书业务受渠道变化影响，收入同比下滑29.72%。由上述数据可知，虽然各家民营企业的数字内容业务占比仍不算高，但相比于传统出版单位仍要高出许多，可见民营企业的融合发展速度更为迅捷。

三家企业中，读客文化的数字内容业务占比最高且增长速度最快，而果麦文化和新经典占比较小反而出现下滑，三家企业融合发展之路可谓各有喜忧。究其原因，很大程度上是受新冠肺炎疫情变化的影响。2020年初由于新冠肺炎疫情的线下业务限制，各传统出版企业纷纷加大了数字阅读的推行力度。但由于各家企业的业务重点、发展策略和资源优势不同，最终只有少数企业能够顺势而为实现了数字化的快速发展。

（四）经营模式分析

1. 持续引入精品内容，强化平台核心价值

对于电子图书行业而言，高质量的内容始终还是吸引用户持续阅读的核心。数字阅读企业日常运营中，为了提升用户的活跃度和付费率，就必须持续引入精品内容，不断强化自身的核心价值。

掌阅、微信读书等数字阅读平台，虽然平台内容已经非常丰富，但过去一年里均在引入精品内容上有重要建树。2021年7月26日，由三联书店出版的《陈寅恪的最后20年》（修订本）在掌阅独家首发上线。2021年8月25日，被誉为史上最伟大"法律虚构案"的《洞穴奇案》在掌阅全平台独家首发上线。这两本书都是出版发行至今第一次以电子书形式面世。此外，过去一年里，掌阅还引入了莫言的《晚熟的人》、余华的《文城》、军事专家金一南的《为什么是中国》等多位知名作家的畅销书作品。微信读书和Kindle对于精品电子图书也十分热衷。2022年1月27日，微信读书重磅推出由中信出版社出版的贾雷德·戴蒙德《枪炮、病菌与钢铁》《崩溃》《昨日之前的世界》《剧变》的全新中译本的电子书。

2021年是中国共产党成立100周年，百年历程值得庆祝更值得总结。在政府号召和社会引导下，各大主流数字阅读平台也加大了对于主题出版物的重视程度，陆续引入党政创新理论、百年伟大时代、中华民族精神、中国传统文化等重大主题的电子图书作品。未来，随着年轻人民族自豪感快速增强，以及社会主流价值观念的回归，各大主流数字阅读平台引入的精品内容也将越来越多。

2. 瞄准少儿出版领域，打造纸电融合产品

比起平台型数字阅读企业的互联网运营模式，传统出版企业发展数字阅读业务更重要的则是在技术和产品上实现融合创新。传统出版企业本身在内容上就具有天然优势，在技术创新的加持下则更是如虎添翼。为实现技术创新效果的最大化，传统出版企业一方面需要找准合适的阅读领域，另一方面则要打造巧妙的产品形态。在细分领域上，最需要技术创新的是少儿出版领域。因为少儿出版本质上是教育启蒙，教育内容的数字化呈现越是丰富，越能激发学生的

学习兴趣，学习的效率才能更高。在产品形态上，对于少儿阅读而言，纸电融合明显是比纯粹的电子图书更适合。

调研发现，有多家出版社已经在少儿出版领域推出了特色的纸电融合产品，而中版集团、时代出版就是其中的典型代表。2022年3月31日，中版集团旗下数媒公司正式推出"幸福的末可可"融媒体系列绘本。据悉，这套产品是专为5岁龄以上读者打造，包含了交互书、电子书、有声读物、微网站、表情包等融媒体产品，集"视、听、说、触、享"于一体，让传统纸质出版物与场景化数字传播模式相融合。为了更好地实现少儿出版产品的创新，中信出版和时代出版则是直接成立了对应的品牌。2021年，中信出版成立中信童书品牌，推出了一系列适合家庭场景学习的数字化、高质量儿童读物，如科学跑出来系列AR图书，用户通过扫描书上插图即可观赏书中宇宙、机器人、深海怪兽等事物对应的三维立体影像。时代出版则是早在2014年成立了儿童幼教品牌"豚宝宝"，豚宝宝妙趣盒则是主打的纸电融合产品，集纸质绘本、App互动电子书、多材质玩具于一体。2021年，随着时代出版的扩大宣传，豚宝宝妙趣盒受到市场的广泛关注。

传统出版企业瞄准少儿出版领域打造出纸电融合产品，是基于市场需求和自身优势做出的重要产品创新。充分融合了传统图书的亲密感和现代科技的炫酷感的双重特点，给了少儿用户美好的阅读体验。在AR、VR技术机器元宇宙业态的推动下，未来将有更多的"精品内容＋高新科技"融合创新产品走进市场。

三、电子图书出版产业年度重要事件

（一）读客文化和果麦文化相继上市

2021年7月19日，读客文化在深圳证券交易所上市，上市发行价为1.55元，发行4 001万股，计划募集资金为6 200万元。8月30日，果麦文化正式登陆深交所创业板，股票发行价为8.11元，计划募资1.46亿元。

此外值得关注的是，另一家著名的民营出版商磨铁文化也在2021年6月

30 日向深交所递交了创业板上市招股说明书。后来因为发行人所在的北京市金杜律师事务所被中国证监会立案调查，深交所中止了磨铁文化发行上市审核，直到 2022 年 3 月 16 日，深交所才恢复了磨铁文化的发行上市审核。

（二）华为发布首款搭载鸿蒙系统的墨水平板 MatePad Paper

2022 年 2 月 27 日晚，华为在巴塞罗那世界移动通信上，举办智慧办公春季发布会，推出旗下首款墨水屏平板电脑——MatePad Paper。华为 MatePad Paper 配备 10.3 英寸 E-ink 屏幕，采用华为自研的墨水屏显示增强算法，搭载麒麟 820E 处理器、4GB 内存、64GB 机身存储；预装了少量应用程序，包括便签、电子邮件、日历、计算器等。

（三）首届全民阅读大会在北京举行

2022 年 4 月 23 日至 25 日，由国家新闻出版署、北京市委、北京市政府指导的首届全民阅读大会在北京举行。

大会以"阅读新时代　奋进新征程"为主题，分为论坛、展览展示、新闻发布、主题活动四大板块，研讨阅读话题，分享阅读感悟，展示阅读推进的成果，向全社会发出全民阅读的倡议。

（四）亚马逊宣布在中国停止 Kindle 电子书店的运营

2022 年 6 月 2 日，"亚马逊 Kindle 服务号"微信公众号发布关于 Kindle 中国电子书店运营调整的重要通知，表示将于一年之后即 2023 年 6 月 30 日，在中国停止 Kindle 电子书店的运营。在此之后，用户将不能购买新的电子书。2024 年 6 月 30 日之前，还可以继续下载已经购买的电子书到本地设备。

四、电子图书出版产业发展趋势

基于 2021—2022 年的行业发展环境和市场发展概况，预测未来行业发展的四大趋势如下。

（一）素质教育类电子图书将迎来发展浪潮

"双减"政策的出台和快速实施，促使义务教育阶段的教育培训领域发生了天翻地覆的变化。不但大量的课外培训机构走向关门停业，更有众多教辅图书出版机构业绩出现严重下滑。在"双减"政策的禁令限制下，不少教辅图书出版机构开始将目光瞄准了素质教育类出版领域。

"双减"政策引导下，大批学生家长逐渐缩减了教辅图书的购买力度，而将目光放到了素质教育类图书上。而比起纸质图书，电子图书具有更好的观赏和交互效果，尤其是素质教育类图书。疫情限制下的在线网课，让学生逐渐养成了在线学习的习惯，在线阅读素质教育类图书也是顺其自然的事情。从各媒体对教育出版机构的采访新闻中也看到，很多机构均表示已经将业务重心转向素质教育。由此，不难预测未来素质教育类电子图书将迎来发展浪潮。

（二）电子图书对于数字阅读平台愈发重要

"十三五"以来，世界迎来百年未有之大变局。东西方国家在意识形态、经济贸易和信息科技上展开了全面的竞争。面临世界局势的动荡不安和中国社会的民生发展需求，社会大众对于国际形势、社会发展和个人生活等有了更加深刻的认识和思考。与此同时，党中央提出扎实推进"共同富裕"，并在"教育、医疗、住房、养老和就业"等领域出台了多个配套政策予以支持，而且在文化价值上进行了大力引导。在此趋势下，人民群众尤其是青年群体的文娱生活将逐渐由泛娱乐转向主流价值体系，对于文化出版物的需求将越来越多，电子图书作为重要的文化出版类型，对于数字阅读平台的价值将愈发重要。

（三）数字阅读企业盈利模式逐渐趋于完善

中国数字阅读市场经历了二十年的发展，其盈利模式基本明晰。一是内容付费，即用户为所要阅读的内容支付对应的费用。二是 VIP 付费，即为订阅服务，用户按固定周期（月/季/年）支付费用。三是广告服务，即为广告主提供广告展现播报服务。四是版权运营，即版权授权、版权出售、版权改编等服务。五是机构服务，即为企业事业单位提供阅读内容、阅读平台和阅读硬件等服务。

现如今市面上的数字阅读企业，无论是主打付费阅读的老牌企业，还是主打免费阅读的新锐企业，都尚处于持续发展阶段。当前，基于自身发展阶段、定位目标或资源优势，只能选择五种盈利模式之一，然后逐步探索其他模式的组合。长期来看，那些创立周期早、技术门槛高、市场渠道广的老牌数字阅读企业，有望实现多元盈利模式的高效融合，企业发展盈利模式逐渐趋于完善。

（四）中国企业有望成为全球数字阅读市场翘楚

中国数字阅读行业虽然起步较晚，但经过长期发展目前已不落后于西方国家，甚至少数企业已经走在了世界前列。中国数字阅读企业虽然在起步初期不具有技术优势，但在长期的探索和实践中，已经形成了自己独特的技术经验和技术创新。中国数字阅读市场用户基数大，市场竞争也更加激烈，业务模式也获得了长期的时间检验。

当前，数字阅读企业已经将业务范围拓展到了海外多个国家，并获得了初步的发展成果。如今，数千万的海外华人正在应用着来自中国的数字阅读平台，引领着中国文化出海的浪潮。未来，随着中国国际影响力持续扩大，将有越来越多的外国人渴望了解中国文化，而数字阅读就是重要途径之一。在政府文化出海政策引导之下，中国数字阅读企业凭借在国内所积累的丰厚的内容、技术和经验优势，海外业务版图和规模将持续扩大，将逐渐成为全球数字阅读市场的翘楚。

（作者单位：山东大学新闻传播学院）

2021—2022 中国数字报纸出版产业年度报告

刘明洋　周长瑞　张晨曦　孙凌洁

2021—2022年，国家系列政策为数字报纸的发展营造良好舆论生态环境。随着5G技术、人工智能技术的进一步发展，报纸数字化转型进程加快，媒体融合发展态势持续向好。新闻媒体与互联网平台加速融合，持续推进技术突破，数字出版产业整体收入呈现逆势上扬趋势，用户体验进一步增强，用户黏性获得明显提升，传播效果有所增强。国家主管部门进一步加大治理力度，网络新闻行业更加规范。

一、数字报纸出版产业概述

数字报纸行业的繁荣是政治、经济、技术等多方因素共同促进的结果。具体可从以下几个方面展开。

（一）政策环境分析

1. 《"十四五"国家信息化规划》印发使数据价值得到进一步重视

2021年12月27日，中央网络安全和信息化委员会印发《"十四五"国家信息化规划》（以下简称《规划》），对我国"十四五"时期信息化发展作出安排部署。《规划》提出"十四五"时期国家信息化总体发展目标[1]，到2025

---

[1] 《"十四五"国家信息化规划》http://www.gov.cn/xinwen/2021-12/28/5664873/files/1760823a103e4d75ac681564fe481af4.pdf.

年,数字中国建设取得决定性进展,信息化发展水平大幅跃升,数字基础设施全面夯实,数字技术创新能力显著增强,数据要素价值充分发挥,数字经济高质量发展,数字治理效能整体提升;要着力发挥数据要素价值,提升大数据产业的支撑能力。制定大数据精准服务、创新服务、协同服务等方面能力等级标准,开展面向大数据技术、产品、服务供给侧企业的能力评估。《规划》为数字报纸的数据利用,挖掘数据价值指明了方向。

2. 《市场准入负面清单》发布有助于营造文明舆论环境

2021年10月8日,国家发展改革委发布《市场准入负面清单(2021年版)》(征求意见稿)[以下简称《清单(2021年版)》]向社会公开征求意见。可以看到,2021年版禁止准入事项相比2020年版新增1项,即"禁止违规开展新闻传媒相关业务",其中规定了非公有资本不得从事部分新闻传媒相关业务。

当今网络与社交传媒的发展,创建了崭新的交往与传播方式。公共发言的低门槛,会产生不良言论的泛滥,同时网络传媒依据特定的个人浏览偏好,通过"算法"自动推送相关内容,社交媒体朋友圈的"回音壁"效应等,都在固化人们既有的价值和观点,从而加固同类人群的观点,加剧不同人群之间的视角分化,而这种共享视角的瓦解将不利于社会的治理。国家发改委发布的上述清单,意在剔除网络不良内容,还社会一个文明的舆论环境。

(二) 经济环境分析

1. 经济持续复苏,市场预期不断向好

2021年是中国经济持续复苏并走向常态化的一年,是"十四五"规划开局之年、两个百年目标交汇与战略转换之年。中国进一步巩固疫情防控和经济复苏成果,积极应对内外部风险挑战,宏观经济运行稳中向好,生产需求持续扩大,就业物价基本稳定,微观基础明显改善,市场预期不断向好。

2021年也是"十四五"规划开始部署实施的一年。在加快构建双循环新发展格局统领下,科技自立自强的布局、产业链供应链的安全性布局、国内大循环的畅通与短板的补足、扩大内需战略的启动等举措,不仅将引发经济主体预期的改变,同时也将替代非常规刺激政策成为需求扩张的基础性力量。

2. 数字经济成为推动中国经济发展主引擎

数字经济在其他产业领域的应用带来的效率增长和产出增加已成为推动经

济发展的主引擎。近年来，数字经济正在加快向其他产业融合渗透，提升经济发展空间。中国数字经济规模持续上涨，对 GDP 贡献明显。2021 年数字经济服务质量满意度 79.7 分，同比增长 2.6%，比 2019 年高 7.6 分，比 2020 年高 2 分，这表明我国数字经济稳步发展，总体表现良好。

3. 信息技术服务发展迅速

据《2021 年软件和信息技术服务业统计公报》统计，2021 年，信息技术服务收入 60 312 亿元，同比增长 20.0%，高出全行业水平 2.3 个百分点，占全行业收入比重为 63.5%。其中，云服务、大数据服务共实现收入 7 768 亿元，同比增长 21.2%，占信息技术服务收入的 12.9%，占比较 2020 年同期提高 4.6 个百分点[1]。基于大数据服务技术的数字报纸行业在信息技术服务发展迅速的背景下也呈现出较快发展态势。

（三）社会环境分析

1. 互联网普及率逐渐上升，网民规模庞大

中国互联网络信息中心（CNNIC）在京发布《第 49 次中国互联网络发展状况统计报告》（以下简称《报告》）显示，截至 2021 年 12 月，我国网民规模达 10.32 亿，较 2020 年 12 月增长 4 296 万，互联网普及率达 73.0%[2]。10 亿用户接入互联网，形成了全球最为庞大、生机勃勃的数字社会。

数字应用基础服务日益丰富，带动更多网民使用。互联网及科技企业不断向四五线城市及乡村下沉，带动农村地区物流和数字服务设施不断改善，推动消费流通、生活服务、文娱内容、医疗教育等领域的数字应用基础服务愈加丰富，为用户带来数字化便利。

2. 数字乡村建设持续推进，农村互联网普及率不断提升

据中国互联网络信息中心（CNNIC）发布的《第 49 次中国互联网络发展状况统计报告》数据统计，截至 2021 年 12 月，我国农村网民规模为 2.84 亿，农村地区互联网普及率为 57.6%，较 2020 年 12 月提升 1.7 个百分点。城乡地

---

[1] 《2021 年软件和信息技术服务业统计公报》https://www.miit.gov.cn/jgsj/yxj/xxfb/art/2022/art_9a36a98d9744cceb2a04b745aee746b.html.

[2] 第 49 次《中国互联网络发展状况统计报告》http://n2.sinaimg.cn/finance/a2d36afe/20220225/FuJian1.pdf.

区互联网普及率差异较 2020 年 12 月缩小 0.2 个百分点。截至 2021 年 11 月，我国现有行政村已全面实现"村村通宽带"，贫困地区通信难等问题得到历史性解决，工业和信息化部下发的《"十四五"信息通信行业发展规划》提出，到 2025 年实现行政村 5G 通达率达到 80%。随着数字化应用日趋完善，广袤的下沉市场逐步享受到数字化带来的便利和实惠。

3. 网络新闻用户数量增长

近几年互联网发展迅速，建立在互联网发展基础之上的网络新闻事业，迎来了高速发展时期。截至 2021 年 12 月，我国网络新闻用户规模达 7.71 亿，较 2020 年 12 月增长 2 835 万，占网民整体的 74.7%。

网络新闻具有传统新闻媒体无法比拟的时效性和传播广泛性，在视、听、感方面给受众全新的体验。网络新闻是网民获取新闻的重要途径，网络新闻媒体可以发挥各自优势，通过长图、海报等形式，为读者带来优秀的阅读体验。

（四）技术环境分析

1. 人工智能技术推动媒介融合

人工智能技术推动传统媒体和新兴媒体加速融合发展，成为全媒体时代智能化变革的重要支撑力量。新浪新闻通过"大数据 + 人工智能"手段推动平台效率提升，平台一方面实现了新技术对媒体运营"采编审播"全流程赋能，另一方面也催生了高效整合热点信息能力的"新浪热榜"产品。

2. 全球最大信息通信网络建立，数字新基建基础不断夯实

我国拥有全球最大的信息通信网络。截至 2021 年 4 月，我国光纤宽带用户占比提升至 94%，固定宽带端到端用户体验速度达到 51.2Mbps，移动网络速率在全球 139 个国家和地区中排名第 4 位。

工业互联网"综合性 + 特色性 + 专业性"的平台体系基本形成。近年来，我国工业互联网平台体系基本形成，具有一定行业和区域影响力的工业互联网平台超过 100 家，连接设备数超过了 7 000 万台（套），工业 App 超过 59 万个，"5G + 工业互联网"在建项目已超过 1 500 个，覆盖 20 余个国民经济重要行业。

3. 5G 加速赋能融媒新发展

我国 5G 商用发展实现规模、标准数量和应用创新三大领先。截至 2021 年 5 月，我国 5G 标准必要专利声明数量占比超过 38%，位列全球首位；5G 应用创新案例已超过 9 000 个，5G 正快速融入千行百业、呈现千姿百态，已形成系统领先优势。

进入 5G 时代，万物互联、万物皆媒的趋势越来越明显，人们获取新闻信息的渠道更多，但也更加纷繁复杂。主流媒体要融合 5G 和自身特色巩固舆论阵地。既要有主动拥抱新技术的前瞻性，呈现出欣欣向上的变革姿态，又不能单纯被技术牵着鼻子走，失去自身特色。要坚持正确的政治方向、舆论导向、价值取向，在深度报道上下功夫，体现不一样的新闻视角，让读者发现不一样的价值，巩固舆论阵地。

4. 元宇宙理念推动报纸的数字化转型

元宇宙是一个空间维度上虚拟而时间维度上真实的数字世界。从真实性来看，元宇宙中既有现实世界的数字化复制物，也有虚拟世界的创造物；从独立性来看，元宇宙是一个与外部真实世界既紧密相连，又高度独立的平行空间；从连接性来看，元宇宙是一个把网络、硬件终端和用户囊括进来的一个永续的、广覆盖的虚拟现实系统。

在元宇宙产业链中，随着通信和算力、VR/AR 设备和人工智能等领域的升级，体验和交互形式更加趋于沉浸，跨区域乃至跨国技术合作成为大势所趋，物联网、区块链作为底层技术，AI、云计算、交互技术相互协同。元宇宙为人类社会实现最终数字化转型提供了新的路径，对于数字报纸的数字化转型升级有着方向性的指导作用。

二、数字报纸出版产业发展现状

（一）市场现状

1. 全国报纸总印刷量上升、阅读率下降减缓

根据中国报业协会印刷工作委员会最新数据显示，2021 年全国报纸总印数

量为608亿对开印张，环比上升1.28%。这意味着2021年全国报纸总印刷量经过连续9年的负增长，在近10年来首次实现了环比上升。

2022年4月25日，国家新闻出版署公布了《第十九次全国国民阅读调查主要发现》，提出2021年全国国民报纸阅读率为24.6%，较2020年的25.5%下降0.9个百分点。如图1所示。结合2018—2021年的全国国民报纸阅读率公开数据，可以发现近几年该数据在逐渐上升，即全国国民报纸阅读率的下降程度趋小。

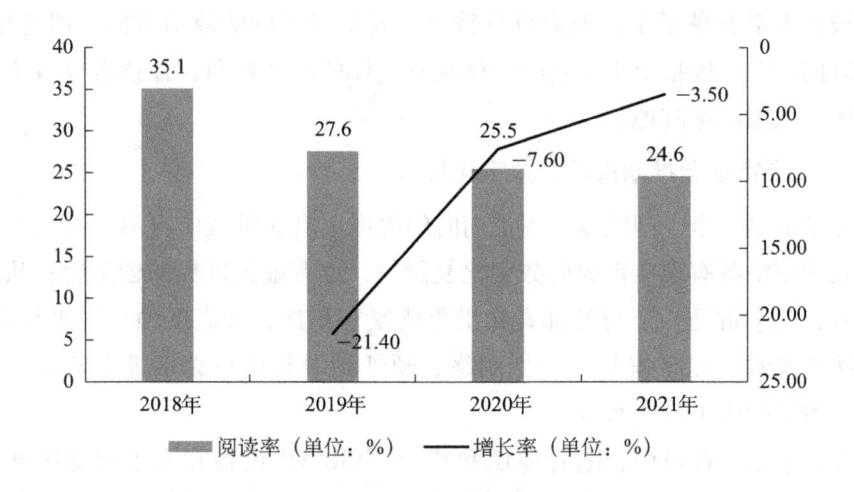

图1　2018—2021年全国国民报纸阅读率

数据来源：根据国家新闻出版署相关数据统计

2. 数字报纸发展相对缓和

2021年，新闻媒体与互联网平台加速融合，持续推进技术突破，进一步增强用户体验，提升传播效果。国家主管部门进一步加大治理力度，推进网络新闻行业更加规范。经过市场分析与测算得出：2021年中国数字报纸市场规模下降为6.7亿元，同比2020年下滑10.67%，市场进入相对缓和状态。详情如图2所示。

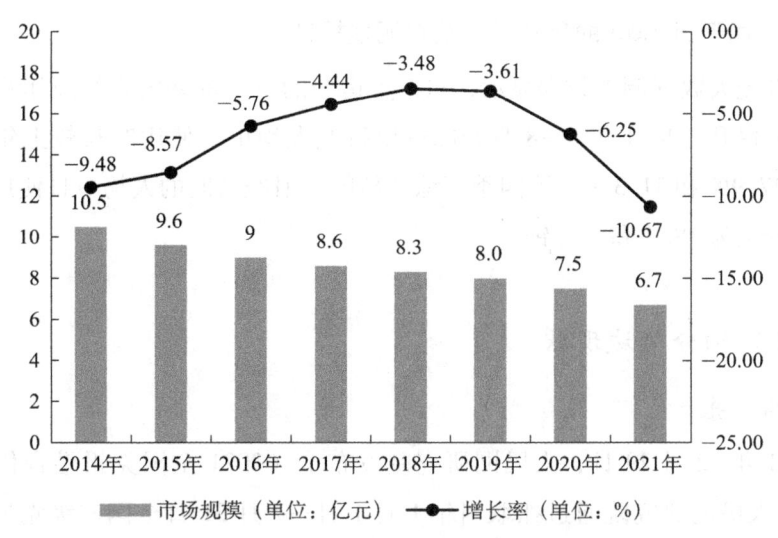

图 2　2014—2021 年中国数字报纸市场规模及增长趋势

数据来源：据公开资料搜集整理计算所得

（二）用户现状

1. 网络新闻用户规模继续扩大

2021 年我国个人互联网应用呈持续稳定增长态势。截至 2021 年 12 月，我国网络新闻用户规模达 7.71 亿，较 2020 年 12 月增长 2 835 万，占网民整体的 74.7%。如图 3 所示。

图 3　2017—2021 年网络新闻用户规模及使用率

数据来源：CNNIC

2. 新闻资讯 App 的用户黏性获得明显提升

据极光大数据调查数据显示，东京奥运会的举办推动内容行业用户增长和用户时长提升。2021 年 7—8 月新闻资讯行业人均单日使用时长较上年同期大幅增长 27.9% 和 31.3%；第四季度综合新闻、财经新闻的人均单日使用时长同比增长分别为 18.4 和 8 分钟。

（三）细分领域现状

1. 党 报

2021 年 12 月 29 日，人民网研究院发布了《2021 全国党报融合传播指数报告》。人民网研究院通过抓取当年 1 月 1 日—7 月 31 日全国三级党报及其网站、自有新闻客户端（App）和入驻微博、微信、聚合新闻客户端、聚合视频客户端的相关数据，对 366 家中央、省级（含省、自治区、直辖市）、地市级（含地级市、地区、自治州、盟）党委机关报的融合传播情况进行考察，力求客观呈现党报融合传播的水平及特点。本报告对于党报内容的分析，主要引用此份指数报告数据。

（1）党报新媒体传播渠道持续拓展

党报作为由各级党委直接领导的新闻宣传媒体，媒体融合发展的程度较深，范围较全面。"两微一网一端一头条"仍是当前各党报新媒体传播的重要方向。人民网研究院《2021 全国党报融合传播指数报告》（以下简称《报告》）显示，2021 年在非传统渠道中，党报网站的开通率依旧最高，为 95.9%，78.7% 的党报建设了自有新闻客户端。党报在微博、微信、聚合新闻客户端、聚合视频客户端的入驻率均接近 90%。各级党报在各个渠道的覆盖率更趋接近。

在自有平台传播渠道方面，党报发行量较 2020 年有明显提升，百万级以上党报客户端数量增长。《报告》显示，中央、省、地市级党报共自建了 325 个安卓客户端，294 个苹果客户端，百万级以上党报客户端总计达到 70 个，占比 22%。在第三方平台传播渠道方面，党报的新媒体传播渠道进一步拓展，除微博、微信公众号、抖音等平台外，聚合新闻客户端成为党报媒体融合的主阵地。此外，328 家党报在今日头条、腾讯新闻客户端及人民日报客户端共计开通了457个头条号、233个腾讯新闻账号及196个人民号。有160家党报开通了人民号,占366家党报的近45%。

(2)第三方平台传播力呈现分化趋势

党报微博账号互动情况差异较大,且省级和地市级党报微博账号平均粉丝量比2020年减少13%,微信公众号评价发文量及阅读量下降。而党报在聚合新闻客户端的发文及阅读量均有明显提升,以头条号为例,党报头条号发布的单条内容(含图文、视频及微头条)平均阅读量/展现量为7.5万次,是2020年的6倍,详情如表1所示。通过表1可知,视频、微头条等内容形式传播力更强,阅读量更高。同时,所考察的三级党报抖音号平均粉丝量为98.7万,远高于微博的平均粉丝量67.6万。

表1 2021年头条号平均阅读量/展现量较高的省级和地市级党报

(单位:万次)

图文			视频			微头条		
头条号	党报	阅读量	头条号	党报	阅读量	头条号	党报	阅读量
天目新闻	《浙江日报》	3.2	聊城新闻网	《聊城日报》	58.25	杭州日报	《杭州日报》	45.3
沈阳网	《沈阳日报》	2.3	上饶日报	《上饶日报》	52.47	广州日报	《广州日报》	31.2
杭州网	《杭州日报》	1.9	羊城派	《羊城晚报》	41.35	杭州网	《杭州日报》	30.9
上观新闻	《解放日报》	1.4	鞍山云	《鞍山日报》	34.59	川观新闻	《四川日报》	27.9
津云	《天津日报》	1.2	杭州日报	《杭州日报》	27.62	西宁晚报社	《西宁晚报》	26.3
西宁晚报社	《西宁晚报》	0.8	银川日报	《银川日报》	26.97	上观新闻	《解放日报》	26.2
辽宁日报	《辽宁日报》	0.7	鹰潭日报	《鹰潭日报》	26.93	每日甘肃	《甘肃日报》	25.4
浙江日报	《浙江日报》	0.7	湖北日报	《湖北日报》	24.36	大众网	《大众日报》	18.6
北京日报客户端	《北京日报》	0.6	潍坊新闻网	《潍坊日报》	24.24	大河网	《河南日报》	15.5
南京日报	《南京日报》	0.6	浙江在线	《浙江日报》	21.89	长江网	《长江日报》	14.8

数据来源:人民网研究院《2021全国党报融合传播指数报告》。

2. 行业报

与党报等主流媒体相比,行业报的媒体融合起步较晚,在新媒体平台入驻数量较少，渠道建设不足，但也有部分报刊媒体采用新技术进行媒体融合，取得显著成效。如中国中医药报社对区块链技术展开了积极探索，并在行业报中先行进行了试运营。2021年6月，基于区块链技术的"新一代智媒体平台"开始投入纸媒运用，这一基于区块链技术下智媒平台的成功打造，实现了纸媒智慧型服务、经营、管理能力的重大提升和突破。①

3. 都市报

都市报有狭义和广义之分，狭义都市报是指受众定位为都市市民以"都市报"三字命名的报纸，广义的都市报是面向广大市民需求的综合性报纸，既包括以"都市报"命名的报纸，又包括晚报、晨报等命名的报纸。本文中都市报，取广义都市报的含义，涵盖了都市报、晨报、早报、晚报等报纸。整体而言，都市报在新媒体渠道覆盖率逐年升高，媒体融合发展状况良好。

短视频平台成都市报媒体融合主阵地。抖音等短视频平台已逐渐成为新闻报道传播的主要平台，都市报对短视频平台建设的投入也日益增加，依托短视频平台制作爆款视频新闻成为都市报发展的策略之一。2021年7月23日，在河南洪灾期间，半岛都市报视频号发布《"危难时刻见忠诚！"当看清标语上的字时，泪水真的忍不住了》视频收获了1 669万的播放量与41.5万的点赞。2021年8月12日，青岛胶东国际机场正式启用，半岛都市报视频号直播由青岛飞往南昌的首航实况，直播在线人数超过10万。"七一"期间，新京报多通道传播并进，高潮迭起。新京报抖音总播放量15 888.5万，其中，7月1日发布的《习近平：以毛泽东、邓小平、江泽民、胡锦涛为主要代表的中国共产党人，为中华民族伟大复兴建立了彪炳史册的伟大功勋！》抖音播放量达到9 057.4万。

（四）运营模式分析

1. 丰富专题报道形式，打造主旋律内容

2021年是"十四五"规划开局之年，是我国经济社会发展的关键一年。这一年里，中国顺利召开了"两会"、党的十九届六中全会、庆祝中国共产党

---

① 陆静，王玺，张玮. 智媒时代下区块链技术在行业报的应用与探索——中国中医药报社打造智媒平台路径分析［J］. 传媒，2021，(24)：36-38.

成立100周年大会等会议和全运会活动,为新闻报道提供了重要素材。有关建党百年的专题报道成为2021年融合传播的亮点,以党报为代表的新闻媒体紧紧围绕党和国家工作主线,充分运用新媒体技术创作出一批内容优良、形式新颖、立意明确的主旋律新闻报道,积极发挥主流媒体的传播力、影响力、引导力、公信力,坚持正能量,弘扬主旋律,讲好中国故事。人民日报发布建党百年主题MV《少年》,以MV的形式庆祝建党百年,在互联网平台取得了良好的传播效果,全网播放量超过1.6亿。云南日报报业集团云报客户端推出《百年芳华初心传承》大型融媒体策划,包含36幅主题插画、数十篇融媒体稿件、3D动态视频、原创主题歌曲、H5等产品。

2021年面对东京奥运会和全运会两大体育盛会,各级主流媒体紧跟时事热点,推出奥运、全运专题报道。东京奥运会期间,湖北日报在多个新媒体平台同时推出"老兵新锐"东京行vlog专栏,由两名前方记者采用视频日记的形式讲述在东京奥运赛场内外的亲身经历。宁波日报报业集团在宁波晚报、"甬上"App开设"奥运宁波脸谱专栏",采用海报、H5等形式介绍七位宁波籍奥运选手的人物故事、奥运历程等。2021年新冠肺炎疫情防控常态化,省市级主流媒体发挥地域优势,聚焦本地发展,助力疫情防控和社会治理。广州日报涉及本土疫情的《这张图,刷屏!广州加油!》等微信推文,收获上百万阅读量。克拉玛依日报作为西北地区的市级党报,创作一篇讲述江苏扬州和新疆克拉玛依两地医护人员因抗疫相恋结婚的推文,点赞量高达2万。省市级媒体在所处区域内公信力较强,知名度高,新闻报道传播力强。

2. 广泛运用新技术,直播新闻成为常态

信息时代,受众对信息的需求日益多元,主流媒体广泛运用5G技术、人工智能技术等新技术,提升新闻报道的时效性和多元性,直播凭借其实时报道、互动性强等特点已成为主流媒体新闻报道的新阵地。2021年5月,四川广播电视台"四川观察"连续两天推出《三星堆新发现·揭秘》的全媒体特别直播节目,采用鱼竿式摇臂、六轴机器人和遥控球形云台摄像机等多项摄像新技术以及双机位虚拟技术,全网观看量达17亿。在2021年11月孙海洋寻子事件中,九派新闻多次在抖音等平台进行直播,跟踪事件全程,满足受众需求,同时直播内容经二次创作后以视频新闻等形式在网络平台进行传播。国庆期间,黄三角早报在黄河东段防汛最险要的六处堤坝上进行了连续的视频直播,累计观看人数32.5万人次。直播结束后，编辑组制作短视频《保万亩滩区东营一乡镇黄河岸边连夜筑起千米堤坝》，通过齐鲁壹点客户端、黄三角早报微信视频号、抖音号等10余个平台进行发布。直播技术被广泛运用于新闻采写编发的流程之中，并将新闻制作的各个流程相串联，极大提高了新闻发布的即时性和真实性。

当今，受众不满足于做被动的信息接收者，进入5G时代，万物互联、万物皆媒的趋势越来越明显，人们获取新闻信息的渠道更多，对信息的需求也更高。直播报道的形式将用户置于事件之中，以零距离、原生态的方式将第一手信息实时传递给观众，满足用户对事件发展进程的期待，同时用户又可对事件做出评论，与媒体以及其他用户实时互动，具有极强的伴随性、交互性、时效性。直播报道后，直播画面内容可被二次加工，经由视频、图文形式传播，在新闻生产、传播过程中均收获了流量。随着科技的不断发展，直播新闻的形式正在逐渐成为常态。

3. 发挥渠道优势，贴近用户需求

主流媒体充分发挥互联网平台优势，结合不同平台的用户特征，迎合用户需求，制作精品作品，新媒体渠道传播力得到极大提升。渠道建设是媒体融合的必由之路，通过多种渠道连接广泛用户，才能提升自身传播力。由于不同渠道呈现出不同的传播特性和用户特征，媒体融合传播的过程中需充分考虑到各渠道的特点，进行差异化传播。

目前，大多数媒体已开通"两微"账号，抖音等短视频平台作为时下最热门的传播平台业已成为媒体关注的焦点。抖音基于其独特的去中心化算法，相较于微博、微信，信息传播范围更广。在抖音、快手等聚合视频客户端，一些党报以热点事件、温情故事为主要题材，制作出现象级的短视频产品。宁波晚报短视频"杨倩再夺金牌，宁波观众沸腾了"在推送后，单条视频在抖音平台浏览量达8 064万次，收获197万点赞。在庆祝中国共产党成立100周年大会报道中，央视新闻客户端和微博、微信、抖音、快手等合作平台的"央视新闻"账号集群以庆祝大会直播为核心，推出短视频、金句海报、图文特稿等超4 000条相关融媒体产品，获得总计超26亿浏览量，发挥全平台优势，传播范围全覆盖。

此外，聚合新闻客户端也越来越为媒体所重视，由上述党报现状分析可知，有近45%党报开通人民号。除传统"两微一端一网一头条"外，许多新的新媒体传播渠道也得到开发。部分媒体开始入驻喜马拉雅等音频平台，四川日报报业集团旗下的"封面新闻"账号粉丝量达 115.2 万,居所有报纸账号首位。这些媒体所推出的作品多为早、晚间节目,满足用户日常通勤新闻需求或情感需求。两会期间,中国日报、北京日报等主流媒体,通过智能音箱、智能床头灯等智能终端推出专题报道。新闻报道的渠道不断拓宽,场景逐渐延伸,传播效果增强。

三、数字报纸出版产业年度重要事件

(一)"文化强国"光明日报协同推广平台福州工作站"云揭牌"

2021 年 2 月 3 日,"文化强国"光明日报协同推广平台福州工作站启动仪式线上举行。开设"文化强国"光明日报协同推广平台,旨在探索一条符合光明日报特色的媒体融合新路径,打造成为机制创新的试验田、文化资源的汇聚地、延伸优势的突破口、文化强国的探索者。该平台将打通央媒与地方的合作通道,推动地方文化资源高位嫁接光明日报社的全媒体资源,为宣传好各地优秀文化提供新空间,通过创新创意、凝聚资源,实现优势互补、双向赋能。

(二)《中华人民共和国国民经济和社会发展第十四个五年规划和 2035 年远景目标纲要》强调实施数字化战略

2021 年 3 月 12 日,《中华人民共和国国民经济和社会发展第十四个五年规划和 2035 年远景目标纲要》正式发布。其中提到:推进媒体深度融合,做强新型主流媒体;加强对外文化交流和多层次文明对话,创新推进国际传播,利用网上网下,讲好中国故事,传播好中国声音,促进民心相通;实施文化产业数字化战略,加快发展新型文化企业、文化业态、文化消费模式,壮大数字创意、网络视听、数字出版、数字娱乐、线上演播等产业[1]。这些内容为"十四

---

[1] 《中华人民共和国国民经济和社会发展第十四个五年规划和 2035 年远景目标纲要》http://www.gov.cn/xinwen/2021-03/13/content_5592681.htm。

五"时期媒体发展提供了方向和标准。

（三）明确非公有资本不得从事新闻采编播发业务

2021年10月8日，国家发展改革委就《市场准入负面清单（2021年版）》（征求意见稿）向社会公开征求意见。《清单（2021年版）》跟《清单（2020年版）》相比，禁止准入事项从5个增加为6个，增加了禁止违规开展新闻传媒相关业务。其中明确，非公有资本不得从事新闻采编播发业务。这一举措有利于巩固主流媒体新闻采编优势地位，明确新闻生产主体，整治无相关资质从事新闻采编的行为，营造规范有序的新闻传播环境。

四、未来发展展望

（一）报纸将进一步深化数字化转型

载体的数字化早已不新鲜，现在要做的是把信息传播变成信息流，将信息流变成数据，从而实现真正意义和维度上的数字化转型。信息正在聚合，实力正在重构，简单的转网也并非等同于转型成功。转型首先要在观念上进行转变，陈旧的观念不足以应对新媒体时代的发展趋势；其次在人才队伍的建设中要给予足够的关注，缺少"精干高效"人才是很多媒体在融合发展中的瓶颈；再次还要塑造包容的企业文化，互联网本身就存在试错的发展规律；最后在新的产品和服务方面深耕，强烈的产品意识和适配的服务能在有限的市场中获得用户的青睐。

（二）垂直媒体将进一步分化

国际新闻、气候报道等领域都已经出现了能够兼顾广度和深度的优质垂直媒体，运用大数据技术进行受众细分，从海量数据中寻找目标受众，并为受众定制个性化新闻。未来报道领域将进一步细分，媒体将争取在某个细分领域成为"权威"。在转型过程中的数字报纸要注重内容细分，比如推出"地方版"

和"专业版",为有不同需求的群体提供差异化的资讯。报纸新闻产品将进一步朝"B2B"方向发展。

(三) 传播渠道将进一步丰富

当下,移动互联网正在以洪荒之力打破藩篱,激发传统产业新潜能,形成中国发展新引擎。以互联网和手机等数字终端为代表的新媒体迅速发展,为数字化报纸的发展提供了丰富的渠道。未来,新渠道、新领域、新平台使得报纸数字化转型更加迅速,数字报纸建设实现新发展、新突破。传统媒体网站、客户端创新传播模式、丰富传播内容,推动用户活跃度。

(作者单位:山东大学新闻传播学院)

2021—2022中国互联网期刊出版产业年度报告

李广宇　　王友平　　戴铁成

一、互联网期刊出版产业概述

（一）传统期刊互联网出版商的最新进展

2021年是中国共产党成立100周年，是"十四五"规划的开局之年，也是全面建设社会主义现代化国家新征程的起步之年。紧跟新时代新发展新步伐，各大互联网出版商的产品升级和服务模式不断探索与更新，均取得了不俗的成就。

随着数据时代的到来，学术数据的价值在科研活动中愈发重要，学术数据服务产业也将迎来巨大的发展机遇，各大互联网出版商凭借自身深厚的学术文献积淀和学术数据服务经验，推动学术活动方式迈入新时代。

作为科研知识的传播者，为了及时反映中文期刊发展变化的新情况，知网、万方、维普均参与每年新一版核心期刊的研究工作，为《中文核心期刊要目总览》的出版提供相关数据标准规范、数据质量控制、配套数据等多方面技术支持。同时在产学合作协同育人方面均有积极表现，在教育部出台的产学合作协同育人项目中，知网、万方、维普均获批众多项目。同时各家在技术、产品上不断创新，根据国家与市场需求推出新产品、更新升级老产品，拓展数据资源，致力于知识服务、数字出版、信息化教育等多领域。

1. 同方知网新动作

2021年是中国共产党成立100周年，也是"十四五"开局之年。站在这一历史交汇点，知网基于资源，做好舆论宣传、研究分析经济发展重难点，为建党百年和我国经济高质量发展贡献力量。在庆祝建党百年方面，知网基于其多年积累的资源聚合、知识挖掘和内容发现技术，以"培育时代新人、弘扬时代新风，深化社会主义核心价值观宣传阐释"为主题，将文献资源与革命文物、展览、课程资源进行整合而成的《中华英魂·党史篇》，多方面、多角度、立体化展现党的发展历程。该书精选出建党百年以来作出杰出贡献、值得铭记的革命领袖、英雄模范，挖掘文物背后的故事来纪念、弘扬、传承为革命、建设、改革做出杰出贡献的英雄人物精神，筑牢爱国主义、集体主义、社会主义信念，树立社会主义核心价值观。《中华英魂·党史篇》成功入选中宣部《2021年主题出版重点出版物选题目录》。在推动经济建设方面，知网上线"应对百年未有之大变局的中国经济"创新成果出版平台。该项目依据党的十九届五中全会精神，提炼前沿经济课题，整合国务院发展研究中心等权威经济智库资源和《经济研究》《改革》等核心经济期刊专家力量，邀请权威经济专家就选题内容进行深入研讨，旨在充分发挥权威专家的创新引领作用，吸引更多学者围绕选题进行研究，以专家的研讨成果引导经济期刊围绕选题组稿，推出一批具有国际影响力的前瞻性原创科研成果，推进充分体现中国特色、中国风格、中国气派的经济学科建设，丰富中国特色社会主义经济理论，揭示经济发展规律，指导经济发展实践，推动我国经济实现高质量发展。

注重我国科研事业及学术文化"走出去"发展。一是推动学术成果走出去。2021年，中国知网的中国学术期刊（网络版）（CAJ-N）网络首发已合作期刊2 261种，科技类1 591种，社科类670种；发文量521 923篇，下载量总计7 047.98万篇次，首发平均提前天数75.08天，其中，科技期刊平均提前85.41天，社科类期刊平均提前46.59天。CNKI遴选出中国具有代表性的优质科技期刊近千种，这些期刊收录了国家自然科学基金和科学技术发展规划中的最新研究成果，实现中国优秀科学研究成果向世界双语传播。二是积极融入世界学术生态圈。基于其世界知识大数据建成全球学术资源搜索引擎——全球学术快报。2021年开始，全球学术快报以其便捷的双端服务、良好的多语言搜索体验、及时的科研成果信息获取以及跨境文献结算通道，吸引了诸多组织和机构通过国家层面与 CNKI 牵手合作。目前已在知网覆盖的 60 多个国家和地区的 1 800 多家机构用户中使用。全球完全依托知网海量文献及知识分类挖掘的自有积累，搭载了最新中外文智能检索核心算法以及实时翻译的创新技术，将成为助力全球科研、参与全球知识流动的一个"红色"力量，使得中国学术与世界学术生态充分融合。三是通过活动做好宣传推广工作。2021 年，CNKI 以推广中国学术、共筑创新共同体为使命目标，在全球范围内开展了百余场线上交流活动以及服务推广活动，覆盖 60 余个国家和地区，包括新加坡、马来西亚、印度尼西亚、泰国、越南、缅甸、菲律宾、土耳其、俄罗斯、乌克兰、白俄罗斯、阿拉伯联合酋长国、印度、波兰、捷克、斯洛文尼亚、罗马尼亚、保加利亚等 20 余个"一带一路"沿线国家。2022 年，知网国际会努力搭建多层次、多形式的国际学术交流舞台，创新国际学术话语交流机制，讲好中国故事，展示中国价值。

2. 万方数据新动作

献礼建党百年。2021 年，万方在中国共产党成立 100 周年之际，推出"党史学习系统"，建设要闻聚焦、革命圣地、党史人物、光辉历程、党建影像、党建学习等多个、多级栏目分类，实现党史资源数据的浏览、检索、阅读等服务。目前基于这个党史平台面向广东省各高校、党校、智库单位开放免费试用活动。还推出献礼建党 100 周年——红色文化专题数据库，包括红色基地、红色记忆、红色事迹、红色人物、红色文物、红色资料几大类。

开展创新服务。万方在 2021 年积极布局新平台、新产品。在平台建设方面，一是发布专业内容知识聚合服务平台（WF.Pub），该平台由国家重点研发计划项目"专业内容知识聚合服务技术研发与创新服务示范"（2019YFB1406300）资助，构建起一套支撑图书馆、出版社、用户等多方开展业务运营的学术生态链，创新了知识学习新模式，促进了出版产业实现实体出版与网络服务结合的转型升级。二是推出内部知识构建系统和产业科技创新服务平台，为政府、科研院所和企业的专业受众提供服务。助力机构构建完整的知识管理体系，做好机构的知识管理工作。同时基于万方的产业科技创新知识图谱数据库，利用大数据、人工智能、自然语言处理等技术，围绕人才、机构、技术等产业科技创新要素，面向企业成果转化、技术转移、招才引智、招商引资等场景提供的产业科技创新服务[①]。在新产品开发方面，万方陆续上线其参与研究的"国家重点研发计划'精准医学研究'重点专项《基于远程/移动医疗网络的精准医疗综合服务示范体系建设与推广》"（2017YFC0909900）制作的"精准医学系列短视频"。

扩展生态圈。万方医学与浙江大学生育健康与包容发展研究院联合成立生殖医学研究院，双方将在生殖医学教育、生殖医学医务社工培训等领域达成全面深入合作。

3. 维普资讯新动作

2021年，维普资讯主要在服务上下功夫。一是在考试培训服务方面，基于"维普考试服务平台"开发的一款针对考试学习的微信端题库应用——维普掌上题库更新升级，用户可以通过所在图书馆的专属题库入口直接使用题库资源。题库内容包含全面丰富的考试资源：公务员考试、英语四六级、医学护理、法律会计、一建二建、学历提升等，拥有多种刷题练习方式，方便用户随时随地利用碎片时间备考学习。二是在学术数据服务方面，维普推出必果论文和学术期刊投稿分析系统。必果论文利用学术大数据及人工智能技术，充分优化写作流程，辅助文字创作，是一款集选题分析、章节规划、素材搜集、在线写作、翻译润色、文本纠错、参考文献规范化等功能于一体的论文智能化写作辅导工具，能够提高科研人员、专业技术人员和高校师生的写作效率。学术期刊投稿分析系统主要是为作者实现多种期刊维度筛选和分析报告的投稿推荐，系统收录了中外文期刊数据信息4.8万余种。

4. 互联网期刊出版商积极抗疫

疫情防控常态化期间，为满足机构用户学术文献获取和知识创新服务需求，CNKI推出shibboleth免费校外访问服务，支持终端用户在机构外通过机构统一资源管理系统（如线上图书馆）访问和获取机构已订阅的学术资源。

2021年河南、山西等多地遭遇了极端强降雨天气。万方数据推出"抗疫救灾知识服务平台"，提供给32个省市图书馆以及42个职业技术学校和情报机构免费使用一年，满足民众及专业用户对抗疫救灾文献资源的需求。

---

① 万方数据．万方数据携多款智慧科技产品亮相2021北京科博会[EB/OL]．https://mp.weixin.qq.com/s/-mpTQkTsDtiqvOJeRdLRqA．

（二）互联网期刊出版市场状况分析

"十四五"开局之年，国家对数字出版产业寄予了厚望并出台多项促进措施，整个数字出版产业在 2021 年产业规模达到 12 762.64 亿元，而互联网期刊出版企业也乘着东风继续快速发展，2021 年产业规模达到 28.47 亿元，占数字出版产业的 0.22%。与 2020 年相比互联网期刊市场收入增加了 3.94 亿元，增长 16.06%，增速比 2020 年提高了近 10%。详见表1、表2、图1。

表 1　近三年互联网期刊出版产业规模

年度	2019	2020	2021
互联网期刊出版（亿元）	23.08	24.53	28.47
数字出版	9 881.43	11 781.67	12 762.64
占比	0.23%	0.21%	0.22%

表 2　近三年互联网期刊出版产业增速对比

年度	2019	2020	2021
互联网期刊增速	7.95%	6.28%	16.06%

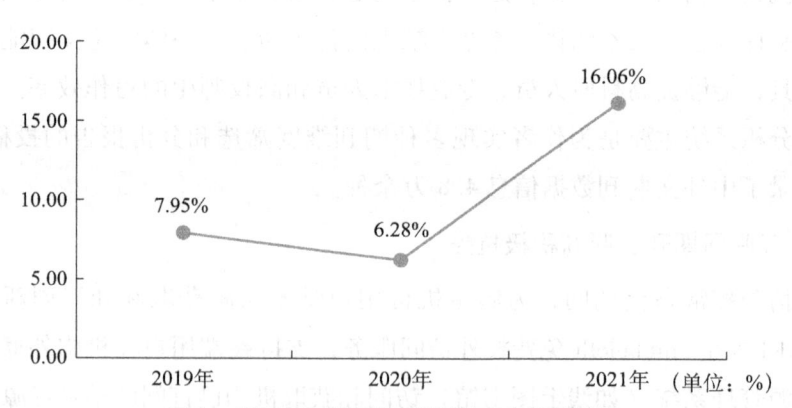

图 1　近三年互联网期刊出版产业规模增速

目前，互联网期刊出版商的主要销售模式依然还是通过中心网站包库、镜像站点及流量计费三种模式销售，与历年数据一致的是中心网站包库模式所占比重最大，超过 50%，流量计费占比不到 1/10。通过分析不同模式销售收入所占比重发现，近年来中心网站包库模式下销售收入呈现微微下降趋势，而镜像网站与流量计费均有所上升。主要原因是：尽管中心网站包库仍然是用户的普遍选择，但由于互联网期刊数据库在大型机构中普及率已经接近百分之百，而新增加的小型机构或者个人用户则更偏爱流量计费方式。详见表3、图2。

表3 近四年互联网期刊出版产业不同销售模式占比

年份	2018	2019	2020	2021
中心网站包库	61.25%	59.22%	56.44%	55.00%
镜像站点	32.17%	33.91%	36.34%	36.97%
流量计费	6.58%	6.87%	7.22%	8.04%

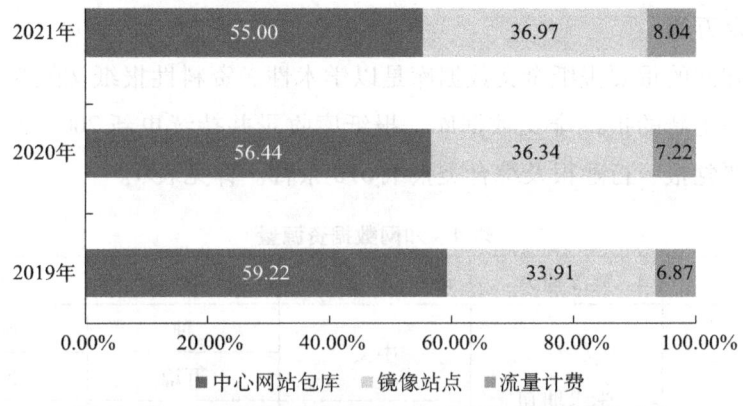

图2 近三年互联网期刊出版产业不同经营模式占比变化

（三）互联网期刊出版产业数据资源建设情况

资源是互联网期刊赖以生存的根本，各互联网期刊机构对于数据资源的建设给予高度关注。

中国知网《中国学术辑刊全文数据库》收录资源突破1 000种。学术辑刊是反映当前我国社会发展各个学科领域最新研究成果的重要载体，是学术交流的重要平台。网络首发已合作期刊2 261种，科技类1 591种，社科类670种；发文量521 923篇，下载量总计7 047.98万篇次，首发平均提前天数75.08天，其中，科技期刊平均提前85.41天，社科类期刊平均提前46.59天。

中国知网实现中、外文期刊整合检索。其中，中文学术期刊8 550余种，含北大核心期刊1 970余种，网络首发期刊2 240余种，最早回溯至1915年，共计5 880余万篇全文文献；外文学术期刊包括来自80个国家及地区900余家出版社的期刊7.5万余种，覆盖JCR期刊的96%，Scopus期刊的90%，最早回溯至19世纪，共计1.1余亿篇外文题录，可链接全文。学位论文库是目前国内资源完备、质量上乘、连续动态更新的中国博硕士学位论文全文数据库。该库出版500余家博士培养单位的博士学位论文40余万篇，780余家硕士培养单位的硕士学位论文480余万篇，最早回溯至1984年，覆盖基础科学、工程技术、农业、医学、哲学、人文、社会科学等各个领域。会议论文重点收录1999年以来，中国科协系统及国家二级以上的学会、协会，高校、科研院所，政府机关举办的重要会议以及在国内召开的国际会议上发表的文献，部分重点会议文献回溯至1953年，目前，已收录国内会议、国际会议论文集4万本，累计文献总量350余万篇。

中国知网的重要报纸全文数据库是以学术性、资料性报纸文献为出版内容的连续动态更新的报纸全文数据库。报纸库收录并持续更新2000年以来出版的各级重要党报、行业报及综合类报纸610余种。详见表4。

表4　知网数据资源量

序号	资源种类	语种/学位区分	单位	数量
1	学术期刊	中文	种	8 550
			万篇	5 880
		外文	种	75 000
			万篇	11 000
2	学位论文	硕士	家	780
			万篇	480
		博士	家	500
			万篇	40
3	会议论文	—	万篇	350
4	报纸	—	种	610
5	年鉴	—	种	5 370
			万篇	3 970
6	专利		万项	15 000
7	标准		万项	60
8	图书		本	14 595
9	学术辑刊		种	1 050

万方数据期刊资源包括国内期刊和国外期刊，其中，国内期刊共 8 000 余种，涵盖自然科学、工程技术、医药卫生、农业科学、哲学政法、社会科学、科教文艺等多个学科；国外期刊共包含 40 000 余种世界各国出版的重要学术期刊，主要来源于 NSTL 外文文献数据库以及数十家著名学术出版机构，及 DOAJ、PubMed 等知名开放获取平台。学位论文资源主要包括中文学位论文，学位论文收录始于 1980 年，年增 30 余万篇，涵盖基础科学、理学、工业技术、人文科学、社会科学、医药卫生、农业科学、交通运输、航空航天、环境科学等各学科领域，文献收录来源为经批准可以授予学位的高等学校或科学研究机构。会议资源包括中文会议和外文会议，中文会议收录始于 1982 年，年收集 3 000 多个重要学术会议，年增 20 万篇论文；外文会议主要来源于 NSTL 外文文献数据库，收录了 1985 年以来世界各主要学协会、出版机构出版的学术会议论文共计 766 万篇全文（部分文献有少量回溯）。中外专利数据库（Wanfang Patent Database，WFPD）涵盖超过 1 亿条专利数据，范围覆盖 11 国两组织专利，其中，中国专利 2 200 余万条，收录时间始于 1985 年；外国专利 8 000 余万条，最早可追溯到 18 世纪 80 年代。详见表 5。

表 5 截至 2021 年 12 月万方数据资源建设情况

资源类型	期刊	学位	会议	专利	科技报告	科技成果	标准	法律法规	地方志	视频
数量（条/篇/份）	1.47 亿	710 万	1 458 万	1.39 亿	127 万	94.7 万	245 万	138 万	1431 万	2.8 万

维普累计收录期刊 15 000 余种，现刊 9 000 余种，文献总量 7 000 余万篇。目前期刊总计 15 248 种，文献总量 71 101 406 篇。

"维普考研资源数据库"收集整理了 1 040 讲视频课程、1 500 多个考研相关的课程讲义、1 400 多份考研学习笔记、4.4 万套考研试卷、涉及试题 180 万余道，提供在线阅读复习、下载资料、单题练习和在线模考等功能。"学术期刊投稿分析系统"收录了中外文期刊数据信息 4.8 万余种，涵盖近乎所有期刊延伸字段信息。

二、年度影响互联网期刊出版产业发展的重要事件

（一）2021年2月，中国科协学会发布2021年度学术工作要点

贯彻落实习近平总书记关于办好一流学术期刊的重要指示精神，做强领军期刊品牌，加大后备方阵培育，提升出版集约化数字化水平，推进评价导向改革，深化体制机制创新，营造开放竞合生态，繁荣科学文化，提升自主创新能力。

（二）2021年6月，中宣部教育部科技部印发《关于推动学术期刊繁荣发展的意见》的通知

通知提出加快融合发展，推动数字化转型。探索网络优先出版、数据出版、增强出版、全媒体出版等新型出版模式。引导学术期刊适应移动化、智能化发展方向，进行内容精准加工和快速分发，推动学术成果大众普及和应用转化。

（三）2021年7月，中宣部召开学术期刊发展建设座谈会

会议认真学习贯彻习近平总书记在庆祝中国共产党成立100周年大会上的重要讲话精神和关于学术期刊工作的系列重要指示精神，围绕中宣部、教育部、科技部联合印发的《关于推动学术期刊繁荣发展的意见》，研究做好学术期刊建设和管理工作。会议指出要加快推进融合发展和国际传播能力建设，为提升国家科技竞争力和文化软实力贡献力量。

（四）2021年12月，国家新闻出版署印发《出版业"十四五"时期发展规划》

《出版业"十四五"时期发展规划》部署精品科技期刊建设工程，包括整合重组期刊资源，形成科技期刊出版集群和集团，建设世界一流科技期刊，

完善学术期刊评价体系等。

三、互联网期刊出版产业发展总体情况与存在问题

（一）开放获取给互联网期刊出版企业带来挑战

开放获取日益受到重视，也为互联网期刊出版企业带来巨大挑战。Nature网站将"开放获取驱动"（Open-access Drive）列入2021年值得关注的科学事件，并认为由英法等欧洲11国科研资助机构联合签署的学术论文开放获取"S计划"将取得成效。该计划要求受资助的科研项目的研究成果应刊发在开放获取期刊上，并从2020年元旦起实行开放获取。该计划一经提出，就受到广泛关注与响应。现在国际上的开放获取方案包括两大部分，一是"S计划"方案；二是"机构仓储存档"方案，该方案以美国等为代表。虽然这两种方案各有利弊，但从实际工作和效果来看，均表明开放获取必将成为研究成果交流趋势。我们只有顺应国际大势，尽早参与、及早谋划，才能充分利用好该契机。一些由国家财政资助产生的研究成果，有必要、有义务实行合理开放，分享成果、创造创新氛围。注重参与方式，既要适度参与国际开放获取运动，也要强化机构仓储开放。但同时，互联网期刊企业也要做好应对，通过争取国家支持、加强主营产品增值获利能力等，强化造血能力，消除开放获取带来的负面影响，维护企业健康持久发展。

（二）互联网期刊的知识服务精准化、专业化需要提升

知识服务概念泛化，致使出版企业开展的知识服务认识不足，宣传不到位，尚未得到用户的充分认知。互联网盛行的依靠名人效应进行的知识解读、简介式的知识服务"风口"已过，现在变现能力逐渐变弱。知识服务的未来一定是精准化、专业化。这正是传统出版机构的机会所在，包括出版社、期刊社。出版机构有责任、有能力基于严谨的编辑过程、质量把控能力，为用户提供精准化、专业化的服务，这不是一般互联网企业所能做到的。当然，传统出版机构要开展精准化、专业化知识服务还需要长久努力。一是加强技术运用，

以技术赋能知识产品生产，做好知识产权保护；二是提高观念认识，面对大数据时代信息多样化、多源化的特点，冗余信息急剧增加，传统出版机构要提升观念认知，强化责任意识，帮助用户去伪存真、去粗取精、提炼有用信息和知识，从而实现精准情报信息服务；三是改变服务方式，充分利用大数据技术，采集获取多层次、多样化用户需求，变被动服务为主动服务，提高情报分析能力，提前对用户需求作出预判，提升用户使用的体验感。

四、互联网期刊出版产业发展趋势及建议

（一）探索新型知识服务模式

互联网期刊业要面向未来，捕捉文献情报知识服务的未来发展走向，以数据驱动、精准服务为导向，利用大数据、人工智能等技术提升文献检索、关系挖掘等新型知识服务模式。将数据提升到认识、解决问题的起点，建立"问题→数据→问题"螺旋上升的良性创新循环的思维与方法论，提供基于大数据技术、人工智能算法，提供知识的定位导航，推动文献情报服务进入"智能时代"。

（二）公益性和商业性的平衡

目前，互联网期刊出版商的运营模式收到社会的广泛关注，不少学者认为科学数据应该供研究者甚至整个社会免费使用。但是维护一个数据库的正常运行，必须有强大的技术、管理团队及资金的投入，这些都是互联网期刊出版商不可避免的成本。没有投入就没有产出；没有收入，企业就无法生存，免费的数据服务就更无从谈起。面对越来越多的争议，互联网期刊出版商需要去寻求公益性和商业性的平衡。一种办法是研发一些特色服务收取一定的费用，以维持企业的正常运转；推出一些基本服务，可以考虑有条件的免费使用，满足用户的基本需求。另一种办法是依托国家支持，根据企业开展免费服务的实际需要，向国家争取给予相应的补贴去提供免费服务。

（三）充分发挥 AI 技术赋能作用

近几年来，人工智能（AI）已被欧美、日本等发达国家上升为国家战略。中国也加大投入，成为全球 AI 领域最大参与者。英国出版商协会发布的《AI 在出版业的作用》指出，AI 已有望赋能整个出版业产业链、价值链。在泛出版方面，AI 技术将会助力出版企业提升版权保护能力和 IP 培育、开发及应用水平，提升内容可视化以及决策分析能力，获取用户精准需求；在学术出版方面，AI 有助于提高成果传播、成果评议、成果权益保护能力。从总体来看，机器学习（ML）、深度学习（DL）、自然语言处理（NLP）、语言识别及计算机视觉技术是 AI 技术在出版业的主要应用。这些技术的有效应用将会推动内容分类工作的简化、提升内容可见性；对市场发展趋势作出科学研判、降低经营成本、改善经营效果；提高内容推荐精准度，提高出版产品的多场景应用适配性，强化用户应用体验。

[李广宇单位：中国新闻出版研究院；王友平、戴铁成单位：同方知网（北京）技术有限公司]

2021—2022 中国网络游戏出版产业年度报告

郝园园

一、中国网络游戏市场规模和用户规模

(一) 市场规模

根据中国音数协游戏工委发布的《2021年中国游戏产业报告》显示，2021年，中国游戏市场实际销售收入2 965.13亿元，较2020年增收178.26亿元，同比增长6.40%。从细分市场来看，除网页游戏外，2021年中国移动游戏和客户端游戏市场均保持增长趋势。其中，国内客户端游戏占比19.83%，与往年基本持平，市场销售收入588亿元，较2020年增收28.8亿元，同比增长5.15%，为三年来首度出现正增长；移动游戏依然占据国内游戏市场主流，总收入占比为76.06%；网页游戏持续萎缩，续写了连续5年的下滑，占比总收入仅的2.03%，实际销售收入60.30亿元。网页游戏持续下滑的主要因素包括：网页游戏开服数量持续减少，头部游戏企业虽仍在研发网页游戏，但缺乏创新，难以抑制市场空间的持续萎缩。电子竞技领域社会影响持续扩大，市场销售收入1 401.81亿元，较2020年增收36.24亿元，同比增长2.65%，但增速有所放缓，增幅同比缩减42%。2021年，以移动游戏为核心的全平台发行模式逐步兴起；用户使用习惯回归；以电竞入亚、《英雄联盟》总决赛夺冠等事件为契机，电竞游戏销售收入成为电竞市场主要收入来源。但受线下活动减少、线上营销变现困难、防沉迷政策落地以及整体游戏市场收入收窄的影响，

电竞市场收入和用户规模增幅均有一定下降。我国自主研发游戏海外市场销售收入180.13亿美元，较2020年增收25.63亿美元，同比增长16.59%，增幅同比缩减约17%。可以看出虽然2021年中国游戏市场实际销售收入依然保持增长态势，但整体来看增幅比例较去年同比缩减。究其原因，一是新冠肺炎疫情宅经济的刺激效应逐渐减弱；二是年度爆款数量同比有所减少；三是游戏研发和运营发行成本持续增加。

（二）用户规模

2021年中国游戏用户规模达6.66亿人，较2020年增加了0.01亿人，同比增长0.15%，与2020年用户规模相比，变化不大。可以看到游戏人口的红利趋向于饱和。此外，防沉迷新规落地取得了实效，用户结构趋向合理。

二、中国网络游戏产业分析

（一）防止未成年人沉迷网络游戏进一步深化

2021年8月，国家新闻出版署下发《关于进一步严格管理切实防止未成年人沉迷网络游戏的通知》。这一举措直接从法规层面筑起了未成年人沉迷网络游戏的防护墙。本轮新政对未成年人游戏时长和消费控制较明显，根据多项调查显示，有85.8%的未成年用户在玩游戏的过程中曾被防沉迷限制，这在一定程度上保护了未成年人的身心健康。但目前仍有个别未成年人沉迷网络游戏，主要源于两点因素，一是部分未成年人使用的游戏账号采用父母身份注册，没有进入防沉迷识别范围；二是部分用户所玩的游戏产品不需要连接网络，在单机状态下防沉迷系统难以发挥作用。对此在2022年全国"两会"中，有人大代表指出农村留守儿童使用长辈的身份证注册游戏账号普遍化问题，建议全面禁止未成年人玩网络游戏，并通过人脸识别系统监管政策落实。

（二）精品游戏研发探索工业化道路

2021年游戏精品化已从发展趋势转为行业主旋律。加大精品游戏技术、人才、资本投入，提升自主产权核心技术研发，加速精品游戏规模化产出，成为中国游戏企业提升竞争力的重要手段。根据伽马数据发布的《2021—2022中国游戏企业研发竞争力报告》显示，2021年游戏企业研发重心表现明显，研发投入持续增加，市值前10位的游戏企业在游戏业务研发费用投入超过300亿元，保持了30%的较高增长。游戏企业多年自主研发投入持续增长，表明国内游戏企业十分注重夯实自身的能力基础，并在此基础上积极探索工业化之路。游戏工业化的目的是提升生产力，在制作流程上呈现出标准化、自动化、平台化、数智化的特征。实现游戏工业化首先是企业完成积累、整合、中台化；其次是整合供应链资源实现品质3A化；最后是机器学习之后，AI深度应用至游戏领域。在全球游戏市场中，美国游戏工业化的过程已经逐渐成熟，在主机、端游等市场中能够稳定地产出3A化高质量产品。我国的游戏企业一方面正在积极地将制作标准向3A化靠拢，另一方面在利用AI数据驱动增强玩家游戏体验上加大了投入，有望走出自己特有的工业化道路。

（三）游戏产业在振兴地区经济中持续发挥推动作用

各地出台的多项政策推动游戏产业布局发展。城市、地区与游戏产业的有机结合更加紧密，逐步形成了差异化和特色化的游戏产业集聚高地。《2021游戏产业区域发展报告》显示沿海地区（广州、深圳、上海、杭州）游戏企业数量占比过半，西部游戏企业集中于成渝地区。从中国各地区发展繁荣状况来看，沿海地区游戏企业数量最多，仅4座城市游戏企业数量就占据了国内的半壁江山；西部地区作为游戏产业新兴地区，正崛起成为中国游戏产业版图上的新势力。

以成都为例，2002年开始布局数字文创产业链，目前在游戏领域已形成规模优势，具有完善的游戏产业链条，是全国游戏产业的"研发基地"。全民网络游戏《王者荣耀》和海外爆款《万国觉醒》均出自成都。《2021成都网络视听产业发展机遇指南及机会清单》数据显示，游戏电竞已成为成都网络视听产业核心支柱。网络游戏作为新动能成为成都区域发展的优势赛道。像成都这样受益于游戏而兴的地区还包括深圳的科兴科学园，上海的漕河泾、广州的科韵路等。以城市的整体力量与游戏企业的平台力量深度合作，能够释放更多城市发展机会，激活城市未来竞争的能力。

（四）云游戏进入生态建设"新基建"新纪元

2021 年中国云游戏市场表现相对亮眼，收入达到 40.6 亿元人民币，同比增长 93.3%，成为全球云游戏产业发展最快、最具活力，市场空间最大的地区之一。2021 年我国云游戏产业发展相对较快，新加入云游戏赛道的新生势力和企业数量、融资数量均高于 2020 年。随着 5G 网络和新型终端、高密度 GPU 服务器、虚拟化、音视频编解码、边缘计算节点等核心能力的逐渐完善，云游戏的用户体验逐步提升、运营成本逐渐降低、高品质内容初步显现、算力复用场景逐渐丰富。

相比较全球云游戏的发展，我国云游戏产业更需要在底层建立平台体系，支撑整个产业创新化、高效率前行构建云游戏产业的"新基建"。2021 年各技术主导型公司从各自擅长的领域投入到云游戏的基础设施建设中。代表企业为腾讯、阿里、华为、中国移动、小米等企业。腾讯在云游戏技术开发的基础上，引入第三方游戏内容，借助应用宝等渠道，建立云游戏平台与云游戏解决方案的双重路径。目前拥有 Start（面向端游、主机方向）、Tencent Gamematrix（云游戏解决方案发起者）、腾讯即玩（提供移动云游戏技术支持）、腾讯云游戏（依托腾讯云服务为全球游戏厂商、平台、开放者提供一站式"端游＋手游"的云游戏 PaaS 解决方案）等项目；阿里巴巴 2021 年推出"元境"（提供云游戏研运一体化服务平台）。从服务"点对点游戏云化"向支持"大规模云移植"和"云原生游戏"迈进；华为依托华为云构建了一套涵盖从研发到运营，囊括云游戏、AI、网络加速、大数据运营、渲染引擎优化等一站式的服务体系；中国移动咪咕表示云游戏已成为中国移动标志性 5G 业务。小米游戏从优势大屏端切入云游戏效益，打造云游戏平台全新商业模式。

随着云游戏平台的发展，存量游戏云化意愿逐渐增强。大型端游、重度手游等高品质游戏微端化、移动端化的趋势更加明显。代表性优质内容相继出现，《云·原神》公测后取得良好口碑。未来几年，云游戏将进入"云化"到"云原生"的重要过渡阶段。在元宇宙概念及数字经济的催化下，云游戏核心技术有望再次突破，为云原生游戏迎来新的转折点。

（五）游戏出海表现亮眼，业务稳健

2021年8月至2022年4月，国家新闻出版署版号审核暂停。在此背景之下，游戏企业进一步推进出海发展。实际上，在2018年版号第一轮暂停后，游戏出海就成为游戏企业新的发展路径，并取得优异的回报。过去五年，我国游戏出海呈现平稳上升态势，用户下载量、使用时长和付费额度三方面均保持稳定增长。

2021年，中国游戏产业在深耕国内市场的同时也选择出海作为重要的发展策略。在商务部、中宣部等17部门10月联合印发的《关于支持国家文化出口基地高质量发展若干措施的通知》提到，要"推动中华优秀传统文化的创造性转化、创新性发展""鼓励优秀传统文化产品、文化创意产品和影视剧、游戏等数字文化产品'走出去'"。根据《2021年中国游戏产业报告》显示，2021年中国出海手游在海外市场的收入达180.13亿美元，且仍处于增长态势，在多个热门手游国家市场中，中国手游在畅销榜及下载榜中出现的频率也越来越高。美日韩是中国手游出海的三大热门地区，其收入之和占据了2021年国产手游出海收入的58.31%。特别是美国取代日本成为中国手游最大的海外市场。据Sensor Tower发布的《2021中国手游出海年度盘点》显示，2021年我国有42款手游在海外市场获得超过1亿美元的收入。其中，美国市场给中国出海手游TOP30贡献36亿美元收入，比2020年增长53%。排在其后的是东南亚市场和德国、英国等欧洲市场，除此之外中东地区的阿联酋和沙特阿拉伯，以及土耳其和印度则是近几年的新兴市场。

我国游戏企业海外投资进一步加大，腾讯、字节跳动、网易、B站等企业本年度的海外投资覆盖全球、辐射整个行业。通过海外收购和投资，游戏企业拓展了更多不同的研发方向，聚拢了各行各业研发人才，有效形成各类型专属人才储蓄库，这为企业布局游戏发展、夯实技术基础、加大游戏创新力度等提供人力资源基础，也为未来游戏多样化多形态发展铺设道路。

根据数据公司data.ai公布的"2021年度中国游戏厂商出海收入榜30强"显示，腾讯、网易、米哈游、莉莉丝、Nuverse（朝夕光年）等游戏厂牌领跑中国出海业务。具备成熟经验的游戏龙头企业在全球化综合体的建设方面占有优势，通过战略聚焦，将自家优势亮点最大化发挥出来，在出海业务中释放红利、取得跃升，大幅度地强化海外当地能力，多地区部署本土团队，逐步稳固在海外游戏市场的地位。从腾讯财报可以看到，从2021年三季度开始，其国际市场游戏业务就采取了单独披露的方式展示腾讯国际市场增长的成果。从成绩来看，2021年度腾讯国际市场游戏收入占比15.6%，同比增长了31%，其出海游戏的代表产品有 PUBG Mobile 等；中手游2021年持续深耕"IP资源—自主研发与联合研发—全球发行—IP运营"的闭环生态体系，扩大海外业务，并取得显著成效，仅一年时间，出海业务占中手游总营收比例从0.2%跃升至11.6%。其中《家庭教师》《新射雕群侠传之铁血丹心》等多款主力产品体现了中手游"大IP战略的价值释放"；网易出海与腾讯类似都采用一些在市场中已有知名度的IP打造产品，不同之处是网易瞄准像华纳、漫威等影视巨头的IP做产品，如《哈利波特：魔法觉醒》《指环王：崛起之战》等，并凭借《荒野行动》《明日之后》逐步稳固了在海外游戏市场的地位，这一策略覆盖了美国、拉美、日本及欧洲等主要市场。除此之外，发力较晚的米哈游和字节跳动在海外市场的成长速度惊人。米哈游更是在中国游戏厂商海外收入中位于第二名，出海产品有《原神》《崩坏3》等，特别是《原神》曾在43个国家和地区畅销榜登顶，是2021年推特讨论最多的游戏之一。2021年字节跳动上线了旗下中重度游戏品牌朝夕光年，取得海外流水占整个大盘的近80%的成绩。2021年上半年，朝夕光年接连收购有爱互娱、沐瞳科技等多家游戏企业，并提出新一代游戏公司是"生而全球化的"理念，进军海外市场。

整体来看，2021游戏出海呈现出以下态势：一是大范围、全面性出海。除腾讯、网易等有成熟经验的大公司全面面向海外立项外，大量中小公司也从中小项目开始轻装简行投入到出海的队伍中来。二是避开成熟市场，挖掘潜力赛道。海外主流游戏市场面临饱和，挖掘的细分市场、潜力赛道，见缝插针，避开那些已经充分竞争的领域成为发力的重点。三是完全针对海外市场立项、研发产品，而不再是过去的成熟产品、成熟模式在国内落地之后，才走向海外。吉比特（雷霆游戏）规定只有面向全球的题材才可以立项。米哈游也专门针对海外市场进行定制研发游戏产品。这类型的游戏更了解当地用户，受到广泛认可，取得较好的成绩。值得一提的是，来自中国游戏公司 Magic Tavern（麦吉太文）推出的游戏 Project Makeover，一经发布就登顶中国手游海外下载榜。

三、年度影响游戏出版产业发展的重要事件

（一）新修订的《中华人民共和国未成年人保护法》正式施行

2021年6月1日，我国新修订的《中华人民共和国未成年人保护法》正式施行，明确要求"任何组织和个人不得向未成年人提供诱导其沉迷的产品和服务，网络游戏服务商应对未成年人设置相应的时间管理"，并在"网络游戏服务商每天22:00至次日8:00不得向未成年人提供网络游戏服务"。防止未成年人沉迷网络游戏被纳入立法层面。该法增设"网络保护"专章，从增强网络素养、生产有益内容、加强监督检查、制止网络欺凌等方面入手，首次在法律中规定未成年人网络保护内容，具有里程碑意义。

（二）国家新闻出版署印发《关于进一步严格管理切实防止未成年人沉迷网络游戏的通知》

2021年8月30日，国家新闻出版署印发《关于进一步严格管理切实防止未成年人沉迷网络游戏的通知》，在游戏的时长时段、实名认证等方面作出了更为明确具体的规定，要求各级出版管理部门加强监督检查的频次和力度依法依规严肃处理未落实企业，积极引导家庭、学校等社会各方面营造有利于未成年人健康成长的良好环境等方面提出局具体要求和措施，网络保护与家庭、学校、社会、政府以及司法保护共同构成了"六位一体"的"未保"新格局；通知规定所有网络游戏企业仅可在周五、周六、周日和法定节假日每日的晚8点至9点，向未成年人提供1小时服务。

（三）教育部等六部门印发《进一步加强预防中小学生沉迷网络游戏管理》

2021年10月29日，教育部等六部门印发通知部署做好预防中小学生沉迷网络游戏管理工作等。通知强调严格执行网络游戏前置审批制度，加强监管，

及时处罚或关停违规平台和产品，鼓励全民监督举报；加大内容审核力度，坚决杜绝网络游戏中含有可能妨害中小学生身心健康的内容；避免中小学生接触不适宜的游戏或者游戏功能；严格落实未成年人防沉迷管理；做好中小学生手机管理和校内互联网上网服务设施保护工作，引导中小学生自觉远离不良网络诱惑。

（四）加强游戏直播平台监管强化反垄断

从 2020 年下半年以来，我国就加大了对互网络平台经济的反垄断监管执法力度并打出政策"组合拳"：查处网络平台经济违规情况、发布平台经济反垄断指南、公布反垄断法修正草案、挂牌成立国家反垄断局等。互联网平台监管的主要目的是强化反垄断和防止资本无序扩张。

（五）《出版业"十四五"时期发展规划》引导网游健康发展

《出版业"十四五"时期发展规划》的"壮大数字出版产业"章节指出，要着力推出一批数字出版精品，引导网络游戏健康有序发展，启动实施主题游戏出版工程。

（六）游戏规范类标准进一步完善

继 2020 年《网络游戏适龄提示》《网络游戏术语》团体标准分别发布后，2021 年团体标准逐渐在全国落地、实践、不断修正；7 月《网络游戏防沉迷实名认证技术要求》列入新闻出版业 2021 年第一批行业标准立项计划；9 月国家级实名认证平台正式启用。另外，2021 年 4 月国家七部门联合发布了《网络直播营销管理办法（试行）》主要针对直播营销板块进行了规范管理。

（七）人力资源和社会保障部颁布《电子竞技员国家职业技能标准》

2021 年 2 月，人力资源和社会保障部颁布《电子竞技员国家职业技能标准》，对电子竞技员进行界定，这将帮助电竞业提升职业教育培训，优化职业技能鉴定。

（八）中国战队 EDG 获 2021 年英雄联盟全球总决赛冠军

2021 年 11 月 7 日，中国战队 EDG 获得了 2021 年（第十一届）英雄联盟全球总决赛冠军，受到全球广泛关注，这是 LPL 中国大陆赛区电竞历史上赢得的第三座英雄联盟总冠军。此次 EDG 夺冠，社会反响远超过前两次，可以看出电竞成绩已然成为中国力量彰显的象征。

四、总结与展望

（一）总体态势

2021 年是我国"十四五"发展开局之年。在《"十四五"数字经济发展规划》的蓝图中圈定了包括云计算、大数据、物联网、工业互联网、区块链、人工智能、虚拟现实和增强现实等七大重点产业。新时代游戏领域的发展与数字经济的这七大重点产业息息相关，它是科技与文化融合的"数字实验室"，高度承载现实世界的精神娱乐需求，对数字经济的发展有着促进作用。同时从出口来看，游戏也在推动文化传播、促进民族文化走向世界上也具有无可比拟的优势。

随着游戏市场逐步走向成熟，行业监管部门和机构更加注重游戏在传递社会价值方面的载体作用。通过强化游戏教育引导功能，鼓励研发各类功能游戏，培育游戏健康生态，加强正面宣传，使社会对游戏行业的认识更加客观全面。2021 年伴随防沉迷新规落地和"未保"工作逐渐深化，产业发展更为健康，用户结构趋向健康合理，整个游戏行业逐渐趋于成熟。尽管面临着一些艰难，但在技术创新、品牌建设、标准化竞争、多元化发展都有了进一步的探索和发展。企业更加注重对未成年人的保护工作，更加注重精品化建设，更加注重文化内涵，更加注重科技赋能，推动产业创新与融合。

（二）未来走向预测

1. 游戏产业监管体系进一步规范化、科学化

随着数字经济的发展，我国监管体系和监管治理手段会进一步适应数字和互联网经济发展要求。结合国内外监管实践和经验，秉承规范与发展并重原则，吸收先进监管科技手段，构建动态、适时和有效平衡包容监管与规则治理的监管治理框架，不断推进游戏产业监管体系的规范化、科学化，提升监管能力现代化水平。严格控制游戏内容安全底线红线，杜绝擅自变更内容、无版号上线运营等违法行为，抵制资本无序扩张和野蛮生长，增强行业自律，维护市场秩序，推动游戏行业健康可持续发展。

2. 内容高质量发展将带动行业迈入价值升级新阶段

优质内容是产业发展的根基。如何更充分地利用游戏数字化优势，找到映射现实的路径，借助游戏的强交互性弘扬正能量，为社会主义精神文明建设添砖加瓦是游戏行业的使命。游戏的高质量发展，一是要挖掘文化内涵，坚守中华文化立场，传承中华文化基因，不断提高中国游戏的整体品质，打造精品佳作；二是要丰富精神生活，通过内容丰富、品质优良、正能量凸显的游戏产品传播文化，加强玩家对于中国传统文化的认同感，从而提升其文化自觉、文化自信；三是要大步走向海外，助力中国文化走出去，让更多的国家见识中国风格、中国品质、中国气派、中国精神，讲好中国故事、传播好中国声音。2022年国家新闻出版署将实施"网络游戏正能量引领计划"，推动打造一批主题好、创意佳、质量高的优秀原创游戏，带动游戏行业价值升级。

3. 科技创新持续带动游戏样态的变革

游戏和科技创新是共生发展关系，随着人工智能、云计算、虚拟现实等新技术发展迅猛，游戏的面貌和形态正在不断被迭代。在云游戏解决了国内游戏、互联网行业日益提升的"效率化运营"诉求后，元宇宙底层技术相关的服务器厂商、云计算厂商会领衔发力，助力云游戏画面不稳定、卡顿等问题的优化和解决，促进游戏行业走向精品化、智能化。在元宇宙概念下，虚拟游戏内容和现实世界的联动将明显增强，玩家的游戏体验更加真实。面向元宇宙的各项技术和应用正在快速发展中，随着未来包括算力、响应力、逼真性、沉浸

性、互动性、用户自主性等数字技术的核心维度变得越来越强,游戏的样态会发生进一步演化。

4. 多元应用场景拓展创新空间

数字经济时代,游戏是加速产业布局调整,促进产业良性发展的融合剂,也是加速技术升级,促进业态变革,提升产业价值的催化剂。游戏技术在不少领域已经有了跨行业应用,并在文化传承、公共服务、教育应用、科技创新等更多的场景中展现出了强大的应用潜力。如公众科学游戏 Foldit,邀请全球玩家共同设计一种能与新冠病毒的刺突蛋白结合的蛋白质结构,帮助科研人员研究如何阻断病毒与人类受体的结合,这种集合了大量的来自不同领域,拥有不同知识背景的用户的力量,为游戏及生物科研带来了新机;又如游戏引擎技术在自动驾驶、数字孪生、智慧城市、航空航天、医疗手术模拟等领域的应用,高效、直观地展现过程和成果。再如 2021 年大"火"的虚拟数字人,腾讯与新华社联手推出全球首位数字航天员小诤,配合完成航空航天报道工作,连接中国航天事业与广大群众。由此可以想象,未来会有越来越多的游戏经验投入到数字经济的建设中来,助力建设数字文化生态,赋能文化、教育、医疗、工业制造、建筑等不同领域的创造性转化和创新型发展。

5. 游戏是全球文化交流的良好载体

党的十九届五中全会提出,到 2035 年将我国建成文化强国。推动中华文化走出去,提升中华文化影响力,向世界展示真实、立体、全面的中国。这需要我们融合内力、巧借外力,创新传播路径。中国游戏企业大踏步走向海外,精品游戏登上多个国家和地区畅销榜,中国元素成为"游戏出海"的重要"基因"。2021 年《原神》在海外引爆了一场"文化出海"的热潮,成为外国玩家了解中国的极佳窗口。与之前强调文化输出的思路不同,《原神》是在海外拥有了较大市场后,才融入中华传统文化元素并且融合地被市场接受。不少国内玩家群体提出了"讲好中国故事不一定要讲中国故事"的思路值得引起关注,它探讨了包含他国文化元素后自己的核心价值表达更易被接受的理念,这也给国产游戏出海提出文化融合的新思路。以游戏为载体的传播形式,对传播文化软实力具有得天独厚的优势。中国游戏"走出去"让游戏有了全球化视野,从游戏出海的成长性也让我们看到了国产游戏的更多可能性。

(作者单位:中国新闻出版研究院)

2021—2022 中国网络（数字）动漫出版产业年度报告

徐楚尧

2021 年是我国"十四五"开局之年，也是根据国家规划落实产业发展格局的重要时期。习近平总书记在中国文学艺术界联合会第十一次全国代表大会、中国作家协会第十次全国代表大会的重要讲话给文化从业者指明了方向："要共同推动社会主义文艺繁荣发展、建设社会主义文化强国，广大文艺工作者义不容辞、重任在肩、大有作为。"随着国内疫情得到稳定控制，我国整体经济持续回暖，行业发展环境持续利好，我国进一步深化对动漫产业的指导意见和政策扶持，持续促进行业落实规范发展和质量并行。同时，社会大众对包括网络动漫在内的文化娱乐内容需求逐年增长，在继承与坚持、探索与创新的网络动漫文化发展过程中，网络动漫产业继续保持着稳步增进的发展态势。

一、网络（数字）动漫产业发展现状

2021 年网络动漫产业继续保持稳中有进的发展势头。据《中国网络版权产业发展报告（2020）》发布的数据和产业发展实际情况进行综合测算，2021 年我国网络动漫市场规模达 293.4 亿元，增长率为 22.9%。行业在用户受众增长、强化内容创作质量、互联网技术研发应用等方面均具有一定实质性加强，但同时受社会经济局势、疫情局部突发等因素，各主流网络动漫产业平台公司并不好过，接连出现亏损和财务停滞增长等状态，而相对稳定且表现较好的是原创动漫制作公司，通过原创内容制作、版权收入、广告收入、周边产品等经营实现较好的经济收入和社会影响。详见表 1。

表1 2021财年代表性企业概况预览

名称	总营收	同比增长	概况
B站	193.8亿元	62%	其中第四季度营收同比增长51%，达57.8亿元人民币。同时，2021年B站的净亏损为68亿元，上年同期为31亿元，同比扩大了119%。①
爱奇艺	306亿元	3%	由于其为上市公司，归属于爱奇艺的净亏损为62亿元，2020年同期为70亿元。②
腾讯	5 601.18亿元	16%	净利润1 237.88亿元，同比微增1%，是近十年来公司净利增幅最低的一年。详情见财报（相关财报中，网络动漫数据并未细分）。③

注：详情见相关企业财报，网络动漫数据并未细分。

（一）行业发展稳中有进

2021年中国网络动漫市场整体发展表现较好，纵观全年网络动漫行业发展不乏亮点，如品牌效应稳步形成，各大动漫视频平台结构渐趋优化；网络动漫行业中红色动漫受政策环境支持开启新的发展态势，更加彰显中国元素；较为少见的中长剧集动漫开始逐渐发力；短视频动画随着大环境的发展开始呈现井喷态势；整个网络动漫行业传播出现新样貌、新态势，内容创作、文化输出、海外传播初见成效等。

但是，网络动漫行业发展平缓的同时增速加快，具体分析主要是行业内逐渐缺乏头部爆款IP作品，近两年较为热门的IP作品口碑皆出现回落现象，一些上线前被看好的网络动漫新作，最终的口碑和追剧率均未达到预期效果。2021年的网络动漫虽受2020年疫情居家隔离政策的"红利"影响，行业发展价值得到广泛认可，但各文化产业已逐渐走出疫情阴霾，市场恢复正常供给，这对网络动漫行业而言产生了一定的竞争性冲击。面临这种情况，网络动漫行业还是要加快调整，提高增速。总体而言，网络动漫现阶段虽头部IP作品不足，但行业结构已趋于优化，各类新作在上线初期具有的吸引力增强，品牌效

---

① 哔哩哔哩发布2021年财报：全年营收194亿元，同比增长62% https://t.ynet.cn/baijia/32299621.html.
② 爱奇艺发布2021年财报 https://t.ynet.cn/baijia/32290547.html.
③ 腾讯发布2021全年财报 https://t.ynet.cn/baijia/32483172.html.

应已逐渐形成，从网络动漫创作、宣传到衍生品制作，全产业链的整合能力与协调度有所提升，粗制滥造和山寨抄袭已经出现被市场驱逐的正向态势，较为热门的 IP 作品类型能够引领网络动漫的创作转型，这也不失为一种为行业蓄力，并进入下一发展阶段的良性表现。

（二）政策扶持进一步强化

我国先后提出"动画大国""动画强国"等发展战略，网络动漫产业在相关政策支持下不断发展壮大，2021 年我国网络动漫在国家政策扶持下继续保持着推深化、强发展的行业态势。

2021 年，国家广播电视总局根据国家相关法律法规，制定发布了《网络短视频内容审核标准细则（2021）》，进一步提升了包括网络动漫在内的短视频内容质量标准体系，遏制错误虚假有害内容传播蔓延，营造清朗网络空间；2021 年 1 月，国家广播电视总局开展"中国经典民间故事动漫创作工程（电视动画片）"项目申报工作，入选的项目获得广电总局宣传司与项目制作方签订项目协议书、发放扶持资金和全程指导创作。

2022 年，国家广播电视总局针对处于创作阶段的网络动画片等形式的作品，开展了 2022 年"网络视听节目精品创作传播工程"扶持项目的评审工作。针对评审作品入选后，广电总局将与节目制作机构及其推荐省局签订三方协议，对企业或个人发放一期扶持资金，并全流程跟踪推进作品创作，给予专项指导。对制作完成并通过省局初核、广电总局专家成片评议的作品，广电总局将发放二期扶持资金，并给予宣推和播出支持；同年 2 月，国家广播电视总局还开展了 2022 年度"中国经典民间故事动漫创作工程（网络动画片）"扶持项目征集活动，广电总局将对列入"中国经典民间故事动漫创作工程（网络动画片）"扶持项目的作品的制作机构及其推荐省局签订三方协议书，并根据创意或剧本的思想艺术质量、创作难度、体量等因素，向制作机构发放扶持资金。并推荐视听网站平台购买、播出"中国经典民间故事动漫创作工程（网络动画片）"优秀作品，以支持优秀作品的宣传推介；同时，国家广播电视总局办公厅下发《关于遴选优秀视听节目进行译制资助有关事项的通知》，针对讲好中国故事，传播好中国声音，展示真实、立体、全面的中国，总局在全国范围内遴选优秀动画片、当代电视剧和纪录片进行外语译制资助。

（三）少儿内容关注度提升明显

从 2019 年末开始至 2021 年末，网络动漫少儿内容在视频平台上的流量占比呈现明显上升的趋势，整体市场环境正在加速视频平台企业在网络动漫少儿内容的精耕细作与产业升级，正在逐渐构筑一个更完善的网络动漫生态链。据第七次全国人口普查数据显示，受到二孩政策、三孩政策的开放与扶持的影响，我国少儿人口比重回升将给少儿市场带来需求扩大的利好。2021 年 7 月教育部颁布"双减"政策，促使网络动漫泛知识类少儿内容需求出现上升。同年，广电总局虽未发布明确针对儿童网络动漫的相关政策，但明确了要大力支持各互联网视听平台应办好"少儿频道""青少年专区"，这也为网络动漫平台发展少儿内容带来新机遇；经济方面，根据国家统计局发布的 2021 年国民经济和社会发展统计公报显示，2021 年居民教育文化娱乐消费价格同比上涨 1.9%。其中，城市居民教育文化娱乐消费价格同比上涨 2%，农村居民教育文化娱乐消费价格同比上涨 1.7%①。以"90 后"为主体的年轻人初为父母，对于品质化、时代化的儿童和青少年体验有了更高的追求，也加速了未成年人的精神文化需求。

目前，虽然少儿内容的需求利好助推了网络动漫该品类流量的持续上涨，网络动漫少儿内容在各视频平台的贡献呈现明显上升趋势，疫情防控期间的增幅则更为明显。但儿童内容在快速发展中能看到生产创新、精细化运营和衍生市场开发等环节仍存在一定的缺失与短板。首先从内容生产层面看，如何在生产创新的基础要求上，既要符合亲子共同观看需求，且满足家长对寓教于乐的教育需求是儿童内容赛道的机会点；从平台运营层面看，家长与少儿、青少年的内容偏好均有差异，用户个性化定制内容推荐机制与差异化的运营策略还有待提升；从商业变现层面看，除了玩具及衍生消费外，网络动漫儿童内容的消费场景上更需多元化设计，创造更多针对儿童和青少年内容的盈利模式。

（四）原创作品数量持续增长

根据国家广播电视总局数据显示，2021 年全国国产电视动画片制作经备案

---

① 国家统计局：2021 年教育文化娱乐消费价格同比上涨 1.9% https：//m.gmw.cn/baijia/2022-02/28/1302824215.html。

公示共计536部、169 608分钟,按题材划分,童话题材214部、75 064分钟,占备案公示总数的39.9%、44.3%;文化题材12部、2 004分钟,占备案公示总数的2.2%、1.2%;现实题材26部、4 925分钟,占备案公示总数的4.9%、2.9%;科幻题材61部、21 149分钟,占备案公示总数的11.4%、12.5%;教育题材139部、52 721.6分钟,占备案公示总数的25.9%、31.1%;历史题材20部、2 705分钟,占备案公示总数的3.7%、1.6%;神话题材2部、366分钟,占备案公示总数的0.4%、0.2%;其他题材62部、8 877.4分钟,占备案公示总数的11.6%、5.2%。具体每月详情见表2。

通过数据分析可以看出,童话题材、教育题材分别为我国原创作品题材数量的第一位和第二位,两个题材主要针对未成年人,动漫在未成年人成长过程中具有辅助建立其核心价值观的重要作用,童话与教育相辅相成的同时,能够看出受众需求的重点方向。

(五)精品IP作品持续引进

伴随我国互联网和信息技术产业的渐趋成熟,引进精品IP成为内容市场炙手可热的重要方向,引进数量逐年呈现高速增长态势,可见高标准、高质量、高技术的精品IP风口已然到来。我国动漫公司顺应行业发展态势,分批分类陆续引进多部精品IP作品,以引进、孵化精品IP带动产业市场资源联动,打造精品内容的引进、开发、宣传和发行的一体化网络动漫产业链。

针对网络动漫IP的引进工作,我国具有明确规定和相关要求,引进作品必须符合我国宏观价值观、积极正面、内容优良。2021年我国持续引进精品IP作品,不断促进网络动漫行业发展,刺激和启发原创网络动漫积极创新,并为受众用户提供多元化、国际化的精品IP文化内容。根据国家广播电视总局数据显示,我国2021年全国引进专用于信息网络传播的境外动画片共计454部、合计5 764集、合计88 574分钟。

其中,北京引进专用于信息网络传播的境外动画片共计52部;上海引进专用于信息网络传播的境外动画片共计193部;湖南省引进专用于信息网络传播的境外动画片共计6部;江苏省引进专用于信息网络传播的境外动画片共计128部;广东省引进专用于信息网络传播的境外动画片共计11部;浙江省引进

表2 国产电视动画片月制作及分类情况

月份	备案公示总数和时长	童话题材和时长	童话题占备案公示总数比例	文化题材和时长	文化题占备案公示总数比例	现实题材和时长	现实题占备案公示总数比例	科幻题材和时长	科幻题占备案公示总数比例	教育题材和时长	教育题占备案公示总数比例	历史题材和时长	历史题占备案公示总数比例	神话题材和时长	神话题占备案公示总数比例	其他题材和时长	其他题占备案公示总数比例
1	44部、13 154.5分钟	13部、3 845分钟	29.5%、29.2%	—	—	3部、369分钟	6.8%、2.8%	9部、5 082分钟	20.5%、38.6%	15部、2 942.5分钟	34.1%、22.4%	1部、400分钟	2.3%、3%	1部、286分钟	2.3%、2.2%	2部、230分钟	4.5%、1.7%
2	34部、7 948分钟	6部、2 387分钟	17.7%、30%	—	—	3部、22分钟	8.8%、0.3%	3部、741分钟	8.8%、9.3%	10部、2 964分钟	29.4%、37.3%	6部、1012分钟	17.7%、12.7%	—	—	6部、822分钟	17.7%、10.3%
3	61部、12 446分钟	28部、6 073分钟	45.9%、48.8%	—	—	3部、147分钟	4.9%、1.2%	4部、1 916分钟	6.6%、15.4%	15部、2 938分钟	25%、23.6%	4部、354分钟	6.6%、2.8%	—	—	7部、1 018分钟	11.5%、8.2%
4	40部、9 734分钟	10部、4 023分钟	25%、41.3%	—	—	5部、778分钟	12.5%、8%	—	—	17部、3 153.6分钟	42.5%、32.4%	1部、18分钟	2.5%、0.2%	—	—	7部、1 761.4分钟	17.5%、18.1%
5	54部、13 997分钟	22部、5 961.5分钟	40.7%、42.6%	—	—	3部、1 548分钟	5.6%、11.1%	6部、1 794分钟	11.1%、12.8%	10部、2 403.5分钟	18.5%、17.2%	2部、168分钟	3.7%、1.2%	—	—	11部、2 122分钟	20.4%、15.2%
6	52部、45 104分钟	25部、14 913分钟	48.1%、32.8%	—	—	2部、260分钟	3.8%、0.6%	9部、2 263分钟	17.3%、5%	12部、27 096分钟	23.1%、59.6%	—	—	—	—	4部、898分钟	7.7%、2%

(续表)

月份	备案公示数和时长	童话题材和时长	占备案公示总数比例	文化题材和时长	占备案公示总数比例	现实题材和时长	占备案公示总数比例	科幻题材和时长	占备案公示总数比例	教育题材和时长	占备案公示总数比例	历史题材和时长	占备案公示总数比例	神话题材和时长	占备案公示总数比例	其他题材和时长	占备案公示总数比例
7	26部、7 344.5分钟	15部、4 999.5分钟	57.7%、68.1%	—	—	1部、90分钟	3.8%、1.2%	4部、1 326分钟	15.4%、18.1%	5部、773分钟	19.2%、10.5%	1部、156分钟	3.8%、2.1%	—	—	—	—
8	44部、8 819分钟	21部、4 857分钟	47.7%、55.1%	—	—	—	—	—	—	12部、1 395分钟	27.3%、15.8%	3部、473分钟	6.8%、5.4%	—	—	8部、2094分钟	18.2%、23.7%
9	38部、8 204分钟	19部、4 718分钟	50%、57.5%	—	—	2部、240分钟	5.3%、2.9%	9部、2 440分钟	23.7%、29.7%	7部、726分钟	18.4%、8.8%	—	—	1部、80分钟	2.6%、1%	—	—
10	59部、13 989分钟	17部、5 164分钟	28.8%、36.9%	—	—	3部、1 276分钟	5.1%、9.1%	8部、2775分钟	13.6%、19.8%	14部、2 996分钟	23.7%、21.4%	1部、24分钟	1.7%、0.2%	—	—	16部、1 754分钟	27.1%、12.5%
11	32部、13 115分钟	13部、8 271分钟	40.6%、63.1%	4部、364分钟	12.5%、2.8%	—	—	4部、1 256分钟	12.5%、9.6%	10部、2 924分钟	31.3%、22.3%	—	—	—	—	1部、300分钟	3.1%、2.3%
12	52部、15 753分钟	25部、9 852分钟	48.1%、62.5%	8部、1640分钟	15.4%、10.4%	1部、195分钟	1.9%、1.2%	5部、1556分钟	9.6%、9.9%	12部、2 410分钟	23.1%、15.3%	1部、100分钟	1.9%、0.6%	—	—	—	—
全年总计	536部、169 608分钟	214部、75 064分钟	39.9%、44.3%	12部、2 004分钟	2.2%、1.2%	26部、4 925分钟	4.9%、2.9%	61部、21 149分钟	11.4%、12.5%	139部、52 721.6分钟	25.9%、31.1%	20部、2 705分钟	3.7%、1.6%	2部、366分钟	0.4%、0.2%	62部、8 877.4分钟	11.6%、5.2%

数据来源：国家广播电视总局

专用于信息网络传播的境外动画片共计 2 部；国家广电总局引进专用于信息网络传播的境外动画片共计 3 部。

（六）原创动漫走出去成绩显著

我国网络动漫在内容质量方面仍存在两极分化较为明显的现象，但一部分品质上乘的网络动漫作品在输出到国际市场后取得了不俗的业绩。为充分发挥视听作品在国际传播中的独特作用，讲好中国故事，传播好中国声音，国家广播电视总局在 2021 年开展了优秀海外传播文化作品评选工作，共收到各类作品 285 部。经专家评审，共有 20 部被评定为 2021 年度优秀海外传播作品，其中包含 5 部动漫作品分别是：《小鸡彩虹（第五季）》《叽哩与咕噜》《百变校巴之超学先锋》《海豚帮帮号（一、二、三、四季)》《23 号牛乃唐第一季》。详见表 3。

表 3 2021 年度优秀海外传播作品

序号	类型	作品名称	申报单位
1	动画片	小鸡彩虹（第五季）	杭州天雷动漫有限公司
2	动画片	叽哩与咕噜	山西乐酷文化传媒有限公司
3	动画片	百变校巴之超学先锋	广东咏声动漫股份有限公司
4	动画片	海豚帮帮号（一、二、三、四季）	南宁峰值文化传播有限公司
5	动画片	23 号牛乃唐第一季	湖南金鹰卡通传媒有限公司

二、年度影响网络动漫出版产业发展的重要事件

（一）北京动漫游戏产业总产值超 1 200 亿元

根据北京市文旅局和北京动漫游戏产业协会的统计数据显示，2021 年北京动漫游戏产业总产值达 1 203.09 亿元，动漫游戏企业出口产值约 575.33 亿元。动漫潮玩衍生品产值增长势头迅猛，北京作为全国网络动漫发展的重要集中

源，在各方面均具有代表意义。①

（二）国家广电总局拟批复设立"中国（北京）高新视听产业园"

2021年12月，国家广播电视总局规划财务司发布通知，拟批复在北京经济技术开发区设立"中国（北京）高新视听产业园"。此园由北京亦庄投资控股有限公司投资运营，总建筑面积7.5万，建设总部办公、研发生产、创新孵化等功能区，将打造覆盖共性技术研究、核心关键器件研发、重点产品设备制造、网络基础设施支撑和产业融合创新应用"五位一体"的视听全产业链基地。②

（三）哔哩哔哩（B站）全资收购有妖气原创动漫平台

根据相关公告显示：奥飞娱乐股份有限公司于2021年11月18日同意以人民币6亿元出让全资子公司北京四月星空网络技术有限公司的100%股权。届时哔哩哔哩已全资收购奥飞娱乐旗下的有妖气原创漫画平台，有妖气的主营业务包括"有妖气原创漫画梦工厂"网站及"有妖气漫画"App运营、网络漫画发表、网络动画制作、动漫版权运营等。③

（四）海南将大力支持游戏动漫产业发展

2021年11月，海南省人民政府办公厅印发了《海南省"十四五"建设国际旅游消费中心规划》。规划中提出支持游戏动漫产业发展，用好国产网络游戏试点审批权下放的政策优势，推进网络游戏转型升级，规范网络游戏研发出版运营④。

（五）腾讯将以超17亿人民币收购角川股份以加强动漫及IP合作

2021年10月，日本出版企业角川集团宣布腾讯将以300亿日元（约合

---

① 北京动漫游戏产业总产值超1200亿元 https：//36kr.com/newsflashes/1545456957106181.
② 国家广电总局拟批复设立"中国（北京）高新视听产业园" https：//baijiahao.baidu.com/s?id=1719819856382595490&wfr=spider&for=pc.
③ 哔哩哔哩全资收购有妖气原创动漫平台 https：//36kr.com/newsflashes/1491802349531524.
④ 海南：支持游戏动漫产业发展，壮大电竞消费 https：//36kr.com/newsflashes/1478775423382022.

17.41亿元人民币）收购角川集团6.86%股份。角川每年出版约5 000种图书，此外还经营视频共享网站Niconico。据公告显示，角川集团已决定与腾讯签订动漫业务的商业联盟协议，以进一步促进该公司基于IP的全球媒体组合。①

（六）国内首个动漫主题旅游天府国际动漫城落户成都成华区

2021年5月，天府国际动漫城自落户成都。该项目以动漫特色主题为产业核心，集旅游休闲、动漫文创、电竞开发于一体，整合腾讯优质动漫电竞IP，并与蓉城旅游IP进行有机融合，规划六大产业板块。采用"动漫产业城+动漫主题旅游"发展模式，用新产业、新文化，推动成华区文创旅游产业跨越式发展，打造动漫、游戏、软件为一体的制造基地，创作具有市场号召力的动漫IP，孵化具有实力的网络团队，开发一系列极具创造力的动漫游戏作品。

（七）国家（杭州）短视频基地项目正式开工

2021年4月，中央广播电视总台与浙江省人民政府共同打造的国家（杭州）短视频基地项目正式开工。下一步杭州将统筹推进基地建设与业态布局，积极构建全国短视频公共服务、交互式数字影像体验、动漫短视频全产业链生态等平台，做强新技术新业态研发应用、产业园区运营支撑服务，打造面向国际、亚洲领先、国内一流的主流视听新媒体高地。②

三、网络（数字）动漫出版产业存在的问题

2021年伴随着自媒体普及且高速发展的宏观背景下，中国网络动漫呈现出产业模式协调、传播路径丰富的多姿态协同发展趋势，社会群体对网络动漫产业的认知度全面提升，网络动漫产业得到了有力普及，被越来越多不同年龄阶段的群体所接受和喜爱。同时，网络动漫对各年龄段群体也产生了广泛影响，

---

① 腾讯将以超17亿人民币收购角川股份以加强动漫及IP合作 https://36kr.com/newsflashes/1463270442273541.
② 国家（杭州）短视频基地项目正式开工 https://36kr.com/newsflashes/1204093693916933.

形成了儿童、青少年、成人所构成的多元受众结构，尤其对于儿童和青少年在教育和娱乐方面均产生了重要影响。

行业发展的同时必然遇到障碍与难点，在网络动漫发展过程中仍存在以下问题：一是仍需提高网络动漫原创内容质量，把握内容审核，推介优秀动漫内容资源；二是加强内容分级制度的建立，区分受众结构，把握内容影响范围；三是强化动漫产业链条，要形成中国特色文化道路、文化品格，打造具有中国主旋律的动画精品和服务内容；四是网络动漫防沉迷体系建设，借鉴游戏防沉迷体系，扬其所长避其所短；五是落实网络动漫的数字版权保护机制，通过数字化信息技术，坚决保护原创内容，维持网络动漫产业稳定发展。

正确的道路是不惧挑战的，网络动漫历经20多年的稳步发展已适应各种发展阶段，且仍处于活跃的创新与探索时期，中国网络动漫行业在疫情防控常态化的大趋势下需尽快适应环境，着力解决行业自身发展时需面对的根本问题，将亟待解决的问题和难点作为行业发展壮大的方向和动力，为网络动漫产业用户群体提供高价值的文化传播作品。

四、对策与建议

（一）优先建立分级管理制度

网络动漫分级制度的重要性不言而喻，分级的目的是对不同内容进行等级划分，对网络动漫作品规定相应的播出范围、播出时段和收看受众群体。只有建立适合我国国情的网络动漫分级制度，才能更好地推进产业健康有序发展，分级制度是不可回避的责任问题。

对此我们建议设定网络动漫分级制的同时要建立分级评审系统，对不同的内容进行等级的统一协调。主要责任部门可由主管部门牵头，同时聘请文化行业不同领域的优秀作者、专家学者以及社会相关人士并独立运作，制定动漫分级办法和审查程序。同时要充分发挥行业协会的作用，建立和完善行业自律机制，强化从业人员自律意识；另需加强社会性质的监督工作，充分发挥公共传媒、维权组织、未成年人保护组织等第三方机构的平衡作用，形成合理可行的监管机制，对涉及公共利益的相关问题及时纠错改正，目的在于保护未成年人身心健康发展，促进社会和谐共进。

建议从多维度探索网络动漫分级管理办法，一是受众群体年龄划分，确定成年人和未成年人两个基础标准，对成年人网络动漫内容审查适度放宽。对未成年人领域，需要进行进一步按儿童、青少年进行分级，从价值观构建、科学益智、独立科学思考等不同层次开展内容审查制定。二是从网络动漫内容分级方面，如含有激烈的冲突行为、语言非日常使用、对常识的颠覆性等内容进行限制分类，同时在播放平台、播放时间上进行管理。

（二）加强网络动漫平台自查工作

目前，我国对网络动漫的管理主要采取"拉黑"制度，这一制度属于事后管理措施，不能有效杜绝违规情况的发生。除了网络动漫分级标准外，还需从网络动漫平台的规范管理和审查监督入手，制定事前风险防范机制。建立针对网络动漫平台预上线作品的内容自查和风险评估等规范，针对上线内容平台首先需进行全面自查，并由主管监督部门进行抽检，针对不合规的网络动漫内容对网络动漫平台进行严格处罚，促使形成规范有效的行业发展局面。

同时，基于各平台不同的媒介和传播渠道等标准，建议网络动漫平台从技术上为家长提供过滤与监督的多样手段，形成主管督查、平台自查、家长监督的闭环模式。最后，对于违规网络动漫产品，除了相应的行业规范外，也应从法律角度细化和界定对非法网络动漫的判断，加大监管及处罚力度。

（三）建立未成年人网络动漫防沉迷系统

网络动漫和网络游戏是大众精神娱乐的重要来源之一，但许多未成年人沉迷其中难以自拔，国家已发布防止未成年人沉迷网络游戏的重要政策举措，但在网络动漫中也同样存在未成年人过度沉迷的情况，甚至有些家长为了孩子不吵不闹，已经将网络动漫作为管控未成年人行为的一项手段，此种教育方式忽视了网络动漫和网络游戏都具有的沉迷性，成年人尚能追剧至深夜，何况思想发育仍不健全的未成年人。

建议网络动漫参考网络游戏的防沉迷体系，针对未成年人提早进行防沉迷布局，根据实际情况探索制定限制未成年人观看时长、观看类型和引导监护人有效监督的方式方法。首先,包含网络动漫作品的平台应在成年人注册使用时要求填写家庭是否含有未成年人成员,做到注册人每年维护未成年人年龄数据;其次,应针对不同年龄限制向未成年人播放网络动漫的服务时间;最后,积极引导家庭、学校等社会各方面营造有利于未成年人健康成长的良好环境,督促依法履行未成年人监护职责,加强未成年人网络素养教育。网络动漫平台应承担起相应的社会责任,努力将工作做到行业监管部门之前,避免出现类似网络游戏行业的情况,导致企业只顾经济利益不顾社会利益。

中国网络动漫的发展与创新是中国梦文化生态中的重要组成部分,其健康且可持续的发展依托于国家政策扶持和市场引导,其未来的发展方向与成就更离不开整个文化行业和动漫爱好者的共同努力与合力经营。

(作者单位:中国新闻出版研究院)

2021—2022 中国网络社交媒体出版产业年度报告

张孝荣

一、中国网络社交媒体发展概况

2021年是网络社交媒体行业发展进程中的重要拐点。一方面，疫情局部突发对国民经济增长产生了不利的影响，企业广告费支出缩水，社交媒体平台业绩承压，行业整体处于亏损状态；另一方面，监管加压，有关部门联合对社交平台进行规制和整顿，在长达一年的重拳出击之下，行业发展徘徊不前。同时，由于流量见顶，用户增长停滞，通过烧钱刺激增长的传统模式难以维持，头部社交平台进入降本增效时代，年底纷纷裁员、减亏，优化成本，并进一步与电商带货融合。

（一）中国网络音视频行业发展概况

1. 网络视频行业概况

网络视频用户量增长乏力。据CNNIC中国互联网络信息中心第49次《中国互联网络发展状况统计报告》显示，截至2021年12月，我国网络视频（含短视频）用户规模达9.75亿，较2020年12月增长4 794万，占网民整体的94.5%。其中，短视频用户规模为9.34亿，较2020年12月增长6 080万，占网民整体的90.5%。

从行业发展来看，长视频平台持续亏损，短视频平台面临流量困境开始带货，直播平台大面积转向电商带货。

2021年，长视频行业进入至暗时刻。这些年，长视频平台为了垄断版权来构建平台的壁垒，也为了自制更多优质自制剧和自制综艺，不得不支出大量内容成本。而长视频平台竞争不断升级，内容成本居高不下，导致了行业性的亏损。连年亏损的商业模式难以持续，随着行业基本面变差；市场政策环境趋冷，要想沿着原有轨迹翻盘，难度极大，主流服务商纷纷采取了降本增效的措施进行自救。

短视频使用时长超过即时通信，成为占据人们网络时间最长的行业。QuestMobile 数据显示，截至 2021 年 12 月，短视频用户黏性超过其他行业，同比增长 4.7%，使用总时长占比达 25.7%。而即时通信用户使用总时长则同比下滑 2.2%，占比 21.2%。同时，CNNIC 数据显示，2020 年，在短视频应用新用户的带动下，网络视频总体用户规模进一步增长，2021 年，短视频用户已经饱和，占网民整体的 90.5%，增长空间有限。如图 1 所示。

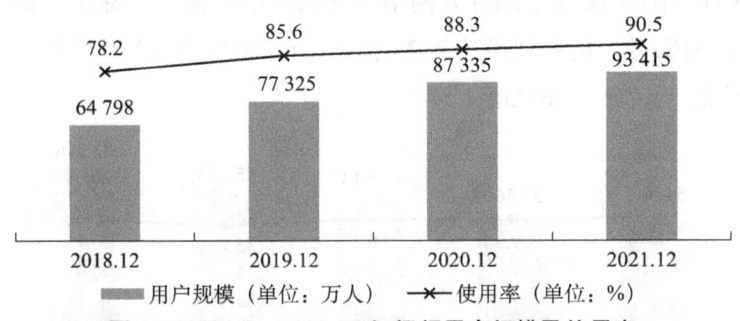

图 1　2018.12—2021.12 短视频用户规模及使用率

中视频概念正式出现。短视频平台拥有巨大流量，对影视内容的宣发推广作用显著，催生中视频。影视博主对影视作品进行 5—10 分钟的剪辑、编排或改编，并不会对原片产生实质性的代替作用，一直以来，很多作品通过短视频营销出圈，实现了从短视频向中视频的转型。

直播平台大面积转向电商带货。截至 2021 年 12 月，我国网络直播用户规模达 7.03 亿人，较 2020 年 12 月增长 8 652 万人，占网民整体的 68.2%。其中，电商直播用户规模为 4.64 亿人，较 2020 年 12 月增长 7 579 万人，占网民整体的 44.9%；游戏直播的用户规模为 3.02 亿人，较 2020 年 12 月增长 6 268 万人，占网民整体的 29.2%；体育直播的用户规模为 2.84 亿人，较 2020 年 12 月增长 9 381 万人，占网民整体的 27.5%；真人秀直播的用户规模为 1.94 亿人，较 2020 年 12 月增长 272 万人，占网民整体的 18.8%；演唱会直播的用户规模为 1.42 亿人，较 2020 年 12 月增长 476 万人，占网民整体的 13.8%。详见图 2。

图 2　2017.12—2021.12 网络直播用户规模及使用率

2. 网络音频行业概况

据 CNNIC 第 49 次《中国互联网络发展状况统计报告》显示，截至 2021 年 12 月，我国网络音乐用户规模达 7.29 亿人，较 2020 年 12 月增长 7 121 万人，占网民整体的 70.7%。详见图 3。

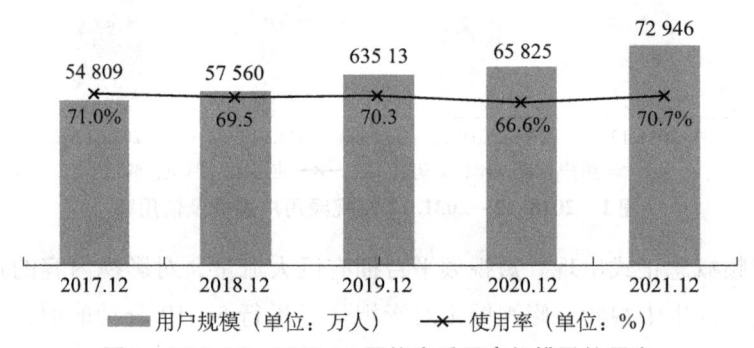

图 3　2017.12—2021.12 网络音乐用户规模及使用率

中国在线音频行业经过多年发展，积累有海量用户基础，而 2021 年初由 Clubhouse 带来的音频社交热潮，也使在线音频行业吸引更多关注。艾媒咨询数据显示，2021 年中国在线音频用户规模达到 6.4 亿人，2022 年有望升至 6.9 亿人。

面对在线音频行业整体用户增长放缓、内容成本提升的难题，在线音频平台推出智能音箱、耳机等硬件设备销售以及上线车载平台，构建全场景音频生态服务。

（二）博客类自媒体行业发展概况

博客类自媒体在行业中地位被正式边缘化。2021年11月，今日头条并入抖音，正式终结了博客类自媒体的高光时代，行业再度进入了衰退时期。这是自2019年所有博客类自媒体平台不再发布用户增长数据后的一个标志性事件。

博客类自媒体活跃的平台主要是今日头条、微博和微信公众号三大平台。其他的自媒体平台规模较小一些，包括有百家号、企鹅号、大鱼号、搜狐号、一点资讯、新浪看点，另外还有一些小众平台，比如快传号、趣头条、东方号等。

由于用户重合度很高，活跃的博客类自媒体，往往通过多个平台发布文章。规模较大平台的用户，也会在其他同类平台开通账号，因此，大平台的用户量基本可以代表整个行业的用户总量。

公开信息显示，今日头条上线一年时间，用户数突破5 000万；上线4年时间，累积6亿的激活用户，单用户日均使用时长仅次于微信；上线第7年即2019年，日活1.2亿，月活达2.6亿，用户人均单日使用次数达到12次，领跑同行业。此后，今日头条不再对外公布用户数了，外界猜测，其用户数增长已陷入停滞。

（三）收入规模

1. 网络音视频市场规模

2021年长视频行业收入形势严峻。主流服务商财报显示持续亏损，企业普遍采取了降本增效策略进行自救。以主流服务商营收为基础，估计长视频行业营收规模不高于1 000亿元。

艾媒咨询数据显示，2020年中国短视频市场规模达到1 408.3亿元，继续保持高增长态势，2021年接近2 000亿元。这个数字低于中国网络视听节目服务协会发布的数据。据该协会估测，2021年短视频市场规模逼近3 000亿元。

据艾瑞咨询《2021年中国网络音频产业研究报告》数据，2021年，中国网络音频产业规模是173亿元，仍然处于快速发展阶段。中国网络音频行业市场规模仍然处于高速发展期，2020年的市场规模达到了123亿元，预计到2023

年可以超过 300 亿元。目前行业的快速发展主要源于付费用户规模的持续高速增长，有声书/广播剧、播客及音频直播受到欢迎，收听场景不断拓宽。

2. 自媒体平台收入情况

2021 年，微博业绩转好，逆转了多年下滑态势。3 月 4 日，微博公布了 2021 年第四季度及全年财报。2021 年全年微博营收美元折合人民币约为 151.56 亿元，同比增长 34%。

截至 2021 年 12 月，微博月活跃用户为 5.73 亿，用户规模同比增长 10%，同比净增加约 5 200 万用户。然而，据 Quest mobile 统计，2020 年 12 月和 2021 年 12 月，微博的用户日均使用时长分别为 46 分钟和 43.8 分钟，出现下滑趋势。

微博收入来源主要是广告。2021 年，微博广告收入 19.8 亿美元，占比 87.6%，其他收入来自会员、直播和游戏相关。

2018 年、2019 年和 2020 年，微博的广告主分别有 290 万个、240 万个、160 万个，到了 2021 年上半年，只剩下 60 万个。

阿里曾为微博带来 40% 的广告收入。到 2021 年，这一比重已降至 7%，相应地，单一广告主（不包括阿里巴巴）的平均支出正在提升。

二、主要服务商发展情况

（一）主要网络视频服务提供商发展概况

目前主要的网络视频服务提供商可分为三类，长视频，短视频和网络直播。其中，长视频以 BAT 旗下的爱奇艺、腾讯视频、优酷和 B 站为代表；短视频仍以抖音、快手等为代表，腾讯微信推出的视频号获得较大发展；网络直播以斗鱼、虎牙直播为代表，YY 直播已经边缘化。

2021 年下半年出现了中视频概念，具体发展情况有待观察。

1. 网络长视频典型平台

（1）爱奇艺

2022 年 3 月 1 日，爱奇艺公布了截至 2021 年 12 月 31 日未经审计的第四季度和全年财务报告。财报显示，降本增效策略初见成效。2021财年爱奇艺的总营收达到306亿元人民币，同比增长3%，其中，第四季度营收为74亿元。归属于爱奇艺的净亏损为62亿元。

各个业务方面，爱奇艺会员服务2021年第四季度营收为41亿元，同比增长7%；在线广告服务营收为17亿元，同比下降10%；内容分发营收为7.615亿元，同比下降5%；其他营收为8.418亿元，同比增长12%。

爱奇艺2021年全年内容成本为207亿元，相较2020年下降了1%，其中，四季度营收成本65亿，同比下降4%，主要源于内容成本的下降。

（2）腾讯视频

2022年3月23日，腾讯发布2021年度第四季度及全年财报。腾讯财报显示，截至2021年四季度，腾讯视频的付费会员数为1.24亿，对比第三季度减少500万，增长率由正转负。

此外，网络广告收入215亿元，同比下降25%，主因是腾讯视频和腾讯新闻的广告收入减少。

进入2021年后，腾讯视频会员环比增幅再次连续两个季度下滑，二季度出现增长归零，会员数原地踏步。直到第三季度，腾讯视频会员数才重归增长。

同期，腾讯总营收为1 441.88亿元，同比增长8%；非国际财务报告准则下的净利润为248.8亿元，同比下降25%，已经连续两个季度出现净利下滑。

（3）优　酷

2022年2月24日，阿里巴巴集团公布2022财年Q3（2021年10月1日至12月31日）财报。财报显示，优酷日均付费用户规模同比增长14%，继续通过对优质内容的高效投资和生产，提升运营效率，收窄亏损。

该季度阿里巴巴营收2 057.40亿元，来自数字媒体及娱乐分部的收入仅仅为80.73亿元，同比增长15%。

2018—2021年第四季度，优酷日均付费用户规模同比增速分别为64%、59%、30%、14%。

2021年优酷App日活徘徊在3 000万到6 000万之间，不及爱奇艺和腾讯视频。

与此同时，优酷一直在加大台网媒体融合力度，积极与各大卫视联手，结合冬奥会、传统文化等主题，推出高质量节目。

此外，优酷少儿也在试水产业化，尝试搭建商品售卖的全通路，已在线上自建 8 家直营店铺，线下布局了 1 200 多个销售网点。

(4) 哔哩哔哩

哔哩哔哩在 2022 年 3 月 3 日公布了截至 2021 年 12 月 31 日的第四季度和全年未经审计的财务报告。财报显示，2021 财年 B 站总营收达 193.8 亿元人民币，同比增长 62%。其中，第四季度营收同比增长 51%，达 57.8 亿元人民币。

2021 年四季度，哔哩哔哩净亏损 20.95 亿元，经调整净亏损为 16.5 亿元，同比扩大 148.1%。同时，财报数据显示，哔哩哔哩净亏损从 2020 年的 30.54 亿元进一步扩大至 2021 年的 68.09 亿元人民币。

2. 短视频典型平台

(1) 抖　音

据 Trustdata 公布数据显示，在 2022 年 1 月，抖音月活达到 3.93 亿，环比下降 1.16%。

2022 年 1 月 5 日，抖音发布《2021 抖音数据报告》，报告不再发布用户增长数据，继而从用户表达、内容价值、经济价值等维度展现了过去一年抖音的变化。

报告显示，2021 年，抖音见证了 1 517 万次出生、2.53 亿次长大、1 819 万次毕业、3 347 万次结婚、715 万次退休、1 783 万次离别和 2 854 万次团圆等。

(2) 快　手

2022 年 3 月 29 日，快手科技发布 2021 年四季度及全年业绩公告。2021 年，公司实现总营收 810.8 亿元，同比增长 37.9%，2021 年经调整后亏损 188.5 亿元。2021 年四季度，快手营收 244 亿元，同比增长 35.0%；经调整后净亏损 35.7 亿元。

2021 年，快手"线上营销服务"为第一大收入来源，该业务板块全年收入达 427 亿元，同比增长 95.2%。在用户方面，快手四季度 DAU（日活跃用户）达 3.23 亿，同比增长 19.2%；MAU（月活跃用户）达 5.78 亿，同比增长 21.5%，年增长超 1 亿。DAU 及 MAU 同比增幅，为全年四个季度中的最高值。此外，截至 2021 年底，快手应用的互相关注用户对数累计突破 163 亿对。

数据显示，截至 2021 年底，快手电商平台入驻服务商超过 500 家，进一步提升了平台商家专业及系统性的运营和服务能力。

（3）视频号

2021年3月29日，微信将原本只能通过微视在朋友圈发30秒视频的规则，修改为可通过微信视频号直发。随后，微信相继在订阅号流顶端加入直播入口，在订阅号流中加入视频号卡片，支持"搜一搜"搜索视频号内容等。种种措施下，微信成功为视频号引流。

财报显示，2021年视频号的人均使用时长及总视频播放量同比增长一倍以上。腾讯在视频号独家举办的西城男孩（Westlife）的首次线上演唱会，观看人次达2 700万人；华为、小米等众多品牌还通过视频号直播新品发布会并销售商品。

据媒体报道，在2021年，视频号DAU超5亿，环比增长79%，人均使用时长超35分钟，环比增长84%。

3. 网络直播行业典型平台

现阶段网络直播行业头部平台以游戏和娱乐内容类平台为主，其中，游戏类直播平台中的虎牙和斗鱼直播继续保持领先地位。

（1）虎牙直播

虎牙公司于2022年3月22日发布了2021年第四季度及全年财报。财报显示，2021年全年，虎牙公司总营收增长至113.51亿元，在美国通用会计准则下，归属于虎牙的净利润达5.83亿元。2021年第四季度，虎牙公司总营收为28.09亿元；国内用户数据方面，该季度，虎牙直播移动端MAU（月均活跃用户数）突破新高至8 540万，同比增长7.4%。

受外部环境影响，虎牙公司营收增速在2021年第四季度放缓。该季度，虎牙直播移动端MAU（月均活跃用户数）同比增长7%至8 540万。

截至2021年12月底，虎牙小程序开放平台已上线320多个小程序工具，该季度，使用虎牙小程序工具的日均活跃主播同比增长近160%；平台上有超过500万的日均活跃用户参与小程序工具的互动，较2020年同期增长了240%。

（2）斗鱼直播

2022年3月16日，斗鱼公布了2021年第四季度及全年未经审计的财务报告。报告显示，2021年斗鱼实现营收91.65亿元，同比下降4.55%，且净亏损高达6.2亿元，第四季度付费用户数则同比少了近30万。

斗鱼在2021年累计推出了超过300场自制赛事，第四季度就推出了超过110场自制赛事，较2020年全年增加60%。

第四季度，斗鱼移动端MAU同比增长7.2%至6 240万，付费用户人数也从上一季度的720万增长到730万。季度平均ARPPU（每付费用户平均收益）为305元，同比增长11.7%。

（3）YY直播

YY直播平台在国内市场增长放缓，以及内容监管力度加大，欢聚时代公司业务多元化。

3月16日，欢聚时代发布2021年第四季度及全年未经审计的业绩报告，当期公司净亏损1.16亿美元，上年同期净亏损1 870万美元。

非美国通用会计准则下，不考虑已剥离的YY Live业务，2021年公司首次实现调整后全年净盈利1.09亿美元，净利率达4.2%，上年同期为净亏损1.64亿美元，主要由于BIGO板块实现调整后全年净盈利1.82亿美元，净利率达7.8%。

2021年全年，欢聚集团营收26.19亿美元，同比增长36.5%，其中第四季度营收近6.64亿美元，同比增长16.8%。欢聚集团BIGO板块全年累计营收23.24亿美元，同比增长34.1%，其中第四季度营收近5.76亿美元，同比增长13.2%。

（二）主要网络音频社交媒体发展概况

1. 网络电台

从综合音频平台的竞争格局来看，头部的网络音频平台主要有三家，分别是喜马拉雅、蜻蜓FM和荔枝。从2020年初到2021年中，受到一些新兴综合音频的影响，头部网络音频平台的月独立设备数呈现出一些变化，但是前三家仍然占据了75%—85%的市场份额。从收入结构来说，主打"PGC + PUGC"的喜马拉雅和蜻蜓FM的主要收入来源是会员和订阅收入，荔枝则以用户直播打赏的收入为主。向用户收费逐渐成为综合音频平台的主要收入来源之一。

如何实现盈利是困扰在线音频企业的头号难题，这也意味着谁能率先解决该问题，谁就能在后面的竞争中占据优势。

（1）喜马拉雅

当前，喜马拉雅是中国最大的在线音频平台，2021上半年"喜马拉雅"移动端主应用程序平均月活跃用户在中国在线音频应用程序中排名第一；2021年第二季度，其移动端平均月活跃用户亦在所有中国在线音频平台中位列第一。

喜马拉雅港股招股书显示，截至2021年上半年，喜马拉雅平均月活跃总用户达到2.62亿，其中，包括1.11亿移动端平均月活跃用户和1.51亿通过物联网及其他开放平台收听喜马拉雅音频内容的平均月活跃用户。

根据招股书，喜马拉雅的MAU从2020上半年的2.08亿，增长至2021上半年的2.62亿，同比增长26%。

招股书显示，2018年、2019年、2020年三个财政年度和2021年上半年，喜马拉雅的营业收入分别为14.81亿元、26.98亿元、40.76亿元和25.14亿元。

目前公司仍处于亏损状态。据招股书，喜马拉雅2018—2020年及2021上半年，经调整亏损分别为7.56亿元、7.48亿元、5.39亿元、3.24亿元，三年半累计亏损逾23亿元。其经调整净亏损率分别为51.1%、27.7%、13.2%、12.9%；虽然同比收窄，但公司仍未实现盈利。

（2）蜻蜓FM

蜻蜓FM官网公布总用户规模超过4.5亿，生态流量月活跃用户量1亿，生态系统头部合作伙伴达500余家，达成9 000多万智能家居、可穿戴设备和车载智能终端内置量。平台收录全国1 500家广播电台，认证主播数超35万名，内容覆盖文化、财经、科技、音乐、有声书等多种类型。

蜻蜓FM主打"UGC＋PGC"的PUGC模式，既要通过购买版权或者与出版机构、资讯平台合作获取内容，同时利用资金奖励刺激用户生产内容，内容成本高企。

在竞争激烈的音频市场，蜻蜓FM仍然需要不断丰富内容生态、完善全场景服务巩固企业竞争壁垒，力求保住在新音频市场"前三甲"的市场地位。

2021年10月22日，中文在线战略入股音频公司蜻蜓FM。

（3）荔枝

2022年3月10日荔枝发布了2021年第四季度及全年财报。荔枝2021年四季度的营收为5.603亿元，与上年同期的4.203亿元相比增长了33%；2021财年全年荔枝的营收达到了21.2亿元，同比增长了41%，增速强劲。

除此之外，荔枝还在GAAP层面实现了季度盈利。财报数据显示，第四季度荔枝的毛利额达到了1.82亿元，同比增长了53%；2021全年毛利额为6.17

亿元，同比增长了68%。第四季度的净利润为892万元，上年同期为净亏损580万元，经调整季度净利润为1 825万元，同比大幅提升了237%。

亏损问题仍然存在。虽然荔枝实现了季度盈利，但全年还是处于亏损状态，财报数据显示，2021年荔枝的净亏损为1.27亿元，2020年同期为净亏损8 218万元，同比扩大了54.9%。事实上，亏损并不是荔枝一家的状态，而是整个在线音频行业存在的普遍现象。

财报数据显示，2021全年荔枝的平均移动端月活跃用户数为5 840万，与2020年的5 620万相比，同比增长了4%。平均月付费用户数总数为48.8万，与2020年的44.61万相比，同比增长了9%。

2. 在线音乐K歌平台

Trustdata所公布数据显示，腾讯音乐旗下QQ音乐月活1.59亿，环比增长3.82%；酷狗音乐月活1.51亿，环比下滑1.16%；酷我音乐月活1.08亿，环比下滑0.16%。

腾讯音乐娱乐集团在3月22日发布了2021年第四季度及全年财报。全年收入312.4亿元，同比增长7.2%，增速低于2020年的14.6%。同时，净利润出现下滑，为30.3亿元，而2020年同期的净利润为人民币41.6亿元。非IFRS净利润为41.5亿元，2020年同期为49.5亿元人民币。

而在2021年第四季度，腾讯音乐更是陷入了负增长。营收76.1亿元，同比减少8.7%，净利润5.36亿元，同比减少55.3%。

第四季度，腾讯音乐社交娱乐业务营收为47.3亿元，同比下降15.2%，在监管和短视频的双重冲击下，这种颓势还将持续，管理层在财报会议中透露，2022年第一季，预计营收仍将下滑15%—17%。

下滑的一个重要原因是，腾讯音乐失去了最坚硬的护城河：独家版权。由此，在线音乐服务，在第四季度的增速出现滑坡，增长率仅为4.3%，远低于去年同期的29.0%，也低于第三季度的24.3%，是近三年来的最低水平。

用户流失是直接原因之一。尽管付费用户取得了500万的增长，但腾讯音乐整体用户处于流失状态，在线音乐服务的移动端月活同比减少700万。

网易云音乐在线音乐月付费用户增长超过千万，由1 600万增至2 890万。2021年10月、11月，网易云音乐相继宣布了与摩登天空、英皇娱乐和中国唱片集团的合作计划。加上此前已经拿下的索尼、华纳、环球，原先的版权内容瓶颈已基本消失。网易云音乐与腾讯音乐的曲库仍有一定差距，但随着版权放开的状态持续，竞争对手与腾讯音乐的版权差距将逐渐缩小。

全民 K 歌继续领先在线 K 歌市场。Trustdata 公布了《2022 年 2 月移动互动联网全行业排行榜》，在移动阅读、游戏、综合视频等多个细分领域中甄选 TOP200 的 App。其中，全民 K 歌位列总榜第 28 名。凭借超过 1.3 亿的月活跃用户（仅包含"安卓＋iOS"渠道的 App 端数据）成为线上 K 歌行业中唯一进入前 30 的品牌，持续领先在线 K 歌市场。

艾媒咨询《2021 年中国在线 K 歌行业发展专题研究报告》就显示，全民 K 歌主打的"唱歌＋社交"玩法受到了越来越多年轻用户的欢迎，已成为超七成用户的首选在线 K 歌平台。

（三）主要自媒体类应用服务商发展概况

1. 新浪微博

微博在 2022 年 3 月 3 日发布了 2021 年第四季度及全年财报。财报数据显示，四季度微博总营收达到 6.16 亿美元，其中，广告营收达到 5.5 亿美元。总体来看，微博 2021 年总营收为 22.6 亿美元。

从利润端来看，微博第四季度经调整的营业利润为 2.198 亿美元，全年营业利润约为 8.292 亿美元，相比以前年度，微博的利润水平处于近几年的最好阶段。但就净利润表现而言，微博仍然没有回到以往的盈利水平。

财报显示，截至 2021 年四季度末，微博月活跃用户达到 5.73 亿，同比增长 10%，日活跃用户达到 2.49 亿，同比增长 11%。

如果从绝对数据衡量，微博在盈利水平上已经走出了 2020 年疫情的阴影。但从盈利能力指标来看，微博的销售净利率已经从 2017—2019 年接近 30% 的水准砍半，降至 2020 年至今不足 20%。但毛利率仍然维持在 80% 以上的水准。

2. 今日头条

2021 年 11 月 2 日，字节跳动 CEO 梁汝波发布内部信，宣布进行组织架构调整。在新成立的六大业务板块中，头条、西瓜、搜索、百科以及国内垂直服务业务并入抖音。今日头条这个曾在字节跳动体系中站立 C 位的产品，正式被边缘化，这个国内最大的图文自媒体信息平台增长停滞而转向下滑。

截至 11 月底，今日头条 2021 年已累计引入 1.5 万名经过职业认证的创作者。在此基础上，优质和年轻化内容建设将成为今日头条下一阶段的重点。为更好地识别优质内容，今日头条将推出"内容品鉴官"计划。该计划将邀请 100 万名头条用户中各领域行家，对头条内容共同进行质量评价。其中，通过内容品鉴官评优的内容将得到平台流量、分成双重激励：总计新增 15 亿阅读量/天，优质作者总收入最高增长 5 倍。

3. 微信公众号

2021 年 1 月 19 日，在 2021 微信公开课 Pro 网络直播演讲中，微信创始人张小龙披露微信最新数据：每天约有 10.9 亿用户打开微信，3.3 亿用户进行视频通话，7.8 亿用户进入朋友圈，1.2 亿用户发朋友圈，3.6 亿用户读公众号文章，4 亿用户使用小程序。

但是，微信公众号流量进一步下滑。从微信公众号运营者的角度而言，微信公众号在运营的过程中出现了障碍，导致微信公众号运营的中断。具体表现为文章更新数量下降、内容更新频率降低、文章内容排版质量下降、文章转载率提高、原创率降低。文章更新数量下降的重要原因在于运营者对其投入运营的时间减少。

2021 年 8 月，微信公众号推出新功能"我的商店"，添加该功能后，支持在文章中插入商品卡片，没有开通商店的话可免费开店，更方便运营者引导粉丝购买下单。根据官方介绍，将商店和公众号关联后支持：在编辑器添加关联商店中的商品，满足带货需求；发表文章后，用户可访问你所添加的商品。另外，"我的商店"功能还支持绑定小程序接入公众号进行卖货。

三、2021 年社交媒体行业发展特点

（一）网络视频行业发展特点

1. 网络长视频行业特点

长视频靠烧钱抢占市场份额，在融资无望、监管高压、流量见顶这三座大

山的高压之下，亏损的模式无法持续，2021年行业进入冬季，集体陷入盈利焦虑，开始谋求降本增效。

国内的长视频平台，都经历了惨烈的版权大战。长视频平台为了构建护城河，不仅投入巨资垄断第三方版权，还投入巨资发展自制剧和自制综艺，随着竞争不断升级，内容成本居高不下，导致了行业性的长期亏损。

爱奇艺财报数据显示，爱奇艺2013年至2021年一直处于亏损状态，亏损数额分别为7.4亿元、11亿元、25.7亿元、30.7亿元、37.4亿元、91亿元、103亿元、70亿元、62亿元，九年的时间累计亏损438.2亿元。

B站、腾讯视频、优酷也连年亏损。数据显示，从2015年到2021年，B站已经连续亏损7年，分别亏损3.735亿元、9.115亿元、1.838亿元、5.65亿元、13.036亿元、31亿元、68亿元。腾讯视频、优酷还未独立上市，营收情况无法从财报中知晓，但据官方透露腾讯视频、优酷目前为止还未实现盈利。

整个行业面临减亏盈利的问题。除了裁员砍掉不盈利的业务以外，还有两种选择。一是调整用户会员价格、增加广告植入。会员和广告是爱奇艺主要的营收来源，财报显示，2021年，爱奇艺总营收的两大业务线，会员服务收入为167亿元，在线广告服务收入为71亿元，相比2020年均有所上升。二是转向海外业务，开发新市场。财报数据显示，在海外业务中，爱奇艺2021年平均日活量同比增长2倍，其中，泰国同比增长了700%。下沉市场也有所增长，爱奇艺极速版第四季度的日活量峰值破500万。

B站和爱奇艺正在做同样的事：摆脱增长乏力、持续亏损的困境，只不过B站2021年的表现不尽如人意。面对亏损扩大、市值崩塌的窘境，B站董事长陈睿表示："实现健康、高质量的增长是B站的首要任务。"换句话说，2022年B站要保证用户规模的健康增长，以及收入的高质量增长。

虽然B站的表现不尽如人意，但铺开B站的电商、游戏、增值服务和广告等商业化版图，可以发现B站的增长空间很大。可以预计，B站为了实现用户和收入的"双增长"，还将继续保持降本增效的发展策略。

2. 短视频行业特点

短视频领域抖音、快手两强格局稳定，二三梯队洗牌。快手极速版和抖音极速版下载量快速上升，从2020年的第三梯队到了第二梯队。此外，西瓜视频、微视位于第二梯队。好看视频、爱奇艺随刻、刷宝、优哩视频位于第三梯队。

2021年，短视频用户规模持续增长，行业依然保持稳定增长态势。短视频平台一方面加速布局知识领域，推动知识传播，融合电商带货，助力农产品销售；另一方面不断与文旅产业融合，创造出更大的经济价值。

短视频推动知识传播，成为信息传播的重要渠道。2020年以来，各大短视频平台一方面大力扶持内容创作者，鼓励泛知识内容产出；另一方面积极开发出诸如视频合集的新功能和直播课等新形式，打造多层次、立体化的知识图谱。在广度上，平台知识内容已涵盖生活、教育、人文、财经、军事等众多领域，充分满足用户多元化需求；在深度上，平台通过推出视频合集等功能、打造名校名师直播公开课等形式，促进知识体系化传播，提升知识学习深度。

短视频融合电商带货推动农产品上行，激发经济活力。源头农户、商家通过短视频、直播来宣传和推介优质农产品，为农产品进城打开销路。相关数据显示，2021年1—10月，快手有超过4.2亿个农产品订单经由直播电商从农村发往全国各地，农产品的销售额和订单量和2020年同期相比，分别增长了88%和99%。此外，短视频平台还为农民和乡村创业者提供专业培训，保障农产品短视频、直播销售模式的可持续发展。

短视频应用激发文旅产业活力。在文化产业层面，短视频平台通过加强流量扶持、提高变现能力、打造开放平台及开展城市合作等方式，培养挖掘年轻一代对非物质文化遗产的了解和好奇心，帮助发掘"非遗"的文化和市场价值。在旅游业层面，短视频平台不断加强与西安、重庆、南京等城市的合作，吸引文旅项目、旅游景点入驻宣传，助力城市形象传播和推广，带动旅游业发展。

短视频成为国民现象级应用以来，在充实人们的文化生活的同时，也存在着低俗、虚假内容泛滥以及抄袭盗版等问题。对此，我国近年来持续强化对短视频行业的监督，制定了一系列监管政策，为行业健康有序发展提供了政治环境基础。

3. 网络直播行业特点

网络直播成为主流声音传播新阵地。网络直播正在不断渗透到越来越多的社会领域，疫情期间新闻机构的直播形式取得了良好效果。随着更多严肃的内容通过网络直播平台播出，使得直播平台从娱乐内容传播的角色中跳出，成为传递主流信息的新阵地。

行业发展规范化，网络直播企业级服务成为新增长点。随着网络直播产业的发展以及用户需求的提升，不少企业用户开始采用直播服务。现阶段，网络直播的企业级服务已经涵盖了品牌传播、商业运营、主播数据监测等多重内容，为网络直播向更高效、更大规模方向的发展提供保障。

社会影响力扩大，积极承担社会责任。头部平台通过加强内容监管和推广公益活动传输正向价值，同时建立良好品牌形象。在企业发展壮大以及企业形象日益提升的正向循环效应下，头部企业的马太效应愈发强烈，企业发展前景良好。

新技术推动网络直播行业发展。随着互联网技术的不断创新以及5G的全面普及，网络直播音质保真度、画质清晰度、流畅度将进一步提高，延迟度将进一步降低，主播之间的联动合作将会更加便捷，能帮助打破圈层壁垒，实现不同领域观众的互动。目前，VR技术已经逐步应用到网络直播领域，未来将会有更多不同形式的技术应用于网络直播行业。

（二）自媒体行业发展特点

自媒体行业面临流量见顶和监管加剧双重压力。在强力监管与经济下行叠加的双重影响下，各大自媒体平台的业绩开始下滑，并与微信公众号一样逐渐走向平庸。

一个明显的例子是微博开展整顿。据网信中国公众号公布，2021年1月至11月，国家互联网信息办公室指导北京市互联网信息办公室，对新浪微博实施44次处置处罚，多次予以顶格50万元罚款，共累计罚款1 430万元。而在2021年12月份的一次约谈中，就对新浪微博罚款300万元。从这一点来看，微博作为市面上唯一兼具社交与媒体属性的平台，在信息审查上仍然存在漏洞。

同时，以劣迹艺人人设轰塌和"清朗运动"为关键节点，微博拿出了相应的整改措施。其一是"饭圈"健康生态专项行动，清理微博、永封账号、启动未成年保护专项处置，这是治标之策。其二是调整热搜规则，降低娱乐化占比，从2020年的40%降到了25%左右，提升热搜内容的多元化。

另一个例子是边缘化的今日头条。字节跳动虽然是以今日头条起家,但如今的运营重点已经转为抖音。同时在今日头条上为短视频预留了大量的接口,最终用户被导入到短视频应用中去,今日头条自身作为流量池难免走向平庸。

虽然今日头条也在不断丰富平台上的信息展现形式,在图文信息和长短视频之外,先后推出了问答、微头条等信息体裁来提高信息的多样性及触达的效率。但悟空问答的停摆、微头条的不温不火、头条搜索的难以出圈,今日头条始终无法从图文信息分发平台的角色中跳脱出来。

在过去的几年里,今日头条也在不断打通与字节系其他产品的流量,试图通过更加丰富的内容和信息生态来链接更多的人。但是,这种在产品形式和商业逻辑上的平庸,这些难以改变的信息分发平台的底色,使得今日头条至今没有找到突破的方式。

(三) 网络音频行业发展特点

1. 网络音频

从 2020 年初到 2021 年,国内互联网巨头相继涌入在线音频市场,网易云音乐上线"声之剧场"、字节跳动推出"番茄畅听"、腾讯合并酷我畅听和懒人听书、快手上线皮艇 App,但并没有威胁"喜马拉雅""蜻蜓 FM""荔枝"在线音频三巨头的市场地位。受到一些新兴综合音频的影响,头部网络音频平台的月独立设备数呈现出一些变化,但是三巨头仍然占据了六七成的市场份额。

从收入结构来说,主打"PGC + PUGC"的喜马拉雅和蜻蜓 FM 的主要收入来源是会员和订阅收入,荔枝则以用户直播打赏的收入为主。向用户收费逐渐成为综合音频平台的主要收入来源之一。喜马拉雅主攻 UGC 内容,招股书显示,到 2020 年底,UGC 内容在整个平台收听时长中占了 52%;蜻蜓 FM 偏向 PGC 内容,其合作的高晓松、蒋勋、梁宏达、张召忠被称为"蜻蜓 FM 四大金刚",并逐渐形成蜻蜓 FM 偏人文、重 PGC 的风格;荔枝另辟蹊径关注音频社交,在大洋彼岸推出自己的 clubhouse:TIYA。

与位居行业第一的喜马拉雅相比,蜻蜓 FM 存在较大差距,而且差距在慢慢拉大。2020 年 1 月,荔枝拿下"国内在线音频行业第一股"的称号;2021 年 9 月,喜马拉雅向港交所提交了申请。2021 年 10 月 22 日,蜻蜓 FM 副总裁陈强宣布中文在线战略入股音频公司蜻蜓 FM。

在内容提供及工具环节，有声书、播客、音频直播等内容提供方及工具呈现出不同的特征；音频传播环节中，综合音频平台间的竞争仍在，来自其他音乐、阅读领域的企业也纷纷入局，并且出现了一批专注于特定音频品类的企业；在硬件收听环节，智能硬件及线下场景提供商也开展了与音频企业的合作。

在有声书方面，商配和民配有声书相互补充共同发展；在播客方面，播客经纪公司开始成立，并不断发展；在音频直播方面，音频直播的形式与各种元素相结合，将呈现出丰富多彩的局面。

2. 在线音乐 K 歌

在线音乐细分市场的发展格局较为稳定。2 家公司 4 个产品，一个是腾讯音乐，一个是网易云音乐。腾讯音乐的三个产品排在前三，分别是酷狗音乐、QQ 音乐和酷我音乐，网易云音乐排第四。现阶段网易云音乐和酷我的差距并不是特别大，网易云音乐和酷我的用户规模仍然会处于一个相对胶着的状态。

腾讯音乐一向以版权内容闻名，正版内容生态方面腾讯音乐全面领先；包括在线音乐会方面，腾讯音乐布局更早，而网易云音乐的在线音乐布局则相对较少。网易云音乐致力于社区生态建设。

虽然版权是在线音乐平台最重视的"护城河"，但这条护城河已经被监管部门填平。2021 年 7 月，国家市场监督管理总局依法责令腾讯及其关联公司解除独家版权，停止高额预付金等版权费用支付方式等，恢复市场竞争状态，令网易云音乐等一众在线音乐平台发展得到东风助力。

鉴于整个行业出现了用户增长见顶，各家借助于打折销售，靠提升用户付费来维持收入。2021 年，腾讯音乐付费用户的人均收入也从上一年的 9.4 元下降至 8.5 元。网易云音乐从 2020 年的 8.4 元减少到了 6.7 元，原因也是折扣。目前黑胶 VIP 首月折扣高达 3.7 折，仅需 4.8 元，连续包年打了 6.4 折，只需要 88 元。

易观千帆数据显示，2021 年中国数字音乐市场增速约为 4.55%，远低于 2020 年的 8.43%。据网易云音乐首份财报显示，2021 年，网易云音乐在线音乐服务月活增长不到 2%。

四、2021年社交媒体年度重要事件

2021年，中宣部、国家网信办、广电总局等多部委出台30多个涉短视频监管规范性文件，涵盖内容管理、平台治理、从业人员、服务算法、账号管理、广告、税收、语言文字、反食品浪费等全领域各环节，短视频内容宏观管理体制和协同管理机制渐趋成熟。

2021年，抖音自1月1日起连续上线了四期"萌知计划"，投入百亿流量扶持知识创作者，鼓励创作更多适合青少年人群学习的知识内容；快手推出了两季大型直播活动"快手新知播"，为用户提供全新的认知角度与获取知识渠道。

2021年2月7日，国务院反垄断委员会正式出台了《国务院反垄断委员会关于平台经济领域的反垄断指南》，对我国数字经济领域中的反垄断问题做出了针对性的规范。

2月9日，国家互联网信息办公室、公安部、商务部、文化和旅游部、国家税务总局、国家市场监督管理总局、国家广播电视总局等七部委联合发布《关于加强网络直播规范管理工作的指导意见》。

4月23日，国家互联网信息办公室、公安部等七部委联合发布《网络直播营销管理办法（试行）》。

2021年7月，工业和信息化部组织开展互联网行业专项整治行动，集中整治即时通信软件屏蔽网址链接等群众反映强烈的热点难点问题。此后，主要即时通信产品在监管部门指导下进行问题整改，有效改善合法网址链接访问不畅的现象，提升互联网用户体验。

7月10日，国家市场监督管理总局公告显示，由腾讯主导的虎牙斗鱼合并案被禁止。

8月初，中宣部等五部门联合印发了《关于加强新时代文艺评论工作的指导意见》。

8月20日，《中华人民共和国个人信息保护法》审议通过。

8月27日，国家网信办发布《互联网信息服务算法推荐管理规定（征求意

见稿)》。

9月1日,《中华人民共和国数据安全法》正式施行。

2022年3月1日,《互联网信息服务算法推荐管理规定》正式施行,旨在规范互联网信息服务算法推荐,对大数据"杀熟"、诱导用户沉迷、过度消费、刷量控评及未成年人等特殊群体权益保护等予以依法监管和规范。

五、总结与展望

行业整顿是2021年的主旋律。监管力度加大,宣告互联网社交媒体行业野蛮生长时代结束,行业进入调整规范时期,规范运营时代到来。无论是媒体平台,广告主,还是其他参与方,都必须基于合法合规的范畴内开展活动。这是社交媒体行业必须面对的新课题,坚持降本增效、创新技术、提高质量,才有可能迎来新的发展。

(一) 网络音视频行业发展总结与展望

行业管理层面,监管部门加强对文娱领域综合治理部署,强化行业自律。2021年,针对影视领域的明星天价片酬、"阴阳合同"、偷逃税、低俗信息炒作和劣迹艺人等问题,有关主管部门采取了一系列措施,不断加大整治力度,深化影视业综合改革、促进影视业健康发展、强化网络内容监管,取得较好成效。6月,中央网信办在全国范围内开展了为期两个月的"清朗·'饭圈'乱象整治"专项行动;9月,中央宣传部印发《关于开展文娱领域综合治理工作的通知》,要求规范市场秩序,压实平台责任,严格内容监管,进一步强化行业管理。

行业创新层面,中视频概念正式出现。2021年10月20日,在西瓜PLAY好奇心大会上,西瓜视频提出了"中视频"的概念,在一定程度上,将中视频与西瓜视频绑定了起来。在其定义里,中视频,即时长在1分钟至30分钟的视频内容。

产业驱动层面,市场从资本驱动、数量驱动、网文IP驱动转向政策驱动、质量驱动、国民驱动。曾经的天价剧单集卖到百万甚至千万,现在,溢价逐渐转向高品质而非高流量，因为只有品质能保证长尾运营的效益。版权剧可能会越来越少，长视频用去泡沫化来重估行业的价值基础。

业务技术层面，新技术应用推动网络视频文化产业创新。一是"云演出""云影院"等业务不断探索。"云演出"借助多种视听技术打造的新形态娱乐内容，克服疫情对线下娱乐业的影响，满足用户观看内容的互动感、沉浸式体验需求；"云影院"则让用户能够在线获得更加沉浸的高质量视听享受，同时通过一起看、云首映、云票等功能，提供创新的娱乐消费体验方式。二是3D化实景、虚拟偶像等技术不断应用。3D化实景正替代绿幕，成为视频网站自制剧集的拍摄场景，在视觉感受和特效呈现上，让观众有身临其境的沉浸体验。

另外，随着互联网流量红利的消失，网络社交媒体平台的获客难度持续上升。要拓展新的市场，出海无疑是一个好选择。海外市场的发展，不仅能够为社交平台带来新的增量，还有助于拓宽营收来源。

（二）博客类应用发展的总结与展望

自媒体行业在内容、组织机构、版权等方面呈现三大趋势。

1. 内容专业化

从业者专业化。随着国内传媒行业继续洗牌，各行各业专业人士投身于自媒体，他们将把更多专业主义的规范注入到自媒体的内容生产中来。未来，类似罗振宇的"罗辑思维"、王凯的"凯子曰"、迟宇宙的商业人物、秦朔的"秦朔的朋友圈"等专业化运作方式将成为头部自媒体内容的主流生产方式，并且不断塑造自媒体公信力，而那些主要靠文摘、资讯整合的内容搬运工注定会没落。

内容生产专业化。目前，从互联网金融、母婴到旅游，几乎每一个细分领域都已形成一批少数头部自媒体。未来，这些头部自媒体预计仍将保持内容的高度垂直，并在专业度上继续提升。相比以整合既有资讯、以搞笑逗乐为主、带有浓厚草根气息的自媒体，聚焦高质量原创性内容生产的自媒体将更容易获得资本注意，并赢得更高估值。

2. 组织机构化

与第一代自媒体大都以个人为主，现在的自媒体很多已经搭建完整的团队，以机构化的方式运作，并为商业化提供各种组织接口，在组织形态上将朝公司化的方向转变，并且一些头部自媒体将加大从传统媒体引进人才的力度，以壮大其内容生产实力。

3. 内容版权化

自媒体经历较长时间的野蛮生长，已经不再是主流自媒体团队的共识，随着司法、行政以及微信公众号等主流平台治理力度的强化，正版化与合规运营已经成为自媒体商业化的主旋律。自媒体由"野蛮"走向"理性"，既是互联网知识产权保护与内容治理的必然要求，也是自媒体持续发展与升级迭代的必然趋势。

参考文献与主要数据来源

《2021年中国网络音频产业研究报告》，2022年2月16日，艾瑞咨询

《中国互联网络发展状况统计报告》第49次，2022年2月25日，CNNIC

《中国互联网络发展状况统计报告》第48次，2021年8月27日，CNNIC

《中国短视频行业市场前景及投资机会研究报告》，2022年3月22日，中商产业研究院

《2021年中国网络音频产业研究报告》，2022年2月25日，艾瑞咨询

《2021年度中国网络直播行业发展研究报告》，2022年3月3日，艾媒咨询

《2021抖音数据报告》，2022年1月5日，抖音

《2021年视频号发展白皮书》2022年3月3日，视灯研究院

《2021中国网络视听发展研究报告》，2021年6月2日，中国网络视听节目服务协会

《2022年中国在线音乐市场年度综合分析》，2021年3月17日，易观分析

《2020—2021年中国在线音频行业研究报告》，2021年3月31日，艾媒咨询

《2021快手内容生态半年报》，8月4日，快手大数据研究院

《2021中国互联网广告数据报告》，2022年1月14日，中关村互动营销实验室等

微博2021年Q4即全年财报，2020年3月4日

腾讯音乐 2021 年 Q4 及全年未经审计财务报告，2022 年 3 月 22 日
荔枝 2021 财年第四季度及全年未审计财报，2022 年 3 月 12 日
斗鱼 2021 年第四季度财报，2022 年 3 月 16 日
爱奇艺 2021 年第四季度和全年财报，2022 年 3 月 1 日
虎牙 2021 财年第四季度财报及全年财报，2022 年 3 月 29 日
哔哩哔哩 2021 年第四季度和全年未经审计的财报，2022 年 3 月
腾讯控股 2021 年第四季度及全年业绩报告，2022 年 3 月 23 日
荔枝 2021 年第四季度及全年财报，2022 年 3 月 10 日
欢聚时代 2021 年第四季度及全年未经审计的业绩报告，3 月 16 日

2021—2022 中国移动出版产业年度报告

毛文思

2022年，移动互联网持续快速发展，5G加速商用落地，新型基础设施建设步伐加快，数字技术的发展与创新应用日益深入，企业持续加快场景落地应用和业务布局，带动移动出版在内容呈现、产品形态和服务模式的持续创新。

一、移动出版产业发展概述

据市场调研机构 IDC 公布数据显示，2021 年全球智能手机出货量达 13.548 亿台，同比增长 5.7%，呈现回暖态势，但接近新冠肺炎疫情暴发之前 2019 年的水平。主要源于 5G 网络快速发展，各厂商加快 5G 手机的更新迭代，释放用户更换手机的需求，带动整体智能手机市场出货量上扬。从全球市场来看，2021 年，三星手机的出货量仍然居于首位；苹果则回归到第二的位置；小米排名第三[①]；OPPO 和 vivo 分列第四、五名。值得一提的是，2021 年华为全球出货量排名跌出前五，并未上榜。这在多年来，尚属首次，主要源于华为现阶段因为某些原因无法生产 5G 手机，导致出货量下降。

在中国市场中，2021 年，出货量最高的前五名手机厂商分别为 vivo、OPPO、小米、苹果和 Honor。华为同样从排名第一跌出前五，vivo 以 7 100 万台的出货量占据第一的位置，市场份额达到 21.5%；OPPO 紧追其后，市场份额为 20.4%；小米位居第三占比 15.5%。苹果在中国智能手机出货量较上一年有所提高，占市场份额达到 15.3%。荣耀（Honor）市场占有率由 2020 年的

---

① IDC 公布 2021 年全球智能手机出货量：三星依旧第一，小米第三 https://www.163.com/dy/article/GUPSOLV10511AL08.html.

9%上涨至2021年第四季度的15%，很大程度上源于用户无法购买到华为5G手机，便选择了从华为剥离开来的荣耀[①]。vivo、OPPO、小米、荣耀四家国产智能手机在中国市场占有率仍然接近七成，达到69.1%。由此可见，国人对国产智能手机仍然具有较高的认可度。

据中国互联网信息中心（CNNIC）发布的《第49次中国互联网络发展状况统计报告》显示，截至2021年底，中国网民规模达到10.32亿，互联网普及率达73%。其中，中国手机网民规模约10.29亿，网民中使用手机上网人群占比达99.7%，网民中使用手机上网的比例持续上升。详见图1。

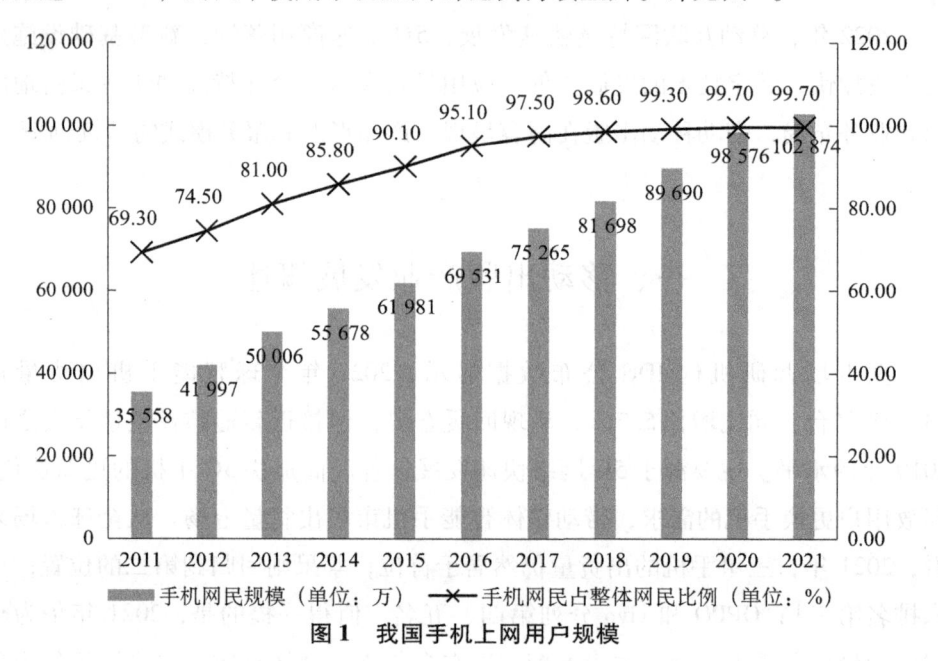

年份	手机网民规模（万）	手机网民占整体网民比例（%）
2011	35 558	69.30
2012	41 997	74.50
2013	50 006	81.00
2014	55 678	85.80
2015	61 981	90.10
2016	69 531	95.10
2017	75 265	97.50
2018	81 698	98.60
2019	89 690	99.30
2020	98 576	99.70
2021	102 874	99.70

图1 我国手机上网用户规模

2021年，我国移动互联网持续发展。据工信部的统计公报显示，截至2021年12月底，4G用户总数为10.69亿户，5G移动电话用户达到3.55亿户。同时，移动流量保持快速增长。2021年，移动互联网接入流量达到2 216亿GB，比上年增长33.9%。其中，手机上网流量达到2 125亿GB，在总流量中占95.9%。2021年，我国持续加快5G建设步伐，截至12月底，全国5G基站

[①] 2021年中国市场智能手机出货量出炉，同比增长1.1% https：//www.sohu.com/a/522775882_100193168.

已达到142.5万个，全年新建5G基站超过65万个[1]。

总体而言，我国5G网络在全球的领先优势进一步得到巩固，已覆盖全国所有低级以上城市市区、超过98%的县区以及80%的乡镇镇区，并逐步向有条件、有需求的农村地区推进，建成全球规模最大、技术领先的5G独立组网网络[2]。2021年，在国家"十四五"规划"加快数字化发展建设数字中国"的总体部署下，我国以5G网络为核心的移动互联网发展的顶层设计不断优化，陆续出台多项政策文件和重要举措。2021年2月，工业和信息化部出台《关于提升5G服务质量的通知》，提出制定完善5G服务标准；充分保障用户5G服务知情权，无协议约定不得限制5G套餐用户更改其他在售套餐；客观真实宣传5G业务及资费；统一实体营业厅、客服热线、电子渠道等各渠道的5G服务口径；5G相关服务的解释说明清晰明确；建立5G服务监测体系，加强舆情监测，探索建立5G用户满意度测评制度；基础电信企业要加强内部自查自纠，完善服务违规行为处理机制等要求，为5G持续健康发展提供了更有益的保障。3月，工信部印发《"双千兆"网络协同发展行动计划（2021—2023年）》，提出计划用三年时间，基本建成全面覆盖城市地区和有条件乡镇的"双千兆"网络基础设施，实现固定和移动网络普遍具备"千兆到户"能力。提出了六个专项行动19个具体任务，从网络建设、承载增强、行业赋能、产业筑基、体验提升、安全保障六个方面着力推动"双千兆"网络协同发展。其中，提出大力推进"双千兆"网络应用创新[3]。7月，工信部等十部门联合印发《5G应用"扬帆"行动计划（2021—2023年）》，以推动5G全面协同发展，助推5G为千行百业赋能，驱动生产方式、生活方式和治理方式升级，培育经济发展新动能。该计划为推进5G应用发展描绘了路线图和任务书。面向信息消费、实体经济、民生服务三个层面，提出重点推进15个行业的5G应用，通过三年时间初步形成5G创新应用体系，着力打造IT（信息技术）、CT（通信技术）、OT（运营技术）深度融合新生态，实现重点领域5G应用深度和广度双突破。同时，从用户发展、行业赋能、网络能力三个方面提出了7项量化指标，围绕突

---

[1] 工信部：2021年通信业统计公报 https://www.miit.gov.cn/gxsj/tjfx/txy/art/2022/art_e-8b64ba8f29d4ce18a1003c4f4d88234.html.
[2] 2021年通信业统计公报解读 https://www.miit.gov.cn/gxsj/tjfx/txy/art/2022/art_e-2c784268cc74ba0bb19d9d7eeb398bc.html.
[3] 工业和信息化部有关负责人解读《"双千兆"网络协同发展行动计划（2021—2023年）》http://www.gov.cn/zhengce/2021-03/25/content_5595694.htm.

破 5G 应用关键环节、赋能 5G 应用重点领域、提升 5G 应用支撑能力等方面做出任务部署。其中，信息消费位列 5G 赋能的三大领域之首。提出将实施"新型信息消费升级行动"，重点围绕"5G+信息消费"和"5G+融合媒体"两方面予以培育，提出拉动新型产品和新型内容消费，加快 5G 在媒体领域的落地应用。此外，《新型数据中心发展三年行动计划（2021—2023 年）》也在同月印发。三大"行动计划"的实施为我国移动出版带来重要机遇。2021 年底，国务院印发"十四五"数字经济发展规划，从全局和战略高度，对健全完善数字经济治理体系做出了系统部署，对加快建设信息网络基础设施、推动 5G 商用部署和规模应用、加快培育新业态新模式等作出部署安排。详见表 1。

表 1 2021 年以来我国移动互联网发展相关政策

序号	发文机构	发文日期	文件名称	说明
1	新华社受权全文播发	2021.3	《中华人民共和国国民经济和社会发展第十四个五年规划和 2035 年远景目标纲要》	第五章 加快数字化发展 建设数字中国 打造数字经济新优势，第十五章 打造数字经济新优势，提出构建基于 5G 的应用场景和产业生态。促进共享经济、平台经济健康发展。
	工信部	2021.2	《关于提升 5G 服务质量的通知》	制定完善 5G 服务标准；充分保障用户 5G 服务知情权，客观真实宣传 5G 业务及资费；统一各渠道的 5G 服务口径；5G 相关服务的解释说明清晰明确；建立 5G 服务监测体系；完善服务违规行为处理机制等要求。
2	工信部	2021.2	《关于切实解决老年人运用智能技术困难便利老年人使用智能化产品和服务的通知》	为老年人提供更优质的电信服务；围绕老年人获取信息的需求，切实改善老年用户在使用互联网服务时的体验；扩大适老化智能终端产品供给；切实保障老年人安全使用智能化产品和服务。
3	工信部	2021.3	《"双千兆"网络协同发展行动计划（2021—2023 年)》	基本建成全面覆盖城市地区和有条件乡镇的"双千兆"网络基础设施，实现固定和移动网络普遍具备"千兆到户"能力。大力推进"双千兆"网络应用创新。

(续表)

序号	发文机构	发文日期	文件名称	说明
4	国家发改委等四部门	2021.5	《全国一体化大数据中心协同创新体系算力枢纽实施方案》	布局全国算力网络枢纽节点，启动实施"东数西算"工程。
5	国家统计局	2021.5	《数字经济及其核心产业统计分类(2021)》	动漫、游戏及其他数字内容服务（030408）、互联网生活服务平台（040102）；数字内容与媒体（0404）数字内容出版（040408）；智慧教育（050701）互联网文体娱乐业（050908）。
	工信部等十部门	2021.7	《5G应用"扬帆"行动计划（2021—2023年）》	通过三年时间初步形成5G创新应用体系，实施"新型信息消费升级行动"，拉动新型产品和新型内容消费，加快5G在媒体领域的落地应用。
6	工信部	2021.7	《新型数据中心发展三年行动计划（2021—2023年）》	支持互联网企业创新行业应用；提升新型数据中心网络支撑能力；推进新型数据中心算力供应多元化，支撑各类智能应用。
7	工信部	2021.11	《"十四五"信息通信行业发展规划》	建设新型数字基础设施，全面推进5G网络建设；拓展数字化发展空间，创新高品质的互联网生活服务，研发推广基于5G、移动互联网、人工智能的新型应用和产品。
8	工信部	2021.11	《"十四五"软件和信息技术服务业发展规划》	前瞻布局新兴平台软件，支持小程序、快应用等新型轻量化平台发展；优化信息技术服务，加强典型场景下的算法服务。壮大信息技术应用创新体系，开展软件、硬件、应用和服务的一体化适配，逐步完善技术和产品体系。

(续表)

序号	发文机构	发文日期	文件名称	说明
9	国务院	2021.12	《"十四五"数字经济发展规划》	加快建设信息网络基础设施。协同推进千兆光纤网络和5G网络基础设施建设，推动5G商用部署和规模应用；加快培育新业态新模式。推动平台经济健康发展，引导支持平台企业加强数据、产品、内容等资源整合共享。发展基于数字技术的智能经济，加快优化智能化产品和服务运营。完善多元价值传递和贡献分配体系，有序引导多样化社交、短视频、知识分享等新型就业创业平台发展。
10	国家发改委等四部门	2021.12	《贯彻落实碳达峰碳中和目标要求推动数据中心和5G等新型基础设施绿色高质量发展实施方案》	到2025年，数据中心和5G基本形成绿色集约的一体化运行格局。支持基础电信运营企业开展5G网络共建共享和异网漫游；5G基站能效提升20%以上。

在地方层面，2021年，我国5G网络区域格局基本形成。其中，广东的5G产业在全国处于领跑地位，优势较为明显，5G基站规模位居全国第一，并初步形成了全球最大的5G产业集聚区[①]。上海在5G基站密度上位居全国第一，是全国第一个分流比全面突破30%的省级城市，5G正在逐渐成为上海通信数据业务发展的主力军[②]。2021年，北京为推动5G产业发展，出台多项政策举措。2021年8月，《北京培育建设国际消费中心城市数字消费创新引领专项实施方案（2021—2025年）》出台，提出"力争到2025年末，北京5G网络建设规模持续扩大，千兆光网覆盖率达到世界城市前列水平；加速集聚'5G+8K'产业生态，加大超高清视频内容供给"。自11月，北京市政府联合多部门开展"北京市重点场所5G网络信号覆盖提升行动"，聚焦北京重点区域，进一步提

[①] 广东已初步形成全球最大5G产业集聚区_网易订阅 https://www.163.com/dy/article/GKFUDCDU05129QAF.html.

[②] 上海16个区"双千兆"关键指标出炉，这些重点指标中哪些区靠前？（附图）https://export.shobserver.com/baijiahao/html/445742.html.

升北京市重点场所5G网络信号覆盖、5G网络质量和服务能力及5G融合应用创新水平。

2021年，随着5G建设迈上新台阶，以高速率、低时延、广连接的技术特性，作为数字经济的重要组成部分，5G正加速与经济社会、千行百业实现深度融合，应用场景不断拓展。5G的快速发展，也改变了移动互联网信息生产传播方式，催生了人们更加多元的移动互联网信息消费需求，推动移动阅读、移动游戏、移动音视频等应用领域持续创新发展。过去一年来，我国移动出版主要呈现出以下发展态势。

（一）文化建设明确全局化部署，为行业高质量发展指明方向要求

2021年是"十四五"开局之年。国家"十四五"规划对未来五年我国文化建设作出全局部署。强调要坚持马克思主义在意识形态领域的指导地位，坚定文化自信，坚持以社会主义核心价值观引领文化建设，围绕举旗帜、聚民心、育新人、兴文化、展形象的使命任务，促进满足人民文化需求和增强人民精神力量相统一，推进社会主义文化强国建设，为新时期推进文化建设提出了总体要求。强调要把社会主义核心价值观要求融入文化产品创作生产全过程。实施文化产业数字化战略，加快发展新型文化企业、文化业态、文化消费模式，壮大数字创意、网络视听、数字出版、数字娱乐、线上演播等产业，着眼于文化强国建设，移动出版作为数字时代下重要的文化领域及出版业融合发展的重要方向之一，应在新时期文化强国建设中展现更大作为。

2021年9月，中办、国办印发《关于加强网络文明建设的意见》，要求深入贯彻落实习近平总书记关于网络强国的重要思想和关于精神文明建设的重要论述，大力弘扬社会主义核心价值观，全面推进文明办网、文明用网、文明上网、文明兴网。该意见从加强网络空间思想引领、加强网络空间文化培育、加强网络空间道德建设、加强网络空间行为规范、加强网络空间生态治理等方面对加强网络文明建设提出具体要求。移动互联网是网络文明建设的重要阵地，移动出版要充分发挥主力军作用，筑造网络文化良好生态。2021年底，出版业"十四五"规划出台，"壮大数字出版产业"作为重要任务在规划中得到突出部署。着力推出一批数字出版精品。加强数字出版内容建设，深入推进数字出

版供给侧结构性改革。并特别强调顺应数字时代文化生活移动化智能化个性化新趋势，精准匹配用户需求和应用场景，推广互动式、服务式、场景式传播，打造数字出版新产品新服务新模式。

步入新时期，壮大主流舆论新阵地，加强精品内容建设，丰富优质内容供给，强化社会价值引领，是移动出版高质量发展的根本立足点。立足于出版强国、文化强国建设，移动出版要在各个领域，着力打造移动出版精品，为人民群众提供更加丰富优质的精神食粮，满足人们品质化、个性化、多样化的精神文化需求，满足人民文化需求和增强人民精神力量相统一。

（二）内容质量显著提升，价值引领作用日益凸显

2021年以来，在管理部门积极引导下，以及人们数字文化消费审美水平日益提升，移动出版精品意识进一步增强，更加注重精品内容建设，以优质内容提高供给质量。以移动阅读为例，2021年，主管部门通过"数字出版精品遴选计划""优秀现实题材和历史题材网络文学出版工程""2021年全国有声读物精品出版工程"等工程项目的实施，鼓励精品出版，对引导移动出版行业高质量发展发挥积极带动作用。阅读平台积极参与主题宣传，庆祝中国共产党成立100周年等主题主线，设置阅读专题专栏，向推荐精品阅读内容，组织主题征文活动，鼓励旗下作者创作一批讴歌党、讴歌祖国、讴歌英雄、讴歌人民的优秀作品。2021年全年，阅读平台上线重点主题阅读类作品近万种，年阅读总量超过110亿次[1]。有声阅读平台也纷纷献礼建党百年上线音频专题。如听听FM上线了以"党的精神谱系"为主题的影视剧汇编节目《信仰的力量》原声音频专辑[2]，大力弘扬开天辟地、敢为人先的首创精神，坚定理想、百折不挠的奋斗精神，立党为公、忠诚为民的奉献精神。2021年，移动游戏也呈现出精品化趋势。在游戏版号发放趋紧、未成年人保护、防沉迷等政策举措影响下，倒逼我国游戏市场加快供给侧结构性改革步伐，游戏企业更加专注于打造精品，着力打造精品游戏的长线开发和运营，打造优质IP，延长移动游戏的生命周期。

---

[1] 2021年度中国数字阅读报告 http://www.rmsznet.com/video/d316534.html.
[2] 听听FM献礼建党百年，传递历史的声音 https://www.sohu.com/a/468407956_109958.

（三）科技成果加快场景落地，推动移动出版持续创新

2021年，数字经济快速发展，5G加快普及，推动大数据、人工智能、区块链、物联网、虚拟/增强现实等技术应用加速场景化落地，推动移动出版产品形态和服务模式持续创新，移动出版的生产传播全链条正在由数字化向数智化加速迈进，策、采、编、发、评、审等全流程各环节实现智能化升级。据《互联网周刊》发布的2021年度人工智能企业百强榜，排名前五的企业为百度、华为、字节跳动、腾讯、阿里巴巴。可以看到，字节跳动、腾讯、包括阿里巴巴等几家企业都具有较为庞大且持续扩大的数字内容业务体系，而技术创新能力的提升，必将为其数字内容业务的发展提供强有力的支撑。2021年9月，腾讯"天籁行动"发布了"人工耳蜗+手机伴侣"联合解决方案，同时还推出辅助听力移动应用——"美讯听宝"，借助AI辅听功能，使人工耳蜗的语音清晰度、可懂度提升40%，让听障人士在噪声环境下也获取到有效声音[①]。2021年11月，百度智能云和央视新闻联合推出了为北京冬奥会打造AI手语主播，采用语音识别、机器翻译等人工智能技术构建手语翻译引擎，可实现由文字、音视频内容到手语的翻译，并通过为手语定制的自然动作引擎，对虚拟主播进行行为驱动，让AI手语主播具备连贯准确的手语表达能力[②]。2021年，互联网企业持续加快构建基于5G环境下的服务场景、业务架构与生态系统。如腾讯于2019年底启动的"5G生态计划"，在2021年重点围绕数字内容和数字经济两大领域，甄选了35家创新合作伙伴，通过产业合作，共建5G新生态，将与腾讯5G应用测试中心携手加速5G在数字内容和数字经济产业的场景落地[③]。

（四）短视频领域马太效应明显，行业格局趋于稳定

过去一年来，短视频领域持续快速发展。在用户规模和用户使用时长、用

[①] 人工耳蜗语音清晰度提升40%，AI技术应用再扩展 https://baijiahao.baidu.com/s?id=1712025359889100465&wfr=spider&for=pc。
[②] 冬奥AI手语主播亮相人工智能技术跨越声音的障碍 https://www.cnii.com.cn/kjchx/202111/t20211130_326678.html。
[③] 腾讯5G生态计划亮相中国移动全球合作伙伴大会 http://www.gd.chinanews.com.cn/2021/2021-11-03/417131.shtml。

户活跃度都实现明显增长。截至2021年12月，我国短视频用户达到9.34亿，网民使用率为90.5%[①]。2021年，短视频超过即时通讯成为占用户时间最长的移动应用。据数据显示，2021年短视频在用户上网总时长中占比达到25.7%。2021年12月，短视频月均用户使用时长达到53.2小时[②]。2021年，抖音和快手两大短视频平台，均在短剧领域开拓布局。如抖音推出"新番计划"，面向MCN机构及个人创作者招募优秀短剧作品，并根据数据表现，给予相应的流量激励和现金激励，并测试对短剧付费功能进行测试，加速短剧流量变现；快手则将其"星芒计划"升级为"星芒短剧"，聚焦热门细分题材，注重短剧的剧场化、系列化[③]。可以看到，短视频已广泛渗透至人们本地生活服务、知识学习、购物等多个领域，多元触达用户需求，让用户黏性持续提升，并抢占其他领域用户注意力。

（五）行业规范制度体系不断完善，移动出版持续迈向规范有序发展

随着移动互联网成为信息传播的主要载体，各类新媒体形态不断涌现，在价值观传递和文化知识传播中发挥日益重要的作用。2021年是数字经济迅猛发展的一年，也是数据领域步入全面深入监管的一年。

2021年以来，着眼于强化网络内容生态治理，相关部门对移动应用规范化管理进一步加强，围绕网络用户个人信息保护、网络直播、网络交易、网络游戏、网络营销、算法推荐等层面，出台多项规范制度。2021年，网络安全管理得到高度重视，相关法律法规和规范制度陆续颁布。6月《中华人民共和国数据安全法》发布，明确了数据安全制度、数据安全保护义务及相关法律责任，自2021年9月1日起施行。作为我国第一部数据安全方面的专门性法律，《中华人民共和国数据安全法》的颁布与施行，将规范数据处理活动、保障数据安全，促进数据开发利用，不仅有利保护个人、组织的合法权益，也是进一步筑牢了"数字中国""网络强国"建设的安全屏障，标志着我国数据安全步入法治时代，为我国数据产业提供了重要的法律支撑，将有利于全社会共同维护数

---

① 第49次中国互联网络发展状况统计报告-CNNIC https://view.inews.qq.com/a/20220314A045UG00? startextras=undefined&from=ampzkqw.

② QuestMobile2021全景生态流量年度洞察报告 https://www.questmobile.com.cn/research/report-new/184.

③ 逐渐走向"剧场模式"，微短剧迎来新变量！https://www.sohu.com/a/511826558_351788.

据安全、网络安全的良好环境。

防止未成年人沉迷网络游戏是2021年网络游戏领域规范管理的重点。2021年8月，国家新闻出版署下发《关于进一步严格管理切实防止未成年人沉迷网络游戏的通知》，对网络游戏企业面向未成年人提供网络游戏服务的时间和时长做出明确限定，并要求网络游戏企业严格落实账号实名注册和登陆要求。

网络信息服务的规范管理进一步加强。2021年1月，国家网信办公布新修订《互联网用户公众账号信息服务管理规定》发布，明确了公众账号信息服务平台和公众账号生产运营者主体的双主体责任，针对公众账号生产运营者的主体责任，该规定从内容安全、账号运营、禁止行为三个层面明确了相关法律责任、社会责任和道德责任，如在内容方面，要求加强内容导向性、真实性、合法性把关。

2021年2月，多部门联合发布《关于加强网络直播规范管理工作的指导意见》，进一步压实直播平台主体责任，强化用户行为规范，提出要建立健全直播账号分类分级规范管理制度，建立健全未成年人防沉迷机制，构建网络直播健康有序发展的良好环境。5月，针对网络直播营销行为，国家网信办等七部门联合出台《网络直播营销管理办法（试行）》，进一步明确了直播营销平台、直播间运营者、直播营销人员的概念，明确了直播营销平台的应尽职责与义务，健全事前预防、事中警示、事后惩处机制。

2021年，移动互联网应用个人信息保护机制得到进一步加强。网信办等四部门印发的《常见类型移动互联网应用程序必要个人信息范围规定》于5月1日施行。明确了39种常见类型App的必要个人信息范围，对互联网应用程序搜集用户个人信息行为作出明确规范，要求保障App正常运行的同时，保障用户对App基本功能服务的使用权，以及对收集使用非必要个人信息的知情权和决定权。《中华人民共和国个人信息保护法》于2021年11月1日起施行，对个人信息保护应遵循的原则和个人信息处理规则作出进一步细化，明确了个人信息处理活动中的权利义务边界。对用户消费造成误导的"大数据杀熟"行为，明确规定个人信息处理者利用个人信息进行自动化决策，应当保证决策的透明、公平、公正，不得对个人在交易价格等交易条件上实行不合理的差别待遇。人工智能技术在移动互联网应用的运用日益普遍，在为人们信息获取带来极大便利的同时，也出现了一些问题。最高人民法院《关于审理使用人脸识别技术处理个人信息相关民事案件适用法律若干问题的规定》于 2021 年 8 月 1 日起施行，人格权和侵权责任角度明确了滥用人脸识别技术处理人脸信息行为的性质和责任。

2021 年，随着网络生态综合治理体系进一步完善，移动出版行业秩序更加规范。

二、移动出版产业发展现状

2021 年，在新冠肺炎疫情防控步入常态化，人们线上消费需求得到极大释放。2021 年，大多数互联网应用使用都实现了一定程度的增长。截至 2021 年 12 月，我国网民互联网应用使用率 TOP10 依次是：即时通信、网络视频（含短视频）、短视频、网络支付、网络购物、搜索引擎、网络新闻、网络音乐、网络直播、网络游戏（详见表2）。网络视频（含短视频），短视频分列网民使用率排名第二名和第三名，网络视频在内容类网络应用中网民使用率最高。同时，人们线上支付习惯日益养成，已融入人们生活、学习、工作等各个消费场景，成为生活常态。随着我国移动支付条件日趋便利，移动支付已取代现金支付成为人们进行日常交易的首先方式。直播带货、短视频电商等新型线上销售模式兴起与快速发展，为网络购物开拓新空间。2021 年，网络直播、网络音乐、网络文学、网络游戏等用户使用率也实现了较快发展。其中，网络直播用户增长率达到 14.0%，很大程度上得益于直播电商的发展迅速。网络音乐用户增长率也超过 10%，达到 10.8%。

表2 我国网民各类网络应用使用率 TOP10

排名	网络应用	2020.12 网民使用率	2021.12 年网民使用率	增长率
1	即时通信	99.2%	97.5%	2.6%
2	网络视频（含短视频）	93.7%	94.5%	5.2%
3	短视频	88.3%	90.5%	7.0%
4	网络支付	86.4%	87.6%	5.8%

（续表）

排名	网络应用	2020.12 网民使用率	2021.12 年网民使用率	增长率
5	网络购物	79.1%	81.6%	7.6%
6	搜索引擎	75.1%	74.7%	3.8%
7	网络新闻	75.1%	74.7%	3.8%
8	网络音乐	66.6%	70.7%	10.8%
9	网络直播	62.4%	68.2%	14%
10	网络游戏	52.4%	53.6%	6.9%

（一）移动阅读

2021 年以来，网络文学、有声读物、知识付费等领域持续发展，移动阅读呈现稳步上升态势。据《2021 年度中国数字阅读报告》显示，2021 年，以移动阅读为核心组成部分的数字阅读市场规模达 415.7 亿元，较上一年增长 18.2%。中国数字阅读用户规模突破 5 亿大关，达 5.06 亿。人均电子书阅读量为 11.58 本，人均有声书阅读量 7.08 本[1]。据中国新闻出版研究院第十九次全国国民阅读调查报告显示，2021 年我国成年国民各媒介综合阅读率持续稳定增长，达 81.6%，较 2020 年的 81.3% 提升了 0.3 个百分点，包括手机阅读在内的数字化阅读方式的接触率达 79.6%，较上一年增长了 0.2 个百分点。其中，手机是移动阅读的主要方式，在数字阅读中占比持续增长。2021 年成年国民人均每天手机接触时长达 101.12 分钟，有 30.5% 的成年国民偏好于"在手机上阅读"。有声阅读作为数字阅读的新领域，保持快速发展，2021 年有 7.4% 的成年国民偏好于"听书"，有 32.7% 的成年国民养成了听书习惯[2]。据《2021 有声阅读产业调查报告》显示，人们进行有声阅读的场景主要集中在家务劳动和睡前，人们的听书付费意愿逐渐养成，接受调查的用户中，有半数表示曾经为有声阅读付费[3]。2021 年，免费阅读发展迅速，活跃用户规模以及 App 人均使用时长均获得了明显的增长，成为拉动移动阅读发展的重要力量。2021 年

---

[1] 2021 年度中国数字阅读报告 http：//www.rmsznet.com/video/d316534.html.
[2] 全民阅读 | 第十九次全国国民阅读调查成果发布 https：//www.aisoutu.com/a/2558614.
[3] 2021 有声阅读产业调查：有声阅读促进全民阅读获高度认可，社会价值愈发显著 https：//new.qq.com/omn/20220428/20220428A09JOG00.html.

12月，免费阅读活跃用户规模达到1.52亿，月人均时长达到863.2分钟。从移动阅读的整体市场来看，免费阅读付费平台活跃用户规模增幅显著。其中，2021年12月，番茄免费小说活跃用户规模较上一年同期增长51.4%；远远领先于第二名的七猫免费小说的16.8%，主要得益于字节跳动旗下的今日头条和抖音等平台带来的庞大流量。免费阅读平台竞争加剧，移动阅读平台市场格局发生新变化。2021年10月，七猫文化与纵横中文网合并，双方在作品资源和平台流量等方面实现优势互补。2021年，阅文集团在免费平台方面加大布局，2021年初上线昆仑中文网，为进一步扩充版权资源的多样化，为其版权业务增加了更加丰富后续资源储备。字节跳动在免费小说站稳脚跟、占据领先优势后，开始涉足付费阅读市场，2021年11月，字节跳动旗下臻鼎科技上线"久读小说"和"常读小说"两个付费阅读平台①。同时，以短剧为着力点，依托抖音平台流量，在IP开发方面发力。2021年初，阅文集团成立"IP增值中心"，一方面提升IP企划和设计能力，另一方面，积极开拓IP运营新路径，进军IP衍生品开发领域，建全IP线上线下产品体系，以更加深入地融入用户生活场景，为其全球IP授权市场长远布局打下基础②。

（二）移动游戏

2021年以来，移动游戏领域规范化进一步加强，未成年人保护和防沉迷工作成为首要任务。2021年8月，国家新闻出版署印发《关于进一步严格管理切实防止未成年人防沉迷网络游戏的通知》，对未成年人网络游戏防沉迷工作提出明确的标准、要求，进一步明确主体责任，严格管理措施。9月，中宣部发布《关于开展文娱领域综合治理工作的通知》，开展包括游戏等领域在内的专项整治工作，强化游戏内容审核把关。2021年，游戏产业持续深入推进侧结构性改革，2021年发放了755个游戏版号，较上一年的2020年的1 405个减少将近一半。2021年，中国游戏市场营销收入持续增长，达2 965.13亿元。其中，我国移动游戏市场实际销售收入达2 255.38亿元，占比为76.06%，在我国游

---

① QuestMobile2021中国移动互联网年度大报告 https://www.thepaper.cn/newsDetail_forward_16803739.

② 阅文集团"IP生态链"实践提速从单一下注到多点开花 https://www.163.com/dy/article/GID-VJIST0511BTOQ.html.

戏产业中占据绝对主导地位。从移动游戏的产品题材类型来看，2021年移动游戏收入排名前100名产品中，收入最高的前三名题材类型分别是玄幻/魔幻、文化融合题材和现代题材，占比分别为22.12%、15.82%和15.81%；题材类型占比最高前三名分别是玄幻/魔幻、弱题材和历史题材，占比分别为29%、18%和13%。从移动游戏细分市场来看，2021年中国移动游戏排名前100的产品中，角色扮演类游戏占比近五分之一，达19.56%，MOBA（多人在线战术竞技）类游戏占比为14.95%；射击类游戏占比为14.07%。值得一提的是，近年来游戏企业对二次元题材和产品的持续开发投入，对二次元市场起到了积极的带动作用，表现出良好的发展势头。2021年，中国二次元移动游戏市场收入达284.25亿元，同比增长27.43%。移动休闲游戏也呈现出稳定增长态势。2021年，中国移动休闲游戏收入为346.53元，其中，广告变现收入占据将近80%，达277.09亿元。2021年，我国移动游戏用户规模达6.56亿人。数据显示，MOBA是占用户游戏时长最多的游戏类型，占比达到38.9%，其次为飞行射击类游戏为12.9%，策略游戏用户时长增长显著，占比达到7.2%，较上一年增长4.2%。

2021年，游戏企业对移动游戏的自创IP打造和运营更加重视，着力延长自创游戏IP的生命周期，在2021年收入前100名的移动游戏产品IP类型数量占比中，自创IP数量占比达到41%[①]。

2021年，移动游戏加快出海步伐，积极开拓海外市场，输出国家和地区明显增长，出海产品类型更加多元。2021年，中国自主研发移动游戏海外重点地区中，美国市场占比收入仍然最高，达32.5%，其次为日本和韩国，三者合计贡献了中国自研移动游戏出海收入近六成。在2021年美国游戏榜Google Play Store TOP500显示，在免费榜中，中国游戏占比为9.4%；在畅销榜中，中国游戏占比达26%[②]。

（三）移动音乐

据易观数据显示，2021年我国移动音乐用户规模持续明显增长。2021年

[①] 2021年中国游戏产业报告（全文）https://www.sohu.com/a/509131223_120840.
[②] 2021中国移动游戏出海年度报告（附下载）_ https://www.163.com/dy/article/H6MQ7EA605526SET.html.

12月,手机网络音乐用户规模预计达6.89亿人,较上一年增长5%[①]。过去一年来,我国移动音乐市场格局发生较大变化,有退出者也有入局者。年初,虾米音乐宣布关停,标志着长期以来虾米、腾讯音乐和网易云音乐在中国移动音乐市场的"三足鼎立"格局的终结。5月,快手上线了原创音乐社区App"小森唱"。字节跳动旗下抖音实现"音乐品牌化",在2021年上线了音乐播放器功能,并在音乐领域悄然布局。2021年,腾讯音乐加大音乐生态布局。通过建立原创音乐内容制作体系,持续在音乐内容上保持优势。据腾讯音乐2021年财报显示,腾讯音乐全年总营收达312.4亿元,较上一年同比增长7.2%。其中,在线音乐订阅收入达73.3亿元,同比增长31.9%。特别是2021年第四季度,腾讯音乐在线音乐付费用户数量突破新高,达7620万。虽然腾讯音乐在付费订阅业务上实现了增长,但因取消独家版权,对其业务带来不小的影响。2021年8月,腾讯音乐按照有关部门责令整改、建立良好市场竞争秩序,宣布解除独家音乐版权,终结了其推行近十年的独家版权模式[②],中小型音乐平台将迎来发展空间。然而,腾讯音乐的领先地位一时之间仍然难以动摇,2021年用户规模仍然呈现稳中有升态势,在用户规模上位居行业第一。

过去一年来,大型音乐平台加大对原创音乐的扶持力度,腾讯音乐从艺人孵化、激励机制、演出舞台、版权保护、职业培训、国内外宣传推广等方面建立多维度音乐人服务体系。2021年7月,腾讯音乐将旗下的音乐人才培养平台升级为"TME音乐学堂",通过并通过校企合作、行业公开课等方式健全音乐人才培养机制;9月,腾讯音乐升级"亿元激励计划",推出"自制唱片合作模式",邀约音乐人参与平台自有歌曲的制作,音乐平台与音乐人共同进行作品创作并进行收益分成[③]。同时,腾讯音乐依托腾讯较为成熟完备数字内容生态体系,与游戏、动漫、文学等版块深化IP合作,在2021年制作和发布117首原创歌曲,在第四季度为其平台带来数亿的流媒体播放量。

在2021年下半年音乐版权开放后,网易云音乐加大音乐公司的版权合作力度。8月,与华纳音乐集团达成直接协议,加上环球音乐、索尼音乐两家公

---

① 2022年中国在线音乐市场年度综合分析 https://www.analysys.cn/article/detail/20020398.
② 腾讯音乐放弃独家版权!多年的音乐版权之争终于落幕? https://www.sohu.com/a/487119107_121123896.
③ 腾讯音乐人亿元激励计划4.0重磅升级全新举措助力音乐人收获"月亮与便士" http://science.china.com.cn/2021-09/16/content_41676034.htm.

司，意味着其与世界三大唱片公司均拥有直接数字分销合约。网易云音乐在原创音乐人方面具有突出优势。截至2021年底，网易云音乐平台入驻独立音乐人数量已超过40万。2021年，网易云音乐进一步健全音乐人扶持服务体系，优化原创内容生态。面向全国音乐人征集原创作品，为优质音乐提供长线推广计划；成立音乐人训练班、上线一站式音乐交易平台，加大对音乐人的流量和收益激励，将平台广告收入也纳入分成。

  过去一年来，用户的个性化、分众化、社交化、多场景音乐需求日益凸显，音乐平台更加注重通过优化产品功能，提升用户体验。同时也带动移动音乐平台市场的进一步细分，也让一些新兴音乐平台找到了发展机会。如波点音乐作为在2020年底新上线的音乐应用，是面向年轻人的潮流音乐平台，强调听歌氛围感，以音乐与情绪的匹配、在音乐中寻求共鸣为切入点，通过"音乐话题广场""音乐可视化制作"等功能，提高用户的交互感和参与感。因为这些特点，波点音乐上线仅一年多，就在活跃用户和用户黏性方面取得优异表现，成为移动音乐当之无愧的黑马。2021年第二季度，波点音乐的活跃人数涨幅高达300%，第三季度则继续保持着238%的高幅增长。网易云音乐也在2021年强化了平台的社交属性，如在"云圈"增加了群聊功能，音乐人则可以在自己作品的评论区分享自己创作的心路历程，拉近了用户与音乐之间的距离，基于每个人的属地、听歌习惯、类型偏好、消费行为等数据，向用户发放"村民证"作为专属身份标签，加强了用户对平台的归属感和忠诚度。

  可以看到，移动音乐市场竞争重点已发生转变，逐渐从音乐版权竞争，转向音乐人扶持和产品用户体验提升。

（四）移动音频

  2021年以来，"耳朵经济"持续蓬勃发展。因伴随性强和多场景共存的特点，人们音频消费需求日益旺盛。据易观国际数据显示，2021年我国在线音频行业用户规模达5.93亿人，同比增长7.8%。2021年3月以来，我国在线音频市场月活跃人数稳定在3亿人次，并在2021年8月达到高峰，月活跃用户达3.29亿人次。同时，音频用户的黏性持续增长，人均每天收听1.89小时，打开相关平台3次，上下班高峰时段和午间是人们主要的音频使用阶段[①]，其中18—20点之间使用音频占到70%；7—8点之间占68.2%，12—14点占50.7%。用户对喜马拉雅、蜻蜓FM、懒人畅听的认知度最高，同时这三家平台也是目前使用人数最多的音频平台。其中，使用喜马拉雅的用户最多，占比为63%，使用懒人畅听的用户数量紧随其后，占比为62.7%，使用蜻蜓FM的用户占比为60.6%。

过去一年来，用户音频付费意愿进一步养成，人均付费56.1元，其中，为音频付费50元以内的用户占17.6%，付费50—100元的用户占到18.3%。音频平台加快构建全场景消费生态，其中，播客成为重要竞争赛道。荔枝推出"荔枝播客"App，百度上线了播客App"随声"，腾讯进行播客平台"播动"内测。

除了播客外，音频平台还在车载网、可穿戴设备、智能家居等场景积极布局，着力构建全场景消费生态。如喜马拉雅与特斯拉中国、奔驰、宝马等70余个汽车厂商合作，提供车载音频内容；云听打造车载端音频软件——"云听车机版"；蜻蜓FM与KCOFFEE、TIMES等咖啡品牌打造线下和主题咖啡店与主题餐厅，拓展新消费场景。据喜马拉雅招股书显示，2021年平均月活跃用户达2.68亿，其中，移动端平均月活用户为1.2亿，在规模上已经超过很多超级App。值得一提的是，喜马拉雅的月活用户构成中，移动端的用户占比约45%，物联网平台和其他智能终端占55%，物联网和第三方平台的月活用户在已达到了1.52亿。表明音频市场正在从以手机为主的移动终端，向智能家居、智能音箱和车联网等多元化的终端拓展，触达更多用户和场景[②]。

2021年音频领域资本市场热烈。2021年9月，喜马拉雅向港交所提交上市申请，6月蜻蜓FM获得F轮融资，11月又获得新一轮融资。

（五）移动视频

2021年以来，我国网络视频发展持续迅猛发展势头。特别是新冠肺炎疫情防控常态化背景下，视频成为人们重要的休闲娱乐方式，在抢占人们时间方面

[①] 2022年中国音频行业产品洞察分析-易观分析 https：//www.analysys.cn/article/detail/20020413.
[②] 喜马拉雅更新港股招股书 2021 财年营收同比增长 43.7% http：//www.jjckb.cn/2022 - 03/29/c_1310534705.htm.

表现出强劲优势。其中,短视频持续快速发展,与各个领域加速融合。截至2021年12月,我国网络视频用户规模达9.75亿,用户使用率为94.5%,其中短视频用户规模达9.34亿,用户使用率为90.5%。

2021年,电商直播、游戏直播、体育赛事等网络直播领域保持较高热度,网络直播仍处于快速发展阶段。截至2021年底,我国网络直播用户规模达7.03亿人,网民使用率为68.2%。其中,2021年电商直播用户规模为4.64亿,占整体网民的44.9%,意味着有接近半数的网民观看过电商直播,或通过电商直播进行消费。电商直播在助力乡村振兴中也发挥了重要作用,拉动农产品销售,有力破解农村就业纾困难题,提升农民收入。2021年1月至10月,快手超过4.2亿个农产品订单经由直播电商从农村发往全国各地,农产品销售额和订单量与2020年同期相比,分别增长了88%和99%[①]。

2021年,北京冬奥会、中超联赛、美洲杯等国内外重大赛事,让体育直播取得亮眼表现。特别是5G、转播云、人工智能合成视频、实时动作追踪与捕捉等技术应用,大大提升了体育直播的现场感。体育赛事解说直播、运动员赛后直播、"一起看"等模式,让用户的参与感大大提升,也进一步提升了体育直播对用户的吸引力。

2021年,移动视频领域头部企业竞争持续激烈,马太效应持续明显。在综合类视频平台中,腾讯视频、爱奇艺、优酷、芒果TV居于行业头部位置,市场加速竞合。一方面,通过独播内容和自制内容,培育会员用户,抢占市场份额。另一方面,优化用户服务和管理体系,实施更灵活的定价策略,提升会员价格,加速内容流量变现。

过去一年来,在国家加强文娱领域治理、整治"饭圈"乱象,构建良好网络生态环境的影响下,网络视频平台精品意识进一步提升,扩大优质网络视频内容供给,有力推进了网络视频内容质量的提高。2021年,电视剧备案数量下降,网络剧备案数量上升,网络自制剧已成为各视频平台布局重点。2021年网络剧备案数量大幅提升,1—10月,规划过审的网络剧共972部,较2020年同期上升11.98%。在内容方面,现实主义题材剧目增长显著,整体占比超过50%。同时,各大平台通过深耕垂直细分市场,推动剧场化运营模式,积极推

---

① 视听新业态发展趋势分析 | 短视频 | 新业态 https://xw.qq.com/cmsid/20220511A02D5P00?pgv_ref=baidutw。

动网络剧的类型化发展，以吸引不同爱好的受众群体，悬疑、心理、新女性等题材成为当前网络剧的热门题材。爱奇艺、优酷、芒果TV等平台都将悬疑剧、心理剧作为布局重点。通过深化剧场化运营，打造特色优势，放大品牌效应。同时，在网络剧的集数上更加满足当前人们的快节奏心理，短剧集成为视频平台重点方向。以2021年10月为例，过审的12集和24集网络剧的占比合计达到57.3%。各家平台除了通过深耕剧场化模式，满足不同圈层用户需求，还在"季播剧""IP运营"等模式积极探索。如芒果剧场的"季风剧场"，以"台网联动"的"季播剧"模式形成了区别于其他视频平台的品牌标签[①]。

过去一年以来，短视频领域的竞争仍然集中于抖音和快手之间。据数据显示，过去一年来，短视频平台用户规模较前几年的高速增长明显趋于平缓，但仍处于平稳增长态势。据Questmobile数据显示，2021年12月，抖音和快手的月活跃用户分别为6.72亿和4.11亿，抖音在用户活跃度方面仍稍胜一筹。过去一年来，通过"短视频+直播"，短视频在本地生活、知识付费、传统文化传播等领域，短视频加速与人们生活融合，深度融入各个领域，更多地抢占人们的时间。

三、年度影响移动出版产业发展的重要事件

（一）《中华人民共和国数据安全法》《关键信息基础设施安全保护条例》《中华人民共和国个人信息保护法》等法律法规正式实施，网络空间安全保障进一步夯实

自2021年6月，《中华人民共和国数据安全法》《关键信息基础设施安全保护条例》《中华人民共和国个人信息保护法》相继实施，健全了移动互联网发展的制度基础，为移动出版健康发展提供了更加坚实的法律依据和行为规范，推动移动出版的治理体系和治理能力建设。

---

① 2021年中国数字文化娱乐产业年度综合分析-易观分析 https://www.analysys.cn/article/detail/20020349.

（二）《关于平台经济领域的反垄断指南》印发，促进移动出版构建良好市场秩序

2021年2月，国务院反垄断委员会印发《关于平台经济领域的反垄断指南》，促进移动出版构建良性市场竞争秩序，激发市场创新创造活力，维护市场各方利益。

（三）中办、国办印发《关于加强网络文明建设的意见》

2021年，国家围绕净化网络生态空间，部署开展了一系列专项行动。10月，中办、国办印发《关于加强网络文明建设的意见》，对网络文明建设提供了依循，也为移动出版高质量发展指明了方向，提出了要求。

（四）国家新闻出版署印发《关于进一步严格管理切实防止未成年人沉迷网络游戏的通知》

2021年8月，《关于进一步严格管理切实防止未成年人沉迷网络游戏的通知》印发，针对防止未成年人沉迷网络游戏，强化严格管理措施，对向未成年人提供网络游戏服务的时间做出明确限制，严格落实网络游戏用户账号实名注册登录要求。

（五）"清朗·'饭圈'乱象整治""清朗·打击流量造假、黑公关、网络水军"等专项行动陆续开展

自2021年6月15日起，中央网信办针对网络"饭圈"的突出问题，围绕热门话题、粉丝社群、明星榜单及互动评论，开展清朗专项整治行动。重点整治"饭圈"粉丝互撕谩骂、挑动对立、侮辱诽谤、造谣攻击、恶意营销等行为。12月，网信办部署开展"清朗·打击流量造假、黑公关、网络水军"专项行动，针对流量造假、网络水军、黑公关等扰乱网络舆论环境、破坏公平竞争的行为进行集中整治，这是2021年系列清朗行动的最后一项。

（六）爱奇艺、腾讯视频、优酷等视频平台先后取消剧集超前点播

2021年10月，爱奇艺宣布取消剧集超前点播，并取消会员可见的内容宣传贴片，随后腾讯视频、优酷先后发布声明，取消剧集超前点播服务。

（七）短视频剪辑使用引发版权争议

2021年4月，70余家影视传媒公司发布联合声明，将针对利用各类公众账号生产运营者未经授权对影视作品内容进行剪辑、切条、搬运、传播等行为，发起集中、必要的法律维权行动，呼吁短视频平台和公众账号生产运营者要提升版权保护意识。6月，慈文传媒、华策影视、新丽传媒、正午阳光、柠檬影业等六家国内影视公司，再次针对影视版权的短视频剪辑涉及侵权的问题发表态度，呼吁尊重原创，尊重版权，构建文明网络环境。12月，中国网络视听节目服务协会发布《网络短视频内容审核标准细则》（2021），明确要求短视频节目未经授权不得擅自对影视剧目进行剪辑传播。

四、总结与展望

（一）加大精品内容建设，强化价值引领作用

移动互联网与人们的生活、学习、生活日益密不可分，成为信息、知识、文化的重要传播渠道，是人们获取精神文化生活的重要平台，在价值观念传递和舆论传播中发挥日益重要的作用。过去一年来，国家及有关部门加强网络文明建设，构建良好网络生态环境，移动出版是网络文明建设的重要组成部分，在人们需求日益旺盛多样化的同时，对内容品质提出了更高要求。移动阅读、移动游戏、音频、视频等领域，都将把精品内容建设放在首要位置，提升优质内容供给，注重价值引领，在弘扬社会主义核心价值观、传递中华优秀传统文化、满足人们高层次精神文化生活需求等方面发挥更大作用。同时，要分领域建立健全内容质量管理体系，研究制定内容质量评价标准，健全对移动出版的

内容把关、审阅、评价机制，构建移动出版内容质量保障体系，从而提升移动出版内容供给质量。

（二）健全版权保护机制，充分释放版权价值

过去一年来，在数字阅读、音乐、短视频等领域，针对音乐独家版权、短视频剪辑等问题，引发了行业广泛关注。随着《著作权法》的修订出台，数字内容领域的版权意识进一步提升，版权价值正在得到充分认识与肯定。健全版权保护机制的重要性和紧迫性日益凸显。一方面要创新数字版权保护手段，重点加强区块链技术在数字版权保护中的运用。基于区块链技术的唯一、不可篡改、可追溯等特性，加强区块链技术在数字版权确权、举证、交易结算、溯源验证等环节的运用，建立更加高效、有效的数字版权保护机制。同时，阅读、游戏、动漫、音乐、音频、视频、图片等领域，加快研究版权价值评价体系，根据不同领域的特点，研究版权价值评价标准，健全移动出版版权价值评估机制，充分发挥版权价值，壮大数字版权产业，构建更加规范有序、高效、可持续的数字版权生态。

（三）拓展服务场景，满足多元化需求

随着新冠肺炎疫情防控步入常态化，人们数字内容消费需求得到极大激发，消费习惯逐渐养成，同时对数字内容在供给方式、服务形式、消费场景等方面都提出了更多元化需求。元宇宙、剧本杀、云游戏等新业态的涌现，为移动出版带来了新的发展空间。一方面，需要对接新需求，瞄准新市场，在内容呈现新形式、服务新模式、传播新渠道等方面，进一步拓展经营思路，进一步做优存量，做大增量。另一方面，移动出版要加强与新技术、新业态、新模式的融合，在新的市场中延伸产业链条，特别是要把握5G环境下信息传播社交互性、可视化等新特点新趋势，持续拓展业务领域，打造消费新场景。

（作者单位：中国新闻出版研究院）

相关专题报告

材料现代研究方法

中国数字教育出版产业发展报告

唐世发　杨兴兵

2021年,在新冠肺炎疫情防控常态化状态下,在"双减政策"、《出版业"十四五"时期发展规划》的落实和人工智能技术的推动下,数字教育出版进入优化、融合和集中期,数字教育出版的风向标也顺势转变,教育信息化强调高质量资源,打通5G应用创新链、产业链、供应链,协同推动技术融合、产业融合、数据融合、标准融合;在线教育转向各类素质教育、职业教育、成人语言培训等赛道,正在探索新型产业生态和发展模式;教育出版朝着专业化、规范化和融合发展的方向上昂首前行,数字教育出版将发生如下变化:一方面将催生数字教育出版新的内容融合呈现方式和服务模式,另一方面也将促使教学硬件和终端的多元发展。

一、中国数字教育出版业发展环境分析

(一) 宏观发展环境分析

1. 政策环境分析

2021年是《出版业"十四五"时期发展规划》实施第一年,它制定了出版业高质量发展的9项措施,提出了39项重点工作任务和46项重大建设工程,对教育出版的数字化转型优化、融合发展和数字化发展战略高屋建瓴地提出新要求、作出新部署、确立新标准。

中共中央办公厅、国务院办公厅、教育部在2021年陆续发布了一系列指导政策:4月30日实施新修改的《中华人民共和国教育法》;7月,颁布"双

减"政策；9月1日实施新修订的《中华人民共和国民办教育促进法实施条例》，这些政策的颁布有力地推动着我国教育政策开始进行划时代的大变革。

教育出版作为教育服务的一部分，也将随着已颁布的各项政策在发展理念、发展规模、选题策划、知识服务和新产业链方面进行变革、转型和升级。各教育出版单位因势利导，在教育出版定位、主体内容、出版质量、服务机制、素质教育和家庭教育等方面进行相应的改变、确认、提升、创新、发展和转向以迎接新的发展机遇与挑战。

2. 经济环境分析

国际货币基金组织（IMF）报告指出，2021年中国经济增长率达到8.1%①，2022年中国经济工作稳字当头、稳中求进，增速会放缓，预计增长率为5.6%，30个省（市、自治区）中，有21个2022年GDP增速目标设置在6%及以上②。

2021年，我国教育信息化市场规模突破5 000亿元③，教育出版市场份额1 041亿元④，素质教育市场份额2 050亿元⑤。

2021年前三个季度，全国居民人均可支配收入为26 265元，增长了10.4%。其中城镇居民人均可支配收入为35 946元，增长了9.5%，农村居民人均可支配收入为13 726元，增长了11.6%；全国居民人均消费支出为17 275元，同期增长了15.8%。其中城镇居民人均消费支出为21 981元，增长了14.2%，农村居民人均消费支出为11 179元，增长了18.6%。在各种消费支出构成中，教育文化娱乐人均为1 867元，占比10.8%。⑥这些数据表明中国的经济环境整体向好。

---

① 追影也紫苑. IMF公布2021年全球经济增速预期，中国排名第二，第一名争议较大[EB/OL]. https：//www.163.com/dy/article/G1E36T910543OQHY.html.

② 中国产业经济信息网. 多地部署2022年经济工作扩大投资、科技创新成发力点[EB/OL]. http：//www.chinaidr.com/tradenews/2022-02/201979.html.

③ 搜狐自木号. 周报：2021年教育信息化市场规模将突破5 000亿元[EB/OL]. https：//www.sohu.com/a/400918280_120164561.

④ 开卷信息、中商产业研究院整理. 2021年中国图书行业市场规模及发展趋势预测分析[EB/OL]. https：//www.360kuai.com/pc/9aa65dc6126967da9?cota=4&kuai_so=1&tj_url=so_rec&sign=360_57c3bbd1&refer_scene=so_1.

⑤ 慧聪教育网. 早报：预计2021年我国素质教育的市场规模将达到2 050亿[EB/OL]. http：//www.edu.hc360.com/2021/0624/52469.html.

⑥ 国家统计局. 2021年前三季度居民收入和消费支出情况[EB/OL]. https：//finance.sina.com.cn/roll/2021-10-18/doc-iktzqtyu2054164.shtml.

3. 技术环境分析

2022年北京冬奥会一大看点就是 AI、VR、5G、8K、裸眼 3D 等各种高科技数字技术综合运用，科学地训练运动员、高清地转播赛事实况、便捷地支付冬奥商品，向全世界呈现了一场美轮美奂、精彩绝伦的冬奥会开幕式。

2021年5G、云计算、大数据、AI 等技术在社会生活中的常态化应用，加速了经济社会发展进入数字化时代。疫情防控常态化也推动了数字化转型，催生了新兴经济业态，数字化转型正成为未来几年我国国内经济发展的主要趋势。

腾讯研究院采访科学探索奖获奖人、权威专家、科技实验室的科学家和重点业务方向的专家，谈到2022年科技发力将在信息技术重塑、网络革命、智能世界和虚实共生领域长足发展，如云原生、AI、云网融合、云安全、量子计算等将重塑信息基础设施；星地协同智能化、能源互联网、复杂任务服务机器人与信息技术融合进行跨界创新；万物孪生、扩展现实将连通虚实世界创造更真实的世界和数字生产力。

4. 社会环境分析

2022年3月2日发布的第49次《中国互联网络发展状况统计报告》[①] 可以看出，截至2021年12月，互联网普及率达73%，网民规模达10.32亿；行政村已全面通宽带，城乡上网差距缩小，老年群体融入网络社会共享信息化发展成果，能完成健康码、行程卡购买生活用品和查找信息等操作；开通5G基站数达142.5万个，互联网用户规模平稳增长；在线办公用户和在线医疗用户规模增长较快，分别为4.69亿和2.98亿人，同比增长35.7%和38.7%。

(二) 微观发展现状分析

1. 市场发展现状

2021年，疫情防控常态化、"双减"政策、"十四五"规划和信息技术的综合影响，数字教育出版业呈现系列发展新动态。

在教育信息化领域，首先，教育教学方面利用国家数字教育资源平台优势，建立资源服务长效机制，通过应用"三个课堂"、中小学人工智能教育课

---

① 中国产业经济信息网. 第 49 次《中国互联网络发展状况统计报告》发布［EB/OL］. http：//www.cinic.org.cn/xw/tjsj/1249702.html.

程及 VR 实验资源等系列举措，形成在线优质资源与教学方式融合的全新格局；在新冠肺炎疫情防控常态化期间，国家中小学网络云平台各学段学科资源不断完善与丰富，提升了各学段教师备授课、在线教研和学生自主学习的水平，正逐步探索个性化教与学的途径；它也助力了边远地区教育信息化发展，缓解了区域教学水平发展不均衡；利用网络学习空间，进行教育成效多维评价改革；其次，教学创新方面，通过"一师一优课、一课一名师"、全国中小学生电脑制作等一系列创新活动，提升师生信息化素养；最后，在监管和规范方面，强化信息化监管，提高教育信息化管理效率和服务水平；推动"三个课堂"、在线教育等相关标准规范的研制、修改与完善。

在在线教育领域，2021 年上半年在线教育行业发展蒸蒸日上，行业发展呈现三个梯队：第一梯队以好未来、新东方为代表；第二梯队以猿辅导、作业帮、跟谁学为代表；第三梯队以字节跳动、网易为代表。2021 年下半年，"双减"政策得到全面实施，出台了一系列"新规"实施最强监管。在线教育行业自年初到年终，发生了一连串突发事件：1 月份，北京暂停所有线下教育培训机构并加强市场整顿；4 月份，学而思、高途课堂、新东方在线、高思四家校外教育培训机构因价格违法、虚假宣传等被顶格罚款 50 万元，高途集团超过 1 000 名员工被裁退；6 月份，因虚假宣传、欺诈，有 15 家校外的培训机构被顶格罚款；高考期间考生将数学高考题目拍照上传到小猿搜题 App，猿辅导身陷舆论旋涡中；作业帮大裁员，有的部门几乎一个人不留[①]，这些事件表明 K12 阶段在线教育发展大潮已退去。

在教育出版领域，2021 年下半年"双减"政策实施后，倡导学有余力的学生开展科普、文体、艺术、劳动、阅读、兴趣小组、社团活动的素质教育以及家庭教育，这些发展方向促使教育出版单位及时调整选题策划方向；同时，教育出版单位借"双减"之机，吸纳了一批教培行业中具有丰富产品实践经验的工程师加入教育出版行业，教育出版单位利用自身优质的资源，融合技术开发有特色的数字化在线教育平台和 App 产品，推动了传统教育出版单位向数字化、智能化方向转型、升级。同时，不断发展的阅读市场需求，推动了教育出版个性化发展。2021 年，全国国民阅读调查报告显示，家长重视亲子阅读，

---

① 张咏琴. 粉笔教育被曝裁员 7 000 人，数月前刚公布近 4 亿元融资[EB/OL]. https：//new.qq.com/omn/20210605/20210605A0AJYK00.html.

"双减"政策为孩子持续阅读提供了时间保障,孩子阅读能力不断提升,对学校阅读教育提出了更高要求,例如在北京,中小学学生下午3:30放学后,除了开展相关素养活动外,教师严格指导学生开展阅读活动,这些活动的开展,促使教育出版单位要策划迎合学生喜好的图书和优质课后读物,因此教育出版单位承担新时代背景下教育赋予教育出版单位的新重任。

2. 业务方向

2021年教育信息化开始迈向课堂教学变革,促进课堂教学环节与教学活动的创新变革。

表1 智慧教育典型企业业务方向

细分领域	典型公司	业务方向
智慧校园	腾讯云、华为云、阿里钉钉、佳发教育、全通教育、天喻信息、拓维信息、科大讯飞	涵盖校园生活、管理、教研、教学的方方面面。
智慧教室	腾讯云、华为云、阿里钉钉、天喻信息、佳发教育、全通教育、拓维信息、视源股份(希沃)、鸿合科技、科大讯飞、网龙	打造教学场景,注重教学支撑环境的建设。
智慧课堂	天喻信息、松鼠Ai、科大讯飞、山西寰烁科技	深入教学核心环节,智能化发力课堂关键场景;同时,打造基于资源创新教学模式的教育服务。

2021年在线教育企业受"双减"政策的影响开始转型,致力于STEAM素养类课程、职业教育、语言教育、课后托管服务等。

表2 在线教育企业转型发展方向

企业名称	业务转型方向
高途集团	新版App覆盖语言培训、大学生考试、公考、留学等多类型职业教育业务。
好未来	上线"彼芯"品牌,专注学生课后学习体验,尝试开拓课后托管市场。
猿辅导	推出AI互动内容+动手探究的STEAM科学教育产品"南瓜科学",探索向素质教育领域转型的道路。
新东方	逐步向素质教育课程培训转型,推出美术、乐高机器人等对学生全面发展、综合素质提升的课程。
豌豆思维	开拓美术、编程、口才与表达课程。

基于我国教育信息化长期规划、发展态势及2021年"双减"政策，随着技术与媒介的融合发展，展现出对数字教育资源的巨大目标需求，教育出版是数字资源目标需求的必由之路，既是教育发展对教育出版单位的外部期待，也是教育出版自身数字化转型的内在需求，在这种发展趋势下，2021年教育出版出现了一些创新发展：通过数字阅读、在线教育、短视频、网络直播等途径获取知识；通过社交、社群网络的发展出现知识的不同消费场景延展，重塑了数字教育内容生态链；视听内容与出版的融合提升了用户视觉体验；人工智能与教育出版的内容策划、创作、传播、市场、营销结合，实现了内容与不同终端场景的结合，满足了用户的个性化学习。

表3 数字教育出版企业业务发展方向

出版企业	业务方向
凤凰传媒	智慧教育、数字产品、数据中心、影视、职业教育
皖新传媒	文化消费、教育服务、现代物流、智慧教育"阅+"平台、智慧课堂
时代出版	教材教辅、数字教材、数字书刊、智能题库、教学素材
南方传媒	出版发行、数字教材应用平台、版权内容资源库和核心报刊、跨媒体经营
中国出版	图书、报纸、期刊、少儿教育
中国科传	教育图书、专业学科知识库、数字教育云服务、医疗健康大数据、数字业务产品、知识服务平台
中南传媒	出版发行、智慧教育、考试服务、增值产品与服务、IP运营
中文传媒	出版发行、在线教育平台、数字出版、影视剧生产、文化综合体
新华文轩	出版发行、阅读平台、智慧教育产品、教育装备、教育服务
长江传媒	教材教辅、图书、智慧学习、早教产品、长江中文网
中原传媒	数字出版、数字教育资源与产品、云书网电商平台、职教云学院
出版传媒	出版发行、教材教辅、鼎籍学堂智能教育平台、知识服务平台产品线
读者传媒	教材教辅、《读者》微信平台、数字出版和电子产品
中文在线	互联网图书、互联网教育出版物出版、手机出版
世纪天鸿	中小学生助学读物、中小学教学各个环节的数字化产品和相关教学、学习软件

3. 投融资情况

2021年中国教育信息化经费投入约3 687亿元；1—11月投资事件发生85

起,投资金额为 146.63 亿元;这些投资分布的城市及金额情况如下:北京 15 起、14.50 亿元,上海 4 起、0.80 亿元,深圳 1 起、1.30 亿元,广州 1 起、0.30 亿元,杭州 2 起、2.00 亿元,成都 2 起、0.13 亿元,武汉 1 起、0.03 亿元,西安 1 起、0.03 亿元。①

2021 年我国在线教育领域融资仅为 140.9 亿元人民币,同比上年下跌了 73.88%,职业教育、素质教育获得融资占比超过 70%。巨人教育、华尔街英语、东方优播等 25 家在线教育平台倒闭,幸存的企业开始纷纷转型,在上市企业业务分布百强榜中,早教类有 5 家、K12 有 9 家、素质教育类有 13 家、职业教育类有 28 家、高等教育类有 5 家、语言类有 10 家、综合类 9 家、教育服务商类 21 家。②

2021 年,疫情防控常态化和出版政策共同作用,教育出版业务发展速度也有所放缓,但基本上是平稳发展。

表 4　部分教育出版上市企业市值规模③

出版企业	市值（亿元）
凤凰传媒	205.88
皖新传媒	103.24
时代出版	40.31
南方传媒	76.69
中国出版	106.43
中国科传	69.72
中南传媒	171.88
中文传媒	167.49
新华文轩	93.18
长江传媒	64.93
中原传媒	76.94

---

① 教育部、智研咨询整理. 2021 年中国教育信息化经费投入及投融资情况分析：教育信息化市场投资金额已完成 146.63 亿元[EB/OL]. https://www.chyxx.com/industry/202112/989460.html.
② 手机中国. 2021 年在线教育"死亡"名单发布 25 家企业破产倒闭[EB/OL]. https://www.360kuai.com/pc/985062cdde1a9c7f9?cota=3&kuai_so=1&sign=360_7bc3b157.
③ Yumanqiu：2021 年中国传媒行业上市企业市值排行榜-上市传媒公司排名[EB/OL]. https://www.phb123.com/shenghuo/pinpai/60156.html.

(续表)

出版企业	市值（亿元）
出版传媒	38.56
读者传媒	31.56
中文在线	107.86
世纪天鸿	17.31

从上表可知，凤凰传媒市值最高超过 200 亿元，超过 100 亿元的有皖新传媒、中国出版、中南传媒、中文传媒、中文在线，唯一的民营出版业上市公司世纪天鸿也稳中发展，市值规模达到 17.31 亿元。

二、中国数字教育出版发展面临的问题和策略

（一）数字教育出版发展的问题

2021 年受"新冠反弹、'双减'、教育政策和出版管理新规"的影响，给数字教育出版业的发展带来了一定的负面影响。

1. 教育信息化存在的问题

学校网络初步成形，互联互通尚未实现，宽带尚未普及；数字资源初具规模、数量和质量不足，没有形成共建共享机制；单个业务系统较多，业务环节尚未全覆盖，信息孤岛问题突出；资金投入机制未形成，标准规范执行不到位；没有从根本上重视教育信息化的核心作用；管理部门权责划分不明晰，多方参与机制尚未形成；专职人员队伍建设不足，人员培训与服务体系尚未形成。

2. 在线教育存在乱象

在线教育企业为了吸引家长和让学生购买课程而不择手段，进行虚假宣传，收取昂贵课程费，师资水平表现良莠不齐，教学质量难尽人意，培训机构拿到钱就跑路，拿不到钱就不停向家长和学生宣传。

3. 教育出版困境

考试政策和"双减"政策的变化给教育出版发展带来多重变数：第一，取消中考考试说明，考试范围不确定，以致教辅内容靶向性低；第二，高考选科组合带来学生数量不定，导致出版数量不确定；第三，出版发行部门加大书号管理，书号需求矛盾凸显；第四，教材多版本和不断修订，导致教育产品不能满足不同区域产品需求；第五，由学科、课程、教材、教辅、教育服务构成的五位一体的精品内容生产体系不完善，仅靠新华书店作为发行渠道，销售模式单一；第六，随着翻转课堂和智慧课堂的出现，需要多样化的内容资源和个性化资源形式不能及时跟进。

（二）数字教育出版发展对策

1. 疫情防控常态化时期教育信息化发展举措

针对教育信息化发展过程存在的问题，需要从五个方面来发展教育信息化：一是加强教育信息化队伍建设，推动信息化课堂常态化开展，让师生成为受益者；二是完善校园网络建设，加强硬件设施建设，给每位学生配备终端以方便课堂互动、课下自主学习，同时做好护眼等管控；三是加强智慧课堂教育资源的共建、共享和创新应用，组织专家指导信息化课堂大赛与课堂创新，搭建学生个性化发展平台；四是加大教师信息化课堂教学培训力度，提高教学应用水平；五是对参与信息化课堂教学的教师进行考核、评优，在评职称时给予倾斜，同时引进专业信息化教育服务企业，在教学、资源制作、产品功能应用等方面给予支持与辅导，服务于课堂教学。

2. 政策管控下的在线教育发展策略

针对在线教育的"大地震"，很多在线教育龙头企业断臂求生，纷纷开始尝试转型：新东方直播带农货和开辟素质教育领域，学大教育开咖啡店，猿辅导投资羽绒服，好未来转向线下托管和考研、语言培训、留学领域，网易有道涉足编程、围棋，豆神教育转向美育教育，高途转向语言培训、公考、教资等职业教育领域等，这些转型策略只能给苟延残喘的中小学在线教育带来一丝迷茫的方向。随着中小学在线教育监管力量的继续落实，中小学在线教育在线教育行业不正当发展正逐渐趋于理性，正日趋回归"教育本源"，为了中小学在线教育在线教育行业健康和理性发展，因此，需要多方人士积极参与、贡献智慧，重塑中小学在线教育发展新格局和新高度。

3. "双减政策"后的教育出版破局

在"双减"政策和出版部门监管政策的指引下，教育出版单位应该主动调整出版结构、重新策划内容主题、提升出版质量、控制发展规模和增强风险意识，狠抓印刷和发行，围绕"学科、课程、教材、教辅、教育服务"五项核心进行融合，培养复合型人才，满足用户个性化服务需求，完善出版、发行、销售、服务和人才复合型的体系，加强技术与出版的融合、整合外部营销与渠道资源，使教育产品形成体系化、专业化、结构化的新格局，强化产品运营和服务意识，打造教育出版生态富内涵、新型产业链独特、完善和可操控性强的商业模式，形成新形势下教育出版发展的新生态体系。

三、中国数字教育出版产业发展趋势

在当前科技创新、"双减"政策和疫情防控常态化的影响下，给各行业发展带来了重重现实挑战。重视科技的融合、创新应用将推动着各行业的发展进步，改变着人们的思维、生活、生产和学习方式，在线办公、在线学习、在线医疗已经成为新常态。教育出版的发展模式也将发生重大改变，迎来了全新发展的春天。因此，教育出版要因势利导、把握政策，加强内容和技术的融合，提升教育出版的质量，强化教育出版服务意识与互联网运营思维，走融合发展的创新型、集约化道路。

（一）把握政策注重内容与技术融合，走融合发展的道路

2020年初至今，新冠肺炎疫情影响持续不断，很多教育出版单位响应国家"停课不停学"的号召，进一步汇集资源、完善学科并免费开放了数字资源和在线学习平台，积累了很多用户和流量，提升了教育出版单位在家长和师生中的影响力。然而，这种做法并没有给教育出版单位带来收益，如今很多出版单位的收益都来源于线下纸质出版物，如何将这么多的用户和流量转化为收益，给出版单位的发展带来困惑和疑虑。

教育部已经出台初高中学业水平考试、综合素质评价和招生考试制度改革政策，一大批非考试科目课程纳入学业水平考试科目，这些学科考察注重过程性评价和终结性专项技能测试两部分内容，后者采用上机测试形式，因此，出版单位可以开发集题库、考务、考试、过程性评价和成绩分析为一体的考试综合服务平台，提供考试、组卷和成绩报告服务来适应国家的教育政策需求。有两家教育出版单位的发展经验值得借鉴：湖南教育出版社利用贝壳网和本地市场优势，整合教师和优质数字资源，形成数字资源、在线备课、教研、直播、题库等产品体系，同时，提供专业教育出版服务，用户可以通过纸书和多终端获取资源，因此，贝壳网发展迅速；同时，大象出版社面向初中、高中、资格考试用户等打造测评统计分析服务系统，实现主客观试题在线批改，提供数据分析报告、考情分析报告、成绩报告、错题本和成长趋势报告的服务，赢得了专业服务领域的教育出版市场。

（二）技术赋能出版内容，提供高质量出版服务

国家"'十四五'规划和2035远景目标"明确提出要发挥在线教育的优势，建设高质量的在线教育体系，因此教育出版单位要充分理解政策内容，发挥自身优质数字内容资源优势，加强技术与内容资源的融合，制定相关产品行业标准，打造基于内容资源的在线学习平台，面向全国全体师生开设全学科课程、实践类课程、教学研究、教师培训、课题研究、一对一在线等业务服务，同时提升教育服务和互联网运营思维意识，衍生创新产品的产业链体系、塑造新的出版体系和产业格局。教育出版与学校多年打交道，对教育教学有着深刻的理解，教育出版单位利用自身优质内容优势、策划平台，打造创新型服务与教育教学的精准产品。

（三）把握形势切中重点，进行以点带面的多维发展

在新冠肺炎疫情防控常态化的社会形势下，在线教育得以飞速发展，师生居家期间，开展线上教学已为必然。在线教育建设涉及资源建设和在线各种教育活动，就其难度而言，在线教研活动是比较容易也是在线教育重点的一个切入点。通过构建线上不同学段教师社区，面向不同类型教师用户，提供课程进修、教学实践分享、课题研究等服务，不受地域、时空限制开展各种教研活

动，众多教师不仅能获取资源、收获成长，衍生其他迫切需求，而且也减少教育出版资源审核压力，带动数字教育出版多维度发展。

（四）建立优质资源共建积分机制、打造区域发展新示范

教育出版单位注重优质资源的开发，打造内容资源不同产品的 IP，将在线教育中的"个性、开放、协同、融合"等理念融入教育出版，强化互联网思维和教育服务意识，构建在线教研与内容生成的生态型在线教师社区（群），共建教研需要的个性化优质内容资源需求，同时，建立优质资源建设奖励积分机制，给参与资源建设的教师用户给与一定的物质奖励和荣誉激励，获得一定量积分去商城兑换相应的礼品，通过这样不同类型的在线教研活动，一方面增加教师社区（群）的活跃度，另一方面保证为出版单位源源不断地共建优质资源，出版单位事先制定平台运营规则，保证生产的资源内容与生产用户的精准匹配，促进优质资源良性流动与传播，实现资源运营的拉新和留存，从而促进新时代背景下教育出版生态圈格局的全新发展，实现社会赋予教育出版的重任。

（作者单位：北京世元科技有限公司）

中国数字出版标准化年度报告

陈 磊

一、行业背景

（一）完善顶层设计，有力服务出版业高质量发展

近些年，我国新闻出版标准化工作不断发展，对出版业转型升级和融合发展形成了巨大推动力。主要表现在以下两个方面。

一是谋划合理、工作平稳，对出版业有序发展产生较强内驱推动力。经过若干年的建设布局，出版业已经设立了4个国家级标准化技术委员会、1个行业级标准化技术委员会，制定并发布了国家标准共计100余项、行业标准300余项，同时建立了近200家标准化试点，打造了基地集群，形成了对新闻出版、信息、印刷、发行、版权的出版全领域覆盖，标准化工作基本实现了全领域、全链条、规范化运行，有力支持了出版业高质量发展。以4家国家级标准化技术委员会为例，已全部进入国家标准化管理委员会下属专项行业序列，并获得相应的技术委员会编号，标委会各司其职，定位日渐明确，有条不紊推进标准化建设，形成了分工细作的工作局面。全国新闻出版标准化技术委员会（以下简称"出版标委会"）编号SAC/TC 527，归口管理书、报、刊、音像电子出版物、数字出版物、网络出版物领域的标准制修订工作；全国新闻出版信息标准化技术委员会（以下简称"信标委"）编号SAC/TC 553，主要负责出版专业领域信息化国家标准制修订工作；全国印刷标准化技术委员会编号SAC/TC 170，归口管理全国印刷技术领域标准制修订工作；全国出版物发行标准化

技术委员会编号 SAC/TC 505，归口全国出版物发行标准化技术工作。这些标委会历经多年的行业深耕，终于使现在的出版标准化工作呈现出积极健康的主动态势。

二是树立行业标杆，带动标准化工作高位高效运行，助力推动出版业高质量发展。党中央、国务院下发的《关于推动高质量发展的意见》，明确要求加快形成推动高质量发展的标准体系。在此背景下，2021 年国家新闻出版署开展了关于出版业科技与标准创新示范项目试点工作。示范项目分为优秀成果类与示范单位类两个类别。优秀成果类主要是面向行业征集人工智能、大数据、云计算、虚拟现实等新媒体技术在出版领域成功运用的科技创新成果和标准创新成果，示范单位类则分为两种，一种是通过各类前沿新技术运用，对促进行业转型和融合发展成效明显，具有较强的示范作用的单位，另一种则是通过开展新技术、新形态等方面的重点标准应用，对提高产品和服务水平、促进行业高质量发展等方面成效明显，具有示范效应的单位。这个评选在行业内属于首次，大量单位参与遴选，极大提升了有关单位技术创新和标准应用的积极性。最终，新闻出版知识服务系列国家标准、《有声读物》行业标准和《数字版权唯一标识符》行业标准共 3 项标准获评标准创新成果，出版业用户行为大数据分析与应用重点实验室、河南教育电子音像出版社有限责任公司、中国建筑出版传媒有限公司和中新金桥数字科技（北京）有限公司 4 家单位获评标准应用示范单位。面对新形势新任务新挑战，出版标准化领域积极进取，善于运用新思路、新思想，实施新举措，谋求新发展，有力提升了出版业标准化、规范化、数字化、融合化水平，为出版行业的高质量发展提供了重要的支撑力和推动力。

（二）团标标准工作顺畅开展，实现对行业标准化的系统基础支撑

近年来，团体标准事业发展迅猛，成为出版标准体系创新驱动的发展新动力，行业形成了团体标准、行业标准、国家标准和国际标准的完整标准运行框架，为构建充满活力的出版标准化工作体系打下了良好的基础。早在 2015 年国务院发布的《关于促进市场公平竞争维护市场正常秩序的若干意见》（国发〔2014〕20 号）中就提出："发挥行业协会商会的自律作用。推动行业协会商会建立健全行业经营自律规范、自律公约和职业道德准则，规范会员行为。"鼓励行业协会商会制定发布产品和服务标准，参与制定国家标准、行业规划和

政策法规。团体标准是通过市场机制产生的标准，团体标准制定主体天然具有自发性、主动性和利益一致性，因此充分考虑市场的需求，强化市场在标准化和创新中的作用，对于搭建自愿性标准体系，进一步带动我国标准化管理改革有着重大意义。中国音像与数字出版协会作为行业协会，是全国从事音像与数字出版行业生产经营的企事业单位及个人自愿结成的唯一的全国性音像与数字出版行业组织，该协会充分利用这一优势，积极组织制定团体标准，近几年保持了稳定的标准产出。2021年，共颁布了3项出版团体标准，分别为《游戏版权维权指引》（T/CADPA 15—2021）、《游戏音频设计与开发流程》（T/CADPA 16—2021）和《数字化教育资源评价》（T/CADPA 17—2021）。

团体标准的基础来自行业相关各利益方利益的一致性，通常以具备行业代表的联盟为特征，联盟中共享资源或业务行为，共享知识和技能，共同分担风险，实现组织成员之间的相互学习和技术创新。中国音像与数字出版协会紧紧抓住了这一切入点，成立了中国音像与数字出版协会团体标准化技术委员会并组建了秘书处负责具体工作，出台了秘书处工作细则，使出版团体标准的制定更加制度化、规范化、体系化，工作更加高效有序，取得了很好的效果。

2021年下半年，经中国音像与数字出版协会团体标准化技术委员批准，共设立了8项团体标准，分别为《基础教育视频教学资源格式》《基于HTML5的基础教育交互教学资源格式》《电子竞技标准体系指南》《游戏分发与推广基本要求》《电子竞技赛事保障体系参考架构》《智能制造知识服务平台建设》《智能制造知识资源建库规范》和《面向智能制造专业领域的多模态内容资源一致化知识标引》。这些立项标准具有以下两个特征，一是坚定践行习近平总书记的"四个面向"，实现了对科技前沿领域的探索。以往团体标准立项方向过于集中于传统数字出版模式下的产业环节，对尚没有大范围应用于出版行业的新技术、新科技不敢涉足，没有充分发挥出标准的带动引领作用。从此次立项标准题目看，不但有面向媒体产业新兴分支的电子竞技，而且有符合《中国制造2025》方向智能制造方面的选题，能够站在国家发展战略层面引导团体标准立项方向，是一个极为可喜的动向。二是标准牵头主持单位体现了广泛参与性。立项的团体标准中清华大学出版社牵头3项，人民教育出版社牵头2项，人教数字出版公司、中国传媒大学及北京版信通技术有限公司各牵头1项，既有行业头部出版单位，也有大学等学术机构、社会面民营公司，大幅提升了标准参与度、适用面。

二、数字出版标准化现状

（一）标准化战线捷报频传，成绩斐然

2021年，数字出版领域标准制修订工作取得了丰硕成果，全年共获发布5项国家标准，6项行业标准。5项国家标准为《数字版权保护可信计数技术规范》（GB/T 40949—2021）、《数字版权保护版权资源加密与封装》（GB/T 40953—2021）、《期刊文章标签集》（GB/T 40959—2021）、《数字版权保护版权资源标识与描述》（GB/T 40985—2021）和《新闻出版知识服务知识对象标识符（KOI）》（GB/T 40989—2021）。6项行业标准为《知识关联服务编码KLS》（CY/T 236—2021）、《信息内容通用位置标识符》（CY/T 237—2021）、《ISLI服务编码和ISLI编码申请管理》（CY/T 238—2021）、《ISLI数据质量检测》（CY/T 239—2021）、《ISLI与CNONIX数据互通》（CY/T 240—2021）和《数字印刷书刊印制信息交换规范》（CY/T 246—2021）。国家标准无论在数量上还是在行业标准的比例上，2021年均大幅上升，说明该年度数字出版标准化工作质与量并存，成果显著。

2021年，共有3项国家标准、5项行业标准获批立项，1项国家标准获批启动修订。获批立项的国家标准为《数字教材中小学数字教材质量要求和检测方法》《数字教材中小学数字教材出版基本流程》和《数字教材中小学数字教材元数据》，1项修订国标为《声像节目数字出版物技术要求及检测方法》（GB/T 33665—2017），全部由出版标委会归口。国家标准虽然立项并不算少，但其实2021年度出版标委会共提交了《新闻出版知识服务知识本体建设流程》《新闻出版知识服务知识体系建设与应用》《学术出版规范期刊学术不端行为界定》《学术出版规范中文译著》等13项国家标准提案，说明国家标准立项审查程序较为严格，立项标准必须秉持高质量原则，今后出版标委会还将会把学术出版系列的多项标准汇总为一项标准再次申报。获批立项的行业标准为《中小学数字教材管理与服务平台建设要求》《数字教育资源评价指南》《网络游戏

防沉迷实名认证技术要求》《移动互联网音乐超高清音质技术要求》和《网络游戏术语》，行业标准立项数量虽然不多，但范围涉及数字教材、网络游戏、网络音乐等众多数字出版热门领域，说明数字出版标准化工作已在各个领域全面落地开花。

（二）坚持"两个毫不动摇"，适当兼顾民营成分参与标准化工作

习近平总书记站在历史和时代的高度，在十九大报告中明确指出："毫不动摇巩固和发展公有制经济，毫不动摇鼓励、支持、引导非公有制经济发展。"坚持和发展公有制的同时也要支持和鼓励民营经济的发展。出版标准化领域的工作也扎实地体现了总书记的这一精神理念。首先，表现为民营成分参与标准起草的活跃度较高。如2021年立项由人教数字出版公司牵头的团体标准《基于HTML5的基础教育交互教学资源格式》，就吸收了民营背景的上海睿泰企业管理集团有限公司和北京迪生动画制作有限公司加入标准起草工作组。特别具有代表性的是民营成分的中新金桥数字科技（北京）有限公司，获评2021年出版业标准应用示范单位，既是对民营参与标准化工作的肯定，也客观上鼓励了更多民营单位能够投身到行业标准化的共建工作中来。其次，体现在标委会委员的征集上。如出版标委会第二届委员征集，为及时了解民营企业的标准化需求，发挥民营企业优势，促进民营企业参与标准制修订工作，吸收了一定比例来自民营企业的专家，这些民营企业如阿里巴巴、北京拓标卓越信息技术研究院、深圳市天朗时代科技有限公司等。

标准是促进科技成果转化为生产力的桥梁和纽带，也是促动产业升级和技术革新的有力抓手，标准化工作需要广泛吸纳各种掌握行业先进技术、先进理念和先进经验的各类企业和组织，只有全社会共同参与，形成行业合力，才能快速、合理、有效推进，使数字出版标准化工作更上一个台阶。

（三）抗疫不停工，标准社会化工作逆势上扬

2021年，标准化工作在疫情防控常态化的社会形势下，在国家新闻出版署的精心布局和安排下，相关工作不缩水，不打折扣，取得了疫情下的有效工作成果。表现在以下几个方面。

首先，完满完成全年标准培训宣贯工作。如出版标委会2021年6月间，在

山东省青岛市举办了"新闻出版行业标准化综合知识培训班",共招收了85名学员,主要为出版单位中高层管理者,涵盖57家出版单位,培训内容围绕新闻出版行业标准化发展专题,从新闻出版行业标准化整体情况、标准化相关政策、标准制修订基础知识、出版单位如何开展标准化工作等方面进行讲解,增强了管理者对标准化工作的认识,提升了管理者应用标准化手段强化管理、提升效率的能力。此外,该标委会还组织标准起草人完成了4项国家标准和5项行业标准宣传视频的录制。在出版标委会"第二届委员会成立大会"上,该标委会秘书处还组织了标准编写及审核培训,参加的人员比较踊跃,共有100多人参加,从侧面反映了行业对标准培训的期待。

其次,创新管理服务工作,设立行业科技与标准重点实验室。为更好发挥科技与标准的支撑、引领作用,国家新闻出版署决定建设一批高水平的出版业科技与标准重点实验室。2021年2月,公布了42家获批的重点实验室名单。其中出版标委会秘书处所在单位中国新闻出版研究院获批"出版业技术与标准应用重点实验室",信标委秘书处所在单位信息中心获批"新闻出版业高新技术应用综合实验室"。这些实验室的设立进一步增强了行业的标准实验验证能力和标准化落实服务能力,将有力助推出版业创新体系建设,增强标准化服务水平,提升出版业发展质量。

最后,持续跟踪国际标准化活动,增强我国在国际出版标准领域的话语权。2021年出版标委会积极跟踪与新闻出版相关的国际标准,并参加了国际标准化组织(ISO)信息与文献标准化技术委员会(TC46)第48届年会。今年由于疫情防控需要年会在线上举办。年会期间,出版标委会秘书处相关同志参加了SC9全体会议以及研究活动标识符(WG17)、国际标准内容标识符(WG18)等相关标准工作组会议。此次参会对全面了解国际标准的进展情况,加强与相关国际组织的合作和交流,具有重要的作用和意义。

(四)重点领域突破,中小学数字教材国家标准研制工作顺利报批

2017年以来,我国的教材建设、教育信息化和儿童青少年近视防控方面新政频出。国家教材政策出现重大调整,教育部教材局、国务院国家教材委员会等机构相继设立,教材建设工作也在2021年首次被提到"国家事权"的高度。国家新闻出版署、教育部、卫健委等8部委联合印发《综合防控儿童青少年近

视实施方案》；《儿童青少年学习用品近视防控卫生要求》（GB 40070—2021）强制性国家标准正式发布实施。在这一背景下，中小学数字教材的发展，需要制定满足教材建设管理、教育信息化内容供给和应用、中小学近视防控等方面新政策要求的系列标准，并实现新闻出版行业和教育行业之间的跨领域标准对接。

为此，出版标委会成功报批了中小学数字教材3项国家标准，《数字教材 中小学数字教材元数据》《数字教材 中小学数字教材质量要求和检测方法》和《数字教材 中小学数字教材出版基本流程》，这3项国家标准是在已有的中小学数字教材系列行业标准的基础上进行制定。通过近1年的艰苦研制，已于2021年末顺利完成标准报批。

三、存在的问题和对策建议

（一）数字教育出版领域的体系化标准建设亟待加强

我国数字出版标准化工作起步早、动作快，围绕数字出版全流程构建了相应的标准体系雏形并已初显成效，在指导出版业数字化转型和融合发展过程中发挥了重要的科技支撑和引领作用。但作为数字出版产业的核心分支，数字教育出版相关专业标准仍然存在诸多问题，日益凸显出标准制定滞后、不完善等各种问题，严重影响了数字教育出版领域的健康成长，制约了数字教育出版产业的高质量发展。集中表现在以下几个方面。

第一，现有标准基础较为薄弱。数字教育出版领域的相关标准制定工作从2014年启动至今，仅有6项相关行业标准出台，包括尚在制定中的《数字教育出版课程制作要求》（5部分）、《数字教材标准体系表》、《数字教育资源评价指南》、《中小学数字教材管理与服务平台建设要求》，虽然已有共计10项标准布局，但仍显不足。一是仍没有实现对教育出版领域的全覆盖，对高等教育出版、职业教育出版的规范性不够；二是已公布和研制中的标准大多数集中在中小学数字教材领域。因此，盘点标准家底，虽然填补了数字教育出版标准领域的各项空白，但距离行业全面实用、适用上仍有一定差距。

第二，基础定义有待系统梳理。与数字教育出版相关的定义较多，电子书、电子课本、电子书包、智媒体、数字教材、数据库等不下几十个，但是各定义的范围及定义间的交叉关联关系尚未体系化、系统化，亟待下工夫厘清。譬如，现有关于数字教材的定义，最早出现于《中小学数字教材加工规范》（CY/T 125—2015），修改成型于《中小学数字教材出版基本流程规范》（CY/T 161—2017），但仅适用于中小学数字教材，无法涵盖高等教育、职业教育，缺乏通用上位术语定义，造成行业认识难以统一。

第三，标准颗粒度不够细，导致很多出版业务场景难以遵照操作。如数字视频里的错字、慕课中的发音错误、音画不同步等如何进行量化质量评定，在原有的《中小学数字教材质量要求与检测方法》（CY/T 165—2017）中并没有明确规定。

第四，大量标准缺位，难以形成体系有效指导行业实践。如用于指导高等教育、职业教育数字教材研发工作的相关标准处于空白状态，高教职教数字教材的基本架构、边界等不清晰，有关数字教材的内容、功能开发具体应包含哪些部分尚不明确。对于规避技术风险、市场风险和管理风险的安全方面相关标准缺失，无法有效引导企业建立完善的产品防护屏障。

建议委托出版标委会全面负责推进数字教育出版标准体系的相关工作。在标准研制上充分研判行业转型发展需求，急用先行；在标准化工作推进中狠抓落实，分批次、分步骤、分类型有序制定，从保障机制上要明确标准建设开发的牵头单位、参与人员、核心专家、起草人员，组建层次化、科学化的产学研用联合工作小组，专班落实，集中力量在标准的关键环节、重点内容、薄弱领域上进行突破，保证纳入标准体系的标准有实效、可实施，建立系统完备、规范实用的数字教材出版标准体系。

首先，要解决数字教育出版术语和定义的问题。特别是把阻碍行业认知的基础性术语定义，放到优先解决的位置上去。如数字教育出版、数字教材，要通过广泛组织出版、教育、人社方面的专家共同探讨研制，使制定出的数字教育出版术语定义具备更广泛的适用性，易于让教育、人社等相关部门接受，实现跨领域对出版术语定义的统一认定。考虑到部分老旧术语定义出现于仍在使用中的不同相关标准，可通过标准联动修订的方式进行更新，必要时可升级国家标准来保持定义的公信度、科学度。

其次，要建立兼容性高的平台接口标准。当前各出版单位数字化产品研发通常仅针对自身产品，各自为战、资源分散、合作困难，不利于行业转型。研制平台接口标准，将引导出版单位从学科角度进行系统整体研发，形成不同教育出版内容平台间的互联互通，打破信息孤岛，实现作者资源和内容资源的有效整合，实现真正本版内容的全网有效供给，既兼顾出版单位的社会效益和经济效益，还能有效避免盗版，扭转为他人作嫁衣的被动局面，将"关系链"升级为"价值链"，实现多方共赢。

最后，要建立完善和发展质管类标准，重点解决数字教育出版物质量问题。从内容质量入手，标准范围要涵盖多媒体素材及相关教学素材内容、配套资源和拓展性资源，着重突出意识形态和内容科学性，精心研究，详细设定文本、图片、音视频差错率、音视频清晰度及教材发布的相应技术指标参数，将软件运行速度、用户感受、链接准确性、网络传播安全指标，设计评价等纳入质量评估体系。做好流程质量控制，从标准上明确解决编校人员资质与三审三校流程的规范性。把控好数字转化质量，制定传统纸质教材转化为数字教材后差错率标准。将举报、纠错机制全方位列入标准质量保障体系中，做好安全阀门。

（二）有声读物领域亟待研制国家标准

目前有声读物领域已有相关行业标准，2019年国家新闻出版署发布了《有声读物》行业标准，分别为《有声读物第1部分：录音制作》（CY/T 183.1—2019）、《有声读物第2部分：发布平台》（CY/T 183.2—2019）和《有声读物第3部分：质量要求与评测》（CY/T 183.3—2019）。此行业标准的出台明确了标准化对象，适合了当时产业发展和管理需求，符合了规范有声读物录音制作、发布传播及质量评价的社会呼声，在行业迅速铺开并取得良好社会效益。2021年《有声读物》行业标准入选了当年度国家新闻出版署发布的"出版业科技与标准创新示范项目标准创新成果"，同年该标准相关参数已作为评判指标应用于"全国有声读物精品出版工程"项目。

但是，近两年伴随我国全民阅读事业的持续飞速发展，目前《有声读物》标准在行业应用中也逐步显露出其不足。首先，标准适用性尚有欠缺。标准制定之初并没有把盲人等残疾人群体需求考虑进去，没有针对这一特殊群体的阅读使用习惯，设置相应的内容导航、声音标签、盲文关联等功能。这也间接导致了在近年我国全民阅读人数和阅读品种数量双提升的背景下，盲人群体仍然面临内容资源短缺的"阅读脱贫"问题，全民阅读已出现结构性不均衡。其次，标准制定层级需进一步提升。2021年10月，十三届全国人大常委会第三十一次会议表决通过了关于批准《关于为盲人、视力障碍者或其他印刷品阅读障碍者获得已出版作品提供便利的马拉喀什条约》的决定，该条约于2022年1月对我国正式生效，主要面向受多种残疾影响，无法有效阅读印刷品的公民。履行国际义务、践行好对国际的承诺客观需要将标准进一步提升到更高水平和层次。再次，标准技术门槛有待提升。行业标准启动研制时为2017年，当时声频相关技术采标参数较低，如压缩比（码流）仅有128kbps。在近两年5G等无线传播技术普遍升级，网络传输速度几何级提速的背景下，这一码流已经偏低，妨碍到有声读物未来的高质量发展。最后，与现有管理规定贴合度不够。2016年国家新闻出版署与工信部联合发布的《网络出版服务管理规定》，适用于有声读物，但目前标准对有声读物的网络出版属性、元数据参数等多方面尚有大量空白亟待填补修正。

有声读物作为当前"互联网+"时代最贴切人民生活的阅读方式，具有强伴随性的特点，能充分解放读者的眼睛，进行碎片化阅读，已经成为全民阅读的重要组成部分。建议将《有声读物》（推荐性）行业标准提升为（推荐性）国家标准，进一步提高其效力级别，结合最新数字技术行业成就对标准内容进行修订和完善，这也是出版、工信、残疾人等我国各相关事业发展的必然要求。这项国家标准的制定将对于规范（含面向失明等残疾人）有声读物加工制作，指导各领域的有声读物应用水准，强化多行业协作管理，提升有声读物内容选择能力，增加听书阅读体验服务素质，引领有声读物在全行业的高质量发展，充分彰显习近平特色社会主义文化事业伟大成就具有重要意义。

（作者单位：中国新闻出版研究院）

中国数字版权保护状况年度报告

闫 芳 王红梅 田 晶

2021年，在全面依法治国的纲领性文件《法治中国建设规划（2020—2025年）》指引下，我国《民法典》《著作权法》《数据安全法》等法律法规陆续施行。《知识产权强国建设纲要（2021—2035）》统筹推进知识产权强国建设，全面提升了知识产权创造、运用、保护、管理和服务水平，充分发挥了知识产权制度在社会主义现代化建设中的重要作用。世界知识产权组织发布的《2021年全球创新指数报告》显示，我国创新能力综合排名上升至世界第12位。在知识产权强国进程中，版权作为知识产权的重要组成部分，其重要性越来越显著。

自2020年新冠肺炎疫情暴发以来，数字消费持续稳定增长，推动了国民经济持续稳定增长。网络直播、网络文学、在线教育等产业发展，在提升消费数字化便利的同时，也成为经济增长的新引擎。产业发展的同时伴随而来的是"元宇宙""NFT"等新概念、新事物的不断涌现，既是版权保护中出现的"新客体"，又是版权保护亟需解决的"新问题"。

司法审判中"涉网"案件数量依然保持高位并持续增长，"剑网行动"继续聚焦于短视频、网络直播、体育赛事等领域的版权规范，版权相关产业的参与主体越来越多，版权保护热点频发，社会各界对版权保护尤其网络版权保护关注程度不断提升，数字版权保护已然是版权工作的主战场。

一、我国数字版权保护新进展

2021年是我国国民经济和社会发展第十四个五年规划的开局之年，《版权工作"十四五"规划》指出，当前我国正在从知识产权引进大国向知识产权创造大国转变，知识产权工作正在从数量跃升向质量提高转变。不断完善版权保护机制，就是要坚持守正创新，坚持全面保护，坚持质量优先，坚持开放合作，坚持统筹协调。①

通过继续完善版权法律制度体系，提高版权工作法治化水平，加强版权执法监管，版权保护社会满意度保持较高水平②，使我国版权保护水平显著提升，不断走向版权强国的发展目标。

在保护创新、激励创造方面，2021年我国各级法院审结一审知识产权案件54.1万件，发布知识产权惩罚性赔偿司法解释，破解知识产权维权中举证难、成本高、赔偿低的问题，在895个案件中对侵权人判处惩罚性赔偿。在智慧法院建设方面，全国法院在线立案1 143.9万件，在线开庭127.5万场。司法区块链上链存证17.1亿条，电子证据、电子送达存验证防篡改取得明显效果。③

"剑网2021"专项行动，聚焦到短视频、网络直播、体育赛事和在线教育领域，专项行动期间各级版权执法监管部门查办网络侵权案件1 031件，其中刑事案件135件，涉案金额7.11亿元，关闭侵权盗版网站（App）1 066个，删除侵权盗版链接119.7万条。④

在数字版权保护方面，我国从立法保护、司法保护、行政保护及社会保护层面均采取了一系列措施，取得了全面新进展。

（一）整体概述

1. 数字版权立法保护新进展

（1）全国人大常委会批准《马拉喀什条约》

2021年10月23日，第十三届全国人大常委会第三十一次会议决定：批准2013年由我国代表在马拉喀什签署的《关于为盲人、视力障碍者或其他印刷品

---

① 参见光明网《国家版权局印发〈版权十四五规划〉》，https：//m.gmw.cn/baijia/2021－12/29/35416004.html。
② 参见光明网《国家版权局印发〈版权十四五规划〉》，https：//m.gmw.cn/baijia/2021－12/29/35416004.html。
③ 参见中国法院网《最高人民法院工作报告》，https：//www.chinacourt.org/article/detail/2022/03/id/6577010.shtml。
④ 参见百度《"剑网2021"行动共删除侵权盗版链接119.7万条》，https：//baijiahao.baidu.com/s？id=1731168841508170286&wfr=spider&for=pc。

阅读障碍者获得已出版作品提供便利的马拉喀什条约》（以下简称《马拉喀什条约》）。

《马拉喀什条约》是世界上第一部、也是迄今为止唯一一部版权领域的人权条约，旨在通过版权限制与例外，为盲人、视力障碍者等阅读障碍者提供获得和利用作品的机会，保障阅读障碍者平等获取文化和教育的权利。该条约于2022年5月5日对中国正式生效，该条约的批准有利于更好地保障我国广大阅读障碍者的文化权益，使他们能够平等地欣赏作品、接受教育、领略文化。阅读障碍者特别是1 700万视力残疾人的阅读需求将得到满足，他们的教育质量、文化素质等也都将进一步得到提升。

（2）新修改的《中华人民共和国著作权法》（简称《著作权法》）实施

新修改的《著作权法》自2021年6月1日起实施。新《著作权法》对作品的定义和类型都进行了完善，保护范围进一步扩大，网络游戏、赛事直播画面、短视频等内容均涵盖其中。对于侵权行为的打击力度也进一步增强，调整了侵权损害赔偿基础的计算方法、适用顺序，把权利许可使用费增设为确定侵权赔偿额的一种参考方式，增加了惩罚性赔偿制度，进一步完善了法定赔偿制度。新《著作权法》增加了著作权主管部门调查维权行为的职能权利，增设举证妨碍制度，还增加了承担侵权责任的具体方式。

（3）我国首部关于数据安全的《中华人民共和国数据安全法》实施

自2021年9月1日起施行的《中华人民共和国数据安全法》是我国关于数据安全的首部法律，贯彻落实了总体国家安全观，确立了数据分类分级管理，数据安全审查，数据安全风险评估、监测预警和应急处置等基本制度；明确了数据处理者的职责，即应依法依规开展数据活动，建立数据安全管理制度，加强风险监测，留存审核交易记录，及时处置数据安全事件等义务和责任，政务数据既要保证安全使用，又要加以开放利用，在规范数据活动的同时，又要支持促进数据的发展与利用。

（4）最高人民法院发布《最高人民法院关于审理侵害知识产权民事案件适用惩罚性赔偿的解释》

2021年3月3日，最高人民法院发布《最高人民法院关于审理侵害知识产权民事案件适用惩罚性赔偿的解释》（以下简称《解释》），《解释》对知识产权民事案件中惩罚性赔偿的适用范围、故意、情节严重的认定，计算基数、倍数的确定等作出了具体规定。《解释》旨在通过明晰裁判标准，指导各级法院准确适用惩罚性赔偿，惩处严重侵害知识产权行为。《解释》的发布是落实惩罚性赔偿制度的重要举措，彰显了人民法院全面加强知识产权司法保护的决心，对于进一步优化科技创新法治环境具有重要意义。

(5)《刑法修正案（十一）》对侵犯知识产权犯罪作了重大修改

我国在知识产权领域刑事保护力度逐步加大。2021年3月1日施行的《刑法修正案（十一）》对侵犯知识产权犯罪作了重大修改，为提升知识产权司法保护水平提供了有支撑。近年来，利用深度链接、游戏"外挂"等技术手段侵犯知识产权犯罪不断涌现，刑民交叉案件带来诸多法律适用难题。此次"完善刑事法律和司法解释，加大刑事打击力度"，坚持罪刑法定和严格保护原则，依法惩治包括侵犯著作权在内的知识产权犯罪，坚决保护权利人和消费者合法权益，维护良好市场秩序。[①]

2. 数字版权司法保护新进展

(1) 涉互联网案件持续增加，新类型案件不断涌现

2021年，人民法院受理的知识产权案件中，互联网案件持续增加，涉及互联网的新型案件大量涌现，人民法院审理了一批涉及网络游戏、网络直播、"大数据杀熟"、共享经济、人工智能等方面的新类型案件，复杂技术事实认定和法律适用难度加大，新领域新业态知识产权保护的权利边界、责任认定给司法裁判提出新挑战。杭州、北京、广州三家互联网法院共新收各类涉互联网知识产权案件66 148件，比2020年增长6.64%。

(2) 各地法院积极利用新技术助力司法审判，提升案件审判质效

人民法院将信息技术与司法工作进行融合。北京、杭州、广州互联网法院自成立以来，运用先发优势，不断推动司法审判的技术创新与应用。

北京互联网法院坚持智能化、信息化、便民化、"互联网+"的理念，充分利用互联网技术优势，推进多元纠纷线上解决，实现全流程"云"调解。法院建立在线立案、电子送达、在线调解、调解协议自动生成、在线司法确认等为一体的多元调解平台，真正实现线上"一站解纷争"。2021年在民事案件"多元调解+速裁"工作中，成功调解案件数量合计13 820件，居全北京法院

[①] 参见中国法院网《中国法院知识产权司法保护状况2021》，https：//www.chinacourt.org/article/detail/2022/04/id/6647423.shtml。

之首。此外，北京互联网法院还与首都版权协会建立"e版权"诉非"云联"机制，以法院电子诉讼平台和非诉调解平台为基础，构建诉讼与非诉相结合，共同化解纠纷①。

杭州互联网法院在 2021 年建成"六平台、三模式、一体系"数字化样本，即网上诉讼平台、在线调解平台、电子证据平台与司法区块链平台、电子送达平台、在线执行平台、审判大数据平台六大信息化平台，常态化在线审理模式、异步审理模式、智能辅助审理模式三种审理模式，及涉网诉讼规则体系，让民众打官司既便利又有章可循，提高了司法判案效率②。

广州互联网法院在 2021 年将 29 项在线诉讼服务予以整合，实现诉讼全流程"一次都不用跑"，"网上案件网上审理"新型审理机制。利用"网通法链"智慧信用生态系统，构建以数据为驱动的智慧法院，存储电子证据逾 2.28 亿条，完善多元解纷体系。同时推出全国首个 5G 虚拟"YUE"法庭，实现不同地方的法官、人民陪审员线上同步开庭。不断完善"一核多平台"和"一站式诉讼服务中心"，智慧审理平台访问量超 1 200 万人次，在线立案率达 99.93%，在线庭审率达 99.82%。研发著作权纠纷全要素审判"ZHI 系统"，实现区块链确权存证、侵权比对的智能化。该院的"E 问执达"移动智慧执行办案系统，在手机端就能操作应答、申报的动作。

（3）加大知识产权保护力度，不断提升司法保护水平

人民法院尊重知识产权、鼓励创新运用，努力保障知识产权保护强度与其技术贡献程度相适应。最高人民法院出台了《关于审理侵害知识产权民事案件适用惩罚性赔偿的解释》，完善了与民法典相配套的惩罚性赔偿制度，明确了惩罚性赔偿适用标准和条件，增强了惩罚性赔偿的可操作性，从而更好地对严重侵害知识产权的行为进行惩处。

2021 年，人民法院基本建成了专业化审判体系，显著提高了专业化审判能力，大大提升了知识产权司法保护水平。迄今，我国已建成 4 个知识产权法院、27 个地方中级人民法院知识产权法庭及地方各级人民法院知识产权审判庭。知识产权案件上诉审理机制进一步完善，这些知识产权专门审判机构，连

---

① 参见《人民法院报丨北京互联网法院：诉源治理有新"招"》，https://m.thepaper.cn/baijiahao_17421062。
② 参见腾讯网《2021 年杭州知识产权十件事》，https://new.qq.com/omn/20220426/20220426A099L900.html。

同互联网法院，形成了中国特色的知识产权专业化审判体系。

3. 数字版权行政保护新进展

（1）国家版权局印发《版权工作"十四五"规划》

2021年12月24日，国家版权局正式印发《版权工作"十四五"规划》（以下简称《规划》），对"十四五"期间版权工作的指导思想、基本原则、发展目标、重点任务、主要措施等进行了安排规划。

《规划》提出，到2025年，全国作品登记数量超过500万件，全国计算机软件著作权登记数量超过300万件；版权产业增加值占国内生产总值的比重提高到7.5%左右，核心版权产业增加值占国内生产总值的比重提高到4.75%左右。为实现这一目标，国家将进一步完善版权法律制度体系，完善版权行政保护体系，完善使用正版软件工作体系，完善版权社会服务体系，完善版权涉外工作体系，完善版权产业发展体系。

（2）"剑网2021"开展短视频、网络直播、体育赛事、在线教育领域版权专项整治

2021年6月，国家版权局、工业和信息化部、公安部、国家互联网信息办公室四部门联合启动打击网络侵权盗版"剑网2021"专项行动。行动在持续巩固往年针对新闻作品、网络音乐、网络文学、电商平台等领域专项治理成果的同时，不断加大网络版权执法监管力度，强化网络平台治理，严厉打击短视频、网络直播、体育赛事、在线教育等领域的侵权盗版行为。

2021年以来，国家版权局会同国家电影局、公安部、文旅部连续两年开展打击院线电影盗录传播集中行动，重点打击春节档院线电影盗录传播行为，推动各网络平台删除涉院线电影侵权链接近4万条，查办涉院线电影侵权重点案件51件，有效遏制了院线电影盗录传播势头。"剑网2021"专项行动期间各级版权执法监管部门查办网络侵权案件1 031件，其中刑事案件135件，涉案金额7.11亿元，关闭侵权盗版网站（App）1 066个，删除侵权盗版链接119.7万条。这次行动为构建版权保护社会共治的格局，维护清朗的网络空间秩序打下了坚实的基础。

（3）规范卡拉OK领域版权市场秩序

2021年4月，国家版权局与文化和旅游部联合印发的《关于规范卡拉OK领域版权市场秩序的通知》指出，要坚持通过著作权集体管理解决卡拉OK领

域版权问题；坚持卡拉 OK 领域"二合一"版权许可机制；坚持"先许可后使用"原则；坚持协商合作优先机制；坚持著作权集体管理信息公开透明；坚持著作权集体管理组织非营利性原则；坚持依法监管著作权集体管理组织；坚持依法加强卡拉 OK 行业管理。这些措施对完善著作权集体管理制度、对保护权利人合法权益、便利使用者合法使用等具有重要意义。

（4）多举措保护东京奥运会、北京冬奥会版权

2021 年 7 月，中央广播电视总台发布《关于第 32 届夏季奥林匹克运动会版权保护的声明》，强调"坚决打击侵犯奥运节目版权和利用总台奥运节目资源从事不正当竞争的行为，追究相关主体的法律责任"。国家版权局将 2020 东京奥运会相关节目列入《2021 年国家版权局第十批重点作品版权保护预警名单》，明确要求相关网络服务商对版权保护预警名单内的重点作品采取多项保护措施。

2022 年北京冬奥会、冬残奥会期间，剑网行动联合相关部门开展了冬奥版权保护集中行动，重点整治通过广播电视、网站、IPTV、互联网电视等平台非法传播冬奥赛事节目的行为，重点打击短视频平台未经授权提供冬奥赛事节目盗播链接的行为。[①]

4. 数字版权社会保护新进展

（1）中国文联发布《文艺工作者广告代言自律公约》

2021 年 1 月 16 日，中国文联发布《文艺工作者广告代言自律公约》，提出坚决抵制"阴阳合同""天价片酬"；打击侵犯他人知识产权、存在抄袭剽窃；违反生态环境保护规定、破坏自然人文景观风貌等 9 项不良广告代言行为。[②]

（2）影视单位和多名艺人联合呼吁短视频平台规范版权管理

2021 年 4 月 9 日，53 家影视公司、5 家视频平台，以及 15 家影视行业协会曾发布联合声明称，将对网络上针对影视作品内容未经授权进行剪辑、切条、搬运、传播等行为，发起集中、必要的法律维权行动。2021 年 4 月 23 日，包括中国电视艺术交流协会、中国电视剧制作产业协会等在内的国内超 70 家

[①] 参见《北京专报：中宣部剑网 2021 行动》，https：//baijiahao. baidu. com/s？id = 1731163214033197928&wfr = spider&for = pc.

[②] 参见《文联发文文艺工作者广告代言自律公约：抵制天价片酬、抄袭剽窃》，https：//wen-hui. whb. cn/third/baidu/202101/16/388496. html.

影视传媒单位,再度发布联合倡议书,针对当前网上短视频侵权现象发布具体的维权行动建议和指南。这是继多家影视传媒单位发布联合声明,呼吁短视频产业从业者提升版权意识之后,再一次发布的更加具体且具有指导意义的倡议书。①

(二) 年度对比分析

较之 2020 年,2021 年的数字版权保护在立法保护、司法保护、行政保护和社会保护方面都有一些新的进展。

在立法保护方面,第三次修订的《著作权法》于 2021 年 6 月 1 日正式生效实施,新的《著作权法》加大了著作权的保护力度,回应了现实的呼声和需求。新修正的著作权法正式施行前后,人民法院围绕修改重点,结合工作实际情况,积极开展调研,确保著作权案件依法审理,促进文化产业规范健康发展。最高人民法院多次组织研讨会,就游戏直播画面中的著作权法律问题、视听作品片段著作权保护法律问题等进行深入研讨,依法审结视听作品片段著作权保护系列案件。天津法院对于网络著作权纠纷案件所涉 ICP 备案、应用市场、短视频、IPTV 侵权、赔偿数额等问题进行深入研究,形成《关于审理网络著作权纠纷案件相关问题的解答》,有效指导解决司法实践中的疑难问题。②

随后出台的《最高人民法院关于审理侵害知识产权民事案件适用惩罚性赔偿的解释》是落实惩罚性赔偿制度的重要举措,彰显了人民法院全面加强知识产权司法保护的决心,对于进一步优化科技创新法治环境具有重要意义。

2021 年施行的《刑法修正案（十一）》对侵犯知识产权犯罪作了重大修改,当年地方各级人民法院新收、审结侵犯知识产权犯罪案件数量明显增长,刑罚在惩治侵权假冒犯罪行为中的震慑和预防功能日益凸显。

在司法保护方面,人民法院不断探索符合技术类知识产权案件审判规律的审理规则和裁判方式,如海南自由贸易港知识产权法院构建起知识产权司法审

---

① 参见《超 70 家影视传媒单位联合倡议：立即清理未经授权短视频》，https：//baijiahao.baidu.com/s?id=1697833233996389503&wfr=spider&for=pc.
② 参见中国法院网《中国法院知识产权司法保护状况 2021》，https：//www.chinacourt.org/article/detail/2022/04/id/6647423.shtml.

判、商事仲裁、多元调解、法律服务、行业自律"五位一体"的知识产权大保护格局。从司法实践来看，知识产权案件数量增多、新类型案件增多、案件日趋复杂，案件审理难度不断加大。为解决维权难、成本高、赔偿低的突出问题，人民法院实施惩罚性赔偿制度，对恶意侵权行为严厉打击，切实遏制严重侵害知识产权的行为。

在行政保护方面，2021年的"剑网行动"取得显著成效，集中整治了短视频、网络直播、体育赛事、在线教育等领域，突出查办了一批案件，进一步加大了对网络侵权盗版案件的处罚力度。

在社会保护方面，中国文联的自律公告，影视公司、视频平台、艺人等对短视频未经授权乱剪混剪的行为进行抵制，都充分说明了保护版权、保护原创及行业从业者规范运营的意识都在进一步提升，相关行业版权良好秩序也都在进一步构建。

二、各省区版权保护状况统计分析

（一）各地区版权保护状况综述

2021年全国法院新收知识产权案件突破60万件，其中，民事案件550 263件，涉及著作权的案件360 489件，商标权的124 716件，专利权的31 618件[1]，其中著作权案件同比上升14.99%。

与2020年相比，2021年各地新收知识产权案件的数量和审结数量大部分地区均呈上升趋势。其中，广东196 796件、北京74 805件、上海52 110件、浙江23 635件，江苏35 878件。[2]

随着我国互联网行业高速发展，网络成为知识产权侵权违法行为的最主要发生地之一，网络环境下的知识产权保护日益成为知识产权审判的重点。互联

---

[1] 参见中国法院网《中国法院知识产权司法保护状况2021》，https：//www.chinacourt.org/article/detail/2022/04/id/6647423.shtml。
[2] 参见中国法院网《中国法院知识产权司法保护状况2021》，https：//www.chinacourt.org/article/detail/2022/04/id/6647423.shtml。

网案件数量逐年增长,涉及越来越多的新型、复杂、疑难法律问题。加强网络空间的法治治理,已是知识产权司法保护工作面临的重要课题。①

(二) 我国部分地区版权保护情况

1. 北 京

2021年,北京法院结案数量再创新高。北京法院共受理知识产权民事、行政案件85 954件;审结案件74 805件。②

针对案多人少的问题,北京法院进一步完善案件的繁简分流,制定发布《北京法院知识产权民事案件小额诉讼程序适用指引》,构建了"1 + 7 + 2"的速裁团队,推出同类型案件三步审理法,提升了审判效率。

2021年,北京法院审结了一批疑难、复杂、新类型案件。其中,音集协被诉垄断纠纷案等六起案件分别入选"中国法院10大知识产权案件""2021年度中国网络治理十大司法案件"等。海淀法院审结的"小度"智能产品语音指令案被写入最高法院知识产权审判工作报告。

北京法院制定发布了《北京市高级人民法院知识产权民事诉讼证据规则指引》,针对商品化权益、涉IPTV著作权侵权行为认定等问题形成参考问答,出台商业秘密民事案件举证参考、知识产权案件财产保全行为指引、药品专利链接相关民事案件立案指引等一系列规范性文件。法院还针对数据权益保护、惩罚性赔偿适用等问题进行调研,并形成《数字经济下知识产权司法保护相关问题研究》《知识产权惩罚性赔偿司法适用研究》等报告。

北京知识产权法院完善诉前化解纠纷解决流程,建立速审速裁机制等,将速裁案件平均审理周期控制在40天左右。

行政执法方面,北京市文化市场综合执法总队2021年深入开展党史学习教育,加强意识形态阵地管控,统筹行政执法与疫情防控,深化"放管服"改革,严格规范公正文明执法。该执法总队2021年度查处了一批具有广泛影响力的大案要案,这些案件涵盖了新闻出版、营业性演出、广播电影电视、网络

---

① 参见中国法院网《中国法院知识产权司法保护状况2021》,https://www.chinacourt.org/article/detail/2022/04/id/6647423.shtml。

② 参见《北京法院知产案审结数再创新高》,https://baijiahao.baidu.com/s?id = 1730751398415627899&wfr = spider&for = pc。

文化、著作权、旅游、文物和宗教领域。此次"十大案件"中有新中国成立以来出版物领域罚没款数额最大的案件、全国文化市场首例未成年人沉迷网络游戏案，以及北京市首例脱口秀演出存在禁止内容案等，形成了一系列具有全国借鉴意义的经验做法。

为深入实施网络强国战略，提升首都网络直播（表演）、视频和短视频经营单位内容审查质量，确保首都文化安全，北京市文化市场综合执法总队根据国家相关法律法规制定了《网络直播与视频企业内容自审工作指引》，夯实了企业自审主体责任，收到了良好的效果。自2021年12月31日发布以来已指导在京主要互联网企业组织自审人员培训40余场次，涵盖组织架构、联络机制、应急处置、审核发布、事故问责、保密管理、投诉举报处理等方面。依据《指引》，直播平台关闭违规直播间1 213个，处罚、封禁主播828名，处理有害信息85 926条。①

2. 上 海

2021年，上海法院案件受理总量持续增加。共受理各类知识产权案件53,279件，审结49,100件，同比分别增长32.49%和30.88%。一审商标权纠纷、专利权纠纷、不正当竞争纠纷案件数量大幅增长，著作权纠纷增速放缓。②

上海法院大力完善知识产权政策法规体系，出台了上海首部知识产权保护综合性地方法规《上海市知识产权保护条例》。为大力提升服务水平，市高级法院指导浦东新区发布《上海市浦东新区人民法院打造知识产权司法保护引领区、服务浦东新区高水平改革开放十项举措》。法院积极创建多元纠纷解决机制，知识产权局、市高级法院联合印发《关于在本市开展知识产权纠纷行政调解协议司法确认程序试点工作的实施办法》《关于建立知识产权民事纠纷诉调对接工作机制的实施意见》，在全国率先建立知识产权行政调解协议司法确认机制和民事纠纷诉调对接工作机制。

上海在2021年全国知识产权保护工作检查考核中排名全国领先，连续两年保持优秀。知识产权局、市场监管局共同开展北京冬奥会等知识产权保护专

---

① 参见北京市海淀区人民政府《北京市文化市场综合执法总队强化制度引领维护清朗网络文化空间》，http：//www.bjhd.gov.cn/ztzx/2022/shdf/gzdt/202204/t20220425_4521114_m.shtml.
② 参见澎湃新闻《上海知识产权法院2021年共受理5 432件知产案件》，https：//m.thepaper.cn/baijiahao_17830616.

项行动。市版权局联合市公安局、市通信管理局、市委网信办、市文旅局执法总队开展"剑网2021"专项行动，严厉打击短视频、体育赛事、在线教育等领域侵权盗版行为。市文旅局执法总队立案查处版权侵权案件91件，罚没款198万元。上海海关开展"龙腾""蓝网""净网"等知识产权保护专项行动，成立全国首个科创企业知识产权海关保护中心。[①]

3. 广东

2021年，广东法院共审结各类知识产权案件19.6万，案件总数占全国1/3。广东新收知识产权案件196 796件，其中著作权案件134 217件，商标案件20 457件，专利案件9 647件，反不正当竞争案件1 312件。在审结的一审案件中，有86 060件为调撤结案，调撤率为50.30%。[②]

2021年，广东法院精品案件颇丰。该院审结全国首例游戏地图"换皮"侵害著作权纠纷案，通过穿透式审查，认定游戏地图作品性质，对借鉴和抄袭进行合理界定，对类案审理起到了示范作用。审结涉开源软件著作权纠纷案，依法规定了许可及使用行为，填补了开源协议裁判规则空白。罗盒公司诉玩友公司计算机软件著作权纠纷等十个案件入选中国法院2021年度十大知识产权案件和50个知识产权典型案例，数量居全国前列。

法院为提升司法救济时效，引导当事人主动、全面提供证据，并利用财产保全、行为保全申请，适当减轻权利人举证负担。广州知识产权法院探索二审案件速裁及独任制审理，全年审结二审速裁案件6 503件，超过全院二审结案数量80%；提升速裁案件独任制审理适用比例，全年审结案件2 660件，适用率40.91%，平均审理周期42.3天。

广东省在知识产权行政保护上成效明显。版权执法部门查处侵权盗版案件135宗，捣毁窝点25个。[③] 广东法院加强司法与行政协同保护，广东省高院与省检察院、省公安厅、省市场监督局等联合签订《强化知识产权协同保护合作备忘录》，落实知识产权侵权联合惩罚等举措。

---

① 参见腾讯网《2021年上海知识产权白皮书》，https://new.qq.com/omn/20220423/20220423A08JOU00.html。
② 参见广东法院网《广东高院发布知识产权司法保护状况白皮书2021》，http://www.gdcourts.gov.cn/index.php?v=show&id=56552。
③ 参见腾讯新闻《权威发布！2021年广东省知识产权保护状况白皮书来了！》，https://view.inews.qq.com/a/20220427A091PY00。

三、数字版权保护技术发展状况

截至 2021 年 12 月，中国网民规模达到 10.32 亿人，互联网普及率达到 73%，我国市场上 App 数量达到 252 万款，各类应用用户规模增长明显，网民人均每周上网时长为 28.5 小时。庞大的网民规模推动了数字经济的发展，促进和加速了数字新基建建设，对包括数字版权保护在内的网络数字化治理提出了更高要求。

5G、区块链、人工智能等新技术不断在版权确权、监测、取证、维权、交易等环节得到应用和深化，进一步提升了在数字版权保护的各参与主体能力和水平。

（一）区块链技术在数字版权保护等领域将进一步加快推动

2021 年 5 月 27 日，工业和信息化部、中央网络安全和信息化委员会办公室联合发布《关于加快推动区块链技术应用和产业发展的指导意见》，明确到 2025 年，区块链产业综合实力达到世界先进水平，在司法存证、不动产登记、行政执法等领域建立新型存证取证机制。发挥区块链在版权保护领域的优势，完善数字版权的确权、授权和维权管理。在保护知识产权方面，将加强区块链知识产权管理，培育一批高价值专利、商标、软件著作权，形成具有竞争力的知识产权体系。鼓励企业探索通过区块链专利池、知识产权联盟等模式，建立知识产权共同保护机制。

区块链应用到数字版权保护属于跨行业应用，涉及区块链、数字版权等多行业、多领域、多主体，难免存在认知差异，行业资源整合仍有难度，有必要支持业界建立跨行业、多组织、多部门共同参与的区块链数字版权行业联盟，引导区块链行业和数字版权行业主体建立合作交流机制，推动跨界资源整合。[①]

[①] 参见人民网《2021 版权保护新技术应用发展报告》，https://baijiahao.baidu.com/s？id = 1723006604820555909&wfr = spider&for = pc。

（二）区块链、AR、人工智能等技术在审判实践中持续应用

人民法院在区块链存证取证方面采取了积极的措施，自互联网法院成立以来，北京、广州、上海互联网法院已经建成了全业务网上办理、全流程依法公开、全方位智能服务的智慧法院。区块链存证取证尤其在网络著作权的审判中已积累了非常成熟的经验，比如北京互联网法院有天平链2.0版、杭州互联网法院有"区块链智能合约司法应用"、广州互联网法院有"网通法链"智慧信用生态系统，这3个互联网法院在区块链存证取证方面的探索为区块链存证取证在全国法院推广起到了指引作用。

为克服新冠肺炎疫情影响，全国各地法院都在不断提升信息技术在审判中的应用，积极运用5G、AR、人工智能等现代科技开展在线诉讼，巩固提升智慧法院建设成果，促进审判体系和审判能力现代化。如浙江高院推广应用"版权AI智审"、内蒙古呼伦贝尔中院积极试点应用司法区块链平台等。[①]

四、典型案例分析

（一）"玫瑰小说"网站未经许可传播知名出版物著作权侵权纠纷案

【案情】

2021年2月，原告中文在线数字出版集团股份有限公司（以下简称"中文在线"）发现被告北京和润昕泽企业管理有限公司（以下简称"被告和润昕泽公司"）名下的"玫瑰小说"网站（域名为bjhrxz.com）未经许可在线提供中文在线享有权利的作品《从浮游生物开始称霸世界》，于是诉至法院要求被告承担侵权责任，并赔偿损失。被告和润昕泽公司辩称，网站于2020年7月2日到期，由于未进行续费，网站已被淘宝店铺回收，被告无法修改、删除网站，域名自动注销释放为可注册状态，但其并未注销ICP备案，其不是网站的实际

[①] 参见中国法院网《中国法院知识产权司法保护状况2021》，https://www.chinacourt.org/article/detail/2022/04/id/6647423.shtml.

经营者，不应承担侵权责任。

法院审理认为，涉案侵权行为发生时，涉案网站在工信部备案登记的主办单位为北京和润昕泽企业管理有限公司，应由其承担相应的法律责任。根据《互联网信息服务管理办法》第四条规定，国家对经营性互联网信息服务实行许可制度；对非经营性互联网信息服务实行备案制度。未取得许可或者未履行备案手续的，不得从事互联网信息服务。第八条同时规定，从事非经营性互联网信息服务，应当向省、自治区、直辖市电信管理机构或者国务院信息产业主管部门办理备案手续。可见，互联网信息服务提供者主体身份的确定应当以行政法规授权的有关主管国家机关许可或者备案内容为依据，网站登记备案信息载明的经营者是网站经营者。域名注册人仅表明特定域名的持有人，并不代表特定域名项下网站的经营者，即域名注册人与域名项下网站的经营者并不一定存在一一对应关系，不能以域名注册人来认定网站的经营者。根据我国互联网信息服务管理法律、法规相关要求，网站的主办单位对网站负有如实进行行政备案、运营管理、依法维护的义务和责任。被告和润昕泽公司作为涉案网站的主办单位，即使未实际参与涉案期间涉案网站的运营管理，但其提供的证据对域名持有者注册信息不明，无法达到其证明目的，且其在怠于注销网站登记备案信息存在一定过错，亦应对涉案网站所发生的侵害他人合法权益的行为承担相应的民事法律责任。该案经法院审理后判决被告和润昕泽公司停止侵权，删除涉案小说，并赔偿原告经济损失 3 000 元。

【分析】

本案的典型意义在于在著作权侵权案件中，明确了ICP备案主体是网站的实际经营者，应对侵权行为承担相应的法律责任。在侵害作品信息网络传播权纠纷案件中，登录国家工业和信息化部"ICP备案信息查询系统"对被控侵权网站进行ICP备案查询，是权利人确定被控侵权网站经营者即被告的初步证据。本案明确了ICP备案信息的证据效力及认定方法，对司法实践具有一定的借鉴意义。

（二）知名话剧《窝头会馆》著作权侵权纠纷

【案情】

2018年3月，北京人民艺术剧院（以下简称"北京人艺"）经授权取得话剧《窝头会馆》剧本的话剧表演权。北京人艺根据话剧《窝头会馆》全剧的演出实况录像制作了录像光盘，北京人艺作为录像制品制作者，享有相应的录像制品制作者权。上海聚力传媒技术有限公司（以下简称"上海聚力"）运营的"PP视频"，未经北京人艺许可在"PP视频"网站上提供《窝头会馆》完整话剧演出录像视频，并删除了北京人艺表演者、录像制作者身份及版权声明。北京人艺向一审法院起诉请求判令上海聚力赔偿北京人艺经济损失、维权开支，并消除影响。一审法院判决：一、上海聚力赔偿北京人艺经济损失60 000元及公证费11 360元；二、驳回北京人艺的其他诉讼请求。双方均不服一审判决，分别提起上诉。

二审法院经审查确认被诉侵权行为系上海聚力未经许可，在其经营的PPTV视频网站上提供《窝头会馆》话剧演出的录像系侵害了北京人艺的权益，双方争议焦点在于北京人艺作为演出单位是否享有表演者权中的表明身份的权利，即上海聚力能否删除表演权利管理信息。根据2010年《著作权法》，北京人艺作为演出单位不仅享有表演者权中财产权利，也同样享有表明表演者身份的人身权利。但在2020年修订《著作权法》时，不再将演出单位规定为表演者。根据2020年修订的《著作权法》，演出单位虽然不能享有表演者权中的表明表演者身份等人身属性的权利，但依职务表演的相关规定，演出单位可以获得表演者权中的财产性权利，并出于对权利管理信息的保护，演出单位可以对外显示权利主体身份。因此，无论在2010年还是2020年修订的《著作权法》下，上海聚力对其删除表演权利管理信息的行为，均应承担民事责任。二审法院纠正了一审判决中未支持北京人艺关于消除影响的请求。二审法院判决撤销一审判决，改判上海聚力公司消除影响，并赔偿北京人艺经济损失50万元及律师费5万元，公证费11 360元。

【分析】

本案的典型意义比较了新旧著作权法下演出单位权利保护方式的异同。2010年《著作权法》下，演出单位作为表演者，直接享有各项表演者权，包括但不限于其中的财产性权利，和"表明表演者身份的权利"等人身性权利等。2020年修订的《著作权法》增加规定了"故意删除表演权利管理信息"的民事责任，为演出单位对外彰显权利主体身份提供了保护方式。本案中，删除权利管理信息虽侵害的不是人身权，但删除权利管理信息客观上割裂了权利人与表演之间的联系。因此需要通过公开方式予以纠正，恢复权利人与表演之间的联系。针对删除权利管理信息的侵权，应当适用消除影响的责任承担方式。

（三）大某视界文化传媒有限公司、张某等四人侵犯著作权案

【案情】

2017年5月，大某视界文化传媒有限公司（以下简称"大某视界公司"）成立，张某和李某负责公司日常经营管理，刘某、马某为该公司内容制作部主管。2018年5月，大某视界公司开发了名为"大某视界"的视频播放App上线运行。该程序上线后，大某视界公司未经权利人许可，由刘某、马某组织部门人员下载、编辑大量境内外影片，通过视频App提供给用户观看，并以收取会员费的方式牟利。2020年1月10日，公安机关将张某等四人抓获。经对后台数据进行提取和鉴定："大某视界"App编辑、上传的侵权影片中，包括美国电影协会成员公司享有版权的作品302部，用户观看42万余次，下载1.9万余次；腾讯公司享有版权的作品70部，用户观看8.1万余次，下载4千余次。"大某视界"App共有注册用户83万余个，充值支付订单9万余个，支付金额人民币140余万元。2020年3月，公安机关将该案移送深圳市南山区检察院审查起诉。2020年4月，南山区检察院对境内外权利人一视同仁平等保护，以侵犯著作权罪提起公诉，2020年11月11日，深圳市南山区人民法院以侵犯著作权罪判处被告单位大某视界公司罚金人民币40万元，判处被告人张某等4人有期徒刑1年至3年不等，并处罚金人民币2万元至10万元不等。部分被告人不服一审判决提出上诉。2021年3月11日，深圳市中级人民法院裁定驳回上诉，维持原判。

【分析】

本案的典型意义在于，随着信息网络技术的快速发展，作品的传播更加便捷迅速，一些不法分子借助互联网实施侵犯著作权违法犯罪行为，不仅破坏社会主义市场经济秩序，也给权利人的合法权益造成损害，应当依法惩治。打击网络侵犯著作权犯罪，秉持平等保护理念，加强对境内外权利人著作权的刑事司法保护，切实维护创作者、传播者、使用者的合法权利。

五、数字版权保护存在的困境及应对措施

近年来，我国版权产业稳步增长，数字化、网络化已成为必然的趋势，并与技术、商业等领域逐渐融合发展，带动经济整体发展，改变着人们的消费结构。而与版权产业的不断发展相伴相生的，是文化行业网络盗版的猖獗。随着技术的发展，盗版的技术手段也不断升级、盗版模式不断更新，网络盗版严重干扰了文化行业的正常发展秩序，给版权保护带来了较大挑战，数字版权保护仍面临较多困境。

（一）数字版权保护存在的困境

1. 盗版隐蔽性更强，维权难度加大

随着国家打击盗版力度的增强，越来越多的盗版者采取了更为隐蔽的方式进行盗版，以规避法律的制裁。常见的方式是盗版者玩"躲猫猫"，不在国内进行网站ICP备案，而是通过购买境外域名、租用境外服务器方式进行盗版，为了提高网站的流量，一般会选择冒用其他主体的闲置网站进行盗版，这种侵权者一般很难被找到。此外，随着传播渠道的增多，盗版内容除了通过盗版平台和移动端入口，还通过自媒体平台、网盘、微博、贴吧、论坛、公众号、TXT站点下载、问答网站、社群分享等更具有隐蔽性的渠道进行传播。这种隐蔽性的传播渠道使得盗版平台成为传播违规、违法内容的温床，严重破坏了文化行业的产业秩序。

2. 盗版黑产链条成形，治理难度加大

由于数字盗版成本相对较低，借助技术升级，盗版行为可以秒速窃取、同步更新正版内容，在高额利润的驱动下，盗版已形成完整的产业链。盗版者一般在在境外设置服务器，并形成了搭建网站、购买软件、获取广告、宣传推广、资金结算的完整黑产链条。在长期发展中，盗版平台积累了大量流量，依赖搜索引擎、移动应用市场、网络广告联盟等利益相关方变现，复杂的利益输

送方式和链条增加了盗版治理的难度。①

3. 侵权方式不断翻新，侵权监测面临挑战

目前网络侵权的方式不断玩出新花样，有的侵权人利用人工智能技术进行"换脸"，用精细的修图手段逃避侵权监测，有的利用人工智能技术进行"洗稿"，将原创作品篡改删减或文字替换，进行变相抄袭；有的侵权对视频进行掐头去尾的混合剪辑，现阶段的版权保护技术对此类侵权较难鉴别。

4. 新领域新业态不断涌现，司法裁判面临挑战

互联网技术日益创新，技术应用的领域、智能化水平、数据在其他范围的应用、系统安全问题等，都面临着新形势新任务。出现了"大数据杀熟"、共享经济、人工智能等方面新类型案件，复杂技术事实认定和法律适用难度加大，新领域新业态知识产权保护的权利边界、责任认定给司法裁判提出新挑战。

（二）数字版权保护发展困境的应对措施

2021年，伴随依法治国基本方略的深入实施，依法打击盗版，实施综合治理，有效保护版权方的合法权益已经成为全行业的共识，针对上述版权保护面临的困境，提出如下应对措施。

1. 进一步提高版权保护意识，应加大监管力度和打击力度

面对日益猖獗的盗版，应进一步强化对版权保护的宣传力度、监管力度和对侵权行为的打击力度，形成自上而下综合治理的常态。各行业应联合政府机构，加强对搜索引擎、移动应用市场和网络广告联盟等服务提供商的监管，敦促平台做到常态化自查自纠，对明知是盗版内容仍提供网络信息传播服务的相关平台，追究连带责任。要从盈利源头斩断盗版利益链条，使盗版网站无利可图、难以生存，彻底切断盗版网站内容传播链条，从源头上消除盗版滋生的土壤。

2. 面对新技术新业态，司法机关应加强互联网司法的理论研究

新技术、新业态的出现往往伴随着新的法律问题，并且与版权的关系最为

---

① 参见《2021中国网络文学发展研究报告》（作者：社科院文学所网络文学发展研究报告课题组），https://baijiahao.baidu.com/s?id=1729528791367147506&wfr=spider&for=pc。

密切。比如近两年出现的数据权属和交易、虚拟财产权益、算法规制、个人信息保护等，亟待明确法律关系、明确权利义务、解决侵权违法等问题。随着"元宇宙""NFT"等新事物新应用场景的增多、虚拟现实技术的发展和应用，也会不断带来新的法律问题。司法机关应加强对数字法治前沿理论和实践难点问题研究，要发挥司法的职能作用，治理网络空间，出台行之有效的政策法规，更好地服务数字经济。

3. 区块链技术深度应用和探索

2021年最高法加强智慧法院建设，司法区块链上链存证17.1亿条，形成经济社会运行大数据报告220份，"数助决策"服务社会治理。2022年两会，区块链技术再度出现在最高法工作报告中。依据最高法工作报告，最高法推动区块链技术与法院工作的融合，搭建司法链平台，面向全国法院提供统一的数据存证验证服务。

当前区块链技术在司法中应用，主要源于区块链技术的以下特点：其一，取证成本相比公证处取证等传统方式明显要低，取证时间灵活；其二，区块链及基于密码技术生成的哈希值具有不可篡改性；其三，区块链的证据链能形成闭环，实现证据从生成、存储、传输、提交、验证过程可信、可溯，使得电子数据证据更容易被法院采信，更具法律效力。

区块链在司法领域的应用越广，越需要在链互通、标准互通、数据互通方面进行多方位统筹，推动数据的可信流转，提升司法区块链的权威性。同时，应积极探索区块链在金融借贷、供应链采购、物业服务等合同类纠纷诉源治理及司法处置中可能带来的创新应用。

数字时代，司法系统将沿着"上线、上云、上链"三条路径前行，由此可以形成线上司法、云司法与区块链司法。面对未来的司法新业态，司法界、学界和其他技术行业要有区块链思维，尽快制定技术标准，完善司法机制。

六、2022年数字版权保护展望

区块链、大数据、人工智能等新技术的发展和应用，一方面在不断赋能数字版权保护领域，另一方面，却也使得侵权盗版行为日益"高科技化"，给数字版权保护带来新的挑战。版权保护是系统且长期的工程，需要综合运用法律、行政、技术、社会治理等手段，打通创造、利用、保护、管理、服务全链条，不断构建版权保护的新格局、新秩序、新生态。同时，在版权数据保护方面，要依据不断完善的数据及个人信息保护等法律法规，加强版权数据基础设施建设，强化关键数据的保护能力。运用新技术加强版权保护的最终目的是要更好地实现版权数据的价值和变现，为数字经济的发展提供新的盈利模式。

随着合法授权、行政执法、司法保护、行业自律的不断完善，期待我国版权治理体系和治理能力，百尺竿头，更进一步。

（作者单位：中文在线数字出版集团股份有限公司）

中国数字出版教育年度报告

张 博 胡瑜兰 李 唯 荣 蓉

一、中国数字出版教育的新进展和市场需求

壮大数字出版产业、发展数字出版，已上升到国家战略高度。数字出版业根据前期经验、融合内外优势不断寻求创新模式。媒体融合时代，出版的数字化转型升级和盈利模式、人才培养、资金运营等关系向好发展。2021年数字出版的新进展可以用"市场化、技术化、促融合"来概括。

（一）承上启下，国家扶持与技术赋能数字出版产业链

从"十二五"到"十三五"再到"十四五"，数字出版都是顶层设计的主攻方向，数字出版作为传统出版向互联网转型升级的手段与结果，接下来将会向与大数据、区块链等技术深度融合进军。自2019年开始，国家新闻出版署推行扶优扶强，支持数字精品项目。2020年12月，第十届中国数字出版博览会上提出"推动出版业数字化水平在'十四五'时期上一个大台阶"[1]。由此可以看出主管部门对于出版业数字化进程高质量推动的关注。此外，从平台行业出发，从版权获取到内容创作和加工、再到营销，每一环节都需要参与市场化，出版机构将版权内容二次加工并实现内容变现，精准定位用户，满足用户多元化场景化的需求，探索收益来源和推广渠道等方面存在的问题。数字出版项目要不断完善与升级，才能适应市场化。

---

[1] 中国新闻出版广电网. 第十届中国数字出版博览会在京举行张建春出席开幕式并作主旨讲话 [EB/OL]. https://www.chinaxwcb.com/info/568313.

"云计算""大数据""5G"等技术的渗透,人们的日常生活逐渐离不开互联网的存在,出版业作为文化产业,也需要根据时代需求进行技术加持。尤其受到2020年新冠肺炎疫情的影响,数字阅读需求急剧上升,产业链的各端随之加快布局整合,科技的融入给传统出版带来更多的可能性,也是一次难得的发展机遇和挑战。数字出版绝不仅是传统出版的数字化,数字出版发展的目标是从产品制造商向服务提供商转型,数字出版在资源与数字之间需要化学反应,而不是载体转变①。数字化时代,数字图书的购买、储存与保护、复制与传播是不可避免的课题,内容爬虫对出版商、数字阅读平台、消费者的利益严重损害。而区块链技术的加入,使数字图书管理更加规范化和可追溯,它具有去中心化、透明、安全系数高等特性,能将数字图书的出版、发行、销售等信息完整记录于区块链中,作者、出版商、平台对于版权溯源和确认更加便利,基于区块链技术的数字出版版权管理模式能协助改善数字出版各环节的质量和效率,不断激发数字出版的创新动力②。

(二)资本助力,内外部推进供应链结构性改革

数字出版业作为文化产业在数字时代的盈利新风口,具有经济价值和文化价值的双重属性。2020年9月,中共中央办公厅、国务院办公厅印发了《关于加快推进媒体深度融合发展的意见》,加强技术在新闻传播领域的前瞻性研究和应用,旨在推动数字出版在媒介融合背景下的动态发展,有学者提出"数字出版供应链"的概念,即"围绕数字内容生产、服务、消费形成的覆盖著作权人、内容生产商、内容运营商、技术提供商、数字内容用户等多方主体的供应链网络,具体表现为数字出版产业各环节之间资源、产品的计划、组织、协调和控制的一系列关联活动"③。据《2020—2021年中国数字出版产业年度报告》显示,2020年,我国数字出版产业整体收入规模超过万亿元,达到11 781.67亿元,比上年增加19.23%,呈现逆势上扬态势④。从外部环境来看,国家对于文化产业虽然保持积极推动的态度,但资金投入仍有缺口需补充,应

---

① 张忠凯. 新形势下数字出版高质量发展的趋势分析 [J]. 出版广角,2021 (22).
② 吴赟,刘倩. 技术升级背景下数字出版供应链优化路径研究 [J]. 出版广角,2021 (22).
③ 吴赟,刘倩. 技术升级背景下数字出版供应链优化路径研究 [J]. 出版广角,2021 (22).
④ 中国数字出版产业年度报告课题组,张立,王飚,李广宇. 2020—2021年中国数字出版年度发展报告(摘要)——"十三五"收官之年的中国数字出版 [J]. 出版发行研究,2021 (11).

该不断用政策加强激励，用资金加大支持。从内部环境来看，"价值共创"的新视角出现，即以屏幕为中介，连接一对一或者一对多，读者、作者、出版商都可以作为端点参与价值的创作过程。"价值共创"是由 Prahalad 提出的一种新的价值创造方法，即以个体为中心，由消费者与企业共同创造价值。对于数字出版业来说，消费者或者说数字阅读平台用户的参与能够不断完善出版商提供的服务，发现并改良新产品、抢占市场机会、提高品牌知名度等。对于出版而言，数字阅读的出现，让受众借由平台表达分享、反馈，受众的价值和作用在产业链的中越来越强，将价值共创理念引入出版的价值研究，能够帮助出版行业合理地整合、利用消费者资源，让消费者与出版企业共同创造经济价值与文化价值的"win-win"双赢。①

（三）校企合作，共促智能技术型人才培养

2021 年 12 月 28 日，国家新闻出版署已经正式发布《出版业"十四五"时期发展规划》（以下简称《规划》），明确提出要壮大发扬数字出版产业。《规划》要求"实施数字化战略，强化新一代信息技术支撑引领作用，引导出版单位深化认识、系统谋划，有效整合各种资源要素，创新出版业态、传播方式和运营模式，推进出版产业数字化和数字产业化，大力提升行业数字化数据化智能化水平，系统推进出版深度融合发展，壮大出版发展新引擎"。《规划》特别强调了数字出版产业的智能化发展与应用，而这也是顺应数字时代发展的必然趋势。

随着互联网技术的快速发展和全方位的深入应用，特别是大数据、云计算、人工智能、区块链和 5G 等备受关注的新一代信息技术的迭代应用，推动了出版业转型发展，让出版业焕发出新的行业形态和生态②。例如，5G 技术的快速发展与商用化的普及促使信息传输速度得到了极大的提升，更加有利于各种高清音源和视频媒介的快速传播，进一步加快了出版内容向富媒体化的转变。VR、AR 等技术进一步丰富了内容呈现形式，加强了与出版物消费者的实时交互，使出版内容更加多元化和个性化，解决传统出版业缺少互联网属性、难以提供增值服务的问题。人工智能、大数据技术的迅猛发展与快速普及让出

---

① 吴瑶，王雪晴. 价值共创视角下数字出版的双重价值重塑［J］. 东南传播，2021（10）.
② 刘九如. 数字出版高质量发展析论［J］. 现代出版，2022（01）.

版流程发生了巨大的转变，同时还较好地优化了出版服务模式。特别值得指出的是，基于大数据的智能分发与个性化推荐深刻地影响和改变了数字出版内容的分发机制和出版物消费者的选择范围。而对于当下的技术热门区块链而言，数字出版中的知识版权保护与管理则是区块链最重要的应用落地场景之一，运用区块链数据透明、不易篡改、可追溯等极具可塑性的技术特点，将在数字版权的确权、保护、交易结算和溯源验真等实际场景中得到应用，从而帮助出版业建立起更完备的版权信用体系。

这些正在急剧发生的技术革新与出版业态变化也督促着我国的数字出版教育在技术型人才需求与培养方面的转型。高水平的智能化、数字化编辑出版人才是实现出版数字化和智能化的关键，因此管理人员需要不断加强对数字化编辑出版人才的培养。需要管理人员不断提升企业内部编辑出版人员对数字化技术与新兴智能化技术的应用与理解水平，同时需要不断加强企业内部数字化技术人员对编辑出版的了解程度。这就需要出版企业加强对企业内辑出版人员以及数字化技术人员在这些方面的培训与管理工作，并对其展开定期的考核，促进编辑出版人员数字技术水平的提高，加强数字化技术人员出版编辑能力的培养。从而保证编辑出版人员能够很好地应用数字化技术进行相应工作，不断提高编辑出版的数字化技术与水平[1]。只有培养出懂得数字智能技术如何运作的数字出版人才，才能更好地利用最新的技术在实际工作中发挥出最大的自身潜力和才能。因此要更紧密地加强校企人才培养交流，从人才输送的源头提高毕业生走上工作岗位的适应能力。对从事出版的企业而言，需要及时将适宜的真实项目作为对高校人才的实训内容，紧跟业界的实际变化与业务需求，配合高校师资力量共同编写具有实践性特色的实训教材，并通过考核等方式来配备具有丰富经验的技术型导师及共建实训学习基地等[2]。对于高校来说，要给予社会化培养项目更大的资源配置权和自我发展空间，使资金、无形资产、人力资产、信息技术资产等向优质项目和优质人才聚集。只有两方通过这种方式共同发力，才能更好地实现校企联合培养技术型人才。

为了更直观地了解数字出版行业人才需求，本报告从百度百聘、应届生求

---

[1] 卫普. 数字出版技术与编辑出版数字化探析［J］. 中国报业, 2021 (15).
[2] 朱军, 张文忠. 产教融合背景下数字出版应用型人才社会化培养探究［J］. 新闻世界, 2021 (02).

职网两个招聘网站作为数据取样来源，以"编辑主任""发行""数字出版主管""数字出版主任""网站运营""网站运营主管""校对""新媒体运营编辑""新媒体运营主管""责任编辑""主编"为搜索关键词，共抓取2022年数字出版相关招聘信息762条。通过内容分析，发现职业技能为最重要的招聘要求，相关岗位需求描述有1 734个（因为招聘信息里可能有重复的相似描述）。其次是关键能力，关键能力相关的岗位需求描述有1 237个，数字出版行业的快速发展，同质化和样板化问题越来越显著，因此需要从业人员不断提高自身创新、沟通能力，一定的外语能力也是胜任岗位的考量因素之一，以此为市场注入源源不断的新鲜血液。然后是专业知识，相关岗位需求描述662个，数字出版技术需要从业人员专业知识过硬，熟悉数字生产模式和营销手段，抢占更大的市场。职业素质也是较重要的，从业人员需要具备相应的品德和素质，相关岗位需求描述346个。最后是文化基础知识，相关岗位需求描述最少，仅276个。

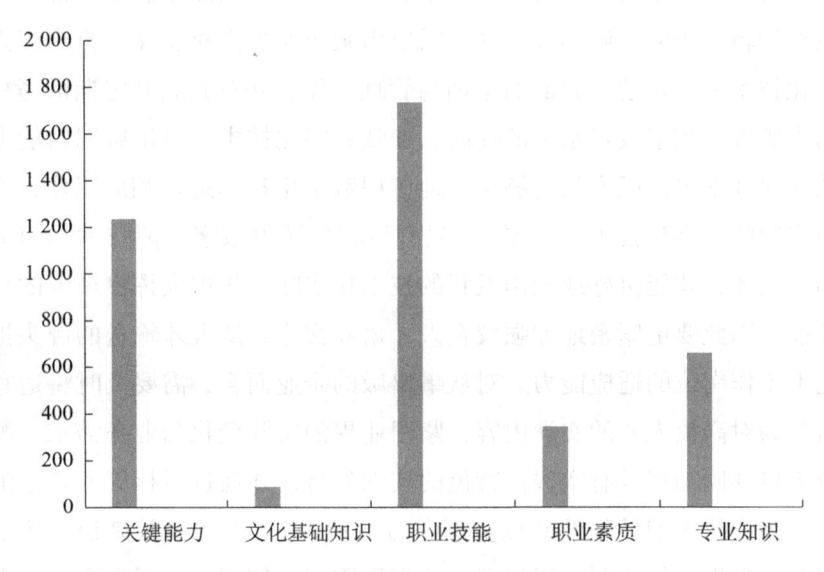

图1　岗位需求情况（单位：个）

其中，专业知识细分为出版专业知识、数字媒体经营管理知识、信息科技应用知识、新媒体应用技术知识、出版法律法规知识等，出版专业知识包括出版学知识、编辑学知识、图书学知识、中西方文化知识、传播学理论知识、社会心理学知识、选题策划知识、编印发出版流程知识以及出版美学知识（含装帧设计）等；数字媒体经营管理知识包括市场调查与分析知识、公共关系学知识、信息资源管理知识、媒介经营与管理知识、数字资产管理知识等；信息客户及应用知识包括计算机网络技术知识、数据库技术知识、信息安全技术知识、网页设计技术知识、电子出版物制作知识、XML技术基础知识、数字版权保护知识、跨媒体出版知识等；新媒体应用技术知识包括数字内容管理知识、新媒体存储知识、媒体传输知识、新媒体再现知识和媒体表达知识等；而出版法律法规知识即出版法律法规，特别是版权保护知识。

在职业技能细分指标中，信息加工技能占比44%，新媒体运用技能和选题策划技能占比22%和19%，创作技能和出版商务技能占比最少。

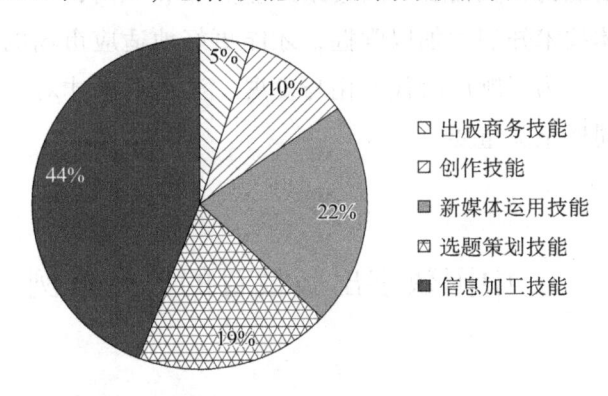

图2 职业技能需求情况

在专业知识细分指标中，可以直观看出新媒体应用技术知识占比一半以上，具有56%，说明数字出版行业较重视和关注新媒体市场，如拥有专业的出版方面知识、版权维护和知识产权保护、微博、微信、抖音等新媒体矩阵的相关运营管理知识，以及从事数字出版行业人才需要熟悉的计算机、互联网、信息科技等。

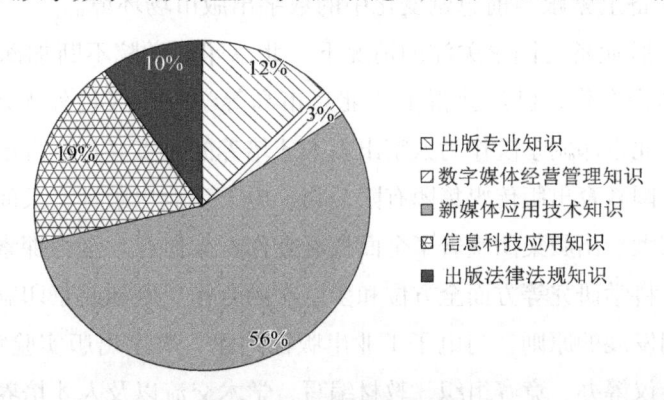

图3 专业知识需求情况

227

根据上述2021—2022年度数字出版相关的招聘信息分析结果来看，市场对数字出版行业的人才需求正在逐渐发生偏移。更多的企业将格外看重从业者对于数字出版职业技能的掌握能力，在此之中又以对求职者信息加工技能和新媒体运用技能的需求最为突出。而类似地，在专业知识细分需求中，同样也以新媒体应用技术的知识需求和信息科技应用的知识需求最为显著。由于可用于数字出版行业的新媒体技术和新概念在不断推陈出新，技术驱动产业发展已逐渐成为常态，对于从业者来说，除了发展自身在沟通、合作和创新等方面的综合职业素质能力，更需要不断紧跟产业热点和风向，学习最新的信息科技知识和新媒体技术知识并加以掌握，才能更好地适应市场的需求；对于数字出版教育而言，为了顺应时代变化与发展，注重对人才对于当下关键新媒体技术的培养同样至关重要。

二、中国数字出版教育的典型范例

（一）深度探索校企合作模式，彰显联合培养优势

要想培养出更加具有市场适应力、能快速融入行业中实际工作内容的数字出版业人才，势必需要不断加强开设了数字出版相关专业的高校与出版企业之间的深度合作，以此保证从高校数字出版教育中走出去的行业人才，能在知识储备与心理准备上紧跟当前急剧变化中的数字出版市场环境。

在数字出版业备受国家关注的情况下，北京印刷学院不断加深与各个出版企业之间的紧密合作，已经获得了"北京市高等学校市级校外人才培养基地"的荣誉称号。北京印刷学院作为数字出版人才培养的重点高校，现已与中国出版集团公司、中国教育出版传媒集团有限公司、电子工业出版社、天闻数媒科技有限公司等国家大型出版集团签署了全面战略合作框架协议。全力探索与出版行业在人才培养、科学研究等方面全方位和多层次的合作。例如北京印刷学院遵照优势互补、共同发展的原则，与电子工业出版社共建"数字出版实验室"，在科学研究、专业会议筹办、竞赛组织、教材编写、学术交流以及人才培养等方面进行深度合作。除此之外，北京印刷学院还与天闻数媒科技有限公司开展合作，挂牌

建立了"北京印刷学院实习基地",并且会每年定期组织师生和择优选取毕业生,前往天闻数媒科技有限公司的北京研发中心进行深度实习。深度化的校企合作培养模式也为北京印刷学院达成 97.6% 的就业率发挥了极大的促进作用。

同样是校企合作,在 2021 年 4 月 28 日上午,湖北长江传媒数字出版有限公司与武汉理工大学举办人才联合培养基地协议签约暨挂牌仪式。长江传媒与理工大的合作已久,希望以此次更进一步的校企合作为契机,搭建产学研的平台,加快、加强建立互惠互利的通路。通过高校年轻人的创意,为企业带来思想活力。同时也让数字出版企业为高校中未来的数字出版从业者更真实地揭示在实际工作中正在发生的产业变革。

此外,上海新闻出版职业技术学校与张江国家级数字出版基地、金山国家绿色印刷示范园区也建立起了校企合作的战略联盟,以深度探索在政府引导下充分发挥行业作用的校企合作全新模式。该校邀请了企业深度参与学校人才培养模式改革,与上海世纪出版集团、上海新华传媒、上海铁路印刷有限公司和上海雅昌艺术印刷有限公司共同打造符合行业发展动向的数字出版专业,共同开发教学标准,并让企业的一线行业从业者指导实训教学。该校每年学生对口就业率高达 93.84%,毕业生普遍受到企业单位的欢迎和认可,彰显出了校企联合培养的优势。

(二)善用多方资源,培养复合型人才

当下,随着媒体的一体化发展越发深入,数字出版行业人才也需要具备更加全面丰富的媒体掌控能力。出版社机构需要敏锐意识到坚持自我改革以及人才管理模式的重要性,应该把握行业特性,在数字出版教育方面上加大人才力度培养。不仅需要坚持自身教育改革,也需要积极把握外界资源提高行业竞争力。在国外,一些优秀的出版机构通常会与数字出版能力较强的专业院校进行合作,两者强强联合,培养优秀的出版人才队伍从而实现产学研一体化,提高数字出版平台的专业水准。国内,中国南方出版传媒集团就与北京出版社合作建立了专业数字出版博士后基地,结合大学理论和出版行业实践,培养数字出版行业的新人才。在行业内部,编辑则更加注重高级人才的培养,应用综合思维培养媒体人才。除此之外,出版机构也格外注重创新内部管理制度,完善职能分配,并根据各种情况分配专业工作人员。比如,人民教育出版社成立专门

的数字公司进行数字产品的研究与开发，持续推动教材立体化建设①。

我国已经进入互联网高速发展时代，对教育出版行业在互联网的商业模式也提出了更高要求，行业需要更加注重消费者的使用需求，并及时地对用户需求做出迅速敏捷合理的反应。因此，为了更好地服务用户，作为教育出版的编辑人员就需要把握商业迭代思维，为用户提供更好的服务，做好相应的产品服务工作。数字出版行业需要加强与互联网企业的合作，比如在运营方面，因为互联网企业有着更为天然的网络运营土壤，出版行业有着基础最扎实的内容底蕴，两者互补可以最大化发挥各自优势。行业与互联网通过良好的合作管理培养出复合型数字出版人才，在具体合作过程中，也需要积极学习互联网思维，提升数字出版人才队伍知识深度②。

（三）重视国际化人才培养，赋能出版业全球竞争力

经济全球化使国际竞争成为现代企业必须面对的现实，国际竞争力也成为企业发展的硬实力之一。中国出版"走出去"，积极参与国际竞争成为新时期出版业发展的趋势。出版企业从品牌产品策划、编辑到国际营销的全流程，都和高素质国际人才团队密不可分。③

在立足全球做出版的目标指引下，北京印刷学院以"引进来"与"走出去"相结合的思路，利用双向路径培养出版人才。在"走出去"方面，北京印刷学院积极贯彻"外培计划"，与英国斯特灵大学、美国佩斯大学等学校联合开办国际班，联合培养本科生和研究生，鼓励学生出国留学、教师出国进修。在"引进来"方面，学校聘请了新加坡国立大学周志颖教授、美国西伊利诺伊大学唐勇教授等为特聘教授，积极承办国际会议，承办斯特灵大学新闻出版课程中国学术周，与境外高校共建专业信息共享平台。④

在国际层面上，以日本为例，日本设立了文化产业专业人才库、人才培养委员会、教育认证课程等，关注人才的职业培训，为人才们提供更多国际交流机会。目前，我国国际化出版人才队伍知识结构单一，多是从外语、管理等专

---

① 张今歌. 新媒体时代教育出版的新机遇与创新路径［J］. 出版广角，2021（22）.
② 杨柳. 互联网+环境下教育出版编辑人才培养的思考［J］. 新闻传播，2020（20）.
③ 戚德祥. 基于提升国际竞争力的出版企业国际化人才培养［J］. 中国编辑，2019（11）.
④ 李德升，陈丹，张聪聪. 高校出版人才培养的多维创新——以北京印刷学院为例［J］. 北京印刷学院学报，2018，26（12）.

业转行而来的从业者，大部分编辑出版专业毕业生的知识能力，也难以满足国际化出版人才的标准要求。客观上看，我国出版高等教育国际化人才培养起步较晚，且相关院校专业设置与国际化人才需求目标相脱离。

大部分国际化人才培养的重任，更多地落在出版企业身上。如江苏凤凰集团实施"凤凰育才计划"和"凤凰聚才计划"，通过人才队伍建设推动集团高质量发展，以博士后工作站招揽英才，资助海外培训、凤凰学院培训，建立薪酬改革激励机制。安徽出版集团选派16位员工赴Oxford Brookes University开展出版产业培训，全方位了解出版产业发展的新模式、新动态、新趋势。[①]

三、中国数字出版教育发展的主要问题

（一）人才培养理念陈旧

在数字化出版时代的背景下，许多高校的人才培养理念已经无法适应时代的发展，也没有改善以知识传授为主的教学模式，当前高校的人才培养体系仍然以传统出版业知识传授为主，高校课程改革的速度无法紧随数字出版业的发展。另外，现阶段数字出版产业正朝着纵深发展的方向，涉及领域不断扩大与细化，包含在网络音乐、网络教育、网络动漫、知识服务、移动服务等领域的业务拓展，高校在人才培养计划中往往忽视人才培养的多元性和层次性，培养理念、培养目标大同小异，区分度不大，难以培养出不同领域的人才，难以满足行业的实际需要。

（二）学科定位较模糊

目前有许多高校都开设数字出版专业，专业所属学院不尽相同，通常是建立在出版印刷学院、新闻传播学院或是计算机学院之下。不同的一级学科影响了各学校的数字出版专业的不同定位，而清晰明确的专业定位和培养目标，关系到课程体系、教学内容的确定。学科定位从前几年的以培养传统出版人才为

---

① 杨明，徐建华. 当前我国国际化出版人才队伍建设的困境与出路[J]. 出版广角，2021 (21).

目标，渐渐向培养数字出版人才转变，但受一级学科的限制，数字出版专业的定位存在过于模糊或是狭窄的问题。不同的专业定位关系到学生未来就业择业，过于模糊、宽泛的专业定位，将造成学生学而不精，而定位狭窄将造成知识面狭隘、无法适应社会需求等问题。

（三）产教融合互动不足

产教融合是解决高校数字出版人才培养中存在的师资力量和设备资源难以匹配问题的路径，这就需要借助数字出版人力资源和设备资源，但数字出版企业处于不断发展和变革的过程中，产学研结合的目的大多是借助高校的人才实习资源完成企业自身基础资源和平台服务的转化，而这种途径下的人才培养不具有系统性和长远性规划。比如，对于应用型人才培养的目标定位，校企双方存在不一致，合作时学生大多参与商业实践性的重复操作，有时由于教学时间的冲突，企业数字业务有些学生往往无法参加。因此，他们无法实现数字出版人才产学研联合培养的目标，人才合作培养计划无法持续进行下去，校企产学研融合也没有有效的保障机制。

四、加快中国数字出版教育发展的对策

随着新兴前沿技术不断革新与数字出版行业深度发展，为解决高校出版教育与行业人才实际需求脱节这一核心矛盾，本报告总结出以下几点。

（一）建立长效合作机制，打造协同育人模式

面对出版业态中毕业生难以短时间内胜任出版编辑工作这一问题，高校在培养学生理论性知识时应同时培养学生的实践性、社会性，例如与企业建立长效的合作机制，加强与出版行业之间的联合培养。具体操作如，高校可将行业动态带入校园，为学生争取更多的与业界接触的机会，举办诸如前沿讲座等，让业界精英走进校园、走近师生，从而把更多行业声音与需求传达进校园，防止出现人才培养需求与市场人才需求脱节的尴尬，同时可助力开展实践培训、暑期工作等活动，以培养提高学生解决问题以及理论运用于实际的能力。

例如，北京印刷学院为学生搭建了校内校外联合培养基地，切实保障学生在培养过程中实践性的塑造。在校外，学校与杭州国家数字出版基地等7个国家数字出版基地签订合约，保障出版人才实践性培养的落地，在校内，新闻出版学院与艺术科技电子出版社建立实习中心，让学生足不出校也能拥有实践基地。因此，通过建立良好的合作机制，有助于助力高校培育出综合性的编辑人才。

（二）直面人才需求，转换培养理念

研究认为，出版业复合型人才应该具备以下几点要求，第一，需要了解出版行业内涵和价值、热爱出版内容和普及；第二，对新技术敏感、具备相应业务处理能力；第三，具有良好的文字功底和编写能力；第四，具备基础计算机技能、产品营销能力。高校应该紧紧把握市场需求导向，不断研究人才需求变化，为行业发展培养人才，争取在激烈的人才培养竞争中占得一席之地。

首先，文字功底和编辑能力是出版人才最基本的能力。出版业正经历着数字化、技术化的巨大变革，最基本的还是文本编辑的能力。大数据背景下，还需要从海量数据中提取信息，对这些零散信息进行分析，得出完整的分析结论的能力。其次，是掌握计算机运用能力。技术日新月异的发展，面对出版行业一次次浪潮，基本的计算机运用能力能够保证对技术方面冲击的从容应对。最后，具备推广能力和产品销售能力的出版人才更受业界的青睐，良好的推广和产品销售是绝对重要的。

（三）创新驱动产学研共同发展

出版业的技术发展日新月异，涉及领域日渐广泛，产业发展时常遇到各种不确定性，需要新思维、新模式、新应用的开发探索，业界需要创新性人才。创新型人才不但要有丰富且扎实的知识和专业经验，有敏锐的观察力和获取知识的能力，更需要有强烈的创新意识和创新思维以及互联网思维。这要求出版人才不仅限于内容、产品和传播形式的创新，还需拓展到用户的相关创新思维和措施，在管理、市场、服务等领域也是必不可少的。在国家提出创新驱动战略和媒介融合发展时代的背景下，要培养数字出版人才的创新能力和实践能力，学生积极参与各种创新活动，提高创造力，同时培养创造性思维，促进产、学、研协同发展。

（作者单位：上海理工大学）

中国国家出版产业基地（园区）研究报告

重庆华略数字文化研究院

2021年是中国共产党成立100周年，我国全面建成小康社会、实现第一个百年奋斗目标，建设社会主义现代化国家新征程全面开启。国家出版产业基地（园区）作为我国新闻出版产业的政策叠加区、核心业态集聚区、要素投入聚集区，对我国出版产业高质量发展形成有力支撑。

2021年，宏观经济社会发展不确定性变量增加，对出版产业发展带来巨大挑战，国家出版产业基地（园区）发展面临挑战。新冠肺炎疫情多地散发，产业供应链韧性承压，居民消费持续增长面临严峻调整，出版产业要素投入成本持续增加。尽管如此，国家出版产业基地（园区）亮点纷呈，部分基地（园区）建设投入、公共服务、平台搭建扎实推进，产业生态不断优化。激活市场要素在基地（园区）建设发展中被放到更加突出的位置。国家数字出版基地（园区）成为引领国家出版产业基地发展的重要支撑力量。随着宏观经济社会环境地不断演化，国家出版产业基地（园区）发展梯队分化进一步显现。

一、2021年国家出版产业基地（园区）发展概述

（一）基地（园区）规范发展进程进一步加快

一是部分省市加快将国家出版基地（园区）纳入产城融合发展大局。2021年9月28日，西安市人民政府印发《西安市创建国家文化和旅游消费试点城市实施方案》，明确提出提升高新区国家数字出版基地、经开区国家印包基地

产业规模层次，发挥曲江新区国家级文化产业示范区引领作用，并进一步与西安文化走出去贸易相关基地园区互为支撑。下一步，西安国家数字出版基地将成为西安都市圈发展的重要牵引平台。二是国家规范化管理机制加快传导至各国家出版产业基地（园区）分园区。2021年12月，安徽省开展国家数字出版基地审核工作，对合肥园区、芜湖园区进行了2020年度现场审核，检查合肥园区、芜湖园区运行管理发展情况。检查出版企业遵纪守法情况，了解企业经营发展情况。这一举措，对国家出版产业基地（园区）规范发展具有重要意义。多园区发展的国家出版产业基地（园区）的规范治理，将逐渐成为国家出版产业基地（园区）治理重要方向。

（二）国家音乐产业基地生态进一步完善

一是我国服务业对外开发音乐产业开放步伐加快。2021年10月18日，国务院发布《关于同意在北京市暂时调整实施有关行政法规和经国务院批准的部门规章规定的批复》，北京市暂时调整实施《营业性演出管理条例》等部门规章制度，增值电信、文化、教育等多领域对外资放开限制，扩大开放。在北京国家音乐产业基地等4个地方，允许外商投资音像制品制作业务，但我国要掌握经营主导权和内容终审权。二是重要项目投用促进国家音乐产业基地加快发展。2021年10月22日，位于浙江国家音乐产业基地萧山园区的核心产业园——中国数字音乐谷开园。该园区位于杭州国际博览中心A座"音乐大厦"，是杭州之江文化产业带重点项目，将有力支撑产业杭州国家音乐产业基地发展。三是音乐产业基地新生力量迸发发展活力。在2021年7月5日举行的"人文渡口·乐亮江湾"2021重庆钓鱼嘴音乐论坛上，相关负责人表示重庆市大渡口区钓鱼嘴半岛岛头、中段、后段规范已经明确，音乐聚落、六大功能性项目、音乐产业集群将陆续实施，音乐教育、音乐演出、艺术展览、休闲娱乐等定位将成为其产城融合发展方向，推动形成"音乐+"全产业链，打造国家音乐产业基地。

（三）基础设施、基础平台有力支撑基地（园区）发展

一是国家数字出版基地基础设施建设进一步完善。2021年12月2日，中建五局中标中南国家数字出版基地马栏山园区建设项目工程总承包项目，中标

额约 14.85 亿元。该项目位于湖南长沙"中国 V 谷"马栏山视频文创产业园，建筑面积约 29.3 万平方米，建设内容主要包括产业办公楼、高服务型公寓、多功能中心、数字文化艺术中心、演播中心等，成为近年来国家数字出版基地基础设施建设投入的代表性项目。华中国家数字出版基地第二期也将投入运行。二是公共服务平台持续完善，助力国家出版产业生态不断优化。2021 年 5 月 14 日，"长三角（中国）音乐版权服务平台"在上海揭牌。该平台是基于区块链、人工智能技术等新型数字化技术，整合音乐、版权服务机构、法律、金融等多方面资源，可对音乐作品内容进行存证、确权、监测，并为原创音乐人维护版权提供便利。2021 年 6 月，华中国家数字出版基地被批准为"湖北省首批现代服务业与先进制造业深度融合试点园区"，成为湖北唯一一家以文化产业为特色的试点园区，平台服务能力不断加强。

（四）基地（园区）公共服务能力不断提升

一是基地（园区）公共服务平台效能不断释放。2021 年 5 月 19 日，华中国家数字出版基地，举行财税专项服务活动，邀请德勤、安永在内的 7 家会计师事务所参与，梳理 2021 年度滚动执行税费的优惠政策，交流 IPO、新三板等资本市场进入调整机制，发挥数字文化综合服务平台功效。重要功能性公共服务为基地（园区）细致增效提供支撑。二是重要专业展会有力促进基地（园区）交流展示。2021 年 9 月 10 日，成都市文化广电旅游局、成都市音乐影视产业推进办公室主办了 2021 成都市音乐产业招商推介会。全国各地的 30 余家知名音乐企业、机构和成都当地 50 余家重点音乐企业参加，为国内重点音乐企业和成都本土企业搭建了良好交流平台。2021 年 9 月 23 日，第十七届中国（深圳）国际文化产业博览交易会举行，并举行了 2021 数字出版高端论坛。广东、山东、北京等 9 个展团充分展示了基地（园区）在培育、孵化、服务数字产业上的丰硕成果，8 个国家数字出版基地（园区）组织了优秀企业展示新产品、新技术、新模式。

（五）基地（园区）龙头企业引领产业生态优化

一是基地（园区）核心产业链延伸孵化新型业态。青岛国家数字出版产业基地依托数字产业联盟为纽带负责基地的运营，打造终端研发生产园区、数字出版内容园区、数字创意新媒体园区、软件研发园区等四大功能区。终端研发生产园区主要依托海尔、海信两家制造企业。海信旗下聚好看公司形成以内容、服务、会员、技术为竞争优势的"数字文娱"企业，形成了"硬件支持＋聚合数字内容"的发展模式，在家庭娱乐、数字教育、电子商务等领域形成了独特的平台优势。该公司以12亿美元估值连续三年被评为"中国独角兽企业"。二是基地（园区）核心集群、龙头企业促进产业集群不断成熟。2021年开标的中南国家数字出版基地马栏山园区，主要资源依托马栏山视频文创产业园，视频产业也将成为中南国家数字出版基地的核心业态之一。青岛国家数字出版产业基地的青岛出版集团，其科学大脑、虚拟现实教育、地方戏、青云国学馆等项目，取得了100余项软件著作权，成为支撑该基地内容产业发展的重要驱动要素。安徽国家数字出版基地合肥园区以安徽时代出版传媒和安徽广电传媒为中心，充分发挥图书、科教、影视方面的资源优势；芜湖园区则重点发展动漫游戏和数字化多媒体产业。

二、2021年国家出版产业基地（园区）发展特点

（一）融合发展不断加深

一是国家出版产业基地（园区）加快融入大文化产业集群。随着文化与科技融合进一步加深，国家出版产业基地（园区）加快融入省市文化和科技融合生态体系，成为大文化内容产业重要组成内容。如上海张江国家数字出版基地、华中国家数字出版基地、中南国家数字出版基地，充分发挥产业优势，成为助力文化和科技融合的重要驱动平台。二是国家出版产业基地（园区）加快融入区域产城融合进程。部分国家出版产业基地（园区）基础设施建设不断升级，成为区域城市建设、产业布局的重要内容，牵引区域经济社会环境的重要引擎。西安国家数字出版基地、北京国家数字出版基地、山东泰安新闻出版小镇、安徽国家数字出版基地芜湖园区均在城市建设、产业布局等方面，引导政策、产业、资本、人才等要素集聚，成为区域城市化发展的重要力量。

（二）发展梯队分化凸显

一是不同类型国家出版产业基地（园区）类型化发展趋势显现。依托数字要素、用户资源、技术要素的基地（园区）产业韧性表现亮眼，而依托土地、政策、人才等要素的基地（园区）面临较大压力。数字出版、数字音乐、动漫游戏类等数字内容为主的基地对新闻出版业繁荣发展的支撑作用越来越突出。数字化、绿色化、智慧化的业态特征，对新闻出版业高质量发展形成了显著的示范效应。二是国家出版产业基地（园区）资源集聚和要素投入强度差异，导致国家出版产业基地（园区）发展梯队分化加剧。随着传统资源要素红利逐渐减少，产业基础、发展定位、资源禀赋、治理效能、市场活力、技术创新等因素快速加剧基地（园区）梯队分化。北京、上海、广东、湖南、山东、湖北、浙江等地，在市场活力、科教创新、内容基础、资本环境等领域优势越发显著。相关基地（园区）特色业态、龙头企业发展迅猛，完善的行业生态体系形成强大虹吸效应。

（三）公共服务不断提质

一是公共服务平台体系建设进一步成熟。随着基地（园区）运行日趋成熟，业态逐渐稳定，市场主体对公共服务需求逐渐过渡到以能力提升为主，对技术创新、法律法规、财税金融、交流交易等方面的公共服务需求尤其旺盛。华中国家数字出版基地开展了财税、上市政策辅导；重庆数字出版年会升格为西部数字出版年会，成为区域性数字出版公共交流平台；深圳文博会也搭建了数字出版基地主题展览；成都国家音乐基地开展集中推介；上海国家音乐产业基地搭建版权治理网络平台。二是公共服务内容不断立足区域产业发展实际，聚焦企业需求，提升服务成效。国家出版产业基地（园区）的公共服务需求与技术、资金、政策、财税等更加集中涉及市场主体发展领域。中南国家数字出版基地等为代表的少数基地（园区）加强公共基础设施建设；西安国家数字出版基地成为区域城市化战略的重要驱动平台，被纳入区域专项规划。但总体来看，产业环境营造仍是基地（园区）公共服务平台建设的重点内容，如涉及税收、融资、项目、技术、数据等方面的政策解读、技术辅导、研发平台、交流交易等市场活动规范、辅导和支撑。

（四）治理方式不断创新

一是基地（园区）基本生产条件仍是治理重点领域。物理承载空间是国家出版产业基地（园区）的生产条件建设核心支撑。"单体园区""多园区""园中园""融合型园区"等不同模式对国家出版产业基地形成了持续影响。中南国家数字出版产业基地第二期与马栏山既有视频产业形成了补充；泰安国家出版小镇形成了出版印刷产业集群。单体园区、多园区等范围明确的基地（园区）能更加准确承接政策、资本、技术等要素，治理效能较高。二是要素治理逐渐成为基地（园区）治理的主要手段。技术、资本、内容、政策等要素逐渐成为国家出版产业基地（园区）的核心手段。随着基地（园区）物理空间的稳定，内涵建设成为支撑产业发展核心。政策体系关注焦点更加向内容、技术、人才、资本等要素集中。发挥既有内容资源禀赋优势、引进行业龙头企业打造产业生态、围绕相关行业打造产业聚集区成为基地（园区）代表性发展模式。青岛国家数字出版基地、中南国家数字出版基地是发挥既有产业资源禀赋的代表；重庆国家数字出版基地、成都国家音乐产业基地则大力引进相关行业优势企业。不同模式选择下，各省市在政策、技术、人才、资本等方面实施不同的排列组合，激发基地（园区）活力。

三、2021年国家出版产业基地（园区）面临的问题与对策建议

（一）国家出版产业基地（园区）面临的主要问题

1. 发展失衡愈加显著

国家出版产业基地（园区）发展失衡不断显现，区域间产业发展差距不断拉大。从空间布局来看，东—中—西三个地理单位出版产业基地布局数量梯次减少，导致不同区域产业发展动能层次不齐。从要素流动来看，京津、长三角、珠三角市场基础扎实，基地（园区）经济规模、优势业态、人才支撑呈现较强竞争力。从基础条件建设来看，单体基地（园区）具有更加稳定的承载空

间、更加清晰的治理机制，具有更加突出的产城融合、产业融合优势，整体发展韧性更强。

2. 品牌影响较为薄弱

国家出版产业基地（园区）品牌影响薄弱，内容、技术、资本、人才等生产要素的聚合能力仍然不足。新兴要素交易体系建设、公共服务平台建设、人力资源环境建设、市场生态建设等仍存在显著短板。国家出版产业基地（园区）在内容开发、技术创新、要素流动等方面缺乏对相关产业的有效支撑，行业巨头与基地发展融合性不足，国家出版产业基地（园区）的社会效益和经济效益提升还有待进一步加强。

3. 治理模式面临挑战

国家出版产业基地（园区）运营平台公司，涉及园区规划、产业规划、物业管理、园区运营、知识产权、金融服务、数字营销、技术合作等领域工作。随着内容产业供需关系的变化，基地（园区）治理机制从要素集聚加快向服务运营转型。尚未建立完善运营机制的基地（园区）将面临挑战；已完成基础设施建设的基地（园区），如何发挥好平台效能成为治理模式升级的重点方向。综合来看，基础条件建设已经步入成熟期，服务内容产业生态、释放基地（园区）承载潜能，是国家出版产业基地（园区）治理成效的关键。

4. 技术创新亟待提升

国家出版产业基地（园区）技术创新能力参差不齐，成为制约基地（园区）发展的重要短板。在基地（园区）创新生态建设中，企业的技术创新和应用能力不足、公共创新平台缺乏、知识产权保护不足、技术创新人才缺乏等问题仍然普遍存在。近年来，人工智能、虚拟现实等新技术不断普及，基地（园区）技术服务体系建设面临更大挑战。结合基地（园区）优势产业、特色产业、龙头企业，建设符合产业定位的技术创新与技术应用服务体系，构建技术孵化、研发、应用、交易体系，引导市场主体参与技术创新生态打造，已成为提升基地（园区）创新能力的重要课题。

（二）加强国家出版产业基地（园区）工作的对策建议

1. 加强顶层制度设计

从国家层面来看，要制定国家出版产业基地（园区）发展规划。提高对国家出版产业基地（园区）的定位，从社会、经济、行业等角度，进一步明确、优化国家出版产业基地的功能、类型和使命，结合国家、行业、区域的相关"十四五"规划，明确基地（园区）的产业、技术、空间布局，引导各基地（园区）差异化发展。从省级层面来看，要根据国家出版产业基地（园区）发展规划，各省市进一步明确基地（园区）的发展区域定位、产业定位、城市定位，立足区域产业发展布局，引导基地（园区）加快产业融合、产城融合、技术融合，提升出版产业基地（园区）对区域文化产业高质量发展的支撑。

2. 加强企业发展扶持

一是加强技术创新公共服务体系建设。推进全国出版产业技术创新公共服务平台体系建设，打造覆盖出版基地（园区）的技术孵化、研发、应用的平台，孵化一批面向出版产业的技术转移机构，促进先进数字技术与行业、企业技术交流与交易，降低企业技术创新壁垒。二是加强特色企业扶持，打造特色业态。扶持一批定位出版业技术创新的企业，提升国家出版产业基地（园区）的核心竞争力。围绕资源禀赋，培育具有区域特色的出版技术服务型企业，打造差异化业态。

3. 加强园区生态建设

一是优化国家出版产业基地（园区）产业结构。国家出版产业基地（园区）产业层次普遍较为单一，是以资本、人才、内容、技术富集的新兴服务业。优化基地（园区）产业结构，持续加强对基地（园区）生产要素体系建设、业态集群发展部署、产业时空布局的优化力度，支持企业开展技术、平台研发。二是着力打造优势互补的产业集群。由于国家出版产业基地（园区）产业同质化问题仍旧较为突出，娱乐、教育、音影等数字内容产业竞争激烈，传统内容产业发展缓慢。各基地（园区）须进一步凝炼特色业态体系，立足技术、内容、服务、市场、资本等差异化要素禀赋，打造差异化产业集群，形成优势互补的产业集群体系。

4. 加强品牌形象塑造

一是以融合发展促进国家出版产业基地（园区）提升产业发展动力。国家出版产业基地（园区）以第三产业为主，技术、内容、资金、人力、政策等要素密集，具有良好的产业兼容性。基地（园区）加大与先进数字技术类、互联网产业类、数字内容类、文旅产业类、文化贸易类等不同类型基地（园区）融合发展，提升各类生产要素流集聚效应，促进产业发展动能不断提升。二是支持国家出版产业基地（园区）探索企业园区建设。根据游戏、动漫、音乐等不同业态类型，遴选龙头企业挂牌设立一批单体式国家出版产业基地（园区），制定专项政策，围绕龙头企业培育业务生态群，以龙头企业发展促进国家出版产业基地（园区）社会影响力，提升国家出版产业基地（园区）品牌含金量。

四、2022年国家出版产业基地（园区）发展展望

（一）要素驱动进一步加强

一是政策牵引模式加快转变。长期以来，国家出版产业基地（园区）以产业政策红利驱动的发展模式加快转变。土地、财税、物业等因素对中小企业发展重要激励作用，人才、服务、配套、金融、等市场要素进一步成为龙头企业的关注因素。二是要素体系培育加快。国家出版产业基地（园区）对金融服务、人力资源、公共服务等要素体系投入进一步加强。基于基地（园区）企业需求的要素服务体系建设，加快成为基地（园区）重塑产业优势的重要抓手。三是市场的决定性作用发挥加快国家出版产业基地（园区）发展。行政服务、产业政策更加依托市场化手段发挥作用，资本、技术、内容等要素逐渐成为国家出版产业基地（园区）稳定发展的压舱石。

（二）融合发展进一步加深

一是产业融合发展加快。国家出版产业基地（园区）与内容产业、文旅产业、数字技术等数字文化相关产业的融合发展进一步加深，产业业态多元创新进一步加快。特色文化与科技融合发展成为国家出版产业基地（园区）特色发展的重要方向。二是产城融合不断加深。国家出版产业基地（园区）加快成为城市化发展的重要驱动力量。内容类、技术类基地（园区）的服务业属性，促进区域形成就业环境不断优化。部分基地（园区）基础设施的兴建对加强城市建设、提升社会投资等亦有重要促进作用。三是基地（园区）融合不断加快。

国家出版产业基地（园区）与广告、数字服务、文化走出去、文化外包等领域的基地（园区）融合发展进一步加深。游戏动漫、数字文旅、人力资源、智能终端等领域基地（园区）与国家出版产业基地（园区）互为有效支撑。

（三）技术创新进一步提升

一是5G、大数据、云计算、人工智能等新技术引领基地（园区）提质增效。先进数字技术成为驱动国家出版产业基地（园区）的核心因素。各类技术应用推广不断加快，行业应用场景不断丰富，新业态、新模式、新产品、新服务不断涌现，基地（园区）发展质量不断提升。二是促进消费升级战略加快基地（园区）技术创新。随着各项促进项目升级措施不断落地，数字内容消费促进文化消费复苏加快。各基地（园区）聚焦技术创新，形成行业特色技术、创新优势，成为提升竞争力、降低综合成本的重点领域。三是新消费场景开发成为基地（园区）企业竞争新领域。新技术的社会普及率提升，加快国家出版产业基地（园区）企业开发新消费场景，提升技术渗透率。5G、人工智能、虚拟现实等先进技术应用在出版产业中的应用进一步加深，将进一步提升基地（园区）企业竞争力。

（四）区域竞争进一步加剧

一是产业发展要素驱动区域差距进一步拉大。随着经济高质量发展战略深化，国家出版产业基地（园区）的竞争逐渐聚焦在资本、数据、人才等生产要素。位于京津冀、长三角、珠三角等具有先发优势基地（园区），竞争优势将进一步加强。二是基地（园区）发展对文化产业高质量发展注入活力。经济高质量发展将进一步促进实体经济复苏，为新闻出版小镇、国家印刷包装产业基地注入发展动力。国家音乐产业基地、国家数字出版基地（园区）的快速发展，促进数字文化产业成为我国文化产业高质量发展的重要支撑。三是国家出版产业基地（园区）类型分化将进一步突出。国家数字出版基地（园区）将成为支撑新闻出版业发展的中坚，国家音乐产业基地将促进数字文娱产业不断提升。

（课题组成员：袁毅、巫国义、陈璐、刘爱民）

中国出版与虚拟现实融合发展研究报告

尚 烨

当前，传统出版与数字出版融合发展不断提速，由一到多、由点及面的多形态融媒体产品纷至沓来。技术为翼，推动了更多趣味性、创意性及意义性兼备的内容生产，新阅读形式和传播形式吸引越来越多的读者、网民参与，不断引领出版新风潮。据国际数据分析公司 IDC 最新发布的《2021 年第四季度全球VR/AR 头显市场季度跟踪报告》显示，2021 年是 VR/AR 头显市场继 2016 年后再度爆发的一年，行业生态更加健康，产业基础更为牢固。同时，技术和产业生态的持续发展，推动着虚拟现实理念不断迭代升级，受元宇宙概念的推动，中国市场新一轮竞争已拉开序幕。

一、出版与虚拟现实融合发展现状

（一）政策红利持续加码　创新发展再添动能

2021 年，虚拟现实领域市场规模增长势头强劲，迎来新一轮政策红利密集释放期，VR/AR 产业提供的沉浸式体验成为政策重点关注内容，主要集中于虚拟现实的深度应用和产业融合。国家层面，《中华人民共和国国民经济和社会发展第十四个五年规划和 2035 年远景目标纲要》提出实施数字中国国家信息化发展的新战略，未来 5 年中国数字技术和实体经济将深度融合，催生出云计算、虚拟现实（VR）、增强现实（AR）等七大重点数字经济产业。国务院印发《"十四五"数字经济发展规划》，指出要探索发展跨越物理边界的"虚拟"产业园区和产业集群，加快产业资源虚拟化集聚、平台化运营和网络化协同，构建虚实结合的产业数字化新生态。深化人工智能、虚拟现实、8K 高清视频等技术的融合；工业和信息化部等十部门联合印发《5G 应用"扬帆"行动计划（2021—2023 年）》，指出要推动虚拟现实/增强现实等沉浸式设备工程化攻关，重点突破感知交互、内容制作等关键核心技术，重点支持建设与 5G 结合的人工智能、增强现实/虚拟现实（AR/VR）等共性技术平台；教育部等七部门联合印发《"十四五"特殊教育发展提升行动计划》，指出要鼓励充分应用互联网、云计算、大数据、虚拟现实和人工智能等新技术，推进特殊教育智慧校园、智慧课堂建设；国家新闻出版署印发《关于开展出版业科技与标准创新示范项目试点工作的通知》，指出要加强虚拟现实技术在出版领域的创新应用和研究。地方层面，2021 年我国绝大部分省份均出台了相关政策以加强虚拟现实技术的应用和产业融合，如北京提出要在爱国教育、工业制造等领域加强虚拟现实技术的运用；也有部分省市 2021 年制定了虚拟现实行业相关发展规划，如江西就在《2021 年虚拟现实产业发展工作要点》中提出 2021 年，全省重点建设 2—3 个虚拟现实产业基地或产业园区，力争全年虚拟现实及相关产业营业收入突破 500 亿元、力争 600 亿元。根据我国重点省市 2021 年的虚拟现实相关政策，总结得出主要省份对于虚拟现实的应用融合不同的侧重点。北京主要是将虚拟现实技术融合在爱国教育中；河北、山东、广东等工业、制造业发达的地区，政策鼓励将虚拟现实技术应用在工业制造中；上海、深圳、杭州等新型智慧城市，虚拟现实技术则被鼓励应用到数字化建设和城市管理中。

我国虚拟现实基本目标是：到 2025 年我国虚拟现实产业整体实力进入全球前列，掌握虚拟现实关键核心专利和标准，并且要在虚拟现实与工业制造、学习教育、文娱活动、外贸商务等方面加强融合和应用。[①] 要真正推动政策落地见效，秘诀在于积极引导新闻出版行业申报科技项目，帮助新闻出版业用足用活产业政策，真正把政策红利转化成促进行业融合发展的原动力。

（二）5G 网络逐步覆盖　虚拟现实技术助推媒体融合

5G 商用加速到来，提升了网络传输速率并降低了时延，有效缓解了 VR/AR 产业痛点，开启了 VR/AR 产业发展的新一轮热潮，推动 VR/AR 的应用范

---

① 佚名. 虚拟现实技术的发展将使得哪些行业受益［EB/OL］. 电子发烧友网 http：//www.elecfans.com/vr/1039765.html－2019.

围从直播、游戏等消费娱乐领域,加速向传媒、医疗、教育、出版等垂直领域渗透,实现规模化发展。构建跨越云端的新业态,多维度拓宽用户在身临其境等方面的体验需求,进而促进虚拟现实技术与媒体行业的融合创新。当前,VR/AR 是最具代表性的未来媒体业务应用,传媒业已经站在 5G 应用的风口上,不断重塑传播格局,催生新业态。

近年来,传统主流媒体和新兴媒体变革进入时代深水区,在 5G 时代,观众可以借助技术和相应设备沉浸式感受 360°全景新闻现场,而媒体工作者则可以借助技术力量,减少报道过程中不可避免的信息流失。媒体行业,视频、图像处理需要庞大的计算能力。到了 5G 时代,计算和通信开始融合演进,两条曾经的平行线合二为一,媒体技术将面临一个比通信领域广泛得多的生态系统[①]。国内主流媒体纷纷扩大 VR 业务,VR 新闻作为一种崭新的又饱含承继性的媒体形态,发展 VR 新闻也是对新闻价值体现的不断探索,需要大胆拥抱技术变革,努力推动内容、平台、技术携手共进,实现产业发展与社会价值的双向互通,为 VR 新闻发展赢得更多发展空间。

1. 虚拟现实技术赋能报业集团融合发展

虚拟现实技术打造全媒体宣传矩阵,强化互联网宣传阵地建设。为迎接中国共产党成立 100 周年,中国日报推出 AR 特别报道,用户扫描头版海报图片,南湖红船、石库门会址等一大重要场景就跃然纸上,并辅以纯正地道的英文阅读和介绍,让全球的阅读者瞬间"穿越"百年,了解党史故事,得到全球报纸读者和网民的热烈欢迎。在第四个中国农民丰收节到来之际,人民日报全国党媒信息公共平台推出"VR 看丰收"优秀作品征集活动,通过跨媒体、跨地域、跨平台的联动,选出一批反映丰收主题的优秀 VR 作品,借助 VR 载体,带大家一同体味"万亩金黄,颗粒归仓"的震撼,领略"瓜果菜蔬,大地如虹"的魅力。以创新的融媒体形式,展示了我国新农村风貌,为宣传推进巩固拓展脱贫攻坚成果和乡村振兴有效衔接融合作出了积极探索。南京报业传媒集团《现代家庭报》传媒有限公司推出青少年党史国史教育基地 VR 网络地图,针对真实的南京党史国史教育基地展馆,通过 VR 全景摄像技术对重点景观进行全景拍摄,形成 VR 虚拟展馆,让青少年利用手机、电脑登录南京家庭教育网

---

① 陈光辉. 5G 与媒体融合[EB/OL]. 澎湃新闻,https://www.thepaper.cn/newsDetail_forward_7259016 - 2020.

即可足不出户线上浏览党史国史教育基地,将爱国主义教育基地与新型传播载体、传播手段相结合,创新爱党、爱国主义教育方式。虚拟现实技术加快新型主流媒体建设步伐,从媒体宣传手段,到探索与政务、服务的落地结合,传播力、引导力、影响力、公信力不断提升。

虚拟现实技术引领全媒体融合,已成为报业集团高质量发展的创新驱动力之一。甘肃日报报业集团甘肃省融媒体省级技术平台——"新甘肃云",其看看直播平台,结合5G、大数据、云计算、VR、AR等技术,实现对直播带货、打赏等运营支持,增强与用户的互动能力,极大丰富了县区融媒体中心传播形态,提升了各融媒体中心直播和视频生产能力,促进了消费新业态、新模式、新场景的普及应用。四川日报报业集团旗下封面传媒在集团整个可视化转型中,朝全场景可视化新闻、构建云端传播体系努力。在内容生产方面,使用3D技术全场景可视化还原现场,是封面传媒转型的核心竞争力;在传播体系方面,着力构建"4K+VR"全景直播、混合现实云发布、三维实景建模技术等传播技术体系。虚拟现实技术对封面新闻品牌价值和品牌影响力的提升起到了很好的推进作用,封面新闻-华西都市报已经成为报业集团"媒体+技术"融合的标杆之一。

2. 虚拟数字人技术推动媒体迈入智媒时代

2021年两会媒体报道方式亮点层出,多家媒体将智能化和虚拟数字人技术结合并应用于两会报道中,其中虚拟主播成为最大亮点,改变了以往传统的报道方式,给观众带来了全新的交互体验,也让"两会"这一类严肃的新闻内容具有了"创意感"和"亲和力",吸引了更多年轻群体的观看。央视网数字虚拟主播"小C"在特别节目"C+侦探"中首次亮相,虚拟主播"小C"与代表委员、专家学者互动,解读两会热点,以新鲜、独特兼具趣味性的两会报道方式快速出圈,深受广大网友特别是年轻人的喜欢;新华社新媒体中心与搜狗公司联合推出升级版的虚拟主播雅妮并带来跨场景沉浸式报道,虚拟主播可以实现"自由穿越",跟据采访的嘉宾不同,采访场景可以快速转换,还能与多地嘉宾同时连线、实时互动,不仅智能化,更加人性化;SMG融媒体中心的虚拟新闻主播"申䒕雅",以"虚拟人+真记者"联合报道的方式,共同分享两会热点,"申䒕雅"发挥出了虚拟主播不受时空条件限制的鲜明优势,她身着根据中心记者服装1:1真实还原的统一出镜服装,"空降"两会现场,以更为灵活的报道方式和独特视角,从两会现场持续发回"芣雅看两会"系列短视频,形式新颖、语态鲜活,令人眼前一亮。

随着 5G 网络逐渐覆盖、5G 应用不断普及,虚拟数字人技术被引入各大媒体,在这些技术推动跟加持之下,虚拟主播已经广泛地应用于各类播报场景。3D 全息投影与 VR、AR、AI 技术的升级迭代、VR/XR 等设备的普及和算力的提升让虚拟主播能向观众实时提供反馈互动,新闻报道的内容形态和表现形式得到全面升级。虚拟主播可 7×24 随时、随地、定制化地播报新闻,利用虚拟技术将热点新闻以更生动、更直观的形式传播出去成为新趋势,体现了虚拟现实、人工智能技术与媒体行业的深度融合,把技术与内容真正地结合起来,生发出了"1+1>2"的融合效能,也让行业看到了"传媒+科技"的更多可能。这种虚拟与现实跨界的内容和形态未来会越来越多,也给数字出版转型持续发力、媒体融合走向深入带来有益的经验和思考探索,不断扩展着未来新闻出版业的想象空间。

(三) 虚拟现实技术与图书阅读融合发展

1. VR/AR 技术驱动数字化场景阅读不断普及和深化

硬件和技术的普及,使音视频制作和接收变得更为便捷。高传输速率的移动互联网为数字化场景阅读提供了可靠的基础设施。读者获取信息、了解图书、深入阅读的行为方式已发生广泛而深刻的变化。图书出版带给大众的阅读场景,越来越呈现数字化、沉浸式、互动性、实时化、视频化的特点。

高科技让党史学习教育"活起来"。将党建图书与 VR 相结合,增加了产品的科技感和新鲜感,有利于调动党员干部群众的阅读积极性。广东省出版集团《梦想起航:中国共产党创立的故事》首次尝试将图书、党史教育与现代 VR 融媒技术有机融合,让青少年读者在 VR 融媒党建云课堂中,获得富有感染力、震撼力的 VR 一体机体验、VR 交互机体验和沉浸式红色剧场体验。在碎片化阅读中立体呈现了主旋律价值传播的系统完整性,充分满足了少年儿童非线性式阅读的偏好。

探索红色主题融合出版新路径。解放军出版社推出《星火燎原全集》(融媒书)是军事出版工作在融合出版大趋势下做出的一次创新实践。《星火燎原》AR 产品则是以书中《从藏身洞到地道战》一文为基础设计制作的一款"地道战"互动体验产品,将地道战知识的普及与用户的互动充分结合在一起。

践行中华优秀传统文化传播新举措。黄山书社出版的《AR 四大名著》利用 AR 技术将四大名著中的人物、场景、道具等多媒体化,对四大名著中人物、道具、建筑等知识补充延伸,使经典文学内容可视化、互动化,激发少儿对经典名著的喜爱,提升了可读性和传播性。

VR/AR 数字化教材实现沉浸式教育体验。人民教育出版社联合 Realmax 推出《k9 全栈式课程》,以 AR 技术赋能智慧课堂,使教材、教具和教学内容等资源相互建立起强关联,更好地辅助教师将抽象的学习内容形象化、可视化、直观化的展示出来,进而引导学生自主探索,提升其思维能力。北京大学出版社、人民卫生出版社、高等教育出版社与北京触角科技有限公司开展合作,致力于共同推广数字化教材。VR/AR 技术下的立体教材,将知识三维呈现,便于学生学习与理解。

2. 元宇宙概念兴起　阅读开启 5G 和社交化时代

元宇宙(Metaverse)的概念最早起源于科幻小说《雪崩》,描述了一个人类以虚拟形象在三维空间中与各种软件进行交互的世界。2021 年 10 月 28 日,Facebook 公司将名字改为 Meta,在全球范围内掀起了"元宇宙"热潮。以 5G 技术为支撑的 AR/VR/MR 头戴显示设备是连接元宇宙与现实世界的重要桥梁,2022 年或将迎来快速发展期。VR/AR 产业随着需求和产业链推进,开启了新一轮增长期,尤其是移动性、便携性更强的 AR 设备,受到更多关注。目前二者覆盖的应用场景越来越广阔,包括 AR 社交、AR 游戏、AR 教育、AR 出版、AR 在线零售、AR 测量、AR 导航、AR 旅游;VR 展览、VR 游戏、VR 教育、VR 旅游、VR 培训等。预计元宇宙在未来将覆盖消费级市场、工业和企业市场,渗透到业务的各个方面,并将虚拟和现实、2D 和 3D 自然融合。在国内,以腾讯、字节跳动、网易、米哈游、掌阅科技等为代表的网络文化企业,加速布局元宇宙,为剧本杀、虚拟偶像、虚拟数字人、数字藏品、虚拟教育等新型网络文化产品打开了更加广阔的商业潜能,也为文旅业、游戏业、教育业、出版业等领域带来深远的影响和无尽的发展可能。

5G 技术与 VR/AR 应用紧密衔接,超大带宽、超低时延与高清晰视频天然契合。愈来愈多的出版单位以 5G 为诉求,如广西出版传媒集团就与广西大学、广西移动合作,设立 5G 校园智慧书店"漓江书院·彤书屋(广西大学店)",

积极打造多种5G智慧场景，除了提供智慧阅读、移动支付等功能之外，更透过5G技术实现3D投影、虚拟现实等应用，将"彩虹""太空""海底"等景象"搬"进书店，让书店摇身一变成为数字化与社交化阅读的伸展台。国家行政学院音像出版社智慧党建系统空间落地了国内首个"元宇宙+党建"系统，可以实现多人远程同空间中的党组会议、党员互助、党史学习、红色体验、成果展示等活动。

在巨大消费群体和多样文化需求下，社交化内容产品从"一人读"变成"多人实时互动"，阅读被改变的最大一步是走向社交化。VR/AR形式的"剧本杀"，让读者从书本走进故事里去冒险。VR、AR、MR、全息投影等数字化沉浸式技术，可以打破线下房间主题固定化模式，能够使门店突破场景和内容限制，同时实现对IP内容的"再创作"。VR党建类"剧本杀"通过沉浸式红色剧目体验将当下年轻人中流行的"剧本杀"与党史学习教育结合起来，创新运用VR/AR技术，使参与者接受红色革命教育。数字阅读平台掌阅科技公司通过多平台分发和IP衍生拓展，已授权公司优质IP之一《元龙》改编成"剧本杀"，结合VR/AR、互动交互等数字科技应用经验，积极开展数字"剧本杀"业务。咪咕文学依托中国移动5G元宇宙优势，已具备成熟的打造VR剧本杀、互动短剧、沉浸剧场等强阅读社交属性的多元互动内容的经验。推出"网文厂牌+剧本+X"内容生产新范式，以创作者为基石，立足厂牌储备优质内容；以剧本为主推器加速版权孵化；以科技赋能内容创新，打造创新沉浸内容X。通过出版、剧本杀文本、短剧+VR/AR、文创赋能内容创新，推动剧本杀主题与成熟文创IP的联合打造，发掘故事内涵，促进文创消费。5G时代，快速更新迭代的技术使得阅读效率变快、数字阅读场景不断拓展，快速赋能看书、听书、讲书、VR互动、剧本杀等多元化、社交化场景阅读，不断提升用户阅读体验。从中长期来讲，"VR/AR+出版"与社交相关的内容创作会有更多变现的机会。

二、出版与虚拟现实融合发展存在的问题与瓶颈

（一）技术限制发展，大规模出版时机尚未成熟

技术的积累虽然迎来了VR/AR出版的上升期，但是当前VR设备的市场

普及度仍然较低，上下游产业链还在培育期，市场仍旧缺乏爆款级、杀手级 VR/AR 出版物的出现。与大量传统爆款纸质出版物动辄上百万套、上千万码洋的销量相比，VR/AR 出版物目前仅有少数可以称得上热销级，如"科学跑出来"系列 VR 图书销量突破百万册。高额的码洋也依托较为高昂的图书定价来获得，与动辄百万的开发成本相比利润率偏低，由此造成虽然产业很热闹，但是一直没有形成具有口碑效应的良好品牌，这无疑制约了 VR/AR 出版物的大规模出版普及。

VR/AR 出版物，特别是 VR 阅读产生的晕眩和续航问题尚未得到有效解决，高清晰度还原真实性场景体验感不足，对读者身心健康的影响还存在争议，用户黏性不够等情况，严重削弱消费者再次体验的欲望。同时，与硬件产业链息息相关的芯片等关键技术的进一步发展，也直接决定了产业话语权的把控，目前我国 AR、VR 上下游产业链中，最关键的几个技术，包括精确传感、动作跟踪、3D 光学成像、专业视觉计算芯片，以及 AR、VR 操作系统和计算平台都处在搭建阶段，话语权更多地掌握在国外高精尖企业手中，整体而言，我国 AR、VR 硬件产业链受到的技术限制仍然较大，由此制约了出版传媒大规模应用虚拟现实技术。

（二）投入产出比低，出版融合效益还未充分显现

VR/AR 出版物受头显、应用平台等终端产品普及度的影响十分明显，尤其是硬件产业链还未成熟，刚需场景缺乏，目前不论 AR 还是 VR，核心的刚需应用不足。虽然，现在的头显设备能够提供沉浸式服务，能够带给使用者惊艳的体验，但在高昂的成本面前，可替代的选项很多，并且大量消费者并没有做好因为视听升级而大幅增加购买预算或增加采购高端头显的需求。有业内人士指出，头显设备的价格必须大幅下降才能够达到相应的市场规模。

出版单位大多缺乏技术手段，需要依靠与技术公司合作来完成虚拟场景的搭建，无形中大大增加了制作成本，提高了产品售价。市面上绝大多数 VR/AR 出版物，只包含少部分依靠计算机图像、虚拟现实技术表现出来的三维模型或简单搭建的虚拟场景，更多是作为出版单位数字化转型、探索融合出版做出的尝试性举措。花费比普通图书高昂两三倍的价格购买了 VR/AR 出版物的消费者，难免会产生成本高昂、内容单一、性价比低的感觉，也限制了后续相关新

品的购买，短时间内难以实现大规模盈利。

（三）优质内容资源短缺，VR/AR 出版物整体竞争力不强

国内的 VR 内容公司无论是在稳定性还是技术水平，都仍然有比较大的发展空间。如果从量变到质变的角度讲，量本身还没有起来，尤其是在 TO C 方面一直都有所欠缺。VR 内容的创作，从硬件到软件再到制作内容的方式和思考方式都非常不同。创作方法、制作方式、观看方式、思考维度都变了，全部都要重新来过。从目前我国 VR 行业发展积极性来看，关注 VR 内容研发的企业稀缺，导致 VR 优质内容相对匮乏。根据 IT 桔子数据显示，2021 年至今，VR 内容领域共有 40 起融资事件。但通过筛查信息发现，大部分倾向于元宇宙或其中分支虚拟数字人，专注于 VR 内容制作的仅有三家。从出版业来看，一些出版集团近年来纷纷建立数字公司，对已有资源进行数字化开发，推动 VR/AR 产品"更好用"，但是大部分体验场景和出版主题内容相似，同质化严重。对于 VR/AR 出版有关的营销策略大多数都围绕新奇、有趣等浅层价值来打动读者，并没有深挖 VR/AR 出版的内涵价值，无法吸引潜在消费者，阻碍了潜在消费者的进一步消费。

此外，VR 内容生产的成本高昂，制作门槛高、制作周期长，大量的 VR 内容创作者转行出局，坚守下来的公司要么低调生产，要么转向 B 端，接一些 VR 项目。国内 VR 内容生态的建设仍处于头部公司领头打样的阶段。

（四）VR/AR 出版物缺乏监管标准，技术人才储备不足

大数据、云计算、VR/AR 等新技术催生了新型出版业态。虽然新技术的融入并未撼动审读加工的重要意义，但是智能化的深度推进也在不断对出版业务流程进行重塑。出版行业大多数以文字编辑的创造为主要运营模式，熟悉 VR/AR 内容制作流程的专业技术型人才稀少。要想把内容通过 AR、VR 技术给展现出来，就必须依靠第三方技术支持的公司来进行操作。[1] 多重的内容交互、多样的文本形式和多层次的发布平台，使得编辑处理审读加工对象不再局限于纸质书刊，多形态的融合与新技术的介入对编辑人才综合素质能力提出了

---

[1] 刘闯. AR 与 VR 技术在出版行业中的实践 [J]. 科技传播期刊, 2018: 27-29.

更高的要求。

另外，VR/AR 出版物的版权注册是业内公认的难题。VR/AR 内容场景和三维模型设计尚未准确定义，没有合法的身份，导致维权困难。盗版猖獗、抄袭侵权等行为不仅扰乱了公平竞争的市场秩序，也使优秀的创作者受到伤害。因而，构建安定有序的行业监管标准，也是出版单位和消费者共同的愿望。

三、出版与虚拟现实融合发展对策与建议

（一）加强前沿技术探索应用，推动出版融合向纵深发展

科技发展日新月异，出版单位虽然不是前沿技术的研发主体，但可以成为运用先进技术的主要用户。在技术层面来说，随着各项信息基础设施的不断进步，设备的瓶颈终将逐步攻克。但是，再成熟的技术产品，也面临应用场景方面的局限性。中宣部日前印发的《关于推动出版深度融合发展的实施意见》指出，要着眼加强前沿技术探索应用、促进成熟技术应用推广、健全科技创新应用体系等，充分发挥技术对出版融合发展的支撑作用。出版单位应当与时俱进，既要保持对于前沿技术的了解和探索，又要思考技术对于出版行业的适用性和应用性，才能避免盲目摸索、走弯路。

对比 VR/AR，从技术层面看，VR/AR 在显示、感知交互、内容制作等底层技术方面存在共性，但 AR 需借助摄像头实现与现实的交互，整体技术难度更高且当前成熟度落后于 VR；从应用层面看，封闭式虚拟现实 VR 多使用在文娱应用场景，AR 与现实交融后能扩大交互范围和应用场景，包括教育、医疗、工业、军事等垂直应用领域。随着 VR 底层技术逐步迭代，AR、MR 有望不断突破技术难点，开启更广阔的应用空间。为此，出版业应更加积极地拥抱数字化转型，加强对前沿技术的研究应用，打造多样化的产品形态，进一步提升内容资源转化率。深入分析挖掘出版业与 VR/AR 产业的直接与间接结合点，增强消费者体验，打造 VR/AR + 出版模式，积极探索 VR/AR 与区块链、人工智能、数字孪生等新兴技术结合在出版传媒方面的应用发展路径。

（二）培育完善的 VR/AR 平台和生态，做强做优头部示范企业

在市场需求、疫情防控常态化的双重压力下，出版业的生产运营模式正在发生根本性变革，数字化、信息化的趋势不可逆转，知识开放共享与数字化、社交化、智能化的结合将成为出版业的突围方向。随着 5G、VR、AR、物联网、区块链、人工智能等技术的发展，新的数字阅读方式未来可能衍生成为主流阅读方式，进一步加快 VR/AR 出版的普及进程。VR/AR 出版取得的一个进步在于传统出版与数字技术相融合，使得知识内容的传播以寓教于乐的方式被读者接受，信息内容的传播拓宽了广度与深度，这正是出版业探索内容与技术融合发展的意义。出版业要推动头部出版集团主力军进入 VR/AR 出版战场，培育一批具有全球竞争力的 VR/AR 出版融合发展示范企业和精品 IP，推动龙头企业建立原创化、移动化、多元化的数字内容开发生态圈，有效巩固数字时代出版发展主阵地。

此外，出版业作为内容的生产者和渠道的传播者，需要用数字化技术为知识文化传播与融合构建桥梁，应着力打造面向全行业统一的基于 VR/AR 技术开发与信息服务的内容编辑平台，实现形式多样、使用便捷的海量信息内容编辑加工，结合居家、工作、出行等不同场景，采用大数据分析和人工智能技术，根据用户所在场景有针对性地推荐数字出版物。方便编辑、新闻工作者甚至是不懂 VR/AR 技术的普通用户，只要使用这一平台，就可以像使用办公软件一样容易迅速地开发完成自己的 VR/AR 内容，不断完善 VR/AR 内容应用生态培育，为 VR/AR 出版拓宽发展渠道。我们相信在未来相关技术将会更加成熟，设备的价格也会更加亲民，技术的门槛也会考虑到普罗大众，VR/AR 可选用的内容也会更丰富多元。

（三）填补行业标准空白领域，加强监管与上下游资源整合

从消费需求的角度看，VR/AR 出版物作为一种融合出版高端产品，其主要消费者是具有一定经济实力和追求高品质出版物的用户，更加注重质量，对质量的敏感度远远超过价格。当前，VR/AR 出版物质量良莠不齐、作品类型难以划分、著作权归属混乱成为"VR/AR＋出版"高质量发展无法回避的问题。要发挥出版单位内容资源和编辑把关优势，就要将制定 VR/AR 相关出版

标准作为顶层设计来推动。目前,国际范围内的 VR/AR 出版相关标准尚未制定,我国出版单位可以抢先定义该领域应用的国际标准以及用户体验。应本着双管齐下的原则,加强监管与鼓励创新二者并行,但监管要走在创新前头,抓住技术为出版融合发展带来的机遇。

同时,"VR/AR + 出版"融合既要向内,加强出版行业各产业融合,也要向外,加强与外部产业业态跨界融合。本着"跳出出版做出版"的理念,加强与教育、医疗、培训、影视、直播、展览、展陈等新业态的融合,广泛开展"VR/AR + 居家读书"、在线上课、直播带货、视频学术交流等。不断加大 VR/AR 出版物的市场化开发力度,加强全媒体运营推广,采取 KOL、大 V 宣传等多种营销模式,提高优质 VR/AR 出版物内容的到达率、阅读率和影响力。通过更广泛的产业融合,不断拓展融合发展新模式,提升出版单位经济效益。

(四)强化内容资源建设,坚守内容生产"主阵地"不动摇

VR/AR 产品技术上的突破已经不是难题,VR/AR 出版物的质量决定权在于内容资源本身。对出版单位来说,优势在于原创性、精品化,高质量 VR/AR 出版的关键在于真正对接用户需求,增强服务意识,广泛开展前期调研,进行用户需求深度分析,找到内容制作与使用之间的平衡,推动现有文化内容向沉浸式内容移植转化,丰富虚拟体验内容。从内容来看,与前几年相比,VR/AR 出版物内容覆盖面更广,可挖掘的点也更加细分明确。从应用来看,一个显著的变化在于以往技术公司"单打独斗",对实际应用的需求对接不够;随着出版单位与技术公司双方交流合作日趋密切,VR/AR 出版物也更加实用。有了应用需求,再去寻找技术手段解决,而不是空有技术去寻找应用场景,这种思路也正成为更多出版单位和技术公司的共识。[1] 融合出版的改革主流必然要从用户"体感"最直接的"技术、产品、服务"等方面展开。只有服务满足群众需要的具体产品形态才能实现"增量改革"与"高质量发展"。

出版单位应进一步解放思想,借鉴其他领域产品的成功经验。VR/AR 出版物的核心与传统出版物一样,应该是讲故事,将内容与技术更为紧密和有机地结合起来,以技术为驱动,以叙事为中心,只有合理利用技术优势才能为传

---

[1] 尹琨. VR/AR 出版的瓶颈在哪儿 内容资源欠缺是痛点 [N]. 人民网, http://media.people.com.cn/n1/2019/1022/c14677-31414196.html-2019.

统出版实现内容增值。当前，社会分工精细化使出版领域呈现多样化需求，数字出版发展至今，仍有新赛道尚待发掘。同时随着数字阅读下沉市场打开，用户触达率和用户黏性提高，用户对数字出版内容的需求随之提高，精细化、优质的数字出版内容逐渐成为吸引用户流量的关键。与教育、文旅、医疗、培训等领域应用相比，VR/AR 在出版业的应用还不够全面深入。5G 的到来将会为虚拟现实技术在更多出版领域的应用带来机会，深耕细分领域，打造精品数字化 VR/AR 出版物内容是出版单位塑造核心竞争力的重要途径。具有内容优势的出版单位应把握主动权，通过版权合作、项目共建等方式，整合更多优质内容资源。

（五）建立人才培养长效机制，为融合发展提供生力军

VR/AR 人才供需失衡，专业人才供给不足，归根结底是因为全产业链的缺失和不成熟，而这也正是制约 VR/AR 与出版业进一步融合发展的主要因素。出版融合是适应行业新生态、推动产业转型升级的必由之路。传统出版与新兴出版的创新性融合，使得重构个体编辑力、加强数字出版人才建设被提上日程。出版单位应结合自身发展和人才队伍建设需要，设立科学有效的奖励激励制度。夯实人才培养基础、强化高层次人才培养激励、发挥人才建设主体作用等，建强出版融合发展人才队伍。要在高校和职业院校出版专业学科进行 VR/AR 相关知识技能培养建设，鼓励开展 "5G + VR/AR + 出版" 教育教学研究和研学实践。要在行业内开展 "VR/AR + 出版" 融合发展实操培训，学习优秀 VR/AR 出版物的制作经验，鼓励更多新型编辑打破传统思维，革新固有工作模式，将以大数据思维为特征的互联网新技术与出版全流程进行深度融合。同时，出版人在求新求变的同时，也要不忘初心，坚持以人为本的出版理念，打造出更多导向正确、内容优质的精神文化产品。

四、结　语

随着 5G 商用进程加快，出版业深度融合的紧迫性渐显。传统出版与数字出版从"相加"走向"相乘"，融合发展之路步伐更加稳健，全产业链转型升

级迈上新台阶。疫情防控常态化时期，出版业唯有因势而谋，开放思路创新求变，拓展出版新业态、打造营销新矩阵、搭建融合出版服务新平台，方能于变革中谋新篇。只有使用新型技术手段创作优秀文化内容，不断探索 VR/AR 技术与出版相结合的解决方案，才能在实践中摸索出一条符合出版发展规律的融合道路，满足人民群众美好生活新需要。

（作者单位：中国新闻出版研究院）

中国有声阅读产业年度报告

闫晋瑛　樊　荣　丁　丽　李　彬

2021—2022 年，在内外部多种因素共同作用下，有声阅读产业总体持续繁荣发展。有声阅读市场规模、用户规模得到增长，但增速放缓，行业高红利期逐渐减弱。各企业纷纷加快有声阅读业务布局，力争在市场中取得一席之地。科技赋能有声阅读，为其带来新的变革与发展机遇。总体来说，有声阅读产业呈现出"智能化""精品化""全民化""规模化""标准化"的发展趋势。[1]

一、有声阅读产业发展现状

2021—2022 年，在宏观政策、市场等多种因素共同作用下，我国有声阅读产业总体发展态势良好。本报告将从市场、用户、企业、细分模式和运营模式五大方面，分析有声阅读产业具体的发展现状。

（一）市场现状

有声阅读行业的发展依赖于市场，有声阅读的推广普及也推动着有声阅读市场的不断发展壮大。

1. 全球有声书市场规模发展势态良好

德勤咨询公司在《有声书及播客市场的崛起：技术、媒体及通讯业 2020 年预测》中估算，2020 年全球有声书市场增长 25%，达 35 亿美元，听众约 5

---

[1] 胡海燕，姜洪伟. 我国有声阅读研究简述［J］. 新媒体研究，2021，7（22）：7-9.

亿人①。2020 年，瑞典有声读物销售大涨 32.2%，在其有声读物销售中，有 95% 都是通过订阅平台实现的。除教科书外，2020 年意大利的纸质图书、电子书和有声读物市场总体规模约为 16.545 亿欧元。其中有声读物销售增幅最大，同比增加了 94%，达 1750 万欧元。同年，法国有声读物市场规模增长。一项调查表明，疫情大禁闭期间，有 27% 的父母为他们的孩子购买过有声读物②。根据美国出版商协会（AAP）最新发布的 2021 年出版市场数据报告，2021 年美国出版业收入达到 154 亿美元，同比增长 12.2%。其中，下载类有声读物收入达到 7.66 亿美元，同比增长 13.4%；实体类有声读物收入达到 2 160 万美元，同比下降 16.4%。③

不难看出，有声阅读的全球市场发展势态总体良好，有较大的市场潜力。美国前任有声书出版商协会主席、咨询顾问琳达·李（Linda Lee）发布的《席卷世界的有声书》报告显示，我国或将在 2022 年超越美国成为全球有声书市场规模最大的国家。

2. 中国有声书市场规模持续增长

我国有声阅读行业起步晚，但发展速度很快。2021 年，中国音像与数字出版协会张毅君副理事长指出，未来五年，中国有声书市场年度复合增长率将高达 35% 左右，市场营收将超过 70 亿元，用户规模将超过 5 亿人。④

(二) 用户现状

用户是推动有声阅读发展壮大的原动力。用户规模、用户需求、用户画像以及用户付费意愿等因素都深刻影响着有声阅读行业的发展走向。

1. 有声阅读用户规模扩大，但增速放缓

有声阅读市场规模的扩大带动了用户数量的增加。中国新闻出版研究院《第十八次全国国民阅读调查报告》数据显示，2020 年我国成年国民听书较前

---

① 人民日报．有声阅读市场前景广阔 [OL]．http://ent.cnr.cn/zx/20210415_525462259.shtml，2021-04-15．
② 澎湃网．美国增长 9.7%，英国增长 5.5%，全球出版业数据看过来 [OL]．http://www.thepaper.cn/newsDetail_forward_11661509，2021-03-13．
③ 腾讯网．AAP 公布美国出版市场年度数据：2021 出版业规模增幅超 10% [OL]．https://new.qq.com/omn/20220208/20220208A074TD00.html，2022-02-08．
④ 秦艳华，王元欣．"十三五"时期我国有声阅读产业发展成就及未来趋势 [J]．出版广角，2021（01）：24-27．

一年提高了 1.3 个百分点,达到了 31.6%;另据中国数字阅读报告显示,2020年人均有声书阅读量比上一年增长 5.5%。艾媒咨询数据显示,中国在线音频用户规模保持连续增长态势,2021 年中国在线音频用户规模已达到 6.4 亿人,预计 2022 年将达 6.9 亿人。

不过,有声阅读用户规模增速处于放缓的态势,这意味着有声阅读行业正由井喷期走向平稳期。对于相关平台来说,儿童群体、老年群体依然有很大的挖掘空间,但总体而言,"做大增量"的空间逐步缩小,如何"盘活存量"是需要重点考虑的问题。

2. 有声阅读用户呈高学历、年轻化特征

根据调查问卷显示,有声阅读软件用户学历水平整体偏高,本科及以上学历整体超过 60%。[1] 用户学历水平的提高意味着用户对有声阅读行业内容的质量和深度有一定需求。近年来,不少有声阅读软件已经注重推出自我提升类、教育类的有声阅读产品。

有声阅读用户的年龄结构年轻化,青年人群占总用户的 65%。2021 年上半年喜马拉雅平台用户画像也显示,24 岁及以下的用户占 30.16%,25—30 岁的用户占 35.81%,31—35 岁的用户占 14.87%。由此看来,目前青年人群是有声阅读的主力军。未来,平台也可以通过打造差异化产品,创新内容、主播布局等方式,拓展在儿童、老年人等群体中的市场。

3. 有声阅读用户付费意愿及付费率不断提高

随着版权意识的加强和有声阅读平台精品内容的推出,用户对知识付费的接受度提高,有声阅读的付费率也呈增长趋势。

作为目前国内最大的有声阅读平台,喜马拉雅 2020 年度订阅点播收入同比增长 14%;在 2021 上半年,其订阅点播收入同比增长 38.4%。截至 2021 年上半年,喜马拉雅移动端活跃付费用户达到 1 420 亿,同比增加 65%。天风证券研究所预测,2025 年移动端平均月活跃付费用户付费率将进一步提升至 25%。[2]

---

[1] 头豹研究院. 2021 年中国有声阅读行业概览[EB/OL]. https://www.yunduijie.com/upload/article/ppt/60406b4b2108fY0JQGkAa2E38318.pdf, 2021-01-26.

[2] 天风证券. 喜马拉雅:深耕"耳朵经济",场景生态打开用户空间[EB/OL]. https://m.hibor.com.cn/wap_detail.aspx?id=5e4d085d5159c1448d36850f0fc61ef0, 2021-12-17.

用户红利为平台提供了更多的广告收益和资金支持，由此形成良性循环。在有声阅读用户付费意愿及付费率不断提高的情况下，有声阅读平台应坚持"内容为王"，打造精品，推出针对特定人群的产品，拓展有声书使用场景，以此做大用户增量，吸引用户付费。

（三）企业现状

1. 头部企业领先优势持续扩大

中国有声书的市场规模仍然在快速增长当中，2021—2023年的增长率维持在20%左右。有声阅读平台主要分为两大类，分别为综合类平台和内容垂直类平台。

综合类有声阅读平台。内容范围较大，资源整合能力较强，能够满足用户的不同需求，面对的客户范围较为宽广。同时，按照音频是否实时播放，综合类平台分为直播类和点播类。以蜻蜓FM、荔枝为代表的直播类平台类似于视频直播的衍生产品，原始的收音机模式，平台与优质主播签定合约，电台主播在平台上与用户实时互动。以喜马拉雅为代表的点播类平台，用户可根据自己的意愿在平台上挑选自己想播放的内容，点播类内容并不是实时播放，但内容会持续更新。

内容垂直类有声阅读平台。基本只针对出版类和小说进行有声化，通过开设虚拟书城为用户提供免费或付费服务。在网络小说、出版物方面，内容垂直类有声阅读平台拥有资源和版权优势，代表平台有知乎、懒人畅听等。

2. 喜马拉雅一骑绝尘，其他平台各擅胜场

2021年"喜马拉雅"App以1.2亿的月活跃人数领跑，懒人畅听、荔枝、蜻蜓FM三个产品处于第二梯队。2021年喜马拉雅App以41亿次的总使用时长位列第一，番茄畅听处于第二梯队，蜻蜓FM、懒人畅听处于第三梯队。国内在线音频行业已经形成较为稳定的竞争梯队，尤其是处于排头的平台，无论是活跃人数规模亦或是使用时长，均以极大的优势领先于其他竞争者，地位难以撼动。喜马拉雅的综合实力不可小觑，核心App"喜马拉雅"以超强表现领跑，主打轻巧特点的"喜马拉雅极速版"获得行业第六的亮眼成绩。

同为长音频赛道上的老玩家，尽管蜻蜓FM早早提出了PUGC战略，但对

使用时长

喜马拉雅

番茄畅听

蜻蜓FM

喜马拉雅极速版

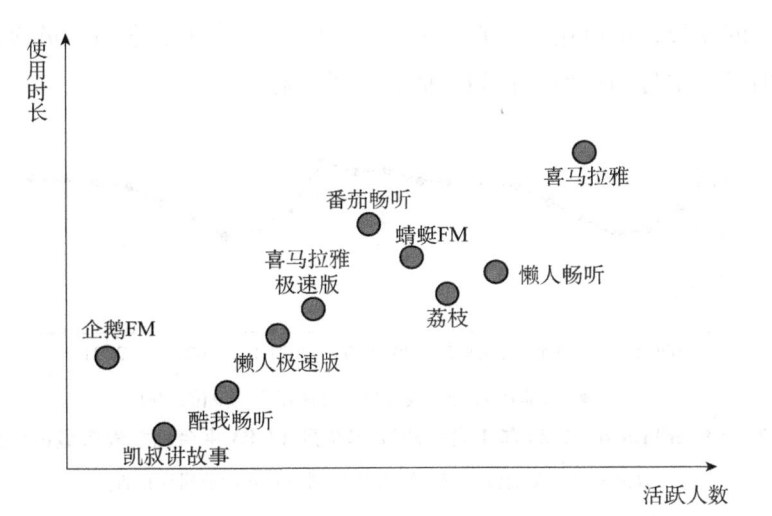

懒人畅听

荔枝

企鹅FM

懒人极速版

酷我畅听

凯叔讲故事

活跃人数

图1　2021年国内在线音频行业排名

数据来源：易观分析《2022年中国在线音频内容消费市场分析》

UGC内容的支持显然力度不足，早期一没有像荔枝一样孵化出顶流主播，二没有像喜马拉雅一样抓住知识变现的机会，且头部内容及知名IP储备相对薄弱。不过，好处是保证了内容质量的稳扎稳打，特别是随着行业进入成熟期，用户的偏好也在向着高质量、精品化的内容转向，没有大幅波动，整体步伐趋于平稳。

率先抢占了上市先机的荔枝持续发力UGC和交互式音频娱乐，用长音频作为社交货币构建社区文化，激励主播创作，虽然一定程度上减轻了版权压力，但也因为内容质量良莠不齐而饱受诟病。Tiya是荔枝2020年10月在美国上线的语音社交应用，受到2021年初爆火的Clubhouse影响，与Clubhouse同类型的Tiya也顺势走热。2021年2月，荔枝创下了股价在4个交易日内涨幅累计340%的壮举。

3. 综合音频平台的竞争仍在，用户端收费受重视

从综合音频平台的竞争格局来看，头部的网络音频平台主要有三家，分别是喜马拉雅、蜻蜓FM和荔枝。从2020年初到2021年中，受到一些新兴综合音频的影响，头部网络音频平台的月独立设备数呈现出一些变化，但是前三家仍然占据了75%—85%的市场份额。从收入结构来说，目前主打"PGC + PUGC"的喜马拉雅和蜻蜓FM的收入来源均以会员订阅和内容点播付费。主打

音频社交的荔枝，则以用户打赏、道具及 VIP 会员为主。它的会员权益，有别于另外两者，主打用户参与音频直播的专属权益。

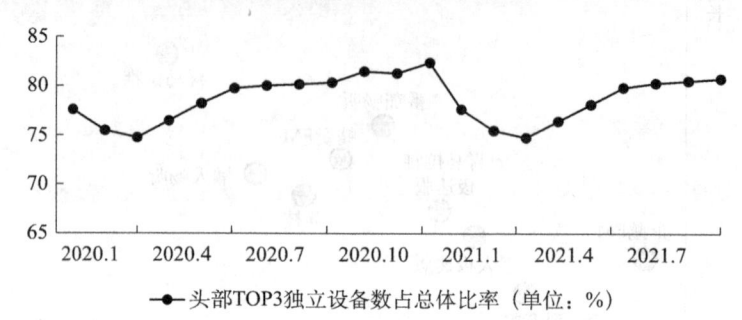

图 2　mUserTracker 2020 年 1 月—2021 年 9 月 TOP3 平台独立设备数占比变化

数据来源：艾瑞咨询《2021 年中国网络音频产业研究报告》

4. 巨头环伺，行业或将面临全面洗牌

2021 年 1 月 15 日，腾讯音乐娱乐集团（TME）豪掷 27 亿人民币，从阅文集团、懒人听书管理团队以及其他投资者等股东处收购懒人听书 100% 股权。2021 年上半年完成收购后，懒人听书将保持独立运营的状态，成为 TME 长音频战略布局中的一员大将，以有声读物内容库和内容制作能力，迅速扩充 TME 音频内容池，加速产出与价值拓展。对于懒人听书来说，则可以得到 TME 对其开放的生态资源，结合平台力量，覆盖更广泛的用户群体。

有声阅读行业这一赛道不断有更多玩家参与进来，在市场中取得一席之地。除喜马拉雅、荔枝、蜻蜓 FM、懒人听书等老牌平台外，网易云音乐、字节跳动、快手也推出了长音频产品，有声阅读行业的内容呈现将会更加多元化。同时，有声阅读将会成为一个功能或者插件存在于各大软件当中，成为阅读功能的一部分。因此，行业面临洗牌可能性加大。

（四）细分模式现状

目前，AI 文字转语音、真人播诵、广播剧是三种主要的有声书模式，这三类也是本报告重点研究的细分模式。

1. AI 文字转语音：智能化、个性化、多元化

5G 时代，数字技术赋能推动了有声阅读的智能化、普及化，这给有声阅读领域注入了活力。以 TTS 技术为例，其主要指将文本转换为声音的技术。作

为 AI 技术的一种,该技术常被应用于在线音频行业尤其是有声书领域中。TTS 技术包括语音合成、多音字识别、韵律提取、韵律预测、音色选取、风格分类等具体功能。"微信读书" App 便采用这种技术实现了全部电子书籍的有声化,包括男声与女声两种音色选项。这大大推动了有声书出版流程的智能化、生产成本的节约化和出版规模的效率化。

以上提到的"量"的优势是一方面。另一方面,近年来,AI 文字转语音技术正不断实现"质"的提高,以满足用户差异化、多元化的体验。比如,喜马拉雅智能语音实验室运用 TTS 技术,将单田芳大师的 AI 合成音应用于 83 部风格各异的书籍,用单式评书腔调演绎作品。许多综合类阅读平台也嵌入 AI 播读功能,用户可依据喜好进行声音定制,甚至还可通过声纹识别功能将声音转换成特定模式。2020 年标贝科技就研发出情感合成技术,为合成语音加入"情感",通过情感合成数据库合成声音配合文本内容,打造立体人物形象,更具表现力和个性化。[1] 此外,讯飞阅读也加入了"定制声音"听书新功能,优化用户体验;"得到" App 开发了虚拟男女主播等多种多样的声音试读,以更好地满足不同知识内容类型、用户个人偏好和广泛使用场景下的需求。[2]

部分有声阅读平台甚至还支持用户根据要求上传声音素材,由系统进行分析、优化、处理后形成专有语音库,实现个性化有声书定制,从而赋予了有声阅读更多个性化特征,提高用户体验感、娱乐性。

除了以上优势,AI 文字转语音也有明显的劣势。比如它存在音色同质化、内容生动度低、情感共鸣缺乏等问题。不过,艾媒咨询数据显示,超七成受访用户对 AI 技术在线音频领域的发展前景看好。综合来看,AI 语音技术仍具有较大的潜力和发展空间,将持续在有声阅读领域发挥作用。

2. 真人播诵:一花独放不是春,万紫千红春满园

有声阅读,重在"声",通过音声美来传达文字。真人播诵是有声阅读中常用的模式。真人区别于 AI,少了一些机器式的冷冰冰,多了一份人情味儿的灵动,能带给听众更沉浸式的声音体验以及陪伴感、互动感。声声入耳,满足

---

[1] 江晓. 有声阅读平台的运营策略研究——以喜马拉雅 FM 为例 [J]. 新闻世界,2021 (09):19-24.
[2] 曹晶. 由"看"到"听"的转型——媒体融合背景下教育出版社有声书发展的思考 [J]. 新闻采编,2021 (04):27-30.

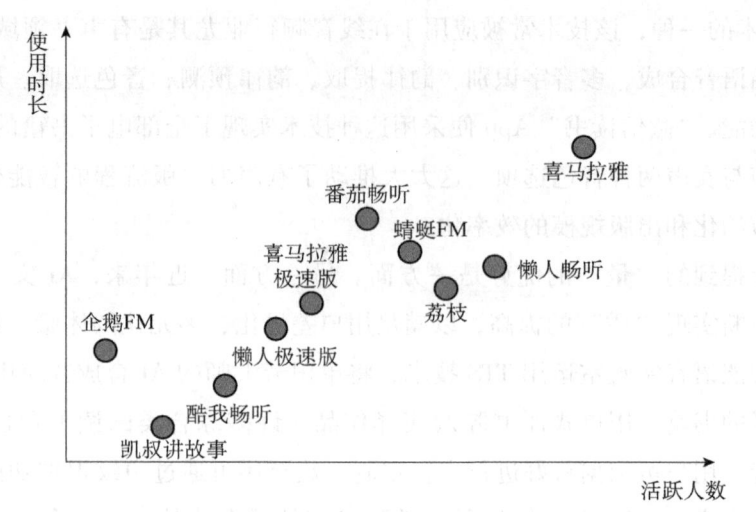

图 3　2021 年中国在线音频用户对 AI 技术在在线音频领域的发展前景预判

数据来源：艾媒咨询《2021 年中国耳朵经济发展专题研究报告》

情绪需求。真人主播的语音、语调、语速、语气、音色、吐字、情感等都会影响到读者的体验与选择。因此，真人主播成了各有声阅读平台激烈争夺的重要阵地。归纳来看，目前常见的真人主播通常可分为三类。

一是专业的配音工作者、主持人等。他们接受过系统性的演播培训，对于声音有更专业、细致的把握，能提供更好的声音美感，带给听众独特的听觉享受。比如人民文学出版社自从 2018 年起开始搭建"人文读书声"，招纳专业的有声书录制、推广人员，组建有声书团队。①

二是各领域的"明星"人物。蜻蜓 FM 和冯唐合作，单独开辟冯唐讲书系列；喜马拉雅与各个领域的 KOL 进行合作，包括郭德纲、马东、吴晓波、蔡康永、龚琳娜等。这会形成"名人效应"。喜马拉雅与知名出版集团企鹅兰登合作，推出付费收听的《七堂极简物理课》，并邀请明星黄磊朗读，播放量已超过 79 万。名人本身就代表了口碑和品牌，自带用户好感度，他们借助自身影响力和观众缘，吸引用户收听甚至付费订阅，便于进行商业变现。

此外，各领域的头部人物有其专长。一些涉及专业知识的有声阅读还需交给专业人士来做，正所谓"术业有专攻"。这既能保证有声资源的内容质量，也能增加听众信任感。比如心理学家刘心武分享专业知识，明星学者刘擎在

---

① 孙峰. 传统出版企业面对有声阅读市场的思考［J］. 出版广角，2020（23）：30－32.

"得到"App上开设"西方现代思想"的哲学类付费听书课程。此前，刘擎教授在网络辩论节目《奇葩说》上的精彩解读倍受网友关注，有不少网友也表示，"冲着刘擎教授去听'得到'上的这门课"。

三是UGC生产模式下涌现出的小众素人主播。用户对于有声节目多元化的需求呼唤着各平台孵化更多新主播，以丰富内容矩阵。喜马拉雅推出"百大主播计划"，提出培养100位百万粉丝主播、寻找100种独特声音的目标。平台在2021年4月10日推出X计划，为所有播客创作者提供扶持措施，通过产品、荣誉体系、播客学院及线下活动等基础服务的升级为创作者提供助力。酷我畅听推出了"主播全薪成长计划"，用高额入驻激励金及成长奖金鼓励主播创作。主播门槛在下降，小白入行有了机会。素人主播个性化的演播风格为有声阅读产业带来了更多活力和发展后劲。加速主播孵化布局，这在未来或许会是各平台深耕的一个着力点。

当然，真人播诵不只是照着文本读读而已，它对幕后准备亦有要求。比如进行大量策划；编辑任务大纲；提前对作品文本进行深入解读；制作编辑在录制过程中全程监控，必要时纠正主播口误……严密的准备，锻造有声精品。

总的来说，真人播诵模式下，各平台涌现出多领域、多行业的主播。他们或是专业声音工作者，或是明星人物，或是出身草根。他们让有声阅读行业呈现遍地开花、百花齐放的繁荣局面，更多的可能性呈现在我们面前。真人播诵，贵在一个"真"。如何让听众感受到"真"，是平台及主播需要一直思考的问题。

3. 广播剧：崭露头角，前景光明

广播剧原是传统广播电台的主要内容之一，近年来，在网络音频App上播放的广播剧逐渐发展起来，成为新兴的有声阅读模式。

广播剧要求演员配音个性化、口语化，富于动作性和情绪感染力，它以人物对话和解说为基础，并充分运用音乐伴奏、音响效果来加强气氛。通过文本与配乐、音响等的融合表达，广播剧用声音延展听众的想象力，用声音打造富有冲击力的画面。这样精良的全方位做工、这种身临其境的感觉是其他有声阅读模式难以取代的。

比起视频制作，广播剧的制作可能更容易一些，但这仅仅是相对而言。比起AI转语音和真人播诵，广播剧涉及配音、配乐、编剧、导演等一系列人员

的参与，产业链长，制作周期长，投入的制作、版权采买、宣发成本都不低。因此，目前市面上的广播剧常乘热门 IP 之风，对知名小说和影视剧进行改编。这里提到的小说，既有出版文学，也有大量知名网络文学，如《魔道祖师》《三体》等，都成功进行了广播剧改编及发行。借助于高人气、高关注度，广播剧与热门 IP 进行"粉丝共享"，以此保证一定的市场成功率。

表1 2021H1 中国在线音频主流平台广播剧榜

喜马拉雅		蜻蜓 FM		懒人畅听	
节目名称	总播放量	节目名称	总播放量	节目名称	总播放量
《魔道祖师》	2.2+亿	《鬼吹灯全集》	6 000+万	《昏昏欲睡》	9 000+万
《三体》	8 500+万	《悍匪百宝山》	5 500+万	《恰似你的温柔》	8 000+万
《刑警重案队》	5 600+万	《如果可以这样爱》	2 800+万	《狄仁杰断案新篇》	3 600+万
《默读》	5 600+万	《真实的西游记》	1 800+万	《都市最强神医》	2 000+万
《听说你喜欢我》	5 100+万	《奇门八算》	1 600+万	《一故情深念念似海》	600+万

数据来源：艾媒咨询《2021H1 中国在线音频产业运行监测调研报告》

不少网络音频 App 中都有广播剧的一席之地，但主打广播剧的平台不多，垂直型有声阅读平台"猫耳 FM"是其中一个。猫耳集合了特定领域的丰富资源，包括知名配音团队"729 声工场"。平台依托不少大火的网络文学 IP，趁热打铁，进行广播剧转化，并推出免费试听，受到年轻用户的青睐。

目前来看，广播剧的受众更偏向于"95 后"等年轻群体。但前面同样提到，年轻群体在所有有声阅读用户中占不小的比例。随着有声阅读的加速普及以及耳朵经济精品化、多元化、圈层化的发展，广播剧极有可能从小众走向大众，迎接更广阔的未来。

（五）运营模式分析

随着互联网的发展、有声书相关技术的发展演进以及行业内部的竞争，相关企业运营模式日益多样化、丰富化。其中，头部企业运营模式的扩展创新最有代表性。

1. 头部企业运营模式扩展创新

（1）喜马拉雅

喜马拉雅在中国有声阅读平台中深度与广度兼容，版权和主播资源多样。

对市场反应迅速；实力强大，多方合作。这促进了文化行业相互协同发展。喜马拉雅在有声阅读行业享有优势地位，为有声阅读行业的代表企业，行业实力带来多方合作，有利于喜马拉雅的灵活发展。同时，在利用自身优势的同时其也在进行优化，在各方面采取行动，全方位巩固自己的龙头地位。一方面，采用 PUGC 模式发展，所以相比于其他单一生态模式的有声音频软件，音频内容的整合能力强，用户有更为丰富的选择。另一方面，打造多媒介收听，拓展音频收听场景。喜马拉雅推出了自己的智能音箱，小雅 AI 真无线耳机和儿童智能硬件产品——好习惯早教机，正式进入到智能硬件业务当中。喜马拉雅开始拓展音频内容的收听场景，让用户可以在智能硬件、商场、公交地铁等场景听到喜马拉雅的音频内容。多样化的收听场景大大扩展了喜马拉雅的服务场景，进而拓展了喜马拉雅的用户规模。

除此之外，喜马拉雅还将剧场化运营作为发力重点。目前喜马拉雅已搭建回响剧场、白夜剧场、赛高岛、类星体剧场、书岛等多个精品有声剧场，以类型化的方式为用户带来系列精品有声剧，涵盖经典文学、科幻故事、悬疑佳作、二次元作品等多个题材的内容剧场化运营不仅可以帮助平台通过打造细分圈层以增强用户黏性，也更容易让同类作品发挥出集聚效应，增强 IP 传播的长尾作用。

（2）懒人听书

懒人听书是一款内容垂直类有声阅读软件，其主要以播放网络文学等音频为主，在内容垂直类有声阅读软件中位列前列。其优势运营模式在于定位准确，专注于网络文学有声读物。其背靠阅文集团，具有网络文学版权优势。与致力于打造综合性音频内容平台的喜马拉雅相比，诞生于 2012 年的懒人听书显得更加垂直。作为此前阅文集团的子公司，2015 年与阅文集团达成内部合作，获得 85% 的网络文学有声改编权，此外还与超过 500 家出版社达成版权合作。

借力版权优势，懒人听书专注于有声阅读，以书籍类长音频吸引用户，具有更强的故事性和连贯性，特别是伴随 2020 年 4 月的《清平乐》、8 月《琉璃美人煞》以及 2021 年 1 月的《上阳赋》等剧的热播，原著有声版在懒人听书上同步独家上线，使其用户黏性始终保持上扬态势。

2. 运营模式发展方向

在行业整体趋势的推动下，未来有声阅读产业运营模式还将持续发展，在多方面固其根本、创新发展。

（1）提高制作水平以提高市场竞争能力

一方面，有声读物的制作虽然比视频制作成本低，但仍然是文字读物的上百倍。组成一部优秀的有声读物需要具备两个条件，即声音和设备。从声音角度上来讲，声音的质感、配音的人数、演播者的专业程度以及后期的制作都是决定有声读物品质的关键。从设备角度来讲，专业的话筒、录音棚也对有声读物的质量有一定的影响。在未来，随着用户对于音频质量要求将会增加，有声阅读产品将往高质量的方向发展。

（2）寻找新的盈利模式，避免过多广告带来的消费者流失

用户对于有声阅读平台广告的反感度较高，过多广告可能会导致用户流失。因此，寻找多元化的盈利模式将是有声阅读行业的发展趋势之一。例如，更具有吸引力的付费内容、销售周边产品、线下有声阅读场所、线下活动、知识分享、播音教学等都是有声阅读行业值得开拓的盈利模式。

（3）推出有声阅读衍生品，促进生产模式多样化

AI文字转语音、真人播诵、广播剧这三种有声书模式都在发展当中，可以说是齐头并进。AI文字转语音是将文字利用人工智能技术转化为语音，真人播诵是由播音演员将文字书播诵出来，一般播音演员一人分饰几位角色。广播剧是由配音工作室根据剧本制作的作用于人耳的"电视剧"，往往需要编剧，配音，剪辑多方合作才能完成。为提高用户的使用感和音质，有声阅读平台近几年推出了较多音频衍生产品，包括喜马拉雅与华为推出的AI智能音箱，懒人听书推出的智能机器人等。这些阅读衍生品促进了生产模式多样化，为有声阅读平台发展提供了另一种可能。

（4）声音爱好者社区与专业广播剧制作将相互融合

从目前来看，有一批对于配音热衷的民间团体和个人，他们会自行录制有声书，或者在网络上参与到Pia戏当中去。这些来自民间的创作力量，如同活水一般，盘活整个有声书制作领域。另外，基于网络文学的兴起，一些头部的网络文学具备相当的人气，而其改编的广播剧很大程度上也会获得原有粉丝的关注与支持。

二、有声阅读产业发展趋势

回顾2021年,中国有声阅读行业迅速崛起,呈现一片繁荣景象,发展前景光明。结合当前有声阅读产业的新特点,未来我国有声阅读产业发展有望在以下方面实现关键突破和实质飞跃。

(一) 智能化

5G时代万物互联,有声读物的播放端口以更智能的方式接入各类终端设备中,语音唤醒、语音交互、人机对话等成为生活中常见的阅读习惯。未来有声阅读产业与智能技术的融合速度将会进一步加快,融合程度将会进一步加深。以计算机科学、人机交互、语音识别为代表的智能技术,将有声阅读的触角伸入居家、出行等各类生活场景中,将声音内容赋予更多个性化特性,进一步提升内容与用户之间"最后一公里"的触达率与顺畅度。随着万物智联时代的来临,有声内容在智能硬软件之间的流通播放将实现无缝连接,有声场景之间也将实现零障碍转换,智能技术为有声阅读产业链优化升级创造了更多可能。智能音响、智能冰箱等智能家居市场空间的拓展带来有声阅读产业收入的大幅提升,可穿戴设备、智能耳机、车载智能系统等为人们收听有声读物创造更便捷的条件,开辟出全新的阅读场景。

(二) 精品化

文本内容的精品化。目前,经典文学作品以及弘扬中国优秀传统文化、反映社会主义核心价值观的精品力作,在各大网络音频平台上的总体占比仍较低,在播放量、搜索量、讨论热度等方面不及网络文学作品。然而,未来随着有声阅读行业逐步规范化、专业化,以及出版机构的深度参与和受众阅读品位的提升,有声阅读文本内容的精品化趋势将成为必然,行业内将会涌现越来越多的版权合法且质量上乘的有声作品。

演播制作的精品化。基于UGC生产模式的普及,网络音频平台上存在大量普通用户录制上传的有声内容,质量良莠不齐。同样,许多平台签约主播也存在问题，有些仅凭音色或其他被包装出来的特质吸引粉丝关注，为平台创收。未来随着有声阅读行业受关注度提高，平台将会吸引更多的专业主持人、配音演员等加入到演播录制环节，为精品力作加持。同时，平台将更加重视主播孵化工程，加大主播培训力度，保证平台作品演播制作的精品化。

此外，随着国家对有声读物精品化工程建设的不断重视，各类扶持资金、专项补助、税收减免等产业政策将会逐步完善，切实推动我国有声阅读行业走上精品化道路。

（三）全民化

如今，国民阅读习惯已发生显著改变，数字阅读越来越受到国民欢迎。根据全国国民阅读调查，我国成年国民的综合阅读率由2010年的52.3%提升到2020年的81.3%，其中，听书成为全民阅读的新增长点。到2021年，国民听书习惯进一步得到巩固。

"十四五"时期，全民阅读工作将会迈入新发展阶段，国家将在做好全民阅读新规划、建构基本覆盖城乡的全民阅读推广服务体系等方面持续发力。而有声阅读作为数字化时代的全新阅读方式，以其特有的强伴随性、沉浸式、便捷性等特征，通过技术革新打造全新阅读场景，吸引更多人热爱阅读、坚持阅读、创新阅读，成为推动全民阅读工作的重要力量，助力建成社会主义文化强国的远景目标。

（四）标准化

我国有声阅读行业相关分类标准尚不健全，相关法律法规尚不完善，内容分类、审核、评选等工作仍处于探索阶段。如策划、制作、运营等环节尚未实施责任编辑负责制，部分平台尚未完善联防联动的应急保障机制，因此，从国家政策层面加强对有声阅读行业的引导支持，实施规范的有声阅读行业管理制度是十分必要的。

国家新闻出版署已出台了有声读物出版、发布、质量要求与评测三方面行业标准，下一步，有声读物分类标准以及更多行业规范也将陆续出台，其他配套政策也将随着产业不断发展成熟而逐步健全，进一步推动有声阅读产业体制机制创新，形成运作高效、运行顺畅的有声产业链，提供风清气正的网络有声阅读空间。①

参考文献

中国出版传媒商报．推进全民阅读，全国各地有哪些政策？［OL］．https：//baijiahao．baidu．com/s？id＝1698505444609679446&wfr＝spider&for＝pc，2021－05－01

人民网．忠县：有声阅读让党政知识跃然纸上［OL］．http：//cq．people．com．cn/n2/2021/0426/c365411－34696725．html，2021－04－26

艾媒咨询．"耳朵经济"蓬勃发展：2019在线音频用户将达4．89亿，内容生态建设成关键［OL］．https：//www．iimedia．cn/c460/67201．html，2019－12－14

艾媒咨询．2018中国有声书市场专题研究报告［OL］．http：//www．iimedia．cn/61220．htmls，2018－04－24

敬宜．有声阅读市场前景广阔（国际视点）［N］．人民日报，2021－04－15（17）

易观分析．2022年中国在线音频内容消费市场分析［OL］．http：//www．shujuju．cn/lecture/detail/9614，2022－03－10

易观．2021年数字经济全景白皮书［OL］．http：//www．199it．com/archives/1380995．html？weixin_user_id＝c5o6ETQjg5Evjgih_rJ07ZehtqQcvo，2022－02－10

李文文，王倩倩，刘丹．我国移动有声阅读平台发展策略研究［J］．金陵科技学院学报（社会科学版），2021，35（03）：76－81．

吕略．公共图书馆"听书"阅读推广路径探究——基于公共图书馆喜马拉雅官方号的实证分析［J］．河南图书馆学刊，2021，41（12）：10－12．

罗弦，石彦强．5G技术下移动有声阅读平台的发展机遇与挑战［J］．科技与出版，2020（06）：125－128．

---

① 秦艳华，王元欣．"十三五"时期我国有声阅读产业发展成就及未来趋势［J］．出版广角，2021（01）：24－27．

艾瑞咨询. 2021 中国网络音频产业报告 [OL]. https：//report.iresearch.cn/report/202112/3909.shtml，2021-12-29

（闫晋瑛、樊荣、丁丽单位：西安欧亚学院；李彬单位：上海睿泰企业管理集团有限公司）

中国西部数字内容产业发展报告

重庆华略数字文化研究院

数字内容产业作为信息技术与文化创意高度融合的产业形式，涵盖网络游戏、数字动漫、数字音乐、数字阅读、数字教育等方面。随着互联网的发展和信息技术的进步，数字内容产业迎来重要崛起，是推动西部高质量发展的重要抓手，对西部地区经济和社会发展具有重要意义。西部包括内蒙古自治区、广西壮族自治区、重庆、四川、陕西、云南、贵州、甘肃、青海、宁夏、西藏自治区、新疆维吾尔自治区和新疆建设兵团等区域，文化资源丰富，具有地域性、多元性和原生态性的特点。

一、西部数字内容产业发展环境分析

（一）顶层设计指引航向

2021年3月，《中华人民共和国国民经济和社会发展第十四个五年规划和2035年远景目标纲要》明确提出实施文化产业数字化战略，壮大数字创意、网络视听、数字出版、数字娱乐、线上演播等产业。2021年12月，中央网络安全和信息化委员会印发《"十四五"国家信息化规划》，提出实施文化产业数字化战略。丰富网络音乐、网络动漫、网络表演、数字艺术、线上演播、线上健身、线上赛事、体育直播等数字内容，提升文化体育产品开发和服务设计的数字化水平。2022年2月，国家发展改革委、中央网信办、工业和信息化部、国家能源局联合印发通知，同意在京津冀、长三角、粤港澳大湾区、成渝、内蒙古、贵州、甘肃、宁夏等8地启动建设国家算力枢纽节点，并规划了10个国家数据中心集群,这标志我国"东数西算"项目拉开序幕。

(二)省(市)营造产业发展重点环境

重庆提出打造"四高地",即打造数字文化产业创新高地、文化艺术时尚创意高地、文化产业和旅游产业融合发展高地、文化用品装备研发制造高地,紧跟当前文化产业发展趋势。陕西提出构建"一核四廊三区"文化和旅游发展新格局。广西提高重要数字基础设施和重要信息系统防攻击能力,为数字经济产业活动提供强劲支撑。四川省发布的《关于加快发展新经济培育壮大新动能的实施意见》明确繁荣发展创意经济。发展工业设计、文创动漫等创意产业,壮大数字娱乐、直播带货、增强现实、虚拟现实等数字创意产业。贵州培育壮大人工智能、大数据、区块链、云计算等新兴数字产业。推进国家大数据综合试验区、贵阳大数据科创城、全国一体化算力网络国家枢纽节点建设。云南聚焦数字产业化和产业数字化,构建以数据为关键要素的数字经济,加快新型基础设施建设。陕西重点实施数字基础设施建设,融合基础设施发展,数据资源开发保护利用等重点工程。甘肃以推动数字产业化、产业数字化和全要素数字化为主线,促进数字化技术与实体经济特别是制造业深度融合,夯实数字经济发展基础。

(三)技术驱动数字内容产业发展

新技术在数字内容产业上的应用,驱动着产业的发展。虚拟世界技术、实时渲染、超高清视频等文化新基建技术不断成熟。在游戏产业,游戏人物建模、动作捕捉、实时渲染等技术推动虚拟人制作水平走向成熟。在影视制作领域,将游戏引擎创建的内容应用到影视作品中、虚拟制作中,提升影视作品质量和保真度。在音乐方面,AI 在智能创作上已实现识曲、作词、作曲等功能,能根据画板上的任意线条生成对应的旋律,最后合成一首完整优美的歌曲。在文化展演方面,河南卫视《唐宫夜宴》《端午奇妙游》《中秋奇妙游》等"晚会连续剧"系列节目将传统文化与前沿科技创新交融,以"5G + AR"的技术将虚拟场景和现实舞台结合。在非物质文化遗产保护方面,VR、AR、全息影像等数字技术的应用,给与受众沉浸式体验。

二、西部地区数字内容产业发展状况

（一）网络游戏发展迅猛

1. 人工智能降低生产成本

利用技术手段改变生产工具的流程化和标准化，有效降低游戏研发成本，稳定游戏品质。成都融视达科技通过深度学习和强化学习技术生成游戏内容，将 AI 技术应用于游戏智能匹配、AI 自动化测试、玩家情感调节，为用户提供智能体验。达瓦未来（重庆）影像科技有限公司构建了"从前期设计建模、虚拟拍摄到后期实时渲染输出"的完整技术平台，将渲染速度提高了近 1 500 倍，为一部作品制作降低约 40% 成本、提高 50% 以上效率。

2. 成渝营造游戏产业发展生态

重庆软件园通过"自建＋引入"的模式，建立了包括重庆软件园游戏出版与版权公共服务平台、重庆软件园人才服务平台、网易游戏产品公共测试平台等专业服务平台，构建起完善的产业生态服务体系。重庆华龙网集团股份有限公司探索"前置预审＋核心服务"，将游戏出版服务延伸到游戏创意、研发阶段，邀请专家为游戏内容提出建设意见，提升游戏出版的效率。腾讯和四川美术学院合作成立"智能设计中心"，进一步扩大在重庆设立的光子创新研发基地，推动游戏行业发展。成都获得龙头企业青睐，2021 年，腾讯旗下资本和哔哩哔哩在成都战略投资了龙渊、独立开发者、蛇夫座、未来式互动、空在社科技、子皿力网络等多家游戏公司，布局 RPG、二次元、解密冒险等产品方向。

3. 企业研发以成渝为主

西部游戏企业整体研发能力较弱，企业多集中于成渝地区。据统计，截至 2022 年 2 月，西部注册资本超过 100 万元的游戏研发企业共 1 100 家，获批游戏共 409 款。其中，西藏没有研发型企业，贵州、甘肃、青海在 2019 年至 2021 年没有游戏获批，其余八个地区平均有 137 家研发型企业，获批游戏平均数为 51 款。企业数超过平均数以上的有四川、重庆、陕西，四川排名第一，共有 683

家，是重庆的4.8倍；获批游戏数超过平均数的仅有四川，共358款。企业研发能力整体较弱，较四川而言，西部省区研发能力仍有较大差距。根据《2021年游戏产业区域发展报告》显示，近年来，中国自主研发网络游戏收入连续多年快速增长，自主研发游戏产品在国内市场占比已达86.2%。西部地区作为游戏产业新兴地区，游戏企业多散布于西部较为发达的城市，其中近4成集中于成渝地区。

（二）数字动漫加速发展

1. 优化产业发展环境

由广西机电职业技术学院和西一九岂非影视传媒有限公司合作的产物"岂非数字动漫产业学院"的揭牌仪式有利于实现当地动漫产业人才聚集，推动当地动漫产业发展。四川成都增强对版权登记、专利申请、商标注册和维权纠纷的服务能力，对动漫和网络游戏相关产业规划、基地和项目建设、会展交易和市场进行监督管理。近年来，重庆先后打造西部领先的动漫产业基地，定期举办数字娱乐动漫博览会，建立动漫主题娱乐公园，营造良好的发展环境。

2. 活动赛事搭建沟通桥梁

成都举办第八届成都创意设计周，天府数字动漫馆邀请来自行业的多位嘉宾，共话成都动漫游戏产业发展。首届悦来·国际数字娱乐产业博览会于2021年6月在重庆国际博览中心举行，悦来·数娱会是一场"游戏动漫+文创娱乐"的综合性国际数字娱乐产业盛典，包含二次元、游戏、电竞赛事、嘉宾表演及前沿科技等精彩内容。西安举办的"新光奖"中国西安国际原创动漫大赛是西部地区具有影响力的专业赛事，对打造"陕西动漫品牌"，创办人才交流平台，弘扬中华民族传统文化发挥了积极作用。广西则通过举办第五届网络动漫大赛为广大动漫爱好者搭建了交流的平台，进一步推动广西数字内容产业发展。

（三）数字音乐发展迅速

1. 传承时代经典文化

宁夏回族自治区文化和旅游厅主办的2021黄河数字音乐节，组织开展了"音乐党史课""网红短视频文旅打卡""黄河数字音乐"等系列活动，展现大漠黄河"日升月落星繁"的国潮浪漫场景。广西漫控ACG音乐创作中心、广西原创音乐孵化基地在百益上河城艺术中心举行揭牌仪式。对广西原创音乐、动漫音乐的创作、孵化、版权、推广具有重要意义，将打造自主"音乐集市""音乐沙龙""音乐节""动漫电音节"等活动品牌。

2. 成渝两地扶持数字音乐发展

近年来，成渝两地大力扶持原创音乐，注重音乐创作，为数字音乐的发展提供支持。重庆市音乐家协会与重庆钓鱼嘴滨江湾区建设开发有限责任公司、绿地西南重庆公司签署战略合作协议，将共同打造重庆市音乐艺术中心，谱写钓鱼嘴音乐半岛发展新篇章。成都市文化广电旅游局2021年9月拟制了《关于支持音乐产业发展 促进国际音乐之都建设的实施意见（征求意见稿）》，提出支持平台型音乐企业建设打造国际一流的数字音乐创作、生产、传播、消费等音乐平台，鼓励数字音乐行业拓展云演艺、线上直播、音乐社区等新业态、新内容。武侯区音乐坊产业功能区管委会和重庆市大渡口区文化和旅游发展委员会联合主办了"音乐+"创新创业大赛，共设"音乐+文博旅游""音乐+数字娱乐""音乐+产品研发"三个领域赛道，分别在成都和重庆开展线下分站赛及一场线上分站赛，后进行总决赛。

3. 成都数字音乐市场主体不断扩大

2022年5月17日，成都市人民政府出台意见，进一步推动成都音乐产业加快发展，促进高品质建设国际音乐之都。对音乐企业年产值上台阶实施奖励，首次超过1 000万元，一次性奖励50万元；首次超过5 000万元，一次性奖励100万元；首次超过1亿元，一次性奖励200万元；音乐企业上市融资，按照成都市促进创业投资发展相关政策给予奖励。据报道显示，2021年成都市数字音乐制作公司水平和数量不断增长，新增企业170余家，引进音乐产业项目50个，举办重点音乐演艺1 900余场，全市音乐相关产业产值达574.91亿元，同比增长14.59%。以咪咕音乐为代表的龙头音乐企业、嗨翻屋科技为代表的音乐版权机构，以AI创作、AI音乐教育为代表的行者AI等丰富着成都数字音乐的发展。

（四）数字阅读传承红色文化

1. 讲好红色故事，赓续红色基因

2021年是中国共产党成立100周年，各出版单位积极围绕主线，赓续红色基因，提供优质内容供给，奏响主旋律。漓江出版社有限公司推出富媒体电子书《重生：湘江战役失散红军记忆》以口述实录的形式记录 22 位湘江战役失散红军的从军故事和失散后的人生经历，真实叙述军民生死相依，用热血和生命铸就了伟大的长征精神。重庆华龙网集团股份有限公司打造的全国首款党史宣传沉浸式互动视频产品《党员，请选择！》以年轻党员和青少年为对象，从小角度切入，聚焦隐蔽战线上的无名英雄，展现了他们许党报国、舍生取义的崇高精神。贵州人民出版社有限公司"长征史迹"小程序，让用户以自助游的方式就能重走长征路，或者通过浏览史迹的相关介绍了解学习长征历史。

2. 呈现非物质文化遗产等优秀文化

贵州省文物考古研究所联合制作的《贵州"云上考古"公开课》入藏贵州省图书馆，后续将陆续上线贵州数字图书馆、贵州电视图书馆、贵州移动图书馆（"掌上贵图"App）、贵州文旅资源共享平台、在线培训和基层文化队伍、文化干部远程教育培训等公益性服务平台。广西教育出版社打造的"广西古籍文库"（数据库）已初现雏形，该数据库是一个集数字化古籍、古籍整理数字出版物、古籍相关音视频及图片等资源于一体，多维度立体呈现古籍文化内涵的数字平台，支持在线阅读、快速检索、文图对照等功能。

3. 数字科普提升公民素养

重庆大学出版社有限公司"认识你自己"数字书系，从免疫系统、人体生物钟等视角，形象揭示了免疫系统的演化以及抗生素与疫苗的功能，解读了生物钟及其基因基础。"电子书＋音频"产品《漫话科学大事件》包含医学、心理学、数学、化学、物理学 5 个类别的科普知识。每个类别为大家精选 50 或 60 个小故事，每个故事 1 200 字左右（音频 5 分钟左右），内容相对独立，情节完整，同时又保持联系，贯穿相关学科的发展。四川科学技术出版社的有声读物《影响世界的中国植物》跨越科学、历史、地理、文化、哲学等各个领域，探访 30 余种从远古走来、改变人类命运乃至整个地球的中国植物，展现人与自然和谐相处的生态图景。

（五）技术赋能数字教育高质量发展

1. 以数字技术促进素质教育进步

读者出版传媒股份有限公司开发了听、读、写、测方面系列产品，"读者·

新语文"系列音视频课程，制作完成 1 000 余集，"读者·新语文朗读大会"朗读大会小程序为朗读大会线上比赛提供了线上平台支持，与线下活动相互配合，达到了良好的引流和用户积累效果。西安地图出版社开发的西安历史文化交流与互动学习的教育平台"初遇长安"，基于 GIS 空间可视化技术，在西安数字历史地图的基础上集成了西安的历史文化资源，综合运用多媒体、云计算、时空框架等技术展示西安的历史文化。青海智慧作业课题应用"云思智学高质量作业系统"，探索出一条适合西部、民族地区中学生学科素养提升的路径，促进青海基础教育优质均衡发展。

2. 教育数字化为推动教育高质量发展提供支撑

内蒙古科学技术出版社"蓝色草原·听书平台"三期工程于 2021 年 7 月上线，该平台以数字有声资源的形式传播政治理论、文学、儿童、科普、胡仁乌力格尔、格斯尔、江格尔等内容。甘肃教育出版社有限责任公司建设的"'一带一路'背景下的敦煌学和丝绸之路服务项目"是结合敦煌学、丝绸之路历史文化、简牍学等学术研究成果领域成果打造的融合出版、学术支撑平台。宁夏真呐中巴文化发展有限公司创建的"中乌互译平台"项目，以"中文—乌尔都文"互译为主要功能的专业翻译服务平台，面向中国与南亚乌尔都语需求用户群体，提供专业的中乌翻译服务。四川发布《四川省职业教育提质培优行动和计划（2021—2025 年）》推动信息技术与教育教学深度融合。鼓励职业学校利用现代信息技术推动人才培养模式改革，大力推进"互联网＋""智能＋"教育新形态，推动教育教学变革创新。

3. 大数据提升数字教育精准度

广西英腾教育科技股份有限公司立足医学领域，自主研发了完整、丰富的系列产品，覆盖培训课程、AI 题库等领域，搭建从试题辅学到高水平讲授教学完整知识体系，软件集成了 1 308 个科目，涵盖高级职称 217 个科目，中级职称 92 个科目，初级职称 25 个科目的题库，达到"AI 让医学考试更简单"的目的。贵州电子信息职业技术学院、册亨民族中学打造了融合 VR 技术的职业培训实训室、学科功能实验室。重庆出版集团研发推出了智慧教育综合管理平台——"教育大脑"，是集教育资源、教育数据、业务交互融合为一体的智能化教育管理服务系统。可为学生提供个性化的内容推荐和学习分析，避免无效刷题，促进学生全面发展。

三、西部数字内容产业发展存在的问题和建议

（一）西部数字内容产业发展存在的问题

1. 缺乏复合型人才

习近平总书记认为："文化和科技融合，既催生了新的文化业态、延伸了文化产业链，又集聚了大量创新人才，是朝阳产业，大有前途。"作为文化和科技高度融合的产业，数字内容产业对人才的要求也高。既需要拥有经济学、哲学、法学、宗教等人文社科背景的创新复合型人才，同时也需要5G、VR、区块链、人工智能等技术研发型人才。虽然西部地区有不少企业通过开办培训班等方式不断加大培养力度，但院校专业设置滞后以及人才流失等问题仍制约着行业高质量发展。

2. 对西部文化资源挖掘不够

数字内容产业作为文化和科技高度融合的产业，需要大量的文化资源作为支撑。西部资源广袤，极具特色和比较优势，能为西部数字文化产业的发展提供沃土。但总体来看，西部文化产业受经济条件、科技条件等因素的影响，呈现整体发展比较滞后的态势，西部在文化资源转换能力上还有待进一步提升，还有较大的发展空间，文化产业增长潜力未充分释放，需进一步挖掘文化产业资源转化潜力，在兼顾传承和保护的前提下，加强对优质文化资源的挖掘，推升文化资源的转化率。

3. 区域间协作性不足

西部地区内部数字内容产业发展能力和水平各不相同，在推进数字内容产业建设发展过程中的力度也不相同。一是各地政策驱动力不同，出台政策的优惠力度不同，一定程度上引导了区域内产业资源和区域外进入产业资源的流动方向，加大了区域资源聚集能力差距。二是区域内产业布局协同性不强，项目重复建设度较高，在有限的目标市场竞争加剧，影响区域产业可持续发展。三是缺乏沟通协作机制。不同层级资源配置方未建立有效的沟通协作机制，未能

有效整合既有资源，一定程度上抑制了资源效用的发挥。

（二）对西部数字内容产业发展的建议

1. 夯实人才培养

西部数字内容产业高端人才稀缺，主流人才缺口较大。建议加强本土化教育培养，共同构建面向数字文化内容和数字技术装备的创新设计人才体系。提高复合型人才的培养质量。推行原创作品培育原创人才机制，完善原创作品的保护和激励机制，在数字内容作品创作初期，以市场化方式给予创作人员以一定的鼓励，加强知识产权保护以提高作品创造的积极性。

2. 发挥西部中心城市资源优势

当前，西部地区和中东部地区的发展依然存在差距，西部各个城市之间也存在发展差距。西部中心城市结合特色资源优势发挥比较优势，从特色出发进行发展，促进资源优势向产业优势和经济优势转化，增强西部中心城市自我发展能力和经济实力。充分发挥四川成都、重庆等地的科技优势，发挥数字游戏、数字动漫等产业的游戏。贵州积极培育壮大人工智能、大数据、区块链、云计算等新兴数字产业。加快推进"东数西算"工程。云南、西藏、新疆、内蒙等地则充分发挥自然资源和旅游资源，将文化和旅游相结合。通过影视作品、媒体宣传、文艺演出等方式，充分挖掘和展示西部地区特有的文化内涵和多民族特色文化，开发系列特色文化旅游产品，促进文旅融合。开放、合作、相互协调的区域经济可以使得地理位置、要素禀赋和产业结构不同的地区发挥不同的作用，实现单个孤立地区无法达到的集聚效应。

3. 提高区域间协作能力

一是建立资源配置层面的协作机制，统筹本地区资源配置，提升资源配置效率。二是加强政策协同，各省区市在数字内容建设、数字化转型升级方面，尽量协同，促进数字内容有序流动。三是协同数字内容产业布局，充分发挥省区市资源禀赋，错位布局，避免区域内同质化竞争。四是协同构建西部地区数字内容产业链，升级地区数字内容产业价值链。

四、西部数字内容产业发展趋势

(一) 强化新基建在数字内容产业的应用

数字内容产业是信息技术与文化创意高度融合的产业形式,数字技术与文化产业融合成效愈发明显。数字技术提升着数字内容产业的效率,提高了数字内容产业的发展水平,助推文化产业繁荣。用户对数字内容产业的需求增强,人工智能、云计算、虚拟现实等技术推动数字内容业走向成熟,用户需求依托基础设施建设的支持。未来将强化新基建在数字内容产业的应用。主体将不断提升技术在数字内容产业的应用,工业化高效化产业发展。

(二) 数字内容产业规模将继续扩大

随着新基建技术的不断发展,产业融合也越发紧密,数字内容产业的各个领域相互交集。动漫、动画、音乐、数字阅读、游戏彼此之间相互联动,相互融合。通过技术的发展升级,与更多应用场景的出现,数字内容产业向传统产业、服务行业发展,同时,数字内容产业链从内容提供商到运营平台,再由运营平台到终端的用户,发展已经日趋成熟且配合密切。数字内容产业链条将逐步完善,体系化发展。

(三) 个性化将成为数字内容产业重要模式

新基建技术为数字内容产业个性化发展提供保障,数字内容产业规模的扩大将进一步细分市场。在未来,将进一步形成以用户为中心,满足用户个性化需求以及有针对性的数字内容营销方案、优质数字内容服务、个性化数字内容产品将成为数字内容产业的重要模式。充分运用动漫游戏、网络文学、网络音乐等产业形态,数字内容产业创新性发展,满足青年消费群体多样化、个性化的需求,提高青年民族自豪感和文化自信心。

(课题组成员:姚惠、吴子鑫、董康)

中国数字出版行业智库研究报告

郭金麒　孙晓翠　王　萌　苏华雨

2021—2022年间，我国智库建设迈向高质量高层次发展的新阶段。尤其是数字经济高速发展的背景下，伴随着5G等高新技术的持续发展，数字出版已成为互联网时代文化生产的重要组成部分，数字出版行业智库的建设对出版业的发展具有重要的行业影响力。

我国数字出版领域的智库建设现已形成官方智库、高校智库和民间智库协同的产业专业化布局，知识产品与服务种类日渐多样化。未来，随着数字出版行业智库的发展，工具、资源、平台和人才建设将成为发展重点，对数字出版产业发展将产生持久的驱动力。

一、中国数字出版行业智库发展现状

2021—2022年间，数字出版行业智库迎来深入发展的关键时期。数字出版行业智库的发展呈现产品与服务多样化，形式与内容多样化的发展趋势。在此背景下，本报告将从市场主体、产品与服务、运营特点等角度进行数字出版行业智库的发展现状分析。

（一）市场主体现状

1. 出版智库分类

自2015年中国特色新型智库建设意见提出后，各类出版智库如雨后春笋般涌现，形成了专业化的出版研究团体，主要可以分为三大类。

一是官方智库，主要是中央级单位组建的科研机构，如新华社、中国新闻出版研究院。官方智库的最大特征是专业性和权威性，以中国新闻出版研究院为例，作为唯一一家国家级出版行业智库，具有无可比拟的权威性和官方性，其发布的产业年度报告被业界用于复盘该领域当年的发展现状，并以此为依据进行新的发展部署。

二是半官方智库，主要是高校建立的出版智库研究院，如南京大学出版研究院、北京印刷学院数字出版与传媒研究院、北京师范大学出版科学研究院的"融媒体实验室""大数据课题组"等。主要是依托开设相关出版专业的高等院校搭建的产学研一体化平台，研究人员主要是从事该专业的教师与研究生。高校智库的创办能够充分利用教育资源与平台优势，智库研究院与高校学院共建，双方共享科学研究成果，共担学科建设与人才培养任务，实现双赢的局面。

三是民间智库，主要是出版社或者社会企业自发组建的出版行业智库，如江苏凤凰教育智库依托凤凰出版传媒集团下属的江苏凤凰信息技术有限公司、北京中地睿智管理咨询有限公司等。该类智库数量最多且发展也较不均衡，知识服务内容与自身发展具有较强的相关性。以"融智库"为例，2016年9月8日，地质出版社、知识产权出版社和睿泰集团三家联合成立了中地睿知管理咨询公司，公司设立了面向数字出版专业领域智慧服务的"融智库"。

2. 服务对象分类

出版智库的服务对象主要可以分为机构用户和个人用户两大类，机构用户主要包括政府和企业两类主体。

政府政策的制定需要科学依据支持，需要获取专业的、精准的数据信息；同时，出版企业的发展和转型也需要参考市场数据和专家意见。政府和企业凭借雄厚的资金实力为出版智库提供资金支持，智库为机构用户提供智力支持，实现良性发展。

向个人用户提供知识服务也是增加智库收益的有效手段，能够从用户端壮大我国出版市场。个人用户主要是相关出版行业从业人员和学术人员，出于职业发展需求或学术研究诉求关注出版智库，从智库发布的信息成果之中获取所需信息为己所用。目前而言，我国出版智库向个人提供的信息主要为业界资讯、统计数据、会议发布等方面，以信息资讯类数据为主。

（二）产品与服务现状

我国出版智库在政策的指导下，已经取得了十分可观的成果。就目前而言，出版智库的成果主要包括行业蓝皮书、白皮书、学术期刊、数字平台等。数字出版发展背景下，新闻出版智库成果向数字化、移动端转型。数字化这一举措大幅度提高了智库信息的使用效率，增强了知识服务性，同时也是数字出版转型发展的一项有力补充，进一步推动着出版智库向着高质量的方向发展。

1. 知识产品多样化

知识产品是数字出版行业智库提供知识服务的重要载体和向重要的形式。根据当前出版智库知识服务需求的多元化，智库提供的知识产品与服务也呈现出多样化。目前而言，可以根据知识产品的形式将我国数字出版行业智库的产品分为以下三大类。

一是蓝皮书。蓝皮书由一系列代表专家团队学术观点的权威报告组成，是智库专家研究成果的集合，具有极强的学术性和专业性。如中国新闻出版研究院每年如期发布的《中国数字出版产业年度报告》《中国出版产业年度报告》《国际出版业年度报告》《中国阅读：全民阅读蓝皮书》，为政府做好出版规划和决策、企业商业规划和高校学术研究提供充分参考。

二是学术期刊。学术期刊的优点在于周期短，相比年度蓝皮书，能够更快地反映当下的发展变化规律，实效性极强。以电子工业出版社建立的华信研究院为例，主办《产业经济评论》《中国信息化》等国家级核心学术刊物，并每月向工业和信息化部报送《前瞻研究》内参。

三是网站平台。平台网站的优势在于能够充分发挥信息技术的集成性和即时性，能够更快更完整地推送并记录、留存数据信息。如中国新闻出版研究院主办的中国出版网、i智库的i智库平台网站、社科文献出版社皮书研究院的中国皮书网等。伴随着移动互联网的发展，移动端平台出现，这些平台主要借助App、公众号、小程序等技术形式推送信息服务，如北京开卷公众号等。

2. 知识服务多样化

根据我国数字出版行业智库提供的服务内容，可以将我国数字出版行业智库提供的服务主要可以分为以下三大类。

一是资源公开服务。数字出版行业智库通过搭建网络平台、出版电子版或纸质产研报告、发布新闻资讯等方式对外公开发布智库科研成果、论坛会议报告、智库专家论点、智库数据整理等内容，如以 i 智库、媒至酷、北京开卷等为代表的出版行业智库网站公布承载的内容。

二是专业服务。数字出版行业智库接受政府、企业的委托或者自行设计开展研究项目，有计划、有导向地进行研究，其目的在于为委托方提供决策上的智力支持和咨询服务，包括标准研制、专家咨询、行业趋势预测、项目策划、项目监理、数据分析、跟踪报告等，如以中国新闻出版研究院为代表的专研性科研机构。

三是学术论坛。学术会议与学术论坛是业界与学界沟通交流的桥梁，数字出版行业智库举办学术论坛，发布最新研究成果和最新研究动向，促进政府、企业和学界之间的交流合作。

（三）运营特点

1. 以政策战略为导向建设新型数字出版行业智库

自十八大正式提出了新型智库建设的时代要求后，我国进入到了中国特色智库建设的新时期。《关于加快新闻出版行业智库建设的指导意见》提出"统筹推进新闻出版行业智库协调发展，努力构建布局科学、结构合理、规模适度、定位清晰的行业特色新型智库体系"。2022 年 1 月，为深入贯彻落实《关于加强中国特色新型智库建设的意见》精神，进一步推进出版行业智库建设，国家新闻出版署决定自 2022 年起组织实施出版智库高质量建设计划。计划坚持高起点谋划、高标准建设、高水平推进，对从事出版研究的优秀机构或部门开展遴选培育。诸多政策实施，为我国数字出版行业智库的建设指明了发展方向。

建设中国特色新型智库的总体目标是提升国家软实力。因此，"服务决策"是根本，"适度超前"是关键，表现为内部提升公共政策质量，外部增强国际影响力，发展前提是"健全决策咨询制度"，落脚点是"建设高质量智库"。数字出版行业智库的研究成果具有公开性，将被广泛运用于出版领域的政府决策、舆论引导、思想传播、科技创新和人才培养等各方面。我国高质量数字出版新型智库的建设要在党的思想指导下，进行正确的理论宣传，在全民素质的提高、海外传播影响、媒体融合发展、数字科技转型、行业人才培养和数字出版实力提高等方面发挥重要作用。

2. 以产业转型升级为契机构建数字出版行业智库评价新体系

出版产业转型升级为出版行业智库建设提出了新的要求。行业智库发展越来越快,为行业发展提供的支持力度也越来越大。但行业智库发展水平参差不齐,急需要一套完整的评价体系供智库进行审视自身、查找不足。2018年12月,南京大学出版研究院受委托制定的《新闻出版业智库评价体系及评价指标报告》发布,内容显示评价指标体系共包括五级指标:一级指标2项,包括投入指标和产出指标;二级指标4项,包括战略规划、组织管理、直接成果和间接成果;三级指标12项,包括智库属性、文化导向、人员机构、资金结构、技术支持、智库报告、标准制定、会议论坛、政策参与、社会传播、国际交流和成果转化;四级指标37项;五级指标91项。

此外,该报告首次全面梳理了我国新闻出版领域的50家党政智库、110家高校智库、138家企业智库以及140家社会智库,同时将42家科技与标准重点实验室、20家融合发展重点实验室列入智库名单,廓清了我国新闻出版行业智库的范畴,壮大了智库队伍与规模。

3. 技术更迭催生出版知识服务与技术合作模式

随着大数据、云计算、人工智能和5G等高新技术的兴起,出版形势已经发生了翻天覆地的变化,移动阅读、多媒体、碎片化和共享经济正颠覆着传统出版,传统出版与数字出版的融合发展催生了"互联网+数字化+多媒体"的新主流趋势。社会变革影响着人们生活方式,新技术迭代速度加快,创新周期缩短,出版业需要大量有深度和质量的智库研究成果引领。

数字出版行业智库"知识+技术"的发展模式,能够充分地利用智库的资源优势和技术提供商的技术优势,强强联合实现更高效更广泛的信息生产与发布,更好地为政府、企业或个人提供专业的决策咨询服务。

从知识侧看,我国数字出版行业智库依托的大多是出版社(集团)或高校资源,依托丰富的出版企业资源,或高校图书馆与高校出版社资源。专业的数据资源、便利的数据获取方式和专业的研究人员等都是知识生产中的优势。

从技术侧看,数字出版根植于信息通信技术的高速发展,数字出版行业智库选择和技术提供商合作,能够更好地获取专业技术支持,对于智库和企业合作方是双赢的合作。如中国新闻出版研究院与广东高等教育出版社、北京睿泰数字产业研究院在智慧融合出版领域进行战略合作，中国新闻出版研究院与版云（北京）科技有限责任公司联合成立"数字版权服务技术实验室"等。

4. 以人才优势保障智库服务水平

人才是发展的关键，我国数字出版行业智库建设过程之中，高质量的人才是必不可少的。从人才"质"的方面来看，无论是官方、高校还是民间数字出版行业智库都已聚集了数字出版领域和智库建设领域的高素质研究人才。如中国新闻出版研究院下设7个子研究部门，涉及传媒、印刷、数字出版、政策法规、市场等各个方面，研究人员都拥有学士以上学历，取得了很多的研究成果；高校是高端人才的摇篮，高校拥有众多专家学者，长期对智库和数字出版进行研究，占据理论前沿；由出版集团或出版社建立的数字出版行业智库，一般设有自己的研究院或博士后流动站，在各自研究方向拥有众多高水平研究成果、拥有具备很强研究能力和很高学术水平的顶尖研究者。

从人才"量"的方面来看，2011年武汉大学经教育部批准设立数字出版专业，此后又有12所高校设立了此专业，同时还有一些高校设立了数字传媒技术、数字传媒艺术等本科专业，为我国培养了大批数字出版人才。此外，武汉大学等中国上百所高校开设了情报学硕博士专业，为我国培养了众多智库建设人才。这为我国在数字出版行业智库建设以及推出高质量研究成果、指导数字出版产业发展方面储备了一批高水平人才。

二、总结与展望

在政策、经济、社会及技术等相关条件的支撑下，数字出版行业智库通过各市场主体的共同努力逐渐形成规模化发展趋势。未来数字出版行业智库的发展主要可从工具、资源、平台、人才队伍及总体方向五个角度切入，提升其发展成熟度与完善度，进而形成良好的行业发展范式。

（一）信息化将得到进一步强化

信息化是新型智库数字化的工具。信息化是指通过信息系统实现智库的业务流程和管理方式，具有改进效率、优化流程、提升质量的作用。

从核心业务角度来看，应从以下几个方面加以推进：一是成果管理，即将智库成果进行分类动态管理，并配以详细的标签化描述；二是课题管理，即设置涵盖课题立项、进度掌控、评审结题等全周期管理的功能模块；三是绩效评估，即以专家个人为单位对其成果进行自动化统计和分析，评估专家及团队的绩效并生成奖励方案；四是成果展示，即将智库各种成果根据时期、类别、层次等要求进行可视化展示，以方便推介和传播；五是云研讨功能，即开展线上研讨并自动采集专家观点；六是情报支持，即为智库专业研究提供各领域有价值的情报信息。

（二）数字智库资源数据化将得到进一步提升

数据化是对新型智库资源的数字化。数据化的作用是在信息化的基础上将智库核心资源（如专家、成果等）开发形成标准化、结构化的数据库，这是新型智库的重要资源，能够推动智库研究，提升研究质量。

这个过程主要涉及三大数据库：一是成果数据库，将智库成果进行标准化定义，形成结构化数据格式，并用精准字段描述成果情况，生成智库成果的标签化画像；二是专家数据库，将智库各类专兼职专家的动静态信息进行标准化、数据化处理，以精准字段进行标签化画像，生成智库的专家资源库；三是专业数据库，围绕智库的专业领域以及决策咨询要求，通过购买整合、调研采集、智政合作等方式形成研究所需的专业领域数据资源。

（三）数字智库平台化将得到进一步重视

平台化是新型智库数字化的目标。平台化的目的是形成一种模式，这应当是新型智库数字化建设的方向。平台化智库就是通过制度化设计和先进技术手段的运用，将散布在不同地域、各个界别的智力资源汇聚成有机研究体，并通过合理的分工协作形成有序、优质、高效的"研究链"，最终产出高水平成果的一种新型组织形式。

平台化智库的本质是一种连接机制，是将智库的资源通过开发利用转化为智库的服务，从而发挥智库功能。从数字化角度来说，关键是要打造智库"智力中台"，即将获取的数据化信息集中整合，对智库研究业务产生支撑，并加工生产出咨询报告、研究报告、皮书等产品形式，输送给政府部门和社会公众。

（四）中国特色新型智库功用有望得到进一步发挥

数字出版行业智库的建设应当坚定不移地以习近平新时代中国特色社会主义思想为指导，贯彻落实习近平总书记关于宣传思想工作的重要思想，贯彻落实党的十九届六中全会精神，增强"四个意识"，坚定"四个自信"，做到"两个维护"，聚焦举旗帜、聚民心、育新人、兴文化、展形象的使命任务，围绕开局"十四五"、开启新征程，围绕立足新发展阶段、贯彻新发展理念、构建新发展格局，引导出版业大力实施数字化战略，系统性推进融合发展，实现传统出版与新兴出版深度融合，巩固壮大网上出版主阵地，为文化强国、出版强国建设贡献新的力量。

参考文献

中国政府网. 中华人民共和国国民经济和社会发展第十四个五年规划和2035年远景目标纲要［OL］. http：//www. gov. cn/xinwen/2021－03/13/content_5592681. htm，2021－03－13

中国政府网.《"十四五"大数据产业发展规划》解读［OL］. http：//www. gov. cn/zhengce/2021－12/01/content_5655197. htm，2021－12－01

中国政府网.《关于全面深化改革若干重大问题的决定》［OL］. http：//www. gov. cn/ldhd/2013－11/15/content_2528186. htm，2013－11－15

中国政府网.《关于加强中国特色新型智库建设的意见》［OL］. http：//www. gov. cn/xinwen/2015－01/20/content_2807126. htm，2015－01－20

新闻出版署.《关于加快新闻出版智库建设的指导意见》［OL］. https：//www. nppa. gov. cn/nppa/contents/279/1211. shtml，2018－03－21

中国政府网.《"十四五"文化产业发展规划》［OL］. http：//www. gov. cn/zhengce/zhengceku/2021－06/03/content_5615106. htm，2021－04－29

新闻出版署.《出版业"十四五"时期发展规划》［OL］. https：//www. nppa. gov. cn/nppa/contents/279/102953. shtml，2021－12－30

工信部. 2021年互联网和相关服务业运行情况［OL］. https：//

www. miit. gov. cn/jgsj/yxj/xxfb/art/2022/art_ ed767eae07d9426b9f5da7319fae3e1c. html, 2022 - 01 - 27

中国信通院. 《2021 中国数字经济城市发展白皮书》［OL］. http：// www. 199it. com/archives/1237607. html, 2021 - 04 - 28

中国互联网络信息中心. 第 49 次《中国互联网络发展状况统计报告》［OL］. http：//www. cnnic. cn/gywm/xwzx/rdxw/20172017_ 7086/202202/t20220225_ 71724. htm, 2022 - 02 - 25

中国工信部.《"双千兆"网络协同发展行动计划（2021—2023 年）》［OL］. https：//www. miit. gov. cn/zwgk/zcwj/wjfb/txy/art/2021/art_ f3884870dc8140919a1eb2924749183a. html, 2021 - 03 - 25

新闻出版署.《关于组织实施出版融合发展工程的通知》［OL］. https：// www. nppa. gov. cn/nppa/contents/279/76041. shtml, 2021 - 05 - 18

（郭金麒单位：中国传媒大学电视学院；孙晓翠单位：山东大学新闻传播学院；王萌、苏华雨单位：武汉大学信息管理学院）

中国数字主题出版产业研究报告

重庆华略数字文化研究院

2021年是中国共产党成立100周年，是国家"十四五"规划开启之年，是我国全面建成小康社会、实现第一个百年奋斗目标之后，乘势而上开启全面建设社会主义现代化国家新征程、向第二个百年奋斗目标进军的一年。这一年，党对主题出版工作的领导全面加强，主题出版内涵不断拓展，主题出版治理效能快速提升。主题出版工作作为出版工作的重要组成部分，已纳入国家出版系统制度性部署，是发挥出版最大功能的主要渠道，是增强国家文化软实力的重要力量。进入新发展阶段，新一轮科技革命和产业变革持续深化，主题出版迫切需要深入融合数字技术，深化改革创新，转化增长动能，快速抢占数字主题出版发展高地。

2021年数字主题出版产业整体运行稳中有进，呈现百花齐放、常读常新的发展态势，产业融合进程不断加快，技术应用成效愈加突出，数字产品体系不断完善，发挥了服务大局、统一思想、凝聚力量的重要作用，进一步巩固壮大了主流思想舆论，开创了数字主题出版高质量发展新局面。

一、数字主题出版产业发展态势

（一）出版丰富形态是数字主题出版产业发展的新抓手

1. 出版机构顶层设计推进出版形态不断丰富

2021年，中宣部公布的年度主题出版重点出版物选题170种，同比增长26.47%。其中，音像电子出版物选题25种，同比增长了40%。全国出版业围绕党和国家工作全局，进一步做强做亮主题主线，出版机构顶层设计对主题出版数字化生产环节已形成积极引导。在重点选题上，高质量数字主题出版产品数量颇丰，《百年红色经典——中国共产党成立100周年音乐巡礼》《"记忆100——献礼中国共产党百年华诞"百集微纪录片》《旗帜·中国青年说——建党百年百集红色经典系列》等社会效益显著，社会效益与经济效益实现相互统一。主题出版数字化生产环节正在提速，利用数字技术加快主题出版数字化转型升级，推动产业数字化和数字产业化。中国社会科学出版社的"习近平新时代中国特色社会主义思想学习丛书"电子书在多家网络平台同步上线，累计点击量超过千万次，并以5种外国语言进行海外传播。

2. 围绕主题出版数据库产品拓展出版新形态

百年来，党领导下的人民出版社始终坚持传播马克思主义、服务党和国家大局、弘扬中华文化、推动文明互鉴的永恒主题。党的十九大以来，宣传阐释习近平新时代中国特色社会主义思想成为人民出版社的首要任务，是人民出版社主题出版的重中之重。基于数字技术的持续加持，人民出版社深挖主题出版内容富矿，打造了涵盖14个子库、万余种图书、7 000多万个知识点的"中国共产党思想理论数据库"。该数据库作为内容最丰富、最权威的中共党史与思想理论数字传播平台，实现了从传统篇目、章节检索到知识点检索的突破，对党的思想理论的出版传播发挥了不可替代的作用。基于此，推出了"中国共产党理论资源数据库悦读器"，移动阅读载体精准介入，设置习近平新时代中国特色社会主义思想、马克思主义著作等7大栏目，已收录1 500册以上经典图书，成为广大用户进行思想理论学习的精品数字主题出版产品。

3. 数字主题出版融合发展初露端倪

2021年数字主题出版呈现出多元融合发展态势。一是内容形态融合。运用数字技术开发多种出版形式，丰富用户阅读体验，提升用户增值服务，打造"纸质书+电子书+有声书+短视频+AI+VR"等多媒体传播形态。人民出版社的《政府工作报告（2021）·视频图书版》推进纸质书、短视频融合出版。二是现代技术融合。江西人民出版社与喜马拉雅共同研发的"智慧有声党建"主题出版融合项目，推进数字主题出版与知识服务互相赋能。青岛出版集团借助5G、大数据、人工智能等现代技术推动主题出版与研学、文化空间相结合，缔造主题出版数字化场景，拓展主题出版数字化产品的表达形式。三是产业链融合。围绕优质"主题IP"打造品牌标识,开发文创产品,是数字主题出版促进产业链融合的着力点。山东人民出版社推出《为了新中国——革命烈士纪念碑碑文敬读》,开发出《人民英雄纪念碑碑文字帖》,并以文字和音频形式在"学习强国"App上连载,目前总阅读量已超过1.1亿次。

(二)少儿主题出版成为数字主题出版产业发展的新动能

1. 儿童本位是数字主题出版的价值遵循

我国少儿主题出版始终坚持儿童本位的创作导向,打造了沉浸式阅读场景,拓展了数字主题出版产品增值服务。江苏凤凰少儿出版社通过5G、AR、VR等技术赋能,实现"童心向党·百年辉煌"书系突破文字阅读体验,为少儿用户提供沉浸式互动体验,增强了少儿用户文化熏陶和精神滋养。该社坚持以儿童为中心的出版理念,遵循少儿成长发展规律,为少儿用户提供全景式、场景式、沉浸式的阅读体验,不断提升少儿用户在阅读中的获得感和幸福感。浙江少年儿童出版社基于董宏猷长诗《中国有了一条船》开展了"百校万人"诵读计划,以"喜马拉雅"App为依托,分享红色经典故事音视频,深受少儿用户青睐和喜爱。这为少儿用户的价值引领、审美表达和人生积淀而服务,为业界提供了一条可快速借鉴、运用和创新的少儿主题出版数字化发展路径。

2. 供需适配促进数字主题出版高质量发展

2021年少儿用户对知识、数据获取的需求量呈爆炸式增长趋势,多家出版单位形成集图、文、声、像为一体的可视化数字主题出版产品。浙江电子社坚持音像出版专长,推出的《为有牺牲多壮志》将中国共产党成立100年来光辉历程高度凝练于18集动漫片之中,将严肃的党史题材与动漫形式有机结合,使得少儿用户党史学习教育提质增效。此外,人民出版社的《希望之光——时代楷模张桂梅的故事》融媒体版一书,少儿用户可以通过二维码观看文本内嵌入的视频,身临其境地感受张桂梅创造的女童教育事业及其无私奉献的精神。

3. 产品体系是数字主题出版的关键因素

少儿主题出版数字化已成为具有中国特色数字主题出版实践的典型类别,不断完善产品体系是其关键所在。北京少年儿童出版社推出"'共和国脊梁'科学家绘本丛书",创造了"正文+人物小传+年谱+词汇园地+导读手册+

音频故事+中国科学家博物馆资料库"的创新出版模式,帮助培育少儿群体的正向价值观。数字化少儿主题出版产品体系在很大程度上激发了少儿用户的阅读兴趣,促进其深入阅读和延伸阅读。湖南少年儿童出版社推出的"国防教育AR动漫书系",将图像识别、动作捕捉、虚拟现实等方式融为一体,帮助少儿用户更好地理解国防知识,领会国防精神。辽宁少年儿童出版社的"AR全景看·国之重器系列"精选了航空母舰、高铁、人造卫星等六个极具代表性领域的内容做成主题图书,借助AR技术增加了图书的趣味性和科技感。

(三)地域名片打造成为数字主题出版产业发展新基石

1. 地方特色文化资源因数字主题出版得以激活

十余年来,国家对主题出版高度重视,地方实践成为推动主题出版步入发展快车道的重要力量。福建全域的出版机构从闽都文化、海丝文化、船政文化、闽南文化、红色文化和客家文化等方面着手,挖掘主题出版资源,打造数字主题出版的福建名片。重庆将推动主题出版高质量发展定位为当前本地出版业的一项重要课题,其中数字主题出版是重要抓手。当代党员杂志社推出"中国故事100部"系列作品以微视频、音频为主要形式,以微党课、微故事为主要内容,以移动终端为载体,2021年访问量、点击量、互动量、热评量均创数字主题出版产品新高。重庆红色革命文化充分融入数字主题出版,提升了内容质量,拓展了传播渠道,推进数字主题出版形态多元呈现。现阶段,文化数据资产转化是地方出版机构推进数字主题出版的重要目标,势必引领其发展方向。

2. 数字技术元素充分融入地方主题出版

2021年数字技术元素在主题出版得以充分融入,在地方主题出版实践领域凸显优势,主题出版数字化探索成效显著。江西人民出版社与喜马拉雅共同研发"智慧有声党建"主题出版融合项目,加速数字主题出版平台构建,推进知识服务持续走深走实。中国社会科学出版社致力于做新时代特色主题出版的领军人,探索了一条较为成熟的主题出版数字化转型发展路径,即走政治话语体系转化为学术出版话语、大众话语甚至是国际话语的数字主题出版创新发展之路。具体来看,该社在党和国家的重大历史节点和重大活动等方面,都会策划特色主题出版的数字化精品工程，打造精品主题出版数字产品，推出展现中华文化思想智慧的优秀数字读物和精品力作。黑龙江出版社重视数字技术元素融入主题出版，借助数字媒体，活化内容资源，创新主题出版内容数字化阅读形式，发挥了地方历史文化资源优势。中国人民大学出版社联合人民网理论频道，邀请"读懂新时代"丛书4位主创讲述相关话题，并制作形成系列短视频，阅读量超过1.3亿次。凤凰出版社基于《长江历史图谱》一书制作了H5的长江知识小游戏，拓展了数字主题出版的形态和表达形式，促进地方数字主题出版释放更大能量。

3. 数字产品矩阵促进地方数字主题出版品牌构建

2021年发布的《出版业"十四五"时期发展规划》将"做强做优主题出版"列为首项重点工作，强调深入应用数字技术等新技术手段打造产品矩阵。随即发布的《"十四五"时期国家重点图书、音像、电子出版物出版专项规划》也将主题出版以第一位次的顺序纳入其中，对精品数字出版物策划、生产、发布、传播、运营等环节作了具体部署和安排，数字主题出版真正迎来了高质量发展的"黄金期"，要持续打造更多培根铸魂、启慧增智的数字主题出版精品力作。广西人民出版社结合党史学习教育出版系列图书，并拓展为电子书、视频书，为广西中小学生红色经典阅读提供标杆性数字图书。湖南人民出版社坚持"赓续红色血脉，打造红色出版高地"的发展思路，打造了一批主题出版数字化品牌产品，促进本地重点主题出版工程进一步建设。

（四）"走出去"是数字主题出版产业发展的新视角

1. 加快主题出版"走出去"的数字化建设进程

在数字产品形态拓展方面，接力出版社将"中华先锋人物故事汇"系列丛书作为一个文化IP，拓展图文、短视频、有声书、电子书等多种产品形态，推进数字主题出版产品传播中国声音。该系列丛书中有23种图书版权已输出到韩国、尼泊尔、印度、土耳其、泰国等国家。在数字产品品牌打造上，中国少年儿童新闻出版总社推出的《新型冠状病毒走啦！》入选国际儿童读物联盟（IBBY）发起的"抗疫童书全球互译"项目库，在出版一个月内被译作22种语言在24个国家和地区出版发行，其电子书也同步上线拓展产品品牌的服务纬度和服务层次。在数字平台建设方面，中国图书进出口（集团）总公司自主研发的数字资源交易与服务平台"易阅通"，整合了国内主题图书数字版权，以"一个平台、海量资源、全球服务"为定位，为海外出版机构提供一体化数字版权推广服务。江苏少年儿童出版社为配合"童心向党·百年辉煌"的出版，与中国图书进口（集团）总公司合作5G全景视频，为用户提供可视化、沉浸式阅读体验，目前该书系已输出到英国、伊朗、土耳其、吉尔吉斯斯坦、沙特阿拉伯、尼泊尔等国家。在主题数据库建设方面，社会科学文献出版社皮书数据库的海外试用用户达到130家，正式购买的有20家，主要是英国、美国、澳大利亚、德国等国家的大学图书馆、政府机构，中文数据库的海外销售额超160万元。

2. 推进数字主题出版平台"走出去"发展

一是本土化融入。在相关国家和地区知名主流出版机构内部成立中国数字主题出版联合编辑室（部）或者出版中心，建立长期工作机制，共同策划选题，根据当地市场情况和用户需求承接翻译、版权输出、产品设备输出、数据库试用等职能。二是围绕产品线深度融合。围绕国际关切，充实完善中国国情、当代中国、中国文学、中国文化、中国科技等重点主题出版产品线，立足本土、策划多语种、多载体、多终端的优质主题出版内容精品，同时依托海外合作方的渠道，将中国数字主题出版产品深入当地主流数字传播渠道，切实扩大中国数字主题产品的海外影响力和竞争力。三是凸显中国智慧和中国方略。围绕党和国家关注的国际大局，以特定"主题"为出版对象、出版内容和出版重点加强出版宣传活动，如为世界提供"脱贫攻坚""抗击疫情""环境治理""基层治理""治国理政""乡村振兴"的中国智慧和中国方案，加快推进中国数字主题出版产品的国际影响力、引导力和辐射力。

二、数字主题出版产业发展的趋势研判

（一）数字主题出版竞争态势明显加剧

一是地方出版机构加快布局数字主题出版。地方出版机构区位优势、产业基础、政策支持、奖励机制、评价标准、公共服务等现行情况各有差异，导致各个地方出版机构数字主题出版发展差距逐渐拉大。2022年，地方出版机构主题出版重点领域竞争形势已经形成，基于主题出版系列图书的电子书、视频书等出版业态布局加快成熟，动漫、游戏、音乐、数据库、在线教育、知识服务等新兴业态布局成为关键着力点，新兴业态发展带来的机遇优势正迅速增强。二是主题出版与动漫游戏结合度将更为紧密、更有层次。北京、上海、成都、杭州等国家动漫游戏产业基地将进一步加快与出版机构建立长期战略合作关系，围绕党和国家重大战略、重大理论等主题内容，创作出符合人民精神文化需要的原创数字主题出版产品。随着数字技术的深入应用和产业变革的影响，原创动漫游戏产品将快速激发用户的阅读兴趣，有利于引导社会大众理解党和国家的政策方针、战略举措，达成数字主题出版的责任和使命。三是数字主题出版新业态加快涌现。围绕特色技术企业、龙头文化企业生态，跨区域协同发展将快速助力国家主题出版数字化转型发展，围绕先进智创团队、先进数字平台、先进内容数字化生产、先进技术研发、先进终端制造，为国家数字主题出版带来新一轮发展机遇期，一系列优秀主题数字出版品牌产品布局得到系统优化。

（二）数字主题出版细分类型日益显现

一是文学与数字主题出版融合优势凸显。优质文学作品与主题出版的选材要紧扣国家大事、党的大事、群众最关切的大事、国际最热门的大事。文学作品贴近生活、贴近人心，使其更容易搭建宏大主题与读者生活的桥梁。数字技术赋能文学作品，打造文学类数字主题出版系列产品，建构精品文学产品库，是文学与数字主题出版融合的直接体现，促使产品背后的文化情感、家国情怀、价值观念对人民大众产生积极的影响。文学作品的数字化进程更为简便、快速，以人民为中心的产品生产观加快推进产业业态拓展。二是少儿主题出版数字化产品是新引擎。出版机构始终坚持以儿童成长发展为中心，加快出版体现国家意志、时代精神、大国担当，赓续红色文化血脉，传承民族文化基因，具有文化价值、艺术价值和实用价值的，能够传开来、传下去的少儿主题出版数字化产品，在国家需求、时代需求、用户需求和企业自身发展需求之中找到新的发展路径和新的增长点。可见，少儿主题出版数字化产品已成为推动数字主题出版高质量发展的新引擎，且动能强大持久。三是科技主题出版数字化产品是新方向。以一大批科普图书的方式反映建党百年特别是新中国成立以来我国科技发展的伟大成就和历史经验，是我国科技主题出版领域少有、跨行业的、大规模的联合出版项目。科普图书出版为科技主题出版数字化产品体系构建奠定了坚实的基础。接下来，更多的是以科普图书为基础，广泛应用AR、VR等数字技术手段，融图、文、音频、视频、动画等于一体，打造融合出版产品促进用户消费体验升级。

（三）数字主题出版产业协同发展深化

一是主管部门顶层设计将强有力推进数字主题出版高质量发展。《出版业"十四五"时期发展规划》明确提出产业数字化水平迈上新台阶，不断加快提升出版科技创新能力与成果转化能力，充分发挥数字技术赋能引领作用，推进内容生产传播数字化水平显著提升。在不断做优做强主题出版的总体设计下，应建设用好"新时代新经典——学习习近平新时代中国特色社会主义思想重点数字图书专栏"，加快推进习近平新时代中国特色社会主义思想出版传播，要做好马克思主义经典著作研究阐释传播工程、"四史"题材作品出版工程、现实题材作品出版工作，为人民群众提供丰富的在线阅读产品和精准化的知识服务。同时专门定制了《"十四五"时期国家重点图书、音像、电子出版物出版专项规划》，强调中华优秀传统文化、地域红色文化等要素快速融入主题出版，用数字技术激活文化资源存量，打造一系列传统文化类数字主题出版精品。二是地方出版机构必须加强数字主题出版。地方出版机构应把主题出版的普遍性要求与自身优势特色相结合，在选题、生产、传播、推广等出版链条上形成自己的独特价值，打破发展不充分、不均衡的困局。同时，各地方出版机构要将主题出版数字化转型发展融入长期发展规划中，建立数字主题出版长效机制，围绕数字技术赋能做好融合创新部署。三是形成数字主题出版共建共享联盟。积极破除主题出版选题同质化和盲目出版的问题，消除主题出版数字资源建设、新媒体平台建设以及国际化传播体系建设等各个方面各自为战、势单力薄的现象，各个地方出版机构应相互借鉴、取长补短，努力推动数字主题出版高质量发展和出版单位数字化转型升级。

三、数字主题出版产业发展的对策建议

（一）全面打造主题出版数字化发展模式

一是主题出版内容生产数字化工程。随着出版数字化趋势越来越显著，主题出版不能仅仅停留在传统的纸质出版上。在用户需求挖掘和适配上，出版机构要运用数字技术追踪用户消费数据，反哺数字主题出版产品的设计、生产环节，智能设计、智慧编辑加工、数字存储获取等方面更偏向于用户消费需求。在多场景服务方面，要推进主题出版虚拟现实、增强现实多场景打造，多场景设置游戏动漫场景，尤其是将中华优秀传统文化元素融入其中，提高主题出版内容数字化生产质量。二是主题出版产品数字化工程。应用数字技术创新打造数字主题出版品牌产品，构建数字主题出版产品精品库至关重要。要围绕党和国家重点工作、重大理论、重大会议、重大活动、重大事件、重大节庆日，丰富数字主题出版品牌产品类型，构建产品核心矩阵，提升主题出版影响力和牵引力。基于重点主题出版系列图书形成电子图书、视频书的模式要快速普及，要构建数字影像展、微视频、动漫动画、互动游戏、数字音乐、网络地图等数字主题出版产品体系，除此之外，数字平台建设加强在线教育与服务，主题数据库建设供给高端专业化知识服务是主题出版产品数字化工程的重点突破方向。三是阅读数字化工程。新一代人工智能、机器学习、图像识别、语义标记等现代技术革命的到来，加速了出版机构完成数字化转型升级的步伐，平台共享、开放获取、知识付费、按需出版、订阅模式等基于数字化的新兴阅读形态方兴未艾。互联网在线阅读、场景化阅读、沉浸式阅读为主题出版数字化发展带来更多的可能。

（二）系统建构数字主题出版融媒体传播格局

一是充分整合内容与渠道。要将国家意志、先进理念、优秀文化巧妙融入数字主题出版产品之中，彰显主题出版数字特色，让产品获得更大的市场竞争力和影响力，进而推动高端专业品牌产品传播渠道建设。中国大百科全书出

社与中国出版集团联合推出的《穿越时空的中国》数字影像展便是一个内容与渠道充分整合的有力例证。该数字影像展采用流媒体技术、3D 技术、虚拟仿真技术对中国大运河文化内核进行开发,让 2 700 千米长的大运河繁荣景象"鲜活"地呈现在观众面前,给予强大的震撼感和自豪感。二是加强互联网络平台联动传播。加强"学习强国"App、党报党刊数字化平台、全媒体平台互动关联,拓展数字主题出版产品的传播范围,有效提高数字主题出版产品的市场占有率,进而提升传播效果。三是积极搭建主题出版数据库、数字化平台。开发数字资源交易与服务平台,提供一体化数字版权推广服务,提供荐购、阅读、管理、整合一站式服务方案。四是借助动漫游戏、影视、音乐等数字出版形态,进行主题出版产品的数字传播,依托区域性红色基地、展览馆推动数字传播,生成文创周边产品,延伸产业链条,拓展跨界合作、多渠道融合的融媒体传播机制。

(三) 创新推进数字主题出版"走出去"发展路径

一是加强外向型数字主题出版产品的开发设计。要通过充分的国际出版市场调研,根据海外用户的阅读兴趣和实际需求,直接开发设计针对海外市场的数字主题出版产品。当前国内具有特色的数字主题出版产品较为稀缺,这些产品的国际影响力可见一斑,同时中国逐步进入世界舞台的中心,中国经济、社会、文化、政治、生态等方面生动实践和宝贵经验已逐渐成为世界关注的研究对象,越来越多的海外用户期待快速获取应对国际重大难题的中国智慧和中国方案。由此可见,外向型数字主题出版产品要成为海外用户深入了解中国、关注中华文化、学习中国治理方案的有效渠道。二是提高产品质量,适应本土消费习惯和需求。产品质量的好坏会直接决定其能否真正走进当地出版产品市场被本土用户接受。现阶段,以主题出版图书为依托推进数字主题出版产品消费是数字主题出版"走出去"的主要模式之一。比如,加快已入"剑桥中国文库"的系列主题出版图书的数字化进程,是快速打造数字主题出版品牌产品的有效方式,要紧密结合本土用户消费习惯和消费需求积极进行实践。三是充分利用国际书博会、数博会,多渠道海外推广。国际书博会、数博会不仅是各国出版机构进行版权贸易业务交流的集聚地,还是贴近海外用户、展现数字产品的宝贵机会,更是数字主题出版"走出去"的拓展路径。近年来,随着中国出版业与海外出版业交流日趋频繁，中国出版机构有更多机会参加国际书博会、数博会，借助这类交流平台，数字主题出版产品更有可能获得海外用户的青睐和喜爱，融入产品当中的文化内涵、价值也迸发出新的生机与活力，不断提升中华文化国际传播力。

（课题组成员：游登贵、刘永桂、黄志贵、杨诗柔）

重庆市数字出版业发展报告

重庆华略数字文化研究院

2021年,重庆数字出版业强化品质,提高内容产品供给能力为根本出发点,以技术应用创新提升供给质量和效率,优化产业集聚区布局,提升数字出版业区域发展能力,稳定推进数字出版高质量发展目标。

一、重庆数字出版业运行特征

(一)内容供给能力稳步提升

内容供给是出版业的根本任务,以高品质的数字出版产品和服务满足人民群众精神文化生产的需要是数字出版的目标使命,也是守住主战场,构筑线上线下同心圆的关键。

建党百年主题出版成果纷呈。2021年是中国共产党百岁华诞,重庆数字出版围绕主题,突出本单位资源特色和用户特征,推出一系列产品和服务。中共重庆市委宣传部发布建党百年主题出版项目,"七一"微视频百年大党之党史故事100部、"七一"网重庆党史全媒体传播平台、中国共产党重庆历史数据库、"奋斗百年路启航新征程——庆祝中国共产党成立100周年"网络出版专题、"学党史,知党恩,跟党走"青少年主题学习专栏、网络文学《火种》等6种数字出版产品和专栏入选。中共重庆市委当代党员杂志社精心创制"党史故事100部"、微电影《我走你走过的路》、微纪录片《穿越百年的无声对话》等融媒体作品,联合党建读物出版社推出的"党建小课堂"系列图解作品总阅读量超过500万。重庆出版集团制作党建学习资源563集,2 000分钟。《重庆日报》策划的"巴渝宝贝晒出来""革命文物·红色记忆""重读红岩家书""绝活亮出来——重庆非遗传承"等新媒体产品在网上广受读者好评。华龙网围绕建党百年推出的《百年百篇 留声复兴之路》全平台浏览量已突破 3 亿,《这,就是 100 年前重庆青年的中国梦!》被中宣部评为全国优秀理论宣讲微视频,全国首款党史宣传沉浸式互动视频产品《党员,请选择!》,全平台浏览量已突破 1.08 亿。《巴渝都市报》整合旗下各媒体平台开设"奋斗百年路 启航新征程"总栏目,精心策划"打卡红色足迹""学党史 悟思想 办实事 开新局"等子栏目;各平台陆续推出庆祝建党 100 周年公益广告,涪陵网开设"党史百年"专栏并将所有报道集纳推广,涪陵发布微信公众号每天推出"党史百年"专题报道。少年先锋报社联合赛乐网策划了报网融合、线上线下联动的"学党史 知党恩 跟党走——庆祝中国共产党成立 100 周年"青少年主题学习专栏,以重庆市德育指导用刊、少先队活动课指导用刊《先锋号》,重庆市青少年门户网站赛乐网,报社微信公众号,三大平台为载体,把党史、新中国史、少先队知识等爱国主义教育内容实现数字化加工,以青少年喜闻乐见的形式开展庆祝建党百年主题宣传,赓续红色基因。

数字教育终身教育供给体系呈现雏形。数字教育服务持续优化,基本形成了贯穿基础教育到继续教育全学段多专业的终身教育服务体系。西南大学出版社"小学语文阅读智能测评应用示范"应用 AI 技术,大规模对每个学生进行语音朗读评测,并提供专业评测分析报告,在"教"和"学"两端均起到辅助作用。课堂内外杂志社出版有限公司紧紧围绕"深度融合发展"目标,整合客户端、公众号等用户媒体触发点,开发系列音视频课程体系,纵深在线教育领域,贯穿小学段、初中段、高中段。内容包含基础学科、科学知识、创新知识及社会新闻等。同步在阅读素养评测系统、青少年科学素养测评系统方面作了指标构建和教育探索,配合双减作了美育和劳动教育方面的延伸。重庆大学出版社为重庆大学、重庆理工大学、重庆市育才职业教育中心、重庆建筑科技职业学院、重庆医药学校、三峡职业学院等院校提供 18 门课程资源建设服务;完成教学视频录制、后期制作 653 个,成品时长达到 3 442 分钟;教学动画 52 个,成品时长达 114 分钟;研发新形态教材数量达 225 本,官网展示 211 本。重庆大学电子音像社"特殊儿童个别化教学云平台"功能不断优化和完善,开发产品运营相关功能,实现按用户对象划分产品,首次交付 App,实现服务变现。《中国药房》网络版（季刊）、搭建的"药政云课堂"纳入重庆药学继续教育体系，"药尚学"小程序向医学、药学以及相关专业人士免费开放的视频学习平台、打造了集直播、录播、访谈、购书中心于一体继续教育服务。

知识服务专业化程度不断深化。重庆维普资讯有限公司"智慧图书馆"帮助图书馆打造全新的图书馆智慧门户，为教学、科研、信息服务提供信息资源，通过图书馆电子资源和纸本资源的"篇"级整合服务，运用数据挖掘技术，分析读者的真实需求，利用读者群体与个体兴趣画像，为读者提供个性化的专业服务。重庆大学出版社"万卷方法知识库"，顺应互联网化、移动化、碎片化的阅读需求，运用知识图谱、大数据、云计算等技术，研发基于社会科学研究方法各个领域的知识词条库、多媒体库、电子书库、期刊论文库。该项目是集资源检索、方法百科、文本分词、科研助手（选题分析、研究趋势、方法推荐、文献精选、阅读笔记）、主题分析报告、写作助手等前端功能及用户管理、资源管理、统计分析、数据挖掘、日志管理等后端功能的在线知识服务类平台。重庆大学期刊社通过建立与数据库出版平台的合作机制，实现了传播主体多元化；通过构建横向交流机制，与相关机构和期刊网站建立链接，实现了资源互传共享；通过建设期刊专业网站，加强论文开放获取、主动推送、优先出版，促进了刊网互动；通过搭建社交媒体分享平台（QQ群、微信群等），实现了论文的即时分享。各刊的微信公众号可实现文献实时推送、稿件查询、已发表论文检索、过刊浏览、动态信息发布等移动出版平台的基本功能。重庆同方知网科技发展有限公司建设的重庆知识大数据公共服务平台，整合中国知网海量数据资源、3 000万专家学者数据，利用领先的XML碎片化加工、NXD数据库、协调技术、智能检索、语义分析等核心技术，集知识大数据建设、知识大数据服务、知识大数据应用、知识大数据管理四大核心板块于一体，为区域创新生态知识基础设施构建奠定基础。

网络游戏差异化发展。重庆网络游戏坚持守正创新、差异化、正能量发展理念。一是重庆研发运营的买断制游戏产量在国内居于前列，推出了全球热销230万份以上的《波西亚时光》、在国内外科学领域都引起了强烈反响的《戴森球计划》、在国内掀起了单机游戏仙侠风潮的《了不起的修仙模拟器》等。二是坚持文化价值观导向，着力扶持、培育一批具有持续优质内容生产能力的本土网络游戏企业，强化企业重视网络游戏的社会价值、文化内涵、教育功能，持续引导研发出版如《沙石镇时光》《故乡记忆》等以挖掘弘扬中华传统文化、讲好中国故事为重点内容的原创精品网络游戏，推动重庆网络游戏行业焕发蓬勃生机。

数字阅读接触点不断丰富。载体移动化，内容碎片化促使出版业面向触发率和阅读率的提升转化。重庆出版集团数字产品《沙丘序曲》有声小说上线不到两个月收听量就突破 300 万人次，订阅量达到 6.4 万人；《猎魔人》系列有声小说在各平台累计销售收入突破 200 万元，累计回款金额 68.5 万；《心理罪》新版有声剧签约喜马拉雅。重庆天健互联网出版有限公司的重庆数字农家书屋项目目前已建成"学习强国"数字农家书屋上线各类图文、视频作品达 3 万部，其中优秀电子图书 342 部，音视频（含农技慕课、电影电视剧）6 450 部、总时长达 12 万小时。党史学习教育电子书《中国共产党为什么"能"》《马克思主义为什么"行"》《中国特色社会主义为什么"好"》总阅览量达 536 万次；《柑橘种植技术专家谈——郑朝耀 50 年柑橘种植经验》《农村电子商务》《休闲农业与乡村旅游》《淘宝开店做金冠》等农技类图书总浏览量达 826 万次；《狼王》《芬达的秘密》《临界点》等青少年读物总浏览量达 458 万次。到 2021 年末，盛世阅读网站作品有 4 270 部，其中向海外输出 234 部，售出有声版权 273 部。

（二）产业聚集能力逐步形成

优化产业区域布局是重庆调整出版业结构的重要措施之一。由于历史原因，重庆出版单位集中于渝中区，城市拓展更新过程中，重庆出版单位以渝中区为主，散发在主城各区，数字化转型过程中多是原地转身，对构建以出版单位为核心区域为特色的内容生产生态形成瓶颈。以拓展物理空间实现产业生态空间拓展成为选项之一。在总结重庆两江新区国家数字出版基地 10 年发展经验的基础上，2021 年 10 月，重庆市决定将南岸区重庆数字出版基地作为国家数字出版基地的有效补充，同时引导西部（重庆）科学城加大数字文化创意及相关数字内容产业链培育力度，从而形成南北响应，三地联动的数字内容产业集聚区。

重庆两江新区国家数字出版基地保持数据库、数字教育、网络游戏、数字创意与版权交易和互联网出版等产业生态构建，重庆数字出版基地侧重于网络游戏研发集群，西部（重庆）重庆科学城侧重于电子竞技和智慧教育，以及相关领域的数字内容支撑。目前两江新区国家数字出版基地产出接近全市的50%，重庆数字出版基地已经集聚了200余家数字网络游戏及相关企业，是近年重庆网络游戏企业数量增速最快的区域。西部（重庆）科学城已与国内知名的网络阅读、电竞企业达成意向。

（三）应用创新能力持续发力

近年来，重庆数字出版业应用创新能力总体逐渐提高，各出版单位在应用创新过程中逐渐与人工智能、大数据、云计算等计算机新兴技术相结合，推动出版业各单位持续转型升级，并利用计算机多媒体特性，重塑传统出版业单程模式，使音影图文多维度结合，创建融媒体新态势。在使用新兴技术中，重庆数字出版也总体结合出版业本身特性，进行多层次技术改变、突破，使技术更贴合出版业发展。

重庆维普资讯有限公司下的学术期刊精准传播系统结合人工智能与大数据，在对外传播模式、传播渠道方面进行创新发展，赋予国内期刊在全球领域主动传播能力的解决方案。系统利用十亿级中外文献数据和千万级中外作者数据，从服务对象的特征与推送内容的描述特征两个层面进行大数据分析，实现精准目标群体筛选和定位。按照学科、地区、相关度等关联关系，快速实现专业读者定位和邮件推送服务。深度揭示传播路径与效果，以报告形式持续呈现受众读者的获取率、活跃度及研究领域等信息，将推送效果数字化与可视化，从而达到精准传播目的。西南大学期刊社搭建了基于XML结构化数据的网刊发布平台，打造"纸质期刊＋微网站＋微信公众号"三位一体的学术期刊宣传平台；与维普知识服务平台合作强化对学术论文的精准推送。重庆天健互联网出版有限责任公司下的用户个性化智能推荐项目，运用大数据技术，全面分析用户阅读，生成用户画像，提供精准线性，使用计算机用户行为矩阵、计算用户相似度矩阵等多种针对性矩阵增强数据筛选能力，在此基础上再次增强推荐功能。重庆大学电子音像社"融合出版业务服务系统"基于云计算和大数据技术打造的一套融合出版支撑架构，实现了出版物跟数字资源、在线服务和读者的有效连接，嵌入融合型图书与教材管理、二维码管理、数字课程管理、数字资源管理、云教学服务、云考试服务等多种功能。

（四）区域协同能力正在形成

近年来，重庆与西部十一省区和新疆生产建设兵团互动频繁，2019 年发起成立了西部数字内容产业联盟，2021 年与西部十二省区市和新疆生产建设兵团党委宣传部联合主办了首届西部数字出版年会，西部地区党委宣传部相关负责人和数字出版及相关企业负责人共商发展，形成了较好互动机制，联合发布了《西部数字出版发展报告（2020—2021）》，建成了西部数字出版网上展厅，发布了西部地区数字出版精品项目。

重庆市科学技术期刊编辑学会、陕西省科技期刊编辑学会、四川省科技期刊编辑学会等西部 8 省区市科技期刊编辑学会共同发起成立了西部科技期刊联盟，致力于整合期刊资源，加强中国西部科技期刊的紧密联系，推进科技期刊数字出版能力提升。2021 年 7 月，由重庆市高校期刊研究会、重庆市期刊协会、重庆市科技期刊编辑学会、重庆市音像与数字出版协会、四川省期刊协会、四川省高等学校学报研究会联合主办的第二届"渝出版"学术研讨会暨川渝青年编辑学术沙龙在重庆举行，国内 30 余位专家学者围绕数字经济与媒体融合、期刊集约发展等做了主题发言，国内 20 余省区市 500 余位代表通过线上和线下形式参会。

区域内数字出版企业主动协同发展。重庆大学出版社、重庆天健互联网出版有限公司、重庆维普资讯有限公司、西南大学期刊社、重庆同方知网科技发展有限公司，天健电子音像社与重庆经济广播、重庆大学等制作团队在有声选题方面建立合作，域内数字出版单位以资源、技术等优势要素优势，积极开发新产品和服务。

（五）行业影响力逐步提升

在坚守与创新中，重庆出版单位推出的数字出版产品和服务获得用户和相关组织的认可，《重庆日报》七一客户端、七一网、党建头微信公众号、华龙网、城乡统筹发展网等 14 个网络出版单位和网络出版平台入选中央网信办《互联网新闻信息稿源单位名单》，"重庆党建红云"项目入选国家新闻出版署 2021 年全民阅读优秀项目，重庆大学出版社《穿越科学大事件（医学科普篇）》入选国家新闻出版署 2021 年全国有声读物精品出版工程项目，电子出版物《家屋》入选教育部"十四五"国家重点出版物出版规划项目。《当代党员》编辑部(全媒体中心)被国家人力资源和社会保障部、国家广播电视总局、国家新闻出版署评为"全国新闻出版广播影视系统先进集体"。重庆出版集团研发的"安全阅读云""渝书坊＋健身阅读智慧屋""出版工业互联网:""渝教育——智慧教育一体化解决方案"4个项目入选中国新闻出版广电报评选的全国新闻出版深度融合发展创新案例。"5G＋智慧教育资源应用服务平台"入选重庆市5G融合应用示范项目,精品数字内容创作生产工程被列入重庆市网信办"十四五"重大项目。华龙网推送的《你在天堂听到了吗?"一个人"的演出　五个人的乐队》获第三十一届中国新闻奖新闻网站新闻专题二等奖,2020"讲好中国故事"创意传播大赛特等奖;《党员,请选择!》获得2021中国城市网盟奖庆祝建党100周年主题宣传特别奖,2021中国城市网盟奖创新创意奖等诸多奖项。华龙艾迪研发的网络数据取证系统等应用,得到中央网信办的肯定及推荐使用,长期服务于全国各地网信系统。在首届西部数字出版年会中,9项数字出版产品和服务入选西部数字出版精品项目库。

(六)人才培养模式不断创新

重庆数字出版人才培养形成了行业主管部门、行业协会、高校、产业园区和企业联动模式,培训内容覆盖数字出版产品研发、融合发展、全媒体运营等数字出版全业态全产业链。重庆市音像与数字出版协会紧跟行业发展态势,邀请行业专家前沿技术和全媒体运营专题讲座;以年会为载体注重引导会员从多维视角审视数字出版业的发展趋势,辅助会员单位培训课程设计。重庆市期刊协会、重庆市高校期刊研究会、重庆市科技期刊编辑学会、重庆华略数字文化研究院等行业社会组织释放资源集聚力和资源优势,构建适宜行业一体化发展的课程体系。产业园区和企业积极与高校联动共同建设人才培养基地,高校在产业园区和企业建设实践教学基地,形成双向互动互促的共同培养模式。罗布乐思(重庆)创新中心与重庆邮电大学、重庆工程学院等高校重庆邮电大学合作,以实际游戏研发经验为基础组建项目小组,开启罗布乐思游戏制作,将人才培养与项目孵化融合一体。七一网在人才培训持续开展"四力"教育实践,各类培训参与超过500人次。重庆晨报建立"学分制","内部导师制"和技能开发档案,结合培训与绩效考核,设定客观指标,定期反馈培训结果等多层次结合，使培训与能力相挂钩，在培养、选人用人、提升领导班子的领导力等多方面均有提升作用。华龙网采取"集中培训+闭卷考试"的培训模式，全面增强采编人员的各项综合素质。

二、重庆数字出版面临的问题

（一）产业带动能力不足

一是项目带动能力不足。项目带动是区域发展和产业发展的重要策略之一。重庆自2013年设立数字出版专项扶持资金以来，先后资助数字出版项目近百项。以及受到重庆市文化及相关产业资金、中央财政及相关产业资金资助的数字出版及相关项目数十项，这些项目在当时具有一定的创新性，对快速转化形成产品供给能力起到一定的促进作用。纵向看，受到当时认知和产业基础限制，这些项目对产业的带动有一定的局限性。具体表现在，首先是本单位项目代际之间的衔接不够充分。回溯项目建设和发展历程，多数项目呈现孤立状态，代际之间没有形成互为支撑的关联关系，从而影响了项目建设效率。其次是各生产单位之间带动能力不足。未能形成以领先项目或公共基础项目为核心的项目链或项目集群，从而难以形成以整体竞争力为基础的项目或者产业生态。

二是出版单位未能形成产业带动能力。数字出版单位未能将其编辑出版、把关能力优势转化为对域内内容生产能力提升的带动力。碍于体制机制原因，出版未能主动与新兴内容生产单位展开合作，发挥其体制机制优势，将其创新能力转化为行业发展驱动力，内容生产能力转化为优质内容供给能力，构建主力军扶助生力军进入主战场和主市场的格局。

三是出版单位未能形成资源转化的带动能力。数字出版的核心要素是文化（出版）数据，文化数据散发在不同的文化单位，作为文化产品的生产和传播机构，出版单位未能主动培育数据市场，引导文化单位将文化数据作为资源要素参与内容生产，提供更多内容来源权威，高品质的文化资源，增强区域数字出版产品和服务的供给能力，提升区域数字出版产品和服务的竞争力影响力。

（二）原始创新能力不足

新技术及时应用到数字出版产品生产和服务领域，衍生了重庆数字出版新兴业态，丰富了重庆数字出版业产品和服务供给。客观评价既有数字出版产品和服务发现，技术转化的时滞，使重庆数字出版业对新技术应用处于"跟跑"状态，因此开发的数字出版产品和服务与发达地区同行也存在时滞现象。首先是对前沿技术的准确把握不够。出版单位未能建立有效的前沿技术捕捉机制，从而及时发现并将新兴技术应用到数字出版，难以获得数字出版业领先跑的机会。其次是集成创新不够。集成创新能将释放新技术的指数级效应，对适宜于数字出版的新技术有效集成，以此为驱动要素创造新兴的数字出版产品和服务，对提升数字出版业的市场综合适应能力有较大促进作用。最后是原始创新不足。长期依赖成熟技术，降低了原始创新动力。大量投入应用研究，或技术转化研究，忽略了技术预见研究，在新技术层出不穷日新月异的今天造成视角盲区，导致在新产品和服务开发领域迈不开腿。

（三）资金投入力度不够

适度的投资强度是促进产业高质量发展的重要因素。数字出版业投资来源主要包括财政资金、企业自筹资金和各类基金。经过多年发展，面向数字出版业的基金数量和强度逐步减少。适宜于重庆数字出版业的财政资金具有多点散发特征，包括数字出版专项资金、文化产业资金、科技研发资金、大数据智能化引导资金和数字化转型资金等多个渠道，这些资金的主导部门较多，主要对象各有侧重，主要适宜于重庆数字出版业的资金体量较小，难以形成有效强度支撑数字出版业开展面向未来的新技术研发，形成原始创新动力。同样，不达强度的投入，基本不能形成孵化能力，数字出版单位只能将从财政获得的资金用于即时的产品和服务的开发，无法形成代际转承、长效驱动能力。

企业资金投入倾向于即时性，更多侧重于资金的保值增值，形成其投入的显著特征是投向应用转化，导致投资行为的短期效应。一方面，不会大量投入到基础研究和技术预见研究，从而更多的是为了获得即时回报；另一方面，面对长效投入效应缺乏信心韧性，导致部分技术研究夭折在"黎明"。

三、重庆数字出版业发展建议

（一）增强产业带动力

一是增强项目的带动能力。全面评价完成和在建项目创新价值、技术价值和市场价值，构建不同类型的激励和示范机制，遴选适宜未来技术发展趋势的项目进行激励，引导和培训数字出版项目带动能力，构建基于区域产业项目代际转承和持续发展的项目生态，支撑数字出版产业高质量发展。

二是增强出版企业的带动能力。破除体制壁垒，构建多维融合发展机制，整合主力军和生力军两支队伍，关键是强化主力军作用发挥，但不能忽视生力军的重要作用，促进二者在内容生产、传播机制上深度融合。统筹用好数字内容出版资源，加强出版单位与网络平台、内容生产单位合作，通过项目合作、联合研发、资源共享等方法，把生力军生产能力、主力军的把关能力释放出来，让主力军将生力军带上主阵地、主市场，形成了一支优势互补、政治方向坚定的重庆出版大军。

三是提升出版单位带动数据资源为关系要素产业发展能力。数据资产流通，数据资产转化坚持"物权自有、标准统一、场景作价、重构再生"的理念，打开数据库门，连通数据市场大门，推进数据资产化的进程，加快数据资源共通共享。从而构建数据产转化的生态。

（二）加大原始创新投入

数据是数字出版业发展的重要资源，是数字出版业发展的重要支撑。一是要加大对数字出版关键技术的研究，尤其是加大融合出版技术预见研究投入，提高重庆数字出版业对新技术的捕捉能力，产生一批具有基础性的专利技术，提升数字出版技术引领能力，增强技术研发对产业发展支撑能力。二是明确关键领域重点突破。加快对特殊群体推荐算法研究，确保数字出版内容和服务适应新的传播生态、文化业态、传播形态的变化，全面提升数字出版内容的触发率、阅读和影响力。三是建设融合发展试验室，对行业发展共性问题开展探索研究，形成一批可复制推广的经验和行业标准，构筑重庆数字出版业的行业引领能力。四是建立支持原始创新的制度，对数字出版领域，尤其是推进出版业深度融合发展的发明专利给予激励，营造支持原始创新的环境。

（三）提升资金使用效率

一是优化出版资金使用模式。一方面将数字出版及相关专项资金由事前资助分为"事前启动，验收补齐"的模式，先期拨付一定比例启动经费引导出版单位资金投入，完成建设计划验收，做出创新性评估后，根据实际绩效拨付剩余经费。另一方面，采用滚动资助模式。对重点项目，采取一次立项，分年资助模式，按建设进度和资金投入比例逐年拨付资助费。同时，探索以奖代补的奖励机制。对确实有重要技术贡献的项目，通过同行专家评审，完成创新性评估后，给予一定金额的经费资助。

二是整合多点散发资金。由数字出版行业主管部门牵头，文化、科技、大数据等相关行业部门协同，形成具有足够资助强度的资金池，对重大基础性研究和公共服务平台建设进行资助，集中优势力量突破关键性技术。

三是探索社会资助进入技术领域。采用特殊管理股和混合所有制模式，在确保对关键领域和关键环节把控，引导社会资本进入数字出版技术研发、平台建设和内容创新领域，形成了以资源配置为关键，有效对接、优势互补，能有效释放产业链各要素活动投入机制，构建良性多元融合的发展合力。

（课题组成员：吴江文、吴子鑫、王皓、陈正伟、董康）

附　录

序

2021 年中国数字出版大事记

石昆　辑录

一、电子图书

564 部"建党百年"主题优秀网络文学作品线上免费开放

2021 年 2 月 2 日，中国作协网络文学中心举行重点网站优秀网络文学作品联展启动仪式，564 部优秀网络文学作品将通过线上向读者免费开放。同时介绍了庆祝中国共产党成立 100 周年网络文学"百年百部"系列活动的相关情况。

优秀现实题材和历史题材网络文学出版工程首批入选作品揭晓

2021 年 8 月 23 日，国家新闻出版署公布"优秀现实题材和历史题材网络文学出版工程"首批入选作品名单，《王谢堂前燕》《关河未冷》《秦吏》《我不是村官》《他从暖风来》《大茶商》《情暖三坊七巷》《樱花依旧开》《重卡雄风》9 部作品入选。这些作品聚焦现实题材和历史题材，从不同视角书写伟大时代、伟大民族，这些作品思想性、文学性、可读性较强，在同类作品中具有代表性，产生了较好的社会反响，体现了当前我国现实题材和历史题材网络文学创作出版的较高水准。

全国重点网络文学网站联席会议暨加强职业道德建设座谈会在京召开

2021 年 9 月 7 日，中国作家协会在京召开全国重点网络文学网站联席会议暨加强职业道德建设座谈会，研讨加强网络文学行业职业道德建设的措施。43 家重点网络文学网站负责人参加会议。参会的联席会议各成员单位深入开展自查自纠，分别制定实施方案，抓好整改落实，树立网络文学的良好形象。

中国网络文学影响力榜（2020年度）发布

2021年9月16日，由中国作家协会、深圳市委宣传部主办的中国网络文学影响力榜（2020年度）发布仪式在深圳举行。本届中国网络文学影响力榜评审共收到218部作品和84名网络文学新人参评，经过初评、复评、终评和网络投票，24部网络文学作品分别入选网络小说榜、IP改编榜、海外影响力榜，4位"90后"作家入选新人新作榜。本届榜单现实题材占上榜作品的半数以上，集中反映了一年来网络文学的创作成就和发展方向。

第五届中国"网络文学+"大会在京举办

2021年10月9日，第五届中国"网络文学+"大会开幕式暨高峰论坛，在中关村国家自主创新示范区展示中心举办。大会以"网颂百年 文谱新篇"为主题，以庆祝中国共产党成立100周年为主线，整体分为主体活动、长效活动两大板块。大会坚持建设、发展、管理和引导并重，守正创新、主动作为、勇开新局，为推动网络文学精品出版，激发网络文学创作生产活力提供支持。会上发布了《2020中国网络文学发展报告》。报告详细介绍了中国网络文学发展背景、产业现状、主要特征、趋势和展望4个部分。

2021年度国家古籍数字化工程专项经费资助项目发布

2021年11月23日，全国古籍整理出版规划领导小组办公室发布了2021年度国家古籍数字化工程专项经费资助项目，对已公示的《〈永乐大典〉专题数据库》等27个项目给予资助。

10万部/件古籍资源可免登录网上阅览

2021年11月30日，国家图书馆发布公告，已通过"中华古籍资源库"累计发布各类古籍资源总量达10万部/件，包括馆藏善本古籍、普通古籍、甲骨、敦煌文献、碑帖拓片、西夏文献、赵城金藏、地方志、家谱、年画、老照片等，以及馆外、海外征集古籍资源，读者免登录即可访问阅览。其中，"数字古籍"数据库通过全彩影像数字化和缩微胶卷转化影像方式建设，发布国家图书馆藏善本古籍和普通古籍，已发布馆藏古籍2万余部；"数字方志"数据库中的地方志文献为我国所特有，也是国家图书馆独具特色的馆藏之一，所存文献数量与品质很高。该数据库以国家图书馆藏地方志文献建设，发布馆藏方志资源6 528种。

儿童分级阅读文本难度测评系统面世

2021年12月11日，人民教育出版社举办"儿童分级阅读文本难度测评系统"研讨会暨《儿童分级阅读书系》出版座谈会。会上人民教育出版社和北京大学共同宣布，双方联合研发的中文分级阅读文本难度测评系统问世。与会者就"儿童分级阅读文本难度测评系统"进行专家评议，并就《儿童分级阅读书系》的编辑出版工作进行了座谈。

二、互联网期刊

浙江共产党员杂志集团成立

2021年5月9日，浙江共产党员杂志集团正式成立，建设"刊网出版社"相融合、"党建+"服务多元化的全媒体集群。《浙江共产党员》杂志创刊于1958年，已经形成了"四刊两网三微"的红色媒体矩阵，在精品内容打造、融合传播探索、智库平台建设等方面取得了明显成效，实现了从单一的党建宣传报道者向全媒体党建综合服务平台转型。

中宣部、教育部、科技部印发《关于推动学术期刊繁荣发展的意见》

2021年5月18日，中宣部、教育部、科技部联合印发《关于推动学术期刊繁荣发展的意见》。《意见》指出，学术期刊是开展学术研究交流的重要平台，是传播思想文化的重要阵地，是促进理论创新和科技进步的重要力量。加强学术期刊建设，对于提升国家科技竞争力和文化软实力，构筑中国精神、中国价值、中国力量具有重要作用。

学术出版新技术应用与公共服务实验室成立

2021年5月19日，学术出版新技术应用与公共服务实验室在京成立，第一次学术座谈会同期举办。该实验室由中国期刊协会发起，旨在集聚行业资源，实施技术攻关，推动集成创新，广泛运用新技术为期刊出版赋能，促进期刊出版动能转换和体系升级，促进期刊业深度融合发展，提升出版水平和影响力，打造一个让刊社、作者、平台、用户等全行业全产业链共同受益的平台。实验室着力推动期刊媒体融合向产业融合发展，使用区块链等新技术推动期刊IP增值和版权保护。对原创内容实行去中心化运营，以及通过大数据技术等精准服务期刊模式创新。实验室还通过引导期刊寻优发展，培育示范单位，打造示范样本，使不同期刊在不同领域获得新的更大的发展空间。

读者出版集团与北京印刷学院展开战略合作

2021年7月25日，读者出版集团与北京印刷学院在甘肃兰州举行战略合作框架协议签署仪式。根据协议，双方将在人才培养、科学研究、人员培训和社会服务等领域加强交流合作。双方共建"北京印刷学院研究生联合培养基地"，积极探索数字出版、出版策划、媒体创意、出版营销、版权管理、图书设计、数字艺术、印刷发行等方面的联合培养机制。同时，双方以此为契机，依托联合培养基地，围绕建立校内外导师定期交流合作机制，通过开展校企青年人才互访互学，共同制订培养计划，构建"双师型"团队，实现人才培养规格与行业、企业人才需求之间的有机衔接，提高业务能力和管理水平。

2020—2021数字阅读影响力期刊TOP100排行榜发布

2021年10月28日，在第十一届数字出版博览会和中国期刊创新年会上，中国新闻出版研究院和龙源数字传媒集团共同发布了2020—2021数字阅读影响力期刊TOP100排行榜和知识阅读城市TOP100排行榜。

三、数字报纸

南方报业与腾讯共建南方融媒实验室

2021年7月21日，南方报业传媒集团与腾讯集团在广州签署战略合作框架协议。双方共建南方融媒实验室，开展媒体深度融合前沿课题研究；在"双区"建设、乡村振兴、创新驱动以及文化强省建设等方面共建服务平台，探索媒体单位和互联网企业联合服务重大战略新模式；共建正能量传播机制，探索营造清朗健康网络空间的新业态。双方加强前沿技术、媒介形态、融媒传播、人才培训、产业生态等方面的交流合作。南方融媒实验室探索创新党报集团和互联网企业"链接"方式，打造更多正能量传播、符合互联网传播规律的融媒产品，在新兴传播阵地上唱响主流舆论。

哈工大（深圳）与深圳报业集团联合成立数据新闻实验室

2021年8月6日，哈尔滨工业大学（深圳）—深圳报业集团数据新闻实验室挂牌仪式在深圳举行。该实验室将依托深圳报业集团新闻数据资源与媒介传播优势，利用哈工大（深圳）计算机科学团队大数据处理、可视化技术与科研创新能力，探索媒体与高校合作新机制，提升数据化、智能化、现代化新闻生产水平。双方致力于为数据新闻理论和技术研究开创更加丰富的应用场景，借助深圳报业集团媒体资源，探索前沿的大数据挖掘、呈现和传播方式。

2021中国报业深度融合发展创新案例公布

2021年12月22日，国家新闻出版署公布了2021年中国报业深度融合发展创新案例。本次共有312家报纸出版单位申报案例451个，申报案例数量增长23%。本届入选的60个案例中，全媒体传播体系建设类6个、网络内容建设类22个、专业信息服务类8个、"媒体+政务服务"商务类14个、前沿技术应用类5个、体制机制创新类5个。入选案例涵盖了报业在内容、渠道、平台、经营、管理等方面的创新融合，体现了我国报业担当新时代宣传思想工作使命任务，深度融合创新发展的积极探索和最新成效，具有较强的代表性、创新性、示范性。

四、网络游戏

2020年广东游戏产业年会举办

2021年1月6日，"2020广东游戏产业年会暨'金钻榜'发布仪式"在广州市黄埔区举行。本次大会以"创新求变智启未来"为主题，包括IGDC国际游戏开发者大会、《2020年广东游戏产业数据报告》和《2020年广东电竞产业数据报告》发布，以及游戏"金钻榜"发布仪式等活动内容，并建立了网络直播平台，打造"云上产业年会"，通过建立专题页面、搭建虚拟平台、通过直播线下活动等方式，线上直播间观看人次近70万。

《网络游戏适龄提示》团体标准启动实施

2021年1月8日，中国音像与数字出版协会游戏工委以线上方式召开《网络游戏适龄提示》团体标准应用工作部署会，要求游戏企业分批次、分阶段、有序推进标准实施。这是《网络游戏适龄提示》团体标准启动实施的重要标志。《网络游戏适龄提示》团体标准发布后的半个月内，已有国内外50余家媒体对标准进行了相关报道，传播总量约 2.26 万条，充分肯定了适龄提示对行业健康发展、防沉迷工作开展起到积极的促进作用。

广州市天河区出台扶持游戏产业政策

2021 年 1 月 25 日，广州市天河区发布《广州市天河区关于扶持游戏产业健康发展的实施意见》。《实施意见》指出，广州市天河区将围绕产业主体、产业集聚、产业人才、科技金融、电竞产业、产业环境、保障措施七大要素给予游戏产业精准扶持，培育游戏产业发展新动能。支持原创精品游戏研发，每款游戏产品给予研发企业 10 万元奖励。在区内适当区域划出一定地块，面向重点游戏企业招标或联合组团招标，推动重点游戏产业集聚区发展。多元拓展产业发展空间，鼓励天河软件园各分园引进及留住游戏企业，最高可给予 100 万元支持。积极引进优质游戏企业在天河开展生态链布局，对营收亿元以上新落户游戏企业，分 3 年给予最高 1.5 亿元奖励。

2021 年中国电竞产业研讨会在绍兴举办

2021 年 4 月 23 日，由中国音像与数字出版协会游戏工委、中国游戏产业研究院主办，绍兴市上虞区 e 游小镇管委会承办的 2021 年中国电竞产业研讨会在浙江上虞圆满举办。中国音像与数字出版协会游戏工委发布了《2020 年游戏产业舆情生态报告》。

六项团体标准研制工作启动

2021 年 5 月 24 日，由中国音像与数字出版协会立项，中国音数协游戏工委牵头的 6 项团体标准研制工作启动会在京召开。这是通过中国音像与数字出版协会团体标准化技术委员会审批立项的第三批游戏相关团体标准。本次启动的 6 项团体标准为《电子竞技标准体系表》《网络游戏分类》《精品游戏评价规范》《游戏产品创新指标》《电竞赛事分级分类》《电子竞技赛事保障体系参考架构》。其中，《电子竞技标准体系表》由北京亦庄国际产业互联网研究院负责起草，《网络游戏分类》由北方工业大学负责起草，《精品游戏评价规范》和《游戏产品创新指标》由北京中娱智库咨询有限公司负责起草，《电竞赛事分级分类》由北京拓标卓越信息技术研究院负责起草，《电子竞技赛事保障体系参考架构》由腾讯科技（深圳）有限公司负责起草。

福建举办网络游戏出版编辑骨干培训班

2021 年 6 月 2 日，福建全省网络游戏出版编辑骨干培训班在厦门举办，学习贯彻新修订的《未成年人保护法》。培训班课程内容包含数字出版相关法律法规及监管政策宣讲、游戏审查常见问题汇总及注意事项、防止未成年人沉迷网络游戏相关法规及技术路线、《网络游戏适龄提示》团体标准及网络游戏实名验证系统操作等。

中国游戏产业版权保护及法律合规高峰论坛在沪举办

2021年7月29日,以"共议新形势下游戏版权生态发展及出海合规的困境及解决之道"为主题的中国游戏产业版权保护及法律合规高峰论坛在沪举办。与会嘉宾共同探讨了新的立法环境和形势对于游戏企业在版权生态发展、版权保护、内容合规、运营合规等方面产生的新要求,分享了在游戏进行海外发行时如何应对当地影响运营的法律法规及政策的合规要求进行积极探索的经验和案例。

《著作权法》修改与网络游戏产业生态发展研讨会

2021年9月11日,由中南财经政法大学知识产权学院主办的《著作权法》修改与网络游戏产业生态发展研讨会在武汉召开。与会嘉宾就网络游戏虚拟物品的法律保护问题进行了热烈的讨论,认为不仅游戏规则具有版权交易性,游戏道具等也具有版权属性,但如何加大相关法律保护力度,特别是能否将其确认为民法中的"物",还需要业界认真研究。

2021北京国际游戏创新大会在京举办

2021年9月24日至26日,以"创新·引领·融合"为主题的2021北京国际游戏创新大会在北京市海淀区举办。在开幕式暨游戏创新峰会上发布了《2021中国游戏创新及发展趋势报告》;大会围绕内容创新、制作人、技术应用、平台发行、硬件开发、商业营销6个主题举行100场主题分享会。会上,北京精品游戏研发基地联合智明星通共同发起成立北京精品游戏研发创投基金,基金规模为1亿元。此举旨在助力更多优秀企业和项目更持续、快速地发展。

2021中国游戏产业年会在穗举行

2021年12月14日至16日,2021年度中国游戏产业年会在广州举行。本次游戏年会主题为"遵规自律,多元赋能,积极融入数字经济发展新浪潮",由中国游戏产业年会大会、游戏十强年度榜盛典、游戏纪录片试映会、游戏十强盛典晚会、游戏企业党建成果展及13个分论坛组成。其间还发布了《2021

年中国游戏产业报告》。

五、网络动漫

中国动漫金龙奖全球征稿启动

2021年1月11日，第18届中国动漫金龙奖启动全球征稿，将在传承优秀中华文化方面持续深耕，助力动漫产业发展。为积极推动中国动漫文化走向世界，从本届金龙奖开始，组委会将永久设立"蔡志忠漫画奖"，用于褒奖在传统文化传承等方面取得突出成绩的作品或作者。组委会还发布了中国二次元指数2020年度十大关键词，包括盲盒、漫改、原神、汉服、跨界、科幻、抗疫、知识漫画、亚运电竞、虚拟IP等，体现了2020年中国动漫行业的发展轨迹与成果。

第十四届中国国际漫画节在广州召开

2021年9月28日，第十四届中国国际漫画节开幕式暨第十八届中国动漫金龙奖颁奖大会在广州举行。本年度漫画节以"动漫的红色档案"为主题，举办中国动漫金龙奖颁奖大会、中国漫画家大会、中国国际漫画节动漫游戏展、"明灯·共产党人的故事"主题画展及"漫画节在身边"等活动。本届中国漫画家大会围绕"知识漫画成为产业黄金赛道"议题，对国内外知识漫画产业发展现状进行全方位剖析。颁奖大会上，中国动漫金龙奖"最佳剧情漫画奖"金奖本届空缺，《刘慈欣科幻漫画系列：吞食者》与《流浪武汉2020》并列摘得银奖。

第十七届中国国际动漫节在杭举办

2021年9月29日至10月4日，第十七届中国国际动漫节在杭州举办。动漫节组织开展了展览展示、权威论坛、品牌赛事、商务交易和大型活动五大板块若干项内容，集中展示中国动漫产业发展的最新成果、发展态势和前沿趋势，做到"线下不乏亮点，云端精彩无限"，确保内容"瘦身"、品质不减、品牌延续。动漫节推出"永远跟党走"红色动漫致敬百年风华主题展，集中展示《从未变过》等一批优秀红色动漫作品，以动漫的方式推动红色基因传承。设置国家广电总局季度和年度推优作品展、中央政法委"平安中国"动漫作品展等主题展，开设视听平台优秀儿童动画创作激励专场，展示动漫精品力作，彰显动漫"真善美"的精神内核。动漫产业高峰论坛聚焦"推动新时代动漫产业高质量发展，助力精神富有文化先行"进行深入交流探讨。

首届儿童文学动漫周在浙江瑞安举办

2021年10月18日至20日，中国首届儿童文学动漫周——"2021中国儿童文学动漫周"在浙江温州瑞安举办。"首届中国儿童文学动漫优秀作品推介""首届小花朵全国少儿创作大赛"以及全国首个"剧本秀文化街区"战略合作签约、建设中国儿童文学动漫馆等多项活动发布。主论坛主题为"围绕儿童文学动漫在新时代文化强国战略中的重要意义以及对儿童成长的重要作用"，探讨儿童文学动漫对瑞安儿童友好型城市建设的重要意义等。分论坛主题为"耕读传家久，诗书济世长"，将儿童成长与未来乡村建设理念相结合，意为儿童打造理论与实践融为一体的人生大课堂。动漫周还展出了约1 700平方米的中国儿童文学动漫周配套展览。

第十二届中国国际漫博会在东莞举办

2021年11月18日至21日，第十二届中国国际影视动漫版权保护和贸易博览会在广东东莞举办。本届中国国际漫博会以"新时代·新动漫"为主题，设置线上展示、线下展览、专业论坛、产业活动、版权保护五大板块，展示动漫产业的新内容、新产品、新模式、新技术。本届展会突出国内特别是东莞本土优秀国潮内容和潮玩品牌的展示对接，通过"动漫＋IP""动漫＋平台""动漫＋授权""动漫＋游艺""动漫＋潮玩"等内容，充分呈现东莞动漫潮玩、智能制造、家居用品等产业发展成果。由东莞图书馆组织汇编、贵州人民出版社出版的动漫专题文献书目总集《漫画文献总览》、绘本专题文献书目总集《绘本文献总览》在会上展出。

六、视　频

短视频版权治理研讨会在京举行

2021年5月14日，中国新闻出版传媒集团和中国传媒大学联合在京主办短视频版权治理研讨会。全国政协文化文史和学习委员会副主任、中国版权协会理事长阎晓宏出席会议并作主旨发言,从短视频界定、作品概念、合理使用3个方面对短视频领域版权保护问题进行了阐述。此次研讨会设置了"短视频行业版权生态优化"和"短视频版权治理新机制构建"圆桌讨论环节,16位相关领域专家学者围绕合理使用、平台责任、授权渠道、许可制度等进行了交流。

短视频版权集体管理研讨会在北京举行

2021年5月17日,"短视频版权集体管理研讨会"在北京召开。影视作品权利人代表、短视频平台方代表以及版权管理部门、集体管理组织、知识产权学者围绕集体管理如何在短视频版权秩序规范方面发挥作用这一问题进行沟通。12426版权监测中心于会上正式发布《2021年中国短视频版权保护白皮书》。调研发现,短视频版权存在确权机制不完善、平台治理的过滤审核机制参差不齐、维权难度大等问题。

首届北京网络直播与网络视频从业者知识竞赛结果揭晓

2021年5月27日,首届北京网络直播与网络视频行业从业人员知识竞赛结果揭晓。32家在京网络企业的1 252名选手经过历时近5个月的初赛、复赛,最终北京陌陌科技有限公司获得冠军,北京搜狐新媒体信息技术有限公司和北京六间房科技有限公司获得亚军,北京快手科技有限公司、探探文化发展(北京)有限公司和优酷信息技术(北京)有限公司获得季军。活动旨在强化网络文化市场监管和治理,维护风清气正和谐有序的首都网络文化空间。

河南成立网络直播和短视频发展促进工作委员会

2021年7月8日,河南省网络直播和短视频发展促进工作委员会成立大会在郑州举行。会议介绍了河南省网络直播和短视频发展促进工作委员会筹备工作情况,对《河南省网络直播与短视频发展促进工作委员会章程(草案)》进行审议。该委员会成立后还将推动全省互联网、大数据、人工智能等新技术、新应用、新模式与社会各领域的深度融合,助力数字河南建设,促进全省数字经济繁荣发展。

《网络短视频内容审核标准细则》(2021)发布

2021年12月15日,中国网络视听节目服务协会发布了《网络短视频内容审核标准细则》(2021),对2019版《细则》原有的21类100条标准进行了修订。

"短视频版权数字化安全"研讨会在京举办

2021年12月25日,由中国网络空间安全协会主办的"短视频版权数字化安全"研讨会在京召开,与会嘉宾就短视频迅速发展环境下的知识产权保护议题展开讨论。会上,中央民族大学新闻与传播学院高级经济师郭全中团队发布《短视频版权安全观察》报告。报告提出,我国短视频版权保护应立足于国家互联网产业发展格局,采取积极支持和审慎监管思路。北京国标律师事务所主任、知识产权维权联盟秘书长姚克枫认为,短视频版权保护实践应考虑维护著作权与鼓励传播间的平衡问题。他表示,当前短视频版权争议部分缘自产业竞争态势下的企业站位不同,为推动短视频产业繁荣发展,应在坚持法律原则的基础上,寻求更大程度的社会理解。

七、数字版权

"东方链":为版权保护降成本提效率

2021年1月12日,由东方网自主研发构建的"东方链"2.0版本版权管理系统正式上线。

中国新闻媒体版权保护联盟平台推出"媒体融合链"

2021年1月28日,中国新闻媒体版权保护联盟平台即"媒体融合链"区块链版权平台通过"云发布"的方式上线发布。

《刑法修正案(十一)》正式实施

2021年3月1日,《刑法修正案(十一)》正式实施。该修正案将信息网络传播权、表演者权纳入刑事保护范围;提高了涉及侵犯著作权两项罪名的法定刑上限,侵犯著作权罪法定刑最高可达10年,销售侵权复制品罪法定刑最高可达5年。2021年3月3日,最高人民法院发布《最高人民法院关于审理侵害知识产权民事案件适用惩罚性赔偿的解释》,指导各地法院准确适用惩罚性赔偿,惩处严重侵害知识产权行为。上述《刑法修正案(十一)》和司法解释的实施,进一步加大了版权司法保护的力度,对维护良好版权秩序具有重要意义。

上海市"易盾计划":版权存证服务项目启动

2021年4月2日,上海市影视版权服务中心举办"易盾计划"版权存证服务项目启动仪式。"易盾计划"旨在适应社会经济数字化发展,通过数字版权保护提升中小企业及个人版权创作积极性,其目标是惠及10万家上海中小企业及个人,免费提供百万级作品存证保护监测和维权服务。面向拥有图片、短视频、音乐、文字、游戏、动漫及衍生品、电影、电视剧、综艺等任意类型版权作品,且属于在上海经营或注册的中小文创企业及个人,只要满足这些条件就可通过"易犬版权开放平台"享受免费版权存证保护服务,其中包括作品区块链存证、免费监测及维权服务、免费发函维权服务、诉讼维权服务以及定期监测及维权的增值服务。

北京版权资产管理与金融服务中心成立

2021年4月26日,北京版权资产管理与金融服务中心签约发布仪式在北京银行总行举行。北京版权资产管理与金融服务中心整合关键主体,通过建立贷前、贷中、贷后一体的版权资产与金融服务创新机制及专业化服务,一方面提升文化企业管理基础与规范化水平,从而降低金融风险,另一方面发挥版权资产在文化企业融资过程中的重要作用,根据文化产业及版权资产特点创新金融产品,提升质押率、降低融资成本。此外,中心还在企业辅导、客户准入、审批流程、额度管理、贷后跟踪、风险管理等方面建立融资服务的"绿色通道",提高业务操作效率和覆盖率,形成规模效应,为企业办实事,切实解决企业融资难、融资慢、融资贵问题。

《中国网络文学版权保护白皮书》发布

2021年4月26日,易观分析发布《中国网络文学版权保护白皮书》。白皮书显示,2020年中国网络文学市场规模达288.4亿元。2020年中国网络文学作家达到2 056万人,净增约100万人,作品增长约200万部。通过IP全版权运营,网络文学间接或直接地影响了动漫、影视、游戏、音乐、衍生品等合计约2 531亿元的市场。蓬勃发展的网络文学产业也给盗版侵权带来可乘之机。

可信数字版权生态与标准重点实验室揭牌

2021年5月27日,国家新闻出版署出版业科技与标准重点实验室——可信数字版权生态与标准重点实验室在上海理工大学揭牌,该实验室将关注可信数字版权在确权、授权、用权、鉴权、维权、金融等方面的行业实践和新业态,以技术应用研究、数字版权生态研究、文创IP新业态研究、知识服务和融合出版研究及相关标准研制为重点,助力出版业创新体系建设,服务出版业高质量发展。

"中国版权链"上线

2021年6月1日，中国版权协会在京主办"技术创新与版权保护"论坛。论坛上，中国版权协会宣布"中国版权链"上线。中国版权链是中国版权协会推出的开放、多元、中立的版权保护平台，全面结合数字内容生态的业务场景，致力于打造数字内容时代版权保护的新基建。中国版权链将围绕"版权存证""版权维权""版权交易"三个核心场景，打造包含作品存证、侵权监测、在线取证、侵权下架、纠纷调解、诉讼维权等功能模块的全流程版权保护方案，服务能力贯穿版权保护全生命周期。通过全方位、高水平、低成本的版权保护服务，中国版权链切实保障权利人核心利益，激发创新活力，促进数字版权市场蓬勃发展。

新修改的《著作权法》正式实施

2021年6月1日，第三次修改的《著作权法》正式实施，这对我国著作权事业发展具有里程碑意义。新修改的《著作权法》立足于保护权利、鼓励创作、促进传播和平衡利益的原则，积极回应了经济社会发展新需要和社会公众新期待。新修改的《著作权法》不仅完善了著作权法律制度，强化了对著作权的保护，还加强了与其他法律的衔接，落实了近年来我国加入的版权国际条约中规定的义务，为维护版权秩序、提升版权治理效能、促进社会主义文化和科学事业的发展与繁荣提供了重要的法律支撑。

2021中国网络版权保护与发展大会在京举办

2021年6月1日至2日，国家版权局在京举办2021中国网络版权保护与发展大会。会上发布了2020年度全国打击侵权盗版十大案件、《2020年中国网络版权产业发展报告》《2020年中国网络版权保护报告》。会议以"全面加强版权保护，推动构建新发展格局"为主题，围绕"技术创新与版权保护""聚焦版权生态，打造数字音乐产业新格局""短视频版权保护的挑战与协同治理"等主题举办了配套论坛活动。

2021年版权产业国际风险防控培训班在厦门举行

2021年7月7日至9日，国家版权局和世界知识产权组织联合在厦门举办2021年版权产业国际风险防控培训班。版权产业国际风险防控培训班旨在加强版权宣传和人才培养，推动双方高层与工作层的交流和沟通，规划未来合作方向，进而更好地激励创新，保护创新成果。

国家版权交易中心联盟 IP 生态大会举行

2021 年 7 月 18 日，由国家版权交易中心联盟主办，北京国版文化发展有限公司承办的"2021 国家版权交易中心联盟 IP 生态大会暨'版马 IP 商城'创新合作峰会"在京举行。本届联盟 IP 生态大会聚焦数字经济时代下"建立 IP 健康发展生态圈、打造版权+电商融合发展新模式"话题。来自各大互联网平台、保险企业的代表，围绕数字经济大环境下"版权产业的电商生态赋能""版权示范城市如何创新发展"等议题进行探讨，同时就新形势下如何加强各版权示范城市、国家版权交易中心联盟成员与各大电商平台的产业协作、发展共赢进行交流。

标准版权保护和推广应用工作交流会在京召开

2021 年 10 月 15 日，由中国质量标准出版传媒有限公司（中国标准出版社）主办的标准版权保护和推广应用工作交流会在北京召开。会议围绕世界标准日"标准促进可持续发展，共建更加美好世界"的主题，通报标准版权保护典型案例，交流标准出版传播的工作经验，探讨加强标准出版机构的机制建设，联合推广正版标准传播的途径。

第八届中国国际版权博览会在杭州举办

2021 年 10 月 16 日至 18 日，第八届中国国际版权博览会在杭州举办。开幕式上，世界知识产权组织与中国国家版权局联合举行了 2020 中国版权金奖颁奖仪式。2020 中国版权金奖获奖名额共 20 个，《攀登者》等 6 部作品获作品奖；景德镇陶溪川文创街区等 5 家单位获得推广运用奖；最高人民法院民事审判第三庭第五合议庭等 5 家单位获得保护奖；北京市版权局版权管理处等 4 家单位获得管理奖。期间，还同步举办了版权护航文化娱乐产业高质量发展论坛、版权助力民营经济发展论坛、版权保护促进电影产业发展论坛、短视频版权保护与创新研讨会、作品自愿登记工作研讨会、"把握数字音乐新机遇，构建音乐版权新生态——数字音乐版权发展论坛"、版权保护科技创新与治理数字化论坛、第二届中国国际著作权集体管理高峰论坛等主题活动。

第二届中国国际著作权集体管理高峰论坛在杭州举办

2021 年 10 月 18 日，第二届中国国际著作权集体管理高峰论坛在杭州举办。会上，举办了音集协与百家娱乐行业协会合作发布及签约仪式以及卡拉

OK 音乐版权贡献奖颁奖仪式。与会嘉宾围绕"著作权集体管理制度完善及相关司法实践问题""著作权集体管理制度创新促进产业发展"等议题进行分享。

2021 年中国版权年会在京举行

2021 年 12 月 11 日，2021 年中国版权年会的首场活动——"区块链推动数字文创行业健康发展"论坛在京举行。2021 年中国版权年会主要聚焦三个方面：一是聚焦学习贯彻党的十九届六中全会精神，以建设文化强国，树立文化自信为宏大目标，扎实推进版权及相关领域各项工作；二是聚焦版权对文化的资源性、基础性和战略性作用，研讨、挖掘版权在文化和经济领域的重要地位；三是聚焦新技术在版权领域的运用，以及其运用给文化产业带来的重要影响。围绕着这些主题，年会还举办了主论坛、平行论坛、远集坊文化讲坛等一系列活动，内容涵盖新技术在版权领域的应用、数字阅读、软件版权、短视频版权、游戏产业与版权保护等行业热点话题。

国家版权局印发《版权工作"十四五"规划》

2021 年 12 月 24 日，党的十九届六中全会将强化知识产权创造、保护、运用写入全会决议，充分体现了党对知识产权事业发展的充分肯定。为全面贯彻习近平总书记关于知识产权工作重要讲话精神，认真落实《知识产权强国建设纲要（2021—2035 年）》《"十四五"国家知识产权保护和运用规划》，国家版权局加强版权工作顶层设计，印发《版权工作"十四五"规划》，对"十四五"时期版权工作的指导思想、基本原则、发展目标、重点任务等进行了安排谋划。这为全面贯彻落实党中央关于知识产权工作重大部署，建设创新型国家和文化强国、知识产权强国提供了重要版权支撑。

第二届可信数字版权生态论坛在京举办

2021 年 12 月 29 日，第二届可信数字版权生态论坛在京举办。此次论坛，旨在推动版权产业全面进入以版权资产为核心的数字化高质量发展阶段。论坛现场进行了多项授牌、启动和签约仪式：北京邮电大学版权工作站授牌、国家重点研发项目"数字产品知识产权保护与服务技术研究开发及应用示范"启动仪式、智媒链签约、数字版权资产信托模式研究课题签约、版权 NFT 数字拍卖项目签约、版权链图片监测中心签约、智能机器人上链项目签约。

八、综 合

深圳市成立网络直播协会

2021年1月8日,深圳市网络直播协会宣告成立。深圳市网络直播协会由深圳市专业从事网络直播行业相关企业共同发起,涵盖深圳市直播行业生态圈的各个环节。协会将发挥政府、行业、企业之间的桥梁作用,发展成为有社会公信力和影响力的互联网直播商业生态组织。深圳市社会组织管理局相关负责人表示,深圳市网络直播协会要积极贯彻落实国家相关政策,配合相关管理部门,对网络直播行业的有效管理建言献策;协会要严格按照相关管理办法开展各项工作,不断推动网络直播内容和形式创新,推动网络直播行业健康、可持续发展。

《2020年政务微博影响力报告》发布

2021年1月22日,人民网舆情数据中心发布"2020年政务微博影响力报告",报告由人民网舆情数据中心制作,微博提供数据支持,评价对象包括全国所有通过微博认证的机构官方微博,评价体系包括四个维度:传播力、服务力、互动力和认同度。报告显示,截至2020年12月31日,经过微博平台认证的政务微博已达177 437个,其中政务机构官方微博140 837个,公务人员微博36 600个。

《关于深化出版专业技术人员职称制度改革的指导意见》发布

2021年1月28日,人力资源和社会保障部、国家新闻出版署印发《关于深化出版专业技术人员职称制度改革的指导意见》,部署出版专业技术人员职称制度改革。聚焦出版专业技术人员职称评价中存在的突出问题,《意见》围绕制度体系、评价标准和评价机制等关键环节,提出针对性的改革措施。例如,《意见》允许单独划定从事少数民族语言文字出版工作的专业技术人员的考试合格标准,畅通了在出版单位中从事融合出版、版权运营等业务的人员,以及从事与出版物策划、数字出版相关的非公有制经济组织、社会组织的出版专业技术人员的职称评审渠道。

中央网信办召开全国网信系统规范网络传播秩序工作视频会议

2021年1月29日，中央网信办召开全国网信系统规范网络传播秩序工作视频会议。会议提出，将重点整治"自媒体"、热搜热榜、PUSH弹窗、短视频平台等存在的扰乱网络传播秩序突出问题。2020年，全年依法约谈网站4 282家，对4 551家网站给予警告，暂停更新网站1 994家，会同电信主管部门取消违法网站许可或备案、关闭违法网站18 489家，移送司法机关相关案件线索7 550件。有关网站依据用户服务协议关闭各类违法违规账号群组15.8万个。

国家新闻出版署发布42家出版业科技与标准重点实验室名单

2021年2月3日，国家新闻出版署《关于发布出版业科技与标准重点实验室名单的通知》发布，经对申报的重点实验室进行综合评审，确定42家实验室为出版业科技与标准重点实验室。从申报研究方向来看，本次公布的42家重点实验室中，从事跨领域综合方向的有18家，从事知识挖掘与服务方向的有12家，其余12家分别从事生产技术与装备、内容表达与呈现、产品传播与营销、数据管理与运营、版权保护与应用、高新技术跟踪与应用等方向。这些重点实验室从出版科技研发应用的角度，更多关注在数字出版基础上向更新的出版形态发展。

上海成立网络出版单位党建联盟

2021年2月3日，上海网络出版单位党建联盟成立，盛趣游戏、阅文集团、波克科技等20家企业成为首批成员单位。该联盟是行业单位共同参与、共建共享、共谋发展的平台。联盟成立后，能够更好地把党的政治优势、组织优势转化成企业成长和行业治理的发展优势，落实中宣部出版局关于促进网络出版守正创新、健康发展的工作要求，引导网络出版行业打造更多思想精深、艺术精湛、制作精良的精品佳作，实现网络出版行业高质量发展。

编辑出版学国家级一流本科专业建设点增至8个

2021年2月10日，教育部办公厅印发《关于公布2020年度国家级和省级一流本科专业建设点名单的通知》，编辑出版学国家级一流本科专业建设点增至8个。本次发布的编辑出版学2020年度国家级一流本科专业建设点有3个，分别设在浙江传媒学院、陕西师范大学、吉林工程技术师范学院；数字出版2020年度国家级一流本科专业建设点1个，设在北京印刷学院。

《互联网用户公众账号信息服务管理规定》施行

2021年2月22日，国家互联网信息办公室发布新修订的《互联网用户公众账号信息服务管理规定》开始施行。

福建设立出版产品质量评价智慧系统研发基地

2021年3月9日，福建省出版物监测与研究中心和北京北大方正电子有限公司在福州签约，双方联合设立出版产品质量评价智慧系统研发基地、智能审校系统示范应用基地。基地运用大数据、云计算、人工智能等新技术为新闻出版质量监测赋能，助力福建出版产品质检工作取得新突破。

京版集团与北京印刷学院将合力打造北京出版研究院

2021年3月25日，北京出版集团与北京印刷学院在京签署战略合作协议，双方合力打造北京出版产业研究平台和京版集团研发中心。双方在三方面展开深度合作：一是优势互补，合力打造北京出版产业研究平台。双方共同发起成立北京出版研究院。研究平台定位于北京出版行业研究的高端智库，双方将聚焦重大问题进行联合攻关，联合申报各类课题，共建示范性或标杆性工程。二是校企合作，协同建设京版集团研发中心。该研发中心聚焦新产品开发、新业态培育、新模式探索、IP价值挖掘、新产品推广、品牌设计、品牌建设、市场调研和行业研究等。三是产教融合，协同共建出版人才培养体系。双方在教育资源共享、干部人才交流、企业员工人才培训、学校专业建设、大学生实习实训基地建设等方面开展全方位合作。

文轩出版博物馆筹建

2021年3月31日，新华文轩出版传媒股份有限公司与商务印书馆在京举行共建文轩出版博物馆签约仪式，这标志着文轩出版博物馆的筹建工作正式开启，这将是出版业首家全国性、综合性的博物馆，也是全国首家由国有企业组织修建的出版博物馆。

精品图书与全民阅读高端论坛在京举办

2021年4月1日，由中国图书评论学会主办的精品图书与全民阅读高端论坛在京举行。本届论坛包含4个研讨会，主题分别为：主题出版与人文社科类优秀图书出版研讨会、少儿类优秀图书出版研讨会、文学艺术类优秀图书出版研讨会、科普类优秀图书出版研讨会。

第四届中国出版创新年会在京举行

2021年4月2日，由中国新闻出版研究院、广西出版传媒集团联合主办的2021年第四届中国出版创新年会在北京举行。会议以"启航'十四五'建设出版强国"为主题，旨在学习贯彻落实党的十九届五中全会精神，总结出版业"十三五"发展的经验与成就，研究"十四五"时期出版业发展的思路和重点，探讨出版强国及文化强国建设之路。与会嘉宾认为，"十四五"时期出版业高质量发展面临着新形势、新要求、新任务的变化。

首届中国数字新闻学年会在深圳大学召开

2021年4月10日，由深圳大学传播学院与《新闻界》杂志社联合发起、深圳市人文社会科学重点研究基地深圳大学媒体融合与国际传播研究中心承办的首届中国数字新闻学年会在深圳大学召开。年会以"数字新闻学的理论想象与经验田野"为主题，探讨数字时代新闻学理论与实践的发展前景。

百佳数字出版精品项目献礼建党百年专栏上线

2021年4月11日，"读掌上精品庆百年华诞——百佳数字出版精品项目献礼建党百年专栏"上线仪式在京举行。中宣部副部长张建春出席专栏上线仪式，并以《坚持系统思维 擘画出版融合发展新蓝图》为题作主旨讲话。专栏从4月11日起向社会免费开放100天。专栏中的100个数字出版精品项目从1 000多个项目优中选优产生，包括数据库、数字出版平台、AR出版物、融媒体出版物、有声读物等。专栏主建方为光明网，19家设立专栏的平台为：人民网、新华网、央视网、光明网、"学习强国"学习平台、中国文明网、党建网、新华书店网上商城、中图易阅通、中文在线、咪咕阅读、掌阅、沃阅读、文轩网、天翼阅读、微信读书、京东读书、喜马拉雅、快手。

上海市促进全民阅读联盟成立

2021年4月15日，上海市促进全民阅读联盟成立。该联盟以自愿参与为组织原则，以非机构化为组织形式，凝聚全市社会面阅读推广的资源，开展促进全民阅读相关活动。

第七届中国数字阅读大会在杭州举行

2021年4月16日，2021年第七届中国数字阅读大会在杭州开幕，本届大会以"数字赋能新发展，阅读追梦新征程"为主题，线上大会于4月16日至23日同步进行。大会发布了《2020年度中国数字阅读报告》，开展了重温红色故事等特别活动，并揭晓了数字出版业服务模式等 2020 年十佳数字阅读项目，《最美逆行者》《人民的正义》等十佳数字阅读作品，北京、杭州、成都等十佳数字阅读城市名单，并举行了 2021 悦读中国年启动仪式。大会以聚焦建党 100 周年为主线开展系列专题活动。线下协同上海、嘉兴、井冈山、遵义、延安、西柏坡等地区，因地制宜开展形式多样的阅读活动；线上围绕党史学习教育，开设《奋斗百年路启航新征程》专栏，组织重点数字阅读企业集中推出线上专区，并启动"阅读点亮中国"线上活动。

中国音像与数字出版协会知识服务工委成立

2021 年 4 月 20 日，中国音像与数字出版协会知识服务与数字版权保护技术工作委员会成立大会暨第一届理事大会在京召开。大会听取了知识服务工委筹备工作报告，表决通过了知识服务工委规章、工委组织机构候选提名名单。张立当选知识服务工委主任委员，介绍了知识服务工委在"十四五"期间的工作规划及具体内容，强调知识服务工委将在协会的领导下，紧密团结好、组织好理事单位，以推动行业知识服务转型和提供数字版权保护技术服务为目标，开展相关技术咨询、课题研究、会议与培训等工作，更好地为行业提供各种相关服务。

第十八次全国国民阅读调查成果发布

2021 年 4 月 23 日，中国新闻出版研究院发布第十八次全国国民阅读调查成果。调查显示，2020 年我国成年国民各媒介综合阅读率持续稳定增长，图书阅读率和数字化阅读方式接触率呈上升态势。听书表现出较大潜力。深度阅读人群数量不断扩大。数字化阅读的渗透率也在不断攀升。成年国民包括书报刊和数字出版物在内的各种媒介的综合阅读率为 81.3%，较 2019 年的 81.1% 提升了 0.2 个百分点。其中，城镇居民的图书阅读率为 68.3%，高于 2019 年的 67.9%；农村居民的图书阅读率为 49.9%，高于 2019 年的 49.8%。2020 年全国阅读指数为 70.45 点，较 2019 年的 70.22 点提高了 0.23 点。调查覆盖了全国 20 个省（区、市）。

首届教师数字化教学研讨会在京召开

2021 年 4 月 24 日，首届新时代中国教师数字化教学研讨会在京召开，主题是"后疫情时代中国教师数字化教学能力提升"，旨在推动我国中小幼数字化教学的普及和发展，提升我国中小幼教师数字化教学能力，更好地引导数字化教学的融合发展，探讨数字化教学未来愿景。"京师杯"全国中小幼教师数字化教学能力展示活动总结大会同期召开，活动由国内基础教育领域14位学科的顶尖专家担任全国评审委员会评审主席，来自全国29个省（区、市）超1万所中小幼学校的一线教师踊跃报名，报名总人数达到43 364人。据统计，共计收到包括课件、微课及环创作品27 830件。全部作品在京师教育资源网和未来老师客户端上进行公益展示。

中国近现代新闻出版博物馆正式启用

2021年5月17日，位于上海杨浦区定海社区138地块（周家嘴路沙岭路）的中国近现代新闻出版博物馆正式启用。这是国内首座新闻出版专业博物馆。该馆总面积约1万平方米，共6层，分1个主题馆和5个分馆，涵盖出版机构、少儿读物、声像、艺术设计、印刷技术等内容。该馆以国家一级博物馆为目标，集征集保护、陈列展示、学术研究、公共教育、文化交流、产业创新等于一体，打造新闻出版业文献档案中心、文物修复中心、创新发布中心和文创展示中心。

出版发行界图书馆界阅读推广论坛在长春举办

2021年6月17日，以"书香百年路阅读新征程"为主题的2021出版发行界图书馆界阅读推广论坛在长春举办。论坛举办期间，吉林省委宣传部还组织召开了"以全民阅读引领书香社会建设，助力吉林振兴发展"座谈会，与会专家围绕优质阅读内容供给、重点阅读活动开展、全民阅读基础设施和服务体系建设完善等方面建言献策。

2021新闻出版单位数字出版工作交流会在京召开

2021年6月18日至19日，由中国新闻出版研究院主办的2021新闻出版单位数字出版工作交流会暨数字出版部门主任联盟会在京召开。本届会议以"开局'十四五'，落实数字化战略"为主题，就业界关心的"技术赋能、产业创新""产业指导、经验交流""纸电融合、营销创新"等话题进行交流。会上，中国新闻出版研究院院长魏玉山在以《对当前数字出版发展的思考》为题的发言中提出五方面问题。与会嘉宾围绕出版业数字化转型的实践与思考，重点介绍了数字出版平台运营、短视频与电子书营销、构建知识服务体系等方面的经验和体会。

中医药知识挖掘与出版创新服务科技与标准重点实验室揭牌

2021年6月26日，第二届全国中医药全民阅读研讨会暨国家新闻出版署中医药知识挖掘与出版创新服务科技与标准重点实验室揭牌仪式在中国中医药出版社举行。与会人员就重点实验室在中医药传承与发展中如何发挥重要作用，实验室合作机制、职责分工、成果推广、验收考核等方面进行了充分的探讨和交流。

庆祝中国共产党成立100周年出版专题展在京开幕

2021年6月29日，中宣部举办的"播思想火种铸文化伟业——庆祝中国共产党成立100周年出版专题展"在中国共产党历史展览馆开幕。展览围绕建党百年主题，设置序厅、5个主展区、3个专题展区，集萃展出各个历史时期的珍贵出版文献档案、经典出版物版本，共展出展品1万余件套，其中重点展品1 100余件套。展览全方位回顾了百年来党领导出版工作走过的光辉历程，充分展示了出版工作取得的历史性成就。

出版业用户行为大数据分析与应用重点实验室揭牌

2021年7月10日，国家新闻出版署重点实验室"出版业用户行为大数据分析与应用重点实验室"在京举行揭牌仪式。根据国家新闻出版署《关于开展出版业科技与标准重点实验室申报工作的通知》，以北京师范大学为主体单位，联合共建单位化学工业出版社、上海新华传媒连锁有限公司、北京当当网信息技术有限公司、北京中启智源数字信息技术有限责任公司申报的"出版业用户行为大数据分析与应用重点实验室"获批通过，成为国家新闻出版署出版业科技与标准重点实验室。

2021年中国国际数字娱乐产业大会在沪召开

2021年7月29日，第19届中国国际数码互动娱乐展览会（2021 China-Joy）主论坛——2021年中国国际数字娱乐产业大会在上海举行。会上，中国音像与数字出版协会理事长孙寿山作《迎接时代新变革厚植发展新理念构建产业新格局》主旨演讲。中国音像与数字出版协会第一副理事长张毅君发布《2021年1—6月中国游戏产业报告》。

音数协数字音乐工委在京成立

2021年9月8日，中国音像与数字出版协会数字音乐工作委员会成立大会在京召开。中国音像与数字出版协会第一副理事长张毅君宣读《关于数字音乐工作委员会第一届理事会组织机构候选人提名名单的批复》。大会表决通过了数字音乐工委第一届理事会组织机构以及数字音乐工委规章。中国音像与数字出版协会常务副理事长兼秘书长敖然当选数字音乐工委主任委员。他表示，未来工委要围绕党和国家工作大局，发挥数字音乐在文化产业与文化传播中的重要作用，积极服务和支撑主管部门，做好行业服务，引导行业自律，为推动数字音乐产业健康繁荣发展作出积极贡献。杨奇虎等9位行业知名企业代表当选数字音乐工委副主任委员，北京版淘科技有限公司董事长刘阳当选秘书长。著名音乐人宋柯等获颁数字音乐工委顾问证书。

出版业"一带一路"语言服务重点实验室揭牌

2021年9月16日，"国家新闻出版署出版业'一带一路'国别化语言服务关键技术研发与应用重点实验室揭牌仪式暨全球国际中文教学云平台发布会"在京举行。由北京语言大学出版社牵头，联合中国新闻出版研究院、中国音像与数字出版协会、北京语言大学新闻与传播学院、福建网龙计算机网络信息技术有限公司等5家单位共同建设。重点实验室成立旨在通过科研创新驱动领域发展，验证和提高国际中文数字化教育出版产品在支持和服务"一带一路"合作发展中的作用。"全球国际中文教学服务云平台"是重点实验室成立后产出的首个平台级创新研究成果。

清华大学社与百度签署战略合作协议

2021年9月22日，清华大学出版社与百度签署战略合作协议，双方携手打造国内首套产教融合人工智能系列教材，共享各类智库教材、题库、课程等资源。同时，双方在师资培训及学生实践基地等领域展开深入合作，推进师资培训活动组织和落地。通过校企联合，百度与清华大学出版社将共同推动中国计算机教育教学生态发展，助力中国AI人才教育生态建设。

云听中国声音博物馆赋能数字党建

2021年10月9日，"云听中国声音博物馆——数字党建/数字阅读"项目启动仪式在第七届浙江书展主会场举行。该项目立足国家平台打造文化高地，以政务服务、党建学习、城市宣传、全民阅读四大项目板块，搭建智慧城市服务配套产品，以科技化、高效化、数字化亮点，实现党建、社区、图书馆、农家书屋等多种不同应用场景，不断增强党内政治生活的时代性，讲好中国故事，传播好党建声音。

2021 智能视听大会在青岛举办

2021 年 10 月 12 日，2021 智能视听大会在山东青岛高新区开幕。本届大会由中央网信办、人民日报社、山东省人民政府指导，青岛市人民政府、山东省委网信办、人民网主办，青岛高新区管委会、人民视听公司承办。大会以"视听联万物数字新格局"为主题，采取"会议、展览、聚焦单元、产业对接、系列论坛及配套活动"等融合联动形式，聚焦数字中国与智能视听，打造产业创新平台，构建产业生态圈。

2021 世界 VR 产业大会在南昌举办

2021 年 10 月 17 日至 20 日，以"VR 让世界更精彩——融合发展创新应用"为主题的 2021 世界 VR 产业大会在江西南昌举办。由 2021 世界 VR 产业大会组委会主办，中国新闻出版研究院承办的"VR + 传媒"主题论坛同期举行。"VR + 传媒"主题论坛以全面展示"传媒 + VR/AR"领域的总体面貌和最新发展，分享交流"传媒 + VR/AR"的新技术、新方案、新成果、新模式为宗旨，邀请国内外新闻出版传媒机构相关负责人，深入探讨传统媒体与新兴技术的融合之路。大会上发布的《2021 年江西省虚拟现实产业发展白皮书》显示，2020 年全球 VR 行业市场规模约为 620 亿元。

首届西部数字出版年会在渝开幕

2021 年 10 月 19 日，由重庆市委宣传部主办、西部十二省（区、市）和新疆生产建设兵团党委宣传部联合主办的首届西部数字出版年会在重庆开幕。年会以"数字出版赋能出版业高质量发展"为主题，展示西部数字出版业的新技术、新模式、新成果。年会同步举行了《2020—2021 年西部数字出版发展报告》发布、西部数字出版精品项目库上线、重庆数字出版产业基地授牌、数字出版相关产业项目签约等活动。

出版融合发展工程 2021 年度入选项目和单位发布

2021 年 10 月 21 日，国家新闻出版署发布出版融合发展工程 2021 年度入选项目和单位。在数字出版精品遴选推荐计划中，习近平新时代中国特色社会主义思想概论课程精讲等 20 个项目入选 2021 年度数字出版精品遴选推荐计划；《党的十九届五中全会〈建议〉学习辅导百问》有声书等 20 个项目入选 2021 年度数字出版精品遴选推荐计划提名项目。在出版融合示范单位遴选推荐计划中，人民出版社等 8 家出版单位入选出版融合旗舰单位；上海交通大学出版社有限公司等 12 家出版单位入选出版融合特色单位。从评审结果看，反映了近年来我国出版融合发展取得的新进展新成效，从精品内容建设和企业主体建设层面彰显了我国出版融合发展的先进水平，体现了出版业适应全媒体时代信息传播趋势和读者阅读需求积极推动转型升级的丰硕成果，具有较强的示范推广价值。

智慧出版与知识服务重点实验室在南大揭牌

2021 年 10 月 23 日，国家新闻出版署重点实验室——"智慧出版与知识服务重点实验室"在南京大学揭牌。该实验室将立足南大综合性大学的人才、学科、科研优势，依托图书情报与档案管理 A+学科，与共建单位密切合作，集聚各类优质资源，开展协同创新。方正电子将拥有完全自主知识产权的"方正书畅协同编纂及动态出版系统"一套、方正智能审校工具 30 套、方正飞翔多媒体交互制作工具 10 套等价值 200 余万元的软件提供给实验室免费使用。南京大学出版社将充分利用自身资源优势和融合出版能力，为项目提供相应的资金及办公场所，满足实验室对新闻出版教学资源的需求。河北领先文化将围绕儿童安全，在课题研究、技术研发、标准研制等多领域展开全方位、立体化、多层次的产学研合作。

全国人大常委会批准《马拉喀什条约》

2021 年 10 月 23 日，十三届全国人大常委会第三十一次会议表决通过了关于批准《关于为盲人、视力障碍者或其他印刷品阅读障碍者获得已出版作品提供便利的马拉喀什条约》的决定。该条约是世界上迄今为止唯一一部版权领域的人权条约。该条约的批准有利于更好地保障我国广大阅读障碍者的文化权益，使其能够平等地欣赏作品、接受教育，推动文化成果普惠于民。同时，也为我国向海外阅读障碍者提供无障碍格式版创造了条件，对推动我国优秀作品海外传播具有重要作用。

第十一届中国数字出版博览会在京举行

2021 年 10 月 27 日至 28 日，以"落实数字化战略 开启十四五新篇"为主题的第十一届中国数字出版博览会在北京国家会议中心举行。中宣部副部长张建春出席开幕式并作题为"坚持守正创新 以数字出版的高质量发展助力文化强国建设"的主旨讲话。本届数博会还举办第三届中国出版业知识服务大会以及 2021 数字资源建设高峰论坛、中国报刊融合发展高峰论坛、第十一届中国期刊创新年会、数字出版人才论坛、全国纸电一体供需合作论坛、版权运营与 IP 授权论坛、有声内容产业合作论坛共七大论坛。中国新闻出版研究院院长魏玉山主持开幕式并发布《2020—2021 中国数字出版产业年度报告》。

2021 年全国有声读物精品出版工程发布

2021 年 11 月 11 日，国家新闻出版署发布"2021 年全国有声读物精品出版工程"入选项目。学习出版社有限公司的《习近平新时代中国特色社会主义思想学习问答（有声版）》等 37 个项目入选。中央在京及 30 个省、自治区和直辖市的 244 家单位共申报了 495 个项目参评，申报项目总时长约为 9 341 小时。2021 年入选作品主要呈现出三方面特点：主题出版类作品内容丰富，着力讲述党领导人民走过的光辉历程、作出的伟大贡献、取得的宝贵经验；传统文化类作品题材多样，从人文素养、审美情趣、情感追求上凝聚中国精神；科普类作品类型多元，集思想性、艺术性、知识性、趣味性于一体，展现我国各领域最新研究成果与创新实践。

科技编辑融合出版研讨会在京召开

2021 年 11 月 20 日，中国编辑学会科技读物编辑专业委员会在北京召开科技编辑融合出版研讨会。与会嘉宾围绕"科技编辑融合出版"这一主题，研讨会从科技编辑融合出版的基础理论创新、体制机制创新、融合实践创新、编辑人才培养创新等方面拿出一批理论性、针对性、实效性和可操作性较强的研究成果，为推动科技出版深度融合提供参考。

数字教育出版技术与标准重点实验室在人教社揭牌

2021 年 11 月 25 日，国家新闻出版署数字教育出版技术与标准重点实验室在人民教育出版社揭牌。数字教育出版技术与标准重点实验室由人教社牵头，中国人民大学、人教电子音像出版社、人教数字出版公司、中教云智数字科技有限公司等 4 家单位参与共建，来自新闻传播、出版、课程教材、教育技术、计算机科学等多个学术领域的权威专家将从不同学科的视角指导和支持重点实验室的研究工作，是专注于我国基础教育领域数字出版技术与标准研究的实验室。实验室启动了《数字教材术语》《中小学数字教材加工技术要求》《中小学数字教材视听健康技术要求》等多项标准的研究或提案工作，以及新形态教材体系建设与出版的理论研究等。

2021 年出版业科技与标准创新示范项目出炉

2021 年 12 月 2 日,国家新闻出版署发布 2021 年出版业科技与标准创新示范项目入选名单。13 项创新成果与 14 家示范单位入选。这是首次开展出版业科技与标准创新示范项目试点工作。其中,优秀成果类包括科技创新成果与标准创新成果,示范单位类包括科技应用示范单位与标准应用示范单位。示范项目重点聚焦大数据、人工智能、区块链、物联网等新技术在出版领域的创新研究。如出版资源语义组织与智能阅读关键理论与技术、面向出版领域的信息抽取与组织关键技术等,依托自然语言理解与深度学习,为知识挖掘与服务提供保障;凤凰智能校对系统、古籍智能整理出版工具集、"古谱今译"融合出版技术等,推动出版行业流程再造,为内容自动化生产、智能审校、智能数据加工、智能营销等提供支撑;基于物联网与人工智能技术的实体书店关键装备、印刷品机器视觉的颜色检测关键技术等,实现产品之间、产品与用户之间数据交互;还有 DCI 体系版权服务基础设施 1.0 等,以数字版权唯一标识符(DCI)标准为引领,从网络信息内容的版权标识入手,打造互联网版权基础设施,助力版权保护、管理与服务水平提升。

南上海数字出版传媒产业园揭牌

2021 年 12 月 28 日,由上海出版印刷高等专科学校与上海市奉贤区人民政府共建的南上海数字出版传媒产业园揭牌仪式在上海举行。园区在上海"文创 50 条"背景下,立足国家级数字出版传媒产业园区和示范基地建设,以数字出版、文化装备、版权交易、广告传媒、科技转化与创新创业为主要内容,旨在构建"政、产、学、研、用"一体化的文化创意、出版传媒产业集群。

(根据人民网、新华网、光明网、央视网、中国新闻网、中国新闻出版广电报、光明日报、经济日报、中国出版网、解放日报、广州日报等报道内容搜集整理。)